110 纪念颐和园对公众开放周年论文集

遗产保护·园史研究·造园艺术·园林古建·园林绿化·园林生态·园林文物·智慧公园

U0330528

北京市颐和园管理处　编

中国建筑工业出版社

编委会

主　　　办：北京市颐和园管理处

编委会主任：李晓光

编委会成员：原　蕾　王树标　吕高强　王晓华　杜　娟　荣　华

主　　　编：王树标

执 行 主 编：杨　华

文 字 整 理：李　倩　张鹏飞　崔　晨

整 理 制 作：颐和园研究室

前言

  颐和园，作为中国古典园林的杰出代表，其独特的山形水系、大尺度的园林布局、巧妙的造园手法、精心配置的植物景观以及精湛的建筑造诣，体现了中国数千年的哲学理念、审美意趣和建造技艺，充分展示了"境仿瀛壶""天人合一""和谐安长"等东方造园艺术的卓越成就。1998 年，颐和园被正式列入《世界遗产名录》，成为"世界几大文明之一的有力象征"，这一荣誉不仅彰显了其在中国乃至世界文化遗产中的重要地位，也进一步证明了其在人类文明史上的独特价值和意义。

  2024 年是颐和园正式向公众开放 110 周年。在这一历史进程中，颐和园经历了从封闭到开放的巨大转变。曾经的皇家园林，如今正向全世界敞开怀抱，成为人民的瑰宝和世界文化遗产的重要组成部分。站在新的历史起点，新时代的颐和园人将深入贯彻落实习近平总书记关于生态文明思想、文化遗产保护传承利用、建设首都花园城市等重要指示、批示精神，奋力打造世界文化遗产保护利用典范，建设"平安颐和、人文颐和、生态颐和、文化颐和、智慧颐和、活力颐和"，实现古典名园高质量发展新目标。

  多年来，颐和园以"文化强园"为战略方针，重视颐和园学术研究成果的整理与发展。2000 年、2010 年和 2020 年分别为颐和园建园 250 周年、260 周年和 270 周年，期间出版了《颐和园建园 250 周年纪念文集》《颐和园研究论文集》和《中国古典园林造园艺术研究 纪念颐和园建园 270 周年学术论文集》。2016 年，与中国人民大学清史研究所联合出版《颐和园史事研究百年文选》。2018 年，颐和园研究院正式成立，2024 年进行全面升级，是颐和园践行新时代中国特色社会主义思想，努力打造高质量发展的世界文化遗产保护利用典范的重要体现。

  本次北京市颐和园管理处编辑出版的《纪念颐和园对公众开放 110 周年论文集》，是对新时代颐和园学术研究成果的集中展示。本书精心整理并收录了近十余年来，颐和园人对世界遗产、皇家园林所进行的深入探讨和研究成果，共计 51 篇学术论文和研究文章，涵盖了遗产保护、园史研究、造园艺术、园林古建、园林绿化、园林生态、园林文物、智慧公园等 8 个方面。结合实际工作，深入挖掘了颐和园的历史价值、哲学价值、美学价值、生态价值和文化价值，体现了颐和园研究领域"以我为主、内外兼修"的宗旨，具有十分重要的意义。希望本书的出版，不仅展示颐和园研究工作的最新进展，还能增进公众对颐和园的了解，深化学者对颐和园的研究，并汇聚更多致力于加强古典园林建设、文化和遗产保护传承利用的智慧与力量。

展望未来，我们将坚持以习近平新时代中国特色社会主义思想为指导，深入贯彻新时期生态文明建设理念，认真落实"保护第一、加强管理、挖掘价值、有效利用、让文物活起来"的工作要求，深化遗产价值挖掘、阐释与传播，助力首都花园城市建设，共同构筑人与自然和谐共生的美好画卷，让颐和园的当代价值活起来，谱写中华民族现代文明的颐和园新篇章。

王树标
北京市颐和园管理处副园长

目录

园林绿化

园林生态

园林文物

智慧公园

遗产保护

颐和园

——一座"活"的水利文化遗产博物馆

○ 李晓光　杨　华　李　倩

摘　要：水是生存之本、文明之源。纵观人类文明史，古埃及、古巴比伦、古印度、古代中国四大文明古国的起源都与水息息相关。中华民族的起源与发展始终与水相伴相生，始终将治水、用水贯穿其中，形成以水为轴心的中华水文化。

颐和园昆明湖自然天成，经历朝水利疏浚，形成北京西郊重要的蓄水库。1750 年，清乾隆皇帝以"兴修水利，为母祝寿"为名，在昆明湖周边开展了大规模的水系治理及皇家园林建设活动。

今天的颐和园昆明湖，属海河流域北运河支流通惠河水系，是京杭大运河的重要组成部分，2021 年被列入北京市第一批水利遗产名录，是一座"活"的水利文化遗产博物馆。

关键词：颐和园；水利遗产；水文化

1　中华水文化——善治国者必重治水

水文化是人类以水和水事活动为载体，创造的一切与水有关的文化现象的总称，物质层面包涵了水形态、水工程、水工具、水环境、水景观等内容。

中国自古以来就认为"善治国者必重治水"：从上古传说大禹治水到秦国修筑都江堰、郑国渠；从东汉王景治理黄河到宋元开通京杭大运河；从清代吐鲁番地区的坎儿井，再到新中国成立后的长江三峡、南水北调等大型蓄调水工程。

不论是过去还是现在，中国杰出的水利工程，无不兼具着重要的水功能价值和水文化价值，体现着中国人民的治水智慧和人文内涵。这些蕴藏深厚历史和文化元素的水利遗产，既有"治水之能"，又有"文化之美"，是水文化传播的重要载体。

2014 年被列入《世界遗产名录》的中国大运河，开凿至今逾 2500 年，由京杭大运河、隋唐大运河、浙东运河构成，全长近 3200km，连通海河、黄河、淮河、长江和钱塘江五大水系，是世界上距离最长、规模最大的运河。

京杭大运河"北京段"通称为"通惠河"。《元史》记载："通惠河，其源出于白浮、瓮山诸泉水也……上自昌平县白浮村引神山泉，西折南转，过双塔、榆河、一亩、玉泉诸水，至西水门入都城，南汇为积水潭，东南出文明门，东至通州高丽庄入白河，总长一百六十四里一百四步。"[1] 其中，瓮山即颐和园万寿山的前身。

2　颐和园水利文化——无双昆明西山畅情

昆明湖的前身在金代称"金湖"或"金海"，此处地势低洼，接受玉泉山诸泉水"汇为巨浸"。为便于皇家用水及便利漕运，金朝有计划地扩大、疏浚玉泉山水流往"金湖"的天然渠道，增加其水源和蓄水量，并首次开凿从"金湖"通往高梁河上源的人工渠道，将西山水系向东南引入皇帝行宫太宁宫的湖泊。"金湖"成为沟通高梁河水系与西山水系的重要水利工程节点。

元代，昆明湖改称"瓮山泊"。至元二十九年（1292年），郭守敬开通惠河，引昌平白浮诸泉入瓮山泊，扩大瓮山泊的水源，并于瓮山泊南侧开凿河道，沿河加筑堤岸、修建闸门，使其成为调节水量的蓄水库。上闸位于青龙桥下，为白浮瓮山河流入瓮山泊的控制闸；下闸即瓮山闸，是瓮山泊水向南流入城内的水闸。并于天历二年（1329年）在湖畔修建了大承天护圣寺，背山面水、环寺安居，兼有拜佛祭祖、休憩游览与农业生产之用。

明代，瓮山泊改称"西湖"。元末明初因失于治理，水道淤塞。明成祖迁都北京后，开始治理西湖，重修青龙桥上闸，成为西湖向北排洪的水闸。明朝中期，随着园林建设的兴盛，瓮山、西湖一带湖光山色，加之宫殿、寺院、阡陌、村舍的点缀，宛如"江南风景"，有"西湖十寺"与"西湖十景"之誉，成为帝王春天渔猎和民众京畿郊游、夏天避暑最重要的风景区。

明末清初，随着西郊园林的大量兴建以及水田的增加，其与城市供水、运河用水的矛盾日益严重。清乾隆十四年（1749年）冬，乾隆帝派臣工考察玉泉山水系，之后整合玉泉山周边水系，开始大规模扩湖工程。清乾隆十五年（1750年）疏浚瓮山泊，并赐名"昆明湖"。此次扩湖工程效果明显，新湖的形成将原来的堤防移至今知春亭以东，原堤东的稻田、黑龙潭及零星水面与西湖连成一片，留下龙王庙孤岛，建十七孔桥与之相连，南移响水闸（明时的瓮山闸）于新湖南端的绣漪桥下（图1、图2）。湖面面积为原来的2~3倍以上，扩大了湖水容量。同时，修建了闸、坝、涵洞等配套水利工程设施，昆明湖成为一座灌、蓄、排设施完备的大型水利枢纽工程，在北京城市的防洪、灌溉、漕运、园林用水等方面发挥了巨大作用。

水利疏浚的同时，乾隆帝以"为母祝寿"为名，汇集全国能工巧匠，写仿天下名园

图 1　十七孔桥与南湖岛　　　　　　　　　　图 2　绣漪桥
（图片来源：航拍中国，1945 年——美国国家　　（图片来源：1887 年，托马斯·查尔德）
档案馆馆藏精选展 2）

胜迹，开始了清漪园的造园工程，形成一座以万寿山、昆明湖为主体的大型天然山水
园，作为"城市的调节水库，兼做演武和为皇太后礼佛祈祷之用"。

　　清咸丰十年（1860 年），清漪园被英法联军焚毁。清光绪十二年至十三年（1886—
1887 年），对昆明湖淤滩、水深以及船坞位置进行系统调查。光绪十四年（1888 年），
光绪皇帝颁布诏谕，以清漪园为蓝本修建颐和园。随着演练水军及重修工程的开展，陆
续进行了河湖清淤、开挖船道、添修码头、添建船坞等水利活动。昆明湖依旧发挥重要
的水利功能，直至 20 世纪初。

3　昆明湖水利遗产的保护与利用

　　清代颐和园内的桥、闸、涵洞、码头等水利设施是颐和园水利功能的有力见证。

　　昆明湖南端绣漪桥、西堤之上玉带桥（图 3）、石舫西北荇桥、后湖西端半壁桥可供
御舟通过。此外，还有西堤之上由南至北的柳桥、练桥、镜桥、豳风桥（图 4）、界湖
桥，以及颐和园最典型的景观之一——东堤岸边的十七孔桥。

　　《颐和园志》记载昆明湖及附近的水闸有五座：一是东堤文昌阁南的二龙闸（图 5）。
因有两个出水孔而被人们称为"二龙闸"，清乾隆时期修建，清光绪时曾有整修，用于
控制昆明湖东流之水，泄出多余水量，调节水位，灌溉周围农田。二是绣漪桥闸，在绣
漪桥外，由清代闸军看护，用于调节昆明湖、长河水流的高低。三是位于颐和园园墙之
外，西北部的青龙桥闸，用于控制北面的湖水水位。四是惠山园闸，位于谐趣园后，昆
明湖水由惠山园闸流出园墙，沿马路南至圆明园。五是谐趣园西闸口，为入水闸口，水
由谐趣园西闸口流入谐趣园，出园墙南流，过东宫门合并二龙闸流出之水。

图3　玉带桥

图4　豳风桥

时至今日，在持续的精心修缮保护下，昆明湖周边数十座桥闸仍矗立在世人眼前，无言地诉说着几百年来"储泽疏流利下田"的丰功伟绩，而昆明湖依然在满足城市水利调剂、防洪避灾、生态文明等刚性需求。在 2002 年时，南水北调中线工程的终点设在了团城湖，颐和园水利遗产在北京的水利工程乃至北京城市发展上持续发挥着重要作用。

图 5　二龙闸

4　颐和园水利文化的传承和发展

作为北京城的调节水库和重要水利枢纽存在的昆明湖，其深邃秀美与颐和园皇家建筑群的庄严典丽交相辉映，引来无数名人雅士赋诗吟诵："何处燕山最畅情，无双风月属昆明""一带翠屏含远黛，湖光山色擅灵奇""平湖潋滟波涵月，远岭依稀雪作图""昆明万寿佳山水，中间宫殿排云起"……为颐和园水利遗产带来了深厚的人文底蕴。

颐和园水利遗产恰好位于西山永定河文化带与大运河文化带的交汇之处，双美兼具，姿质天成，是首都两个文化带建设中最为耀眼的一颗明珠。

4.1　遗产保护方面

颐和园成立世界文化遗产监测中心，建立具有颐和园特色的遗产监测管理体系，打造遗产监测预警平台，完善遗产基本信息数据库，注重科技监测手段的引入，持续开展昆明湖水环境监测和石桥、闸函等水利遗迹的监测，为预防性和精细型保护管理提供有力支撑。

联合相关公园、科研单位共同开展"三山五园水利文物遗迹研究"课题，系统调研区域现存水利文物遗迹的数量、类型、现状等，填补相关领域的学术空白，深入了解颐和园及"三山五园"区域水利遗迹的重要价值，为区域水利遗产保护提供参考。

严格按照文物修缮规程，对水利文物进行保护性修缮，开展颐和园西宫门区域腾退工作，希望保护和再现这一重要的水路枢纽。

4.2　展示利用方面

颐和园专业部门查阅大量历史文献资料，绘制《大运河文化遗产之清代颐和园主要水利交通遗迹图》和《颐和园现代水上交通路线图》，并在主要桥梁、码头、闸口设置介绍牌，更在 2018 年举办了"明珠耀两河——西山永定河、大运河文化带视角中的颐和园历史文化展"，并出版同名展览图录，通过大量文物和样式雷图、老照片充分展示颐和园与水利、与大运河的关系，取得了良好的社会效应。

在文物展览和文化传播中，注重应用文物、图片、视频等展示颐和园及周边区域的水利遗迹，打造"颐和园研究院"学术交流平台、"园说"系列文物展和"颐和讲堂"文化传播品牌等，不断宣传和科普水利文化。

5　结语

在文化遗产中，水文化应该是最具灵动性的存在，人类逐水而居，与水共生共荣，颐和园对水文化的研究和保护，体现出人与水的和谐统一。水文化是颐和园园林文化的重要组成部分，是构成颐和园丰富多样、底蕴深厚的文化景观的重要元素，承载着厚重的历史，同时颐和园水系对城市的文化建设、功能提升和生态改善起到了良好作用，值得我们不断去研究、保护、传承和发展。

参考文献

[1]　宋濂，等 . 元史 · 卷六十四 · 志第十六 . 河渠一 [M]. 北京：中华书局，1976.

作者简介

李晓光，北京市颐和园管理处党委书记、园长。
杨华，北京市颐和园管理处。
李倩，北京市颐和园管理处。

众智玉成 共筑高地

——颐和园研究院建设之理念

○ 王树标

摘 要：颐和园研究院多层级、多要素保护传承研究体系的初步构建，与打造高质量发展的世界文化遗产保护利用典范的功能定位和目标愿景高度契合。此体系尽可能考虑整合历史、科学、艺术、社会与文化等多元维度，努力为颐和园世界文化遗产的高品质发展奠定研究基础。本文以颐和园研究院建设的四个核心方面——指导思想、建设目标、内核要素及体系要义为重点，解析其建设的内在逻辑与核心价值，以期阐释颐和园研究院在文化遗产保护与传承研究方面的自身特色和面向未来的理念。

关键词：颐和园研究院；世界文化遗产；高质量发展；研究；价值；理念

引言

颐和园研究院的建立是颐和园落实习近平新时代中国特色社会主义思想，深入贯彻高质量发展的重要论述，推动"科技是第一生产力、人才是第一资源、创新是第一动力"的精神，努力开拓发展新动能的重要体现。依托两个文化带以及"三山五园"的保护利用与融合发展，依据《颐和园总体规划》《世界文化遗产全国重点文物保护单位颐和园保护规划》，围绕打造世界文化遗产保护利用典范的愿景目标，初步构建了颐和园研究院多层级、多要素研究体系，以期推动颐和园文化遗产保护工作再上新台阶。

2024年是颐和园对公众开放的重要里程碑——110周年，颐和园研究院紧密围绕3个"典范"、6个"颐和"确立的功能定位与整体目标展开建设工作，打造文化"蕴能"、平台"赋能"、机制"聚能"的综合性研究平台。强化文化引领，突出守正创新，促进内生感召力，筑牢文化遗产的"根""魂"优势，努力开创文化遗产保护事业研究的新篇章。

1　聚焦颐和园研究院高质量发展内核要素

1.1　强化核心内动力

颐和园研究院作为颐和园研究平台，要把握重要契机，增强内在驱动力，推动研究能力实现质的提升，发挥引领和导向作用，责无旁贷地为遗产保护、价值阐释赋能。同时进一步优化专业结构，补齐学科短板，清晰规划发展方向。整合颐和园内各领域的专业人才，组成一个视野开阔、业务精湛、结构合理、充满活力的人才群体。秉承整体与个体协同发展"一盘棋"思维，构建起上下同欲的合力，实现资源共享、课题共研、项目共推、人才共育、成果共赢，为高质量发展的世界文化遗产保护利用典范提供源源不断的研究和创新的动力。

1.2　深化价值多维度

在中国 3000 多年的园林发展历程以及世界文明进步与遗产保护的广阔背景下，重新审视并再次挖掘、研究、认识颐和园的价值和地位，使之成为弘扬中华民族传统文化的典范，成为优秀的世界文化遗产保护地，从有形的文化遗迹扩大到无形的文化遗产，从具有普遍的突出价值逐步深入多维度价值层面，实现对其价值和地位的再认识和再提升。因此，对构成文化遗产总体特征的各项要素纵深方向的研究，是颐和园研究院未来的工作方向，并可利用跨学科、跨专业、跨领域的综合方法，为文化遗产立体、多样、深远的价值空间作出更加深入的探寻。

2　构建颐和园研究院体系要义

2.1　以三"创"为引领，推动理念实现新跨越

首先，"创念"作为研究院的第一要义，强调突破传统思维的自限，树立"好的动念就是成功的一半"理念，积极探索前沿理论。密切关注文化遗产、园林生态等方面的最新动向和公众文化需求的变化，通过独特的创新理念和前瞻性的视角，为颐和园的可持续发展注入新的活力和动力。

其次，"创新"作为研究院的行事之基，应为颐和园的高质量发展注入新质生产力。研究院应积极担当新时代历史文化遗产研究者的使命，以新发展理念、新角度认识、新领域开拓、新空间摸索为己任，充分研究与展示传统历史与新的优秀文化价值，不断在科技创新和研究上取得新成绩，提升颐和园的现实价值和社会影响力。

最后，"创造"是实现研究成果转化为实际应用的重要一环。包括采用新技术、新方法、新展示方式，确保创新落地生根，通过不断加大技术革新落地力度，结合园区现

有遗产资源保护，积极探索与尝试，使研究成果与现代化应用相结合，深化数字赋能，为遗产资源的保护和传承提供智能支持。

2.2　依托三"自"原则，推动转型升级进程

明确自身特质。作为世界文化遗产，颐和园不仅是代表皇家古典园林的至高殿堂，更是人与自然和谐共生的典范，兼具科研功能、教育功能、生态环境功能、游览功能、服务功能等。其保护对象主要包括：山形、水系、建筑、植物、文物和园外借景环境等。颐和园研究院应当充分认识并准确把握以上特质，弘扬一流的皇家文化内涵、保护一流的自然景观环境、体现一流的服务、实现一流的管理、具备一流的人才、创出一流的效益，构建一流的研究体系，实现社会效益、经济效益、环境效益稳步提高和良性循环。

实现自我发展。颐和园，作为北京市的标志性景观与自然风貌的典范，承载着丰富的历史、科学、艺术、社会及文化价值。在学术研究领域，应"以我为主、内外兼修"，且"以我为主"是推动不断良性前行的关键所在。求人不如求己，积极构建起一支素质优良、结构优化的自主研究人才队伍，应是最为重要和长期坚持的原则。

勇于自我革新。在当前时代，各行各业正经历着变革所带来的机遇与挑战，文化遗产保护也一样，我们没有选择，必须跨上高质量发展这趟列车。自我革新是颐和园研究院高质量发展的必由之路，也是遗产保护的新时代要求。这意味着我们必须勇于打破传统观念的束缚，以更加开放的心态积极探索创新理念与方式，从而构建出助力高质量发展的全新模式，确保颐和园研究院在文化遗产保护工作方面始终与时俱进，与时代的发展保持同步，乃至行业先发。

2.3　以三"力"汇聚为核心，全面提升综合实力

首先，激发内力，以人为本。通过建章、立制、管才，巩固人才"发展基石"，做到百花齐放育才。倾力搭建"平台桥梁"，尽展其才用才，激发建设"内生动力"，实现人才的厚培和赋能。**其次，释放活力，强化人才支持。**要开阔眼光、创造吸引人才的良好环境，为专业技术人员打造一个颐和园优秀文化研究和个人才华展示的平台。鼓励和激发专业技术人员的潜能与活力，从而为颐和园研究院的建设奠定人才基础。**最后。保持定力，行稳致远。**论干事创业，唯有"走心"而不"走形"、务实而不骛远、抓细而不贪大、实干而不蛮干，方能在干事创业的道路上稳步前行，实现长远发展。

2.4　贯彻实施三"机制"原则，保障规范运行

通过允许机制、奖励机制、淘汰机制的原则，确保颐和园研究院的规范运作与长期

稳定发展。其中，允许机制是指接受一定程度的灵活性和容错性，以营造具有包容性和支持性的环境，激发每个人的积极性和动力，推动研究人员的共同进步。奖励机制则是通过奖励激发研究团队积极性和创造力，认可个人的能力和辛勤付出，构建积极向上的工作氛围。淘汰机制以消除不思考和工作懈怠对团队效率和竞争力的负面影响，确保研究院的健康发展。

2.5　强化三"边界"概念，维护稳定运行

"下线明确"着重于对界限的划分与界定，确保各项行动不逾越法律法、科研底线；"边界清晰"则强调在研究工作时对界限的把握，要做到研究工作不过于跑偏、过于走样；"上线敞口"则允许突破最高限制以释放潜能，突破研究壁垒，助力实现更高目标。

2.6　实施三"面向"战略，提升核心竞争力

立足于新的历史交汇点，**面向未来**，是指对文化遗产的研究要拓宽视野、拓展思维、开创崭新格局、洞察多维视角，准确把握时代脉搏，创造具有自我特色的科学有效的保护、管理和利用模式。**面向大千**，是指让文化遗产走出大墙，面向大千世界，充分发挥颐和园在历史、科学、文学、艺术领域的启智功能，拉进文化遗产与民众距离。**面向人才**，颐和园保护的水平取决于园林管理者和职工群体的知识程度、科技水平、审美趣味和文化底蕴。因此，营造人才培养与发展的"生态圈"，不断完善人才政策体系，加大人才培养和引进力度，创造人才济济、人事相宜、人尽其才的新格局。

3　结语

驻足现在，展望未来，排云门楹联"复旦引星辰珠联璧合，顺时调律吕玉节金和"的韵味颇为合适，在正确的时代与正确的人做正确的事，乃为幸事。

颐和园是世界文化遗产明珠，是中国古典园林圣殿，是人与自然和谐共生典范，是人类追求的精神家园。

研其究其，不亦乐乎。

作者简介

王树标，北京市颐和园管理处副园长。

颐和园世界文化遗产监测预警系统的设计与实现

○赵　霞　丛一蓬　秦　雷　闫晓雨　常少辉　孙　伟

摘　要：本文从研究背景、设计与实现、重点数据采集与分析等方面介绍了世界文化遗产地——北京皇家园林颐和园在建设世界遗产监测预警系统时进行的探索，并对颐和园世界文化遗产监测工作系统组成、监测工作内容以及系统设计与实现中发现的问题进行了分析。

关键词：世界文化遗产；监测预警系统；设计

1　研究背景

颐和园是清代皇家园林"三山五园"之一，作为中国现存最完好、规模最宏大的古代园林和世界级文化瑰宝，是北京古都风貌的重要组成部分和标志性人文景观之一，年接待中外游客上千万人次。1998 年以"世界几大文明之一的有力象征"之崇高评价被列入《世界遗产名录》。2012 年 4 月 12 日"颐和园世界文化遗产监测中心"正式挂牌成立，同时成立颐和园遗产监测领导小组，监测中心设立专职负责人，组成多专业知识背景的人员团队。在全园实行二级监测执行模式。致力于建立具有颐和园特色的遗产监测管理体系，全面推动颐和园保护管理工作向科学化、标准化、制度化方向发展。

为规范遗产监测工作，使颐和园遗产监测工作与中国文化遗产监测工作保持方向一致，并使颐和园遗产监测保护人员更加明确遗产监测保护的内容和方法，颐和园与中国文化遗产研究院合作，重点开展了制定颐和园遗产监测规划、建立颐和园世界遗产监测指标体系和编制监测预警系统方案的工作，并同时开展了古建、山体、古树、彩画、古墓葬等遗产要素的监测工作。在采集这些遗产要素的基本信息和监测数据后，我们发现遗产保护部门与监测部门的人员在监测对象与内容等认识方面有着一定的差异，而将这些遗产保护部门采集来的监测数据与既定的监测指标之间保持对应关系是使监测工作有序规范进行的必要条件。因此在 2014 年，通过梳理遗产要素分类以及采集遗产要素的基本信息、病害信息、维护信息，采集遗产地基础信息，建立监测指标模块、预警模块等，开发建立了颐和园遗产监测预警系统平台。

2　系统设计与实现

颐和园遗产监测预警系统由遗产地基础信息管理、遗产要素信息管理、监测指标管理、预警信息管理、地理信息系统、监测报告、系统管理等模块组成。包含大戏楼变形监测、大戏楼震动监测、全园微环境监测、客流量监测、万寿山水土流失监测、彩画监测、古树名木监测、灾害与软环境监测、培训监测、保护与展示工程监测、新建项目监测等监测子系统。

颐和园的古建筑、古树名木、可移动文物等遗产本体众多，在以前信息化建设项目的基础上，颐和园遗产监测预警平台完成了 5 大类 35 子类遗产要素图层的建立，包括山体、水体、古遗址、古建筑、古树、雕塑、碑刻等专题图层，收集全园 17 座山体、16 处水体、711 座古建筑、58 处假山叠石、1601 棵古树、426 个露天陈设文物等共10000 多个遗产要素单体，每个单体均包括资源分布空间数据、属性数据、照片及文字介绍等不同形式的数据，拍摄、扫描、收集遗产要素单体或局部的测绘图以及单体或局部影像等资料 50 GB 数据录入数据库。

2.1　遗产地基础信息管理模块

遗产地基础信息管理模块由遗产基础信息、保护管理与文献三部分组成。包含了颐和园申遗文本、突出普遍价值、定期报告、遗产总图、遗产要素清单与分布图、卫星影像与航拍、保护管理规划编制记录、保护区划图、专项保护管理规章制度、志书史书与专著等 33 项内容。按照中国文化遗产研究院的要求，将采集的数据录入系统并显示。

2.2　遗产要素信息管理模块

以颐和园文物保护规划、总体规划、文化遗产监测规划为依据，将颐和园 5 类遗产要素（山、水、建构筑物、植物、陈设）的基本信息、图片信息、图纸信息、监测数据、预警数据、病害信息、维护记录、专题评估集中进行管理，实现信息的查询、定位等功能。

2.3　监测指标管理模块

以国家级监测预警指标为参照，将颐和园监测指标分为遗产本体、保护管理、自然与社会环境三大类。遗产本体分为水、山、建（构）筑物、植被和陈设 5 大类，共计116 项指标。保护管理监测分为国际承诺、机构与能力建设、建设控制、保护展示工程等 12 大类，共计指标 43 项。自然与社会环境分为自然环境、社会环境、人文环境和软环境 4 类，51 项指标。总计 210 项指标。构建了颐和园整体的监测预警指标体系，具有对监测类别、监测对象、监测点、监测部位、监测要素、监测设备等进行查询、新增和修改等功能。可通过该模块完成监测指标的版本控制与配置，监测指标监测数据的动态维护。

2.4 预警信息管理模块

由预警指标管理、预警等级设定、预警统计、预警查看、预警状态、处理评估、待复查、复查结果评估、误报警、预警结束 10 部分组成预警流程信息管理子系统。目前，根据已有的监测数据，可实现大戏楼变形、万寿山水土流失等预警。但由于预警值目前没有行业标准，处于摸索阶段，尚由经验测试值代替，预警功能有待完善。

2.5 地理信息系统模块

以颐和园测绘图为地图，可显示各遗产要素下子目录的遗产本体分布图，实现各遗产本体的定位查询，支持对相似遗产本体名称的模糊查询。包括山体、水体、驳岸、古建筑、古遗址、古墓葬、彩画、桥梁、复建建筑、墙、假山叠石、铺装与路面、花台、古井、古树、露天陈设、室内陈设等专题图层。

2.6 监测报告模块

为减小编制年度监测报告时数据引用误差研发监测报告模块。以中国文化遗产研究院制定的年度监测报告模板为纲，可将颐和园遗产监测预警系统中有关的监测数据及其与上一年度监测数据的差异按照年份进行提取，并显示在相应的段落内，生成年度监测报告初稿。编写者可在初稿基础上进行进一步分析与评估，也可根据年份对年度监测报告进行查询。针对某个监测指标或遗产要素的监测数据分析结果形成的专家意见和专题报告也在此模块中收录。

2.7 系统管理模块

可实现对系统的管理，包括遗产要素类别管理以及系统日志的综合管理。

3 重点监测数据采集分析

根据前期监测课题成果，基于已有监测数据，建设了大戏楼变形、震动监测预警综合模块，全园微气候监测模块，全园水土流失监测模块，鸟类监测模块，客流量监测模块。为使监测工作保持连续性，每个监测项目的文字、图纸、照片等监测数据都收纳于模块中（图1、图2）。

图 1　大戏楼变形自动监测现场　　　　　　　　　　　　　　　图 2　遗址监测现场

3.1　山体监测

万寿山水土流失一直是我们关注的山体病害问题。2013—2014 年，颐和园开展了万寿山水土流失监测。将万寿山划分为万寿山西侧、东侧阳面坡和东侧阴面坡三大块区域。每个区域内设 5~7 块监测场地，每块场地根据地形构造设置 2~9 根测钎，采取定期监测、系统分析的方法积累与汇总数据。期待经过数年的数据积累，可以摸索到水土流失的预警值，以预判在降雨后或一定时间段某一坡面的水土流失情况，提前进行有针对性的防护与治理。

3.2　古建筑监测

以德和园大戏楼为试点，打造多因素综合监测示范点。开展涉及多个古建病害指标的变形自动监测、变形人工定期监测，以及引起古建本体变化的自然和社会环境因素监测，如震动和微环境对大戏楼的影响监测等项目。目前可以在监测预警信息平台实时获取大戏楼地基基础沉降、柱的弯曲、柱脚下沉、柱头水平移位、柱身倾斜、梁枋挠度等病害发展信息，以及振动加速度、风环境、温度、湿度、光照、辐射度、噪声频率、噪声声压级等环境因素变化信息，做好了单点多因素综合监测、协同评估病害预警值及其主要影响因素的数据准备工作。

3.3　古建筑彩画监测

开展古建筑彩画信息及微环境监测方法研究。选取典型室外区域长廊，周期性地对其中 16 幅彩画本体的色度、明度、彩度等量化指标进行 3 次共为期两年的人工监测，同时对彩画周边的微环境进行实时监测。

3.4　古树监测

颐和园古树名木资源丰富，为进一步保护园内活文物，颐和园与相关机构合作，以油松为主要监测对象，针对 300 株重点养护管理古树，安装了古树电子标签。电子标签与古树监测模块通过电子手柄终端进行连接，每一个电子标签内包含该株古树的基本信息和养护病历档案，实现对所标示古树的一站式管理。

同时，颐和园还开展了清可轩及留云阁遗址监测、耶律铸夫妇合葬墓监测（图 3）、花承阁多宝塔三维激光扫描（图 4、图 5）、全园微环境监测等项目。这些早于监测预警系统平台的监测数据，可通过专题评估报告上传，或通过物联网技术集中显示在平台相应的遗产本体信息管理页和相关模块中。

4　结语

上述这些子系统构成了较为齐全的颐和园世界文化遗产监测预警系统平台总体功能框架，实现了实时监测数据、仪器监测数据和人工监测数据的采集、传输、展现和分析

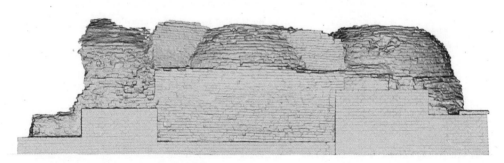

图 3　耶律铸夫妇合葬墓北立面三维扫描模型

　　　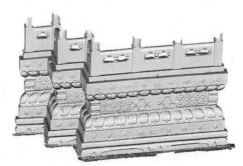

图 4　多宝塔彩色模型多角度整体展示图　　　　　图 5　多宝塔整体底座精细扫描点云

统计。由于时间仓促，对世界遗产监测工作和颐和园历史的认识也有限，在遗产本体的识别与确认、遗产监测数据、预警数据的采集和使用方面理解还不深，还有许多监测数据没有在本期项目建设中采集到，颐和园遗产监测预警系统还有待在使用中不断完善。

　　但遗产监测预警系统的建立，明确了"保护遗产本体及其形成的格局景观就是保护颐和园世界遗产突出普遍价值"的保护管理理念，也明确了以此为核心的遗产监测工作的具体内容与方法，即监测对象不仅是遗产本体及其格局景观的变化，也有影响遗产本体的因素（如自然和社会因素），还有保护管理制度和行为。集中海量的遗产信息和遗产保护信息，有助于监测数据的积累、查询与分析使用，有助于制定更为及时有效的遗产保护计划。这些都在客观上起到了颐和园遗产监测工作规范化的作用。通过预警值的设置与调整，为及时发现问题、查找导致问题出现的原因、研究切实可行的解决对策提供了依据。同时，系统通过访问权限分配，可根据需求有选择地面向遗产管理机构内各保护管理部门开放，为将监测工作融入日常保护管理工作中，使监测数据服务于解决实际问题，避免只监测、不应用的情况，提供了信息化的条件；为将来使颐和园遗产监测工作与遗产保护管理工作更好地衔接，形成更顺畅的遗产监测保护工作流程提供了方法和便利工具。

作者简介

赵霞，北京市颐和园管理处。
丛一蓬，北京动物园管理处党委书记、园长。
秦雷，北京市中山公园管理处党委书记、园长。
闫晓雨，北京市颐和园管理处。
常少辉，中国园林博物馆。
孙伟，北京市颐和园管理处。

文化遗产监测工作与颐和园价值的传承

○赵　霞　王鸿雁　白成军　刘　刚　张　龙

引言

　　作为世界文化遗产单位，颐和园的文化遗产监测工作开始于 2009 年。这一年，颐和园被选定为全国四家定期遗产监测报告编制试点单位之一，按照世界遗产委员会第 22 次会议通过的一系列关于缔约国递交定期报告的决议，及其对定期报告的格式、内容、处理办法提出的要求和规定，颐和园编制了定期遗产监测报告。从文物、古建、古树、人员与培训等各方面对遗产保护和管理工作作了较为全面的回顾与总结，从而使全园职工对遗产监测工作的目的和意义有了初步认识，增强了保护与管理工作应该围绕着保护文化遗产的真实性与完整性展开、应该秉承"最少干预"和"安全第一"等原则的意识和理念。2011 年，颐和园完成了世界遗产委员会和国家文物局要求的"回顾性突出普遍价值声明"第二轮定期遗产监测报告的上报工作，再一次明确了遗产保护管理工作要保护并传承给后世的价值内容，也明确了遗产监测工作为遗产保护管理工作监督与测评的核心依据。2012 年 3 月，颐和园向北京市文物局和国家文物局正式申报世界文化遗产监测工作试点单位。2012 年 4 月 12 日，根据国家文物局要求，颐和园成立了专门的遗产监测机构——颐和园遗产监测中心，编制了遗产监测工作方案，细化了监测内容，明确了工作职责，进一步推进了遗产监测工作向纵深发展。

1　颐和园文化遗产监测预警平台的建设

　　鉴于遗产监测的最终目的与遗产保护管理工作是相一致的，都是为了实现预防性保护，最大限度地保护和传承文化遗产的真实性和完整性，因此，遗产地内部的遗产监测工作可以说是遗产单位促进遗产保护管理工作的新措施、新力量，是对本单位遗产保护工作的一种自我约束与严格要求。

　　遗产监测中心作为第三方，要定期与不定期地监督与测评文化遗产的保护管理工作是否本着"最少干预"与"安全第一"等原则开展，首先要对遗产要素和本体进行识别与记录，对承诺遵守的《保护世界文化和自然遗产公约》、我国及北京市的相关法规有深入的认识，提取出可操作的条文进行贯彻与落实，对古建筑保护中"原材料、原结构、原形制、原工艺"的保护原则等在颐和园的具体对应内容进行记录，并采集遗产地相关的基础数据。将这些遗产监测数据作为体现遗产真实性与完整性的原始数据固定下来，监督测评今后的管理保护工作是否偏离了目标。

为了采集与管理上述遗产监测数据，2013 年初，颐和园结合国际国内形势与自身发展需要，明确将遗产监测工作重心集中在颐和园世界文化遗产监测预警平台的建设项目上。运用国家文物局拨付的第一笔遗产监测专项资金开展了颐和园监测预警工作规划、监测预警系统方案编制和监测指标体系的编制工作，从监测目标、步骤、内容与范围、方法、周期、数据库接口管理等方面进行了准备，以期与中国文化遗产研究院拟建设的国家监测预警总平台相对接。同时还开展了大戏楼变形监测、长廊彩画与微环境监测等一期监测项目，对重点古建和重点遗产本体实施了监测，采集了部分监测指标的监测数据，其中有几个指标初步实现了监测数据的自动实时采集分析和存储。

2014 年，结合"智慧颐和园"一期项目，颐和园遗产监测中心开始建立遗产监测预警系统平台，开发基于智慧颐和园的古建、植物景观、露天陈设三个数据库的遗产监测预警信息系统。该系统将颐和园的遗产要素划分为山、水、建（构）筑物、植被、陈设五大类，设计与管理这五类遗产要素单体的基本信息（文档、图纸、影像）、监测指标和预警信息，为今后的文献性修缮提供资料；将颐和园的遗产监测指标划分为三类：遗产本体，保护管理行为、自然与社会因素，即设计与管理遗产本体的数量、面貌与位置，保护管理行为及自然社会因素对其的影响信息。同时，将设计与管理颐和园包括申遗文本、核心区与缓冲区、四有档案、保护管理制度、文献、舆图等在内的 33 项遗产基础信息，在国家总平台建设完成后进行对接和上报。该系统初步奠定了颐和园遗产监测预警信息工作的框架，将实现颐和园世界文化遗产基础数据的数字化、规范化，重点古建筑综合监测自动化，微气候监测自动化；建立了遗产基础信息管理系统、地理信息系统、监测管理系统、预警处理系统、监测报告系统、专题评估系统以及体系模型维护系统，推动颐和园遗产监测工作向广度和深度展开。然而，由于颐和园遗产要素丰富复杂，本期项目只完成了大部分遗产本体的识别与基本信息采集工作，对部分遗产本体的部分监测指标实施了监测，大量繁重细致的监测工作尚有待开展。

2　颐和园遗产监测模块示例

颐和园的遗产监测工作，遵照国际组织提出的监测要求，从国内遗产保护与管理的需求出发，在我国法律法规的基本要求下、在风险管理理论的统一指导下，适应监测技术和设备标准化、模块化的发展趋势，依托日益发展的信息网络技术，取得了较为显著的成果。

2.1　德和园大戏楼变形监测

2013 年，结合大戏楼的大修对其进行了变形自动监测。同时借助施工变形监测，开展了木构古建筑变形监测相关问题研究，为全园古建筑规范化监测提供可资借鉴的经验。监测得知大戏楼向东南方向略有倾斜，施工对其沉降变形无影响（图 1、图 2）。

2.2　彩画与微环境监测模块

对长廊寄澜亭东、西两幅彩画及其周围的风、光、温湿度、噪声等进行了监测。通过典型珍贵彩画色彩信息的扫描采集进行定期人工监测，以摸索典型彩画衰变规律，记录彩画变化信息；通过微环境因子的多维度、多参数连续监测，对信息进行自动采集、存储和传输，从而找出多因素中有显著差异的因子及可能引起彩画褪色的因子，为改善彩画微环境提出建议。

3　颐和园遗产监测工作存在的不足

由于我国的世界文化遗产监测工作还处于起步阶段，各方面的法规、制度和标准尚未完善，颐和园的遗产监测工作也存在很多的不足和局限。

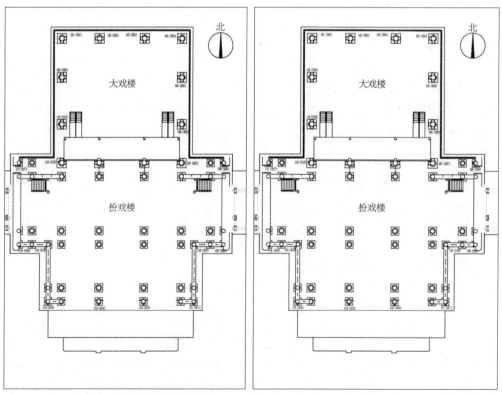

图 1　大戏楼主要承重檐梁挠曲变形监测点位图　　　图 2　大戏楼水平位移监测点布设图

（1）颐和园的遗产监测工作主要还是以保护项目为依托开展的，缺乏详细规划和健全的规程标准的指导，遗产监测部门与遗产保护管理部门的关系还没有理顺，尚未形成完备的科学理论指导和系统的监测机制。

（2）重视对文物本体以及本体周围环境的监测，对遗产周边的外界环境因素对遗产的影响的控制力不够。原因有两个：一是城市化进程势不可挡，但在遗产缓冲区方面缺乏对新建建筑进行限定的明确的法律条文和可操作性的执法规定；二是遗产单位不在建设项目的规划审批流程中，国家文物局要求监测汇报的新建建筑批文号、建筑名称和开竣工时间等信息滞后甚至不可得，因而导致控制力不够。

（3）在监测仪器的先进性和自动化水平方面，与先进国家还存在一定的差距，影响了监测数据的准确性、连续性、全面性和可用性，不能及时准确地反映遗产本体的病害现状及发展趋势，不能反映环境因素与遗产本体病害之间以及不同病害之间的相关性。

4　结语

我们认为，颐和园遗产监测的核心内容是保持遗产的突出普遍价值以及其真实性和完整性。《保护世界文化和自然遗产公约操作指南》指出，世界文化遗产不仅要满足突出普遍价值的评判标准，也必须同时满足真实性和完整性的条件。其中真实性包括外形和设计，材料和实体，用途和功能，技术和管理体制，方位和位置等方面的真实准确；完整性包括所有能表现遗产突出普遍价值的因素、能够确保表现遗产的价值特征以及其发展演变过程的因素，以及确保遗产的突出普遍价值没有受到发展的威胁和人为的不利影响。

监测形成的量化管理，是对颐和园遗产原状的精确反映和评估，能够最大限度地维护遗产价值的原真性，使颐和园价值真实地、完整地传承下去。

作者简介

赵霞，北京市颐和园管理处。
王鸿雁，首都博物馆。
白成军，天津大学。
刘刚，天津大学。
张龙，天津大学。

从价值保护的角度看文化遗产的生态监测

——以颐和园生态监测与保护管理为例

○ 闫晓雨　孙　伟

摘　要：北京正处在生态文明体制改革的重要时期，处在建设国际一流和谐宜居之都的重要阶段。颐和园作为举世瞩目的世界文化遗产，开展科学系统的生态环境监测与保护有利于遗产地突出普遍价值的可持续保护。本文从生态监测与保护在颐和园遗产价值保护中的重要性、颐和园生态监测现状与实践、颐和园生态监测与保护可持续发展等方面展开探讨。

关键词：颐和园；文化遗产；生态监测；生态保护

引言

生态文明建设实现新进步被写入国家"十四五"规划总体框架，将生态文明建设提升到更高的高度。《北京城市总体规划（2016年—2035年）》提出"宜居城市"概念及让历史文化和自然生态永续利用的城市目标。颐和园是一座以万寿山、昆明湖为主体框架的大型山水园林，是举世瞩目的世界文化遗产。颐和园中的昆明湖更是与北京的水系有着重要联系，时至今日，昆明湖西侧的水体依旧继续承担着城市调节水库的功能，在城市绿化与生态建设上发挥着重要的作用。

1　生态保护是颐和园突出普遍价值保护的重要方面

1.1　生态保护是真实性保护的重要方面

生态保护的理念在中国古代道家和儒家思想中以及传统造园理念中都始终贯穿。如传统"天人合一"的哲学思想体现了生态伦理道德观，注重人与自然和谐发展[1]。《园冶》一书中"虽由人作，宛自天开"的核心思想以及"巧于因借，精在体宜"的造园手法，就是要源于自然而高于自然，强调人对自然的认识与感受，同样也是"天人合一"思想的体现。颐和园作为中国封建社会营造的最后一座皇家园林，其整个营建过程无处不体现着"天人合一""虽由人作，宛自天开""巧于因借，精在体宜"的深刻的生态美学思想。因此，对颐和园生态的保护就是对颐和园中蕴含的中国风景园林造园艺术、中国造园思想的保护。

1.2　生态保护是完整性保护的重要方面

通过对颐和园突出普遍价值载体的分析，遗产要素共包含水、山、建（构）筑物、植被和陈设五大类，其中水、山、植被均与生态密切相关。可见持续、系统的生态监测，科学合理的生态环境保护就是对遗产要素完整性的保护。同时，颐和园有许多由于气候条件、季节变化、动物迁徙等出现的景观也多是和生态环境存在密切的关系，如"叠树张青幕，连峰濯翠螺""深红淡白尽开齐，水回风来香满堤""春风凫雁千层浪，孤月菰蒲万顷烟"[2]等，均与园林生态密不可分。

1.3　颐和园生态保护对北京西北地区生态建设具有重要意义

昆明湖、万寿山的湖山生态系统孕育了多样丰富的植被、鸟类和水生生物，是北京西北郊地区生物多样性最丰富的地区之一，每年都吸引大批鸟类和昆虫爱好者，在颐和园内形成了一道亮丽的风景线。颐和园大面积湿地能有效改善局部小气候，对中关村、万泉庄一带小气候环境的改善也能起到相当重要的作用。

1.4　生态监测是生态保护的有效手段

长久以来，颐和园一直将监测工作与日常保护管理工作同步开展，进行了大量的实践。2012年起遵循《保护世界文化和自然遗产公约》以及法律法规的要求开始建立遗产地系统的监测体系。植物、动物、自然环境、水文土壤等生态因素指标均纳入其中。依据遗产地突出普遍价值制定科学有效的生态监测技术方案，利用物理、化学、生化、生物学等技术手段，对所涉及的各要素的基础数据进行本底调查，分析其中存在的关系，评价生态系统的健康情况。经过长期数据积累，评估生态发展变化规律，为科学保护提供决策依据，且有利于遗产突出普遍价值的保护及有效传承。

2　颐和园生态监测

2.1　遗产本体监测

颐和园的前身清漪园是一座以改造自然山体、水体为主要景观的皇家园林。清乾隆年间的造园工程对园内地貌进行了改造，向东扩展原有湖泊，《万寿山昆明湖碑》碑记中记载："新湖之廓与深两倍于旧"，并依造景的需要，利用堤岸将扩展的湖面分为三个水域，将清除的泥土堆于山上，形成了目前万寿山南侧较为平缓、北侧山势陡峭，形状犹如一个蝙蝠的地貌。

2.1.1　山体

山体作为遗产要素包含万寿山一个遗产要素单体，北宫门外东西两侧所堆的土山本应为另一处遗产要素单体，但已于1972年被铲平。万寿山东西长约1010米，南北最宽处约480m，山最高处海拔约109m。随着时代变迁，万寿山山体形态也发生了一些变化。1971年将宿云檐以东的万寿山西山脚挖去一条，1981年将眺远斋以东的山脚切去一角[3]。

颐和园历来重视万寿山的保养维护工作，自20世纪70年代开始修补包山脚，增砌青石包山脚护坡，每年对护坡检修维护，增加绿化面积。但水土流失现象依旧时有发生，尤其是夏季暴雨期。自2014年起，颐和园开始使用测钎法对万寿山部分场地进行定期的水土流失监测。通过监测可见万寿山水土流失主要是由风力和雨水冲刷造成的，流失均值与监测对象坡度基本成正比。

2.1.2　水体

颐和园水体有昆明湖、后溪河等16个遗产要素单体，有的全年有水，有的季节性有水。昆明湖是一个浅的城市湖泊，湖体轮廓近似桃子形状，东西最宽处3.36km，南北最宽处3.96km。清代昆明湖湖水来源于玉泉山及周边的泉水，曾是古代北京城的重要水脉之一。1960年修建的京密引水渠成为现今昆明湖的主要水源。

昆明湖、团城湖已经被列入北京市环保局重点湖泊水质状况监测范围，监测结果每月于环保局网站公布，其水质均处于Ⅱ类或Ⅲ类水质类别。2015年颐和园对其他水体进行水质监测，监测指标主要包括电导率、pH值、全氮、全磷、溶解氧等，监测结果依据国家标准进行评估。水体质量总体较好，各水体夏季溶解氧含量明显低于春季，秋季各水体的五日生化需氧量明显高于春夏两季，总磷含量整体呈现秋季＞春季＞夏季的规律，总氮含量普遍较高，存在水体富营养化风险。

2.1.3　植被

颐和园采用自然与人工相结合的造园艺术手法，最大限度地体现出清代皇家园林植物配置与花木造景的典型特点。经过历代的改造，从山地到平原到湖泊，水生、沼生、湿生、旱生及阴生等各种植物类型在园中均有分布。万寿山主要种植柏树、松树、枫、栾、槐、木兰、杏、桃等植物，湖区主要种植柳、桃、荷花、莲、荇菜等植物。植物监测包括陆生植物和水生植物两个方面。在日常管理中，颐和园每隔5年会开展一次全面的绿化普查工作，1997年经实地调查，颐和园中共有植物3门、89科、225属、319种[4]。近年颐和园开始对植物本底进行更为详尽的调查，内容包括陆生植物中的乔木、灌木及草本，湿生植物或湿地边缘植物，水生植物中的挺水植物、浮水植物及沉水植物等的品种及分布，并筛选其中的国家级和北京市级保护植物品种以及入侵植物品种。2016 年监测结果显示，颐和园中共有植物 142 科、335 属、443 种，较 1997 年的监测结果有所增加，调查中发现国家级保护野生植物 1 种。

2.2　自然环境因素监测

2.2.1　自然环境

自然环境的不断变化是造成颐和园生态环境变化的最直接的原因之一。颐和园具有北京地区气候类型特点，为典型的暖温带半湿润大陆性季风气候。但由于颐和园内小环境的影响，北侧的万寿山、南侧的昆明湖的地形格局又决定了其具有小环境的地域差异。目前颐和园将气象指标监测与本体病害监测相结合，开展了部分区域的小环境监测，监测指标包括温度、湿度、光照、风速、风向等。通过数据分析可知，地形、环境及周围建筑物等情况不同导致各监测点微环境的差异。呈现出地形越开阔，风速越大的趋势，全年主导风向为东北风，南湖岛风速最大；各监测点温度、空气相对湿度变化趋势一致，谐趣园平均温度较低，空气相对湿度最高。

2.2.2　动物监测

在以往的保护管理实践中，颐和园比较重视对园内昆虫的监测，尤其是对有害昆虫的监测工作更是作为重点。1984 年，中国科学院地理研究所的科研人员曾经对颐和园常见动物——蜜蜂、楼燕、蚂蚱、蛙、蟋蟀、家燕、布谷鸟的始见、初鸣及绝见、终鸣，进行了观测。动物作为生态平衡的重要组成部分，与植物、环境密切关联，动物的本底调查与日常监测也已经纳入颐和园生态监测范围之中，并设立常见物种数量和珍稀物种数量两项指标，珍稀物种指园内二级以上保护动物。昆虫、鱼类、鸟类监测方法以野外调查记录为主，记录发现物种和数量。底栖动物及浮游动物以动物种类、密度及生物量为主要监测内容。到 2016 年年底，颐和园内已经发现并记录昆虫 398 种、鱼类 12 种、鸟类 92 种、底栖动物 14 种、浮游动物 28 种，发现国家级保护鸟类 8 种。今后颐和园将继续深入开展动物监测，逐步增加两栖动物、爬行动物、哺乳动物及土壤动物的监测。

3　颐和园生态保护实践

3.1　周边环境整治

1987 年，北京市政府为颐和园及周边区域划定了建设控制地带，1998 年颐和园列入《世界遗产名录》时划定了 297hm^2 的核心保护区以及 5595hm^2 的缓冲区。2003 年，海淀区政府开始对颐和园周边进行整治，使颐和园周边的环境得到综合性改善。2007

年，颐和园西侧陆续建设了玉东郊野公园、北坞公园、北京西山国家森林公园等公园绿地，有效保护了颐和园西部景观，并提高了颐和园周边生态系统的自我调节能力。2015年，北京现代有轨电车西郊线建设规划线路在跨南水北调渠后，铺装方式由平铺高跨调整为地下，有效保护了颐和园南部景观。

3.2　文化型生态景观建设

颐和园的动植物群落是半人工的自然生态群落。近年来，颐和园始终重视园林生态保护，实现古树名木的完好保护，根据历史原貌景观，在昆明湖中恢复九道湾、绣漪桥等处荷花景观，堤上桃红柳绿，蕴含江南水乡风韵。万寿山区域松柏参天，各色花灌木繁花似锦，苔草、麦冬、白三叶等本土地被植物越来越多地应用。2017 年，颐和园继续系统性进行杨柳飞絮治理工作，采取杨柳树伐除、防絮防灾修剪、高位嫁接实验和制剂注射等方法，综合治理效果越来越明显。

3.3　生物防治手段的广泛应用

颐和园在"十二五"期间开始实施以生物防治、物理防治为重点的园林植物病虫害无公害防治，化学农药的使用量逐年减少，2016 年较 2011 年化学农药使用量减少了32%。同时应用生物防治手段施行无公害防治，"以虫治虫"做好园林植物的养护管理，仅 2017 年颐和园释放了肿腿蜂、花绒寄甲、蒲螨、异色瓢虫卵等上亿头害虫天敌，用来防治天牛、蚜螨等害虫。此外，还尝试栽种蜜源植物，探索自然条件下繁育天敌。

4　颐和园生态监测与保护可持续发展

4.1　制定生态监测建设规划，利用城市发展促进生态景观恢复

目前，全社会越来越重视城市生态环境建设，"建设国际一流的和谐宜居之都"已经成为北京发展目标。颐和园在公园发展中紧抓这一机会，总结前期开展的大量的基础工作成效，梳理生态保护的总体目标、近期目标、远期目标，为生态监测体系建设的可持续发展指明方向，并纳入颐和园总体规划中。利用北京市西山文化带、海淀区"三山五园"历史文化景区的建设，制定"三山五园"地区一体化生态保护战略，推动颐和园周边生态湿地环境的改善。恢复周边的部分湿地、湖泊、稻田、荷塘、河道，不仅有利于颐和园周边的生态健康，更是保护了遗产地的真实性与完整性。

4.2　开展颐和园生态环境变迁历史研究，开展多种形式的科普宣传活动

颐和园的相关研究文献中，对园史变迁、古建筑保护、园林绿化、旅游管理等方面

的研究相对较多，但生态保护方面的专项研究极少，其历史变迁过程的研究则更是少见。在今后的学术研究中应逐渐开展一些与水文、环境、动物等生态相关的研究。颐和园水系中原有很多的坝、闸、涵洞等水利设施控制各个湖水的蓄泄，园内现有的水利设施哪些还能继续发挥作用，哪些由于水源的变化不再使用，哪些本应发挥作用但由于失于维护不能发挥作用等都是值得研究的。颐和园作为向公众开放的景区，每年接待上千万游客，生态研究的相关成果可设计成多层面的宣传形式，增加公众对湿地的了解，普及植物与水鸟识别等知识，提高公众的遗产地保护意识。

4.3　建立生态监测信息库，逐步推动颐和园生态监测精细化

充分利用已经建立的智慧颐和园信息系统和颐和园世界文化遗产监测预警平台成果，使生态监测信息管理动态化，数据分析宏观化。为了保证监测工作的可持续开展，逐步推动颐和园生态监测数据精细化、信息化，根据相应的技术规范进行数据采集，并进行生态环境综合评价。同时，对工作人员开展生态监测理论、物种识别、调查方法等方面的长期培训，培养和造就颐和园的专业技术队伍。规范、精细化的数据采集，信息共享的数据化动态管理，有利于决策者迅速、准确地了解生态环境现状，加强部门间的协调管理，保障颐和园遗产地生态保护工作的可持续发展。

参考文献

[1]　高大伟 . 生态视野下的保护研究 [D]. 天津：天津大学，2010.
[2]　北京市颐和园管理处 . 清代皇帝咏万寿山清漪园风景诗 [M]. 北京：中国旅游出版社，2010.
[3]　《颐和园大事记》编委会 . 颐和园大事记 [M]. 北京：五洲传播出版社，2014.
[4]　北京志地方志编纂委员会 . 北京志·世界文化遗产卷·颐和园志 [M]. 北京：北京出版社，2004.

作者简介

闫晓雨，北京市颐和园管理处。
孙伟，北京市颐和园管理处。

园史研究

从清宫图档看颐和园畅观堂历史变迁 ①

○ 张鹏飞

摘　要：颐和园昆明湖西南岸的畅观堂写仿杭州西湖西南丁家山蕉石鸣琴景观，深得清乾隆皇帝喜爱，是清漪园时期写仿江南景观的佳例。通过分析样式雷图，并结合清宫档案及相关图像资料可知，畅观堂的景观格局存在 3 个阶段，而其中第二阶段与蕉石鸣琴景观最为相近，体现出了写仿过程中的因应变化。颐和园时期由于建筑功能的改变，畅观堂景观格局随之改变，最终形成现今的面貌。

关键词：畅观堂；样式雷；蕉石鸣琴；写仿

引言

乾隆皇帝拓展昆明湖是以杭州西湖为蓝本进行的，在清漪园的建设中，他也注重模仿杭州西湖的景观，诸如西堤六桥和小西泠，仿自苏堤六桥和孤山。昆明湖西南的畅观堂也属此类，写仿杭州西湖西南的丁家山蕉石鸣琴（今西湖国宾馆内），目前学界对于畅观堂如何模仿丁家山尚缺乏专论 [1]。② 笔者通过阅读样式雷图档、清宫颐和园档案及相关文献、图像资料，对于畅观堂的历史变迁初步形成粗浅线索，以就教于方家。

1　清漪园时期的畅观堂及其对丁家山的描摹

1.1　清漪园时期畅观堂形态一

笔者目前所见最早描绘畅观堂的样式雷图是故宫博物院所藏《清漪园地盘画样全图》（编号：书 00004275，图 1），国家图书馆藏《清漪园地盘画样》（编号：343-0666）描绘的畅观堂建筑组群轮廓与此相同，但未描绘出建筑布局。《清漪园地盘画样全图》中具有断代作用的建筑涵虚堂，其前身为望蟾阁，夏成钢依据陈设档案分析涵虚堂应完成于清嘉庆十八年至十九年（1813—1814 年）[2]。因此这张图的绘制时间应该在此

① 本文已发表于《北京史学》，2022 年春季刊（总第 15 辑）。
② 对于畅观堂的历史变迁，张龙通过样式雷图档，梳理颐和园时期畅观堂的设计建造情况，但并未再向前追溯。

时间之后，只是具体时间难以确定。

晚清时期重新修缮畅观堂时，样式雷家族中又提供了一张与《清漪园地盘画样全图》中畅观堂建筑布局一致的图纸，就是国家图书馆藏《万寿山西南畅观堂地盘样》（编号：328-0543，图2）。这张图左下角书"万寿山西南，十三年五月十八交祥茂三张：治镜阁、畅观堂、藻鉴堂。"祥茂是负责承修的祥茂木厂。

此图显示的畅观堂正殿三间，东西耳房各二间；西配殿三间，其南耳房二间；东配殿三间，其南耳房一间。院落南部有围墙，东南角开门一座。畅观堂建筑组群的东南有六方亭一座。这张图中显示了船坞，说明它是颐和园时期改造之前的一种面貌（颐和园时期改造畅观堂并将船坞填平）。

清光绪重修畅观堂时绘制的样式雷《南湖畅观堂地盘样》（国家图书馆藏，编号：354-1772，图3）在现状六方亭（今天仍存）位置写有"元旧地基"。"元旧地基"揭示畅观堂存在3种面貌：第一种就是光绪改造后的面貌；第二种是改造之前六方亭消失但是地基尚存的面貌；第三种是第二种面貌之前的六方亭旧基上存有六方亭的面貌。核诸样式雷图，第三种面貌符合《清漪园地盘画样全图》和《万寿山西南畅观堂地盘样》中的形态，所以这两张图中的畅观堂是其最早形态。第二种样貌我们将在下文述及。

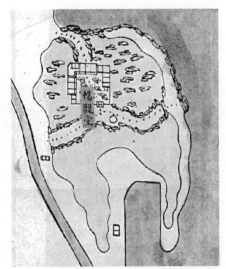

图1 《清漪园地盘画样全图》中的畅观堂

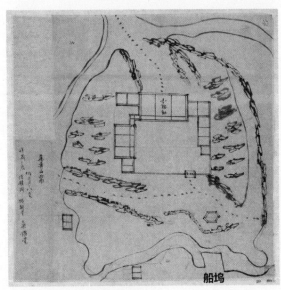

图2 《万寿山西南畅观堂地盘样》

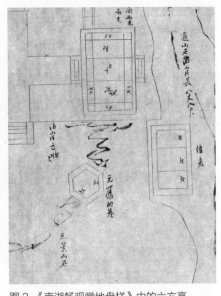

图3 《南湖畅观堂地盘样》中的六方亭

1.2　清漪园时期畅观堂形态二

清嘉庆十二年（1807 年）《畅观堂等处陈设清册》中记载："怀新书屋南方亭面东安楠柏木包镶床五张""门斗上面南贴御笔字复岫匾一张"[3]。由此可知畅观堂的西配殿怀新书屋南有一座方亭，名为"复岫"。清乾隆御制诗中有一首《复岫亭》，诗曰："假山环抱似真山，亭在翠微深秀间，坐便搜吟成便返，笑予那得味斯闲。"[4] 这首诗也可证明复岫亭的存在。此诗与畅观堂区域相关建筑的御制诗在诗集中相邻出现，亦可证复岫亭确实在畅观堂区域。清咸丰九年（1859 年）《畅观堂陈设清册》所记述的陈设格局与清嘉庆十二年基本相同，显示建筑格局没有变化。

怀新书屋南有方亭这一情况，在样式雷图中也有反映。故宫博物院藏《畅观堂地盘形式图》（编号：书 00005203，图 4）中，畅观堂西配殿南恰好有方亭一座。这幅图中的畅观堂正殿五间，后出抱厦三间，东西配殿各三间。正殿和配殿之间有廊相连，三座建筑围合的庭院中有水池一方，池南山石林立，中间为一门。畅观堂建筑组群的南方则有八方亭和四方亭各一座，土山西麓和东北麓也各有一座四方亭。国家图书馆藏样式雷《颐和园局部地势地盘图样》（馆方未确定具体位置，图题系自拟，编号：392-0274，图 5）所绘与此相同，但并未标明地点。这两张图所示的就是前文所说的畅观堂的第二种面貌，东配殿南的六角亭消失了。

颐和园研究室藏有一张畅观堂样式雷图的旧照片（图 6），未标明收藏单位。这张图与前述两张图建筑格局一致，各建筑均标有名称，南船坞也明确标出。其与前两张图相异之处在于描绘出地形起伏，同时畅观堂及两配殿周围有一圈篱笆。

清乾隆三十二年（1767 年）《昆明湖泛舟杂咏》诗注中提到："畅观堂在昆明湖西南角，室宇位置一仿西湖蕉石鸣琴景。"[5] 清乾隆三十四年（1769 年）《睇佳榭》诗注中

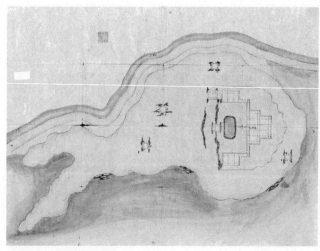

图 4　《畅观堂地盘形式图》
（图片来源：故宫博物院提供）

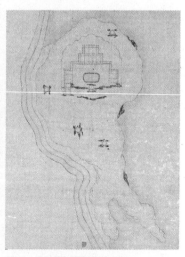

图 5　国家图书馆藏样式雷

写道："西湖蕉石鸣琴景在丁家山，居湖之西南，此处亭台结构皆肖之。"[6] 清乾隆三十五年（1770 年）《睇佳榭》诗注中也写道："是处亭台仿西湖蕉石鸣琴为之。"[7] 清乾隆五十年（1785 年）《泛湖至睇佳榭得句》诗注中又提及："是处肖西湖蕉石鸣琴景为之。"[8] 乾隆帝反复提及睇佳榭仿蕉石鸣琴景，究竟有多大程度的写仿，这可以在关于蕉石鸣琴的相关文献及图像资料中考索。

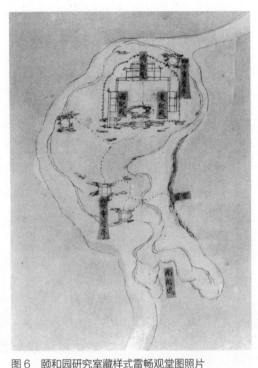

图 6　颐和园研究室藏样式雷畅观堂图照片

蕉石鸣琴位于杭州西湖西南的丁家山，是西湖十八景之一，为清雍正九年（1731 年）李卫所建。在李卫主持修纂的《西湖志·卷 4》中记载："蕉石鸣琴。丁家山在金沙港西南，上有冈阜，俯瞰全湖，与北岸之乌石峰、栖霞岭相拱揖，盖怡贤亲王祠之护沙也。雍正九年，建王祠成，爰芟刈榛秽，辟磴道数十级，延缘而登，于山半置亭，以为憩息之所。更上为八角亭，题小序为额。亭外悬崖数仞，护以石栏，黛色波光如在堵城。更进为舫室数楹。窗槛玲珑。湖渌远映，恍疑乘槎天汉。舫前奇石林立，状类芭蕉，题曰蕉石山房。石根天然一池，泉从石罅出瀺灂作声，演清漾碧，临池复置小轩，颇极静洁。磴道之南，石壁高丈许，前一石卓立障如屏风，遂称蕉屏。屏以内石床、石几，莹润无滓，时携焦尾琴，作梅花三弄，古音疏越，响入秋云，高山流水，辄于此间遇之。"梁诗正等领衔修撰的《西湖志纂·卷一》所记蕉石鸣琴景观情况与此相同，并增加乾隆帝的《丁家山》诗，因为乾隆十六年（1751 年）乾隆帝首次南巡即到访蕉石鸣琴。此后他又三次登临丁家山，并写有诗作。

前面的三张样式雷图正可与《西湖志》中所描绘的蕉石鸣琴相对应。半山亭和八角亭正似畅观堂建筑群南的四方亭和八方亭，从地形上看畅观堂以南的两亭也符合渐次抬升的形势。畅观堂院中的水池也是模仿石根的天然水池。畅观堂前的两道石峰，似可对应蕉屏。《西湖志》和《西湖志纂》中蕉石鸣琴的图绘（图 7、图 8）也反映了志书中文字描绘的情况。西湖博物馆所藏《西湖十景册页》中的蕉石鸣琴（图 9）相较前两种图绘与三张样式雷畅观堂图更为契合。此外《南巡盛典》及颐和园所藏《钱维城画西湖名胜图》则为另一种蕉石鸣琴图绘（图 10、图 11），地形大势与前面几种基本相同，只是细部有所差别。

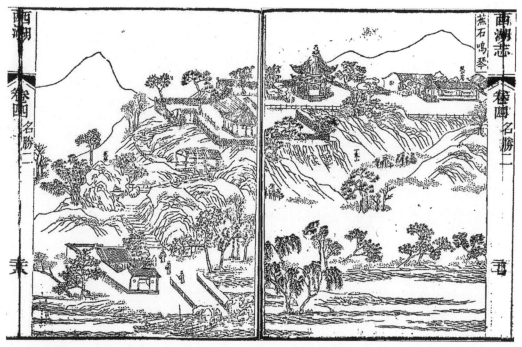

图 7 《西湖志》中的蕉石鸣琴

图 8 《西湖志纂》中的蕉石鸣琴

图 9　西湖博物馆藏《西湖十景册页》中的蕉石鸣琴 [9]

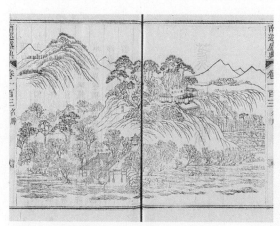

图 10 《南巡盛典》中的蕉石鸣琴

图 11 《钱维城画西湖名胜图》中的蕉石鸣琴 [10]

　　昆明湖西南岸地势平坦，缺少丁家山那样的自然山体，景观显得平淡单调，因此乾隆帝堆筑土山，加以三面环湖、金河相护的绝佳形势，使畅观堂成为观景的佳地。畅观堂、怀新书屋、睇佳榭三座建筑的名称也点出了各自方向上的观景要诀：怀新书屋以观昆明湖西岸之新苗，畅观堂、睇佳榭以观湖山之胜。乾隆帝关于三处建筑的数十首诗作足见其对此地的喜爱，而他在《昆明湖泛舟杂咏》中的最后两句，更是道出对畅观堂的偏爱，认为昆明湖模拟西湖的佳处就在此。诗曰：

晴霭柳塘复苇湾，岸临舟舣便登山。

湖光设若拟西子，宜是鸣琴蕉石间。

与丁家山蕉石鸣琴最为契合的畅观堂的第二种面貌究竟成于何时，目前没有直接的记载，但从怀新书屋南方亭即为乾隆帝御制诗中复岫亭这一情况来看，它应该肇始于清乾隆时期。这种建筑格局一直持续到清光绪十七年（1891 年）。东京大学东洋文化研究所藏《万寿山离宫之全图》仍然是这种格局（图 12）。《万寿山离宫之全图》中绘有拓展之后的园墙，园墙修筑工程在光绪十七年竣工 [11]，所以这幅图的绘制应不早于光绪十七年。另外国家图书馆藏样式雷《颐和园内畅观堂填修泊岸宇墙改修山道图样》（编号：343-0660，图 13）中庭院西北角写有"坍塌水池一座，长六丈八六，均宽一丈八五，均深一丈三"，可证颐和园改建畅观堂时才将水池填平。

2　颐和园时期对畅观堂的改造

清咸丰十年（1860 年），经历英法联军的劫掠，内务府清查园内现存陈设，在其编成的《清漪园山前山后南湖功德寺等处破坏不全陈设清册》中记载："（知春堂）睇佳榭匾一件""畅观堂楠柏木包厢床八张，怀新书屋楠柏木包厢床十一张、睇佳榭楠柏木包厢床三张" [13]。清同治二年（1863 年）的《清漪园山前山后南湖功德寺等处破坏不全陈设清册》与此相同。匾额和楠柏木包厢床的存在说明畅观堂建筑群组应该大致完好，所以畅观堂建筑群组有可能没有毁于英法联军的劫火中。前述清光绪十七年（1891 年）

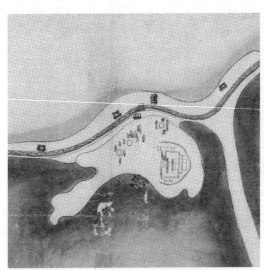

图 12　《万寿山离宫之全图》中的畅观堂 [12]

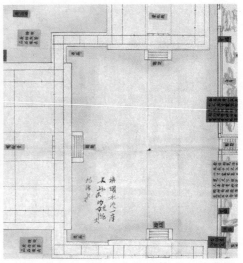

图 13　《颐和园内畅观堂填修泊岸宇墙改修山道图样》中所见水池记录

或之后绘制的《万寿山离宫之全图》尚见完整的畅观堂建筑群也能作为佐证。

从清漪园到颐和园，园林属性在一定程度上发生了变化，颐和园更加注重生活起居的需求，因此需要对原有建筑进行改造，畅观堂也属此类。畅观堂改建的时间，张龙依据样式雷内檐装修图上的文字记载推测应该在清光绪二十三年（1897 年）左右，应属可信 [14]。

据国家图书馆藏样式雷《南湖畅观堂地盘样》（编号：348-1170，图14），改建后的畅观堂相较之前规模有所扩大。正殿面阔五间，进深三间，为两卷棚屋顶。两配殿仍为三间。怀新书屋南的方亭被拆掉，在西南侧建重檐八方亭，在睇佳榭南建六方亭。原有的八方亭和四方亭被拆除。建筑群组东侧山麓湖边建值房和净房。南船坞被填平，建主位房，值房南建膳房。

清光绪帝重修之后的畅观堂一直留存至今（图 15），只是周边环境有所变化，东、北两个方向仍然可以观赏湖山景色，而西侧已无稻田弥望。

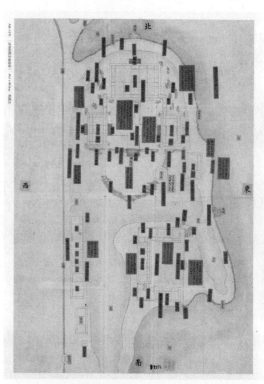

图 14 《南湖畅观堂地盘样》

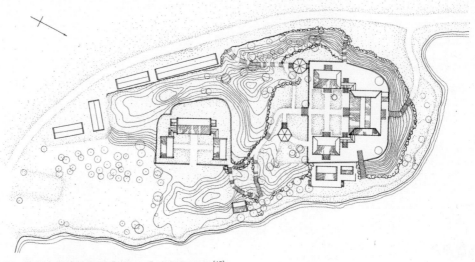

图 15 清华大学建筑学院《颐和园》中的畅观堂 [15]

参考文献

[1]　张龙 . 颐和园样式雷建筑图档综合研究 [D]. 天津：天津大学，2009：155-157.

[2]　夏成钢 . 清漪园望蟾阁的兴衰变迁 [C]// 中国古典园林造园艺术研究：纪念颐和园建园 270 周年学术论文集 . 北京：机械工业出版社，2020：13-14.

[3]　清宫颐和园档案·陈设收藏卷：第 2 册 [M]. 北京：中华书局，2017：572，574.

[4]　弘历 . 御制诗三集·卷 63[M]// 清代诗文集汇编：第 323 册 . 上海：上海古籍出版社，2010：414.

[5]　弘历 . 御制诗三集·卷 66[M]// 清代诗文集汇编：第 323 册 . 上海：上海古籍出版社，2010：446.

[6]　弘历 . 御制诗三集·卷 79[M]// 清代诗文集汇编：第 323 册 . 上海：上海古籍出版社，2010：857.

[7]　弘历 . 御制诗三集·卷 90[M]// 清代诗文集汇编：第 324 册 . 上海：上海古籍出版社，2010：142.

[8]　弘历 . 御制诗五集·卷 16[M]// 清代诗文集汇编：第 327 册 . 上海：上海古籍出版社，2010：470.

[9]　王露 . 西湖景观题名文化研究 [M]. 杭州：杭州出版社，2016：117.

[10]　北京市公园管理中心 . 园说——颐和园建园 270 周年文物特展 [M]. 北京：文物出版社，2020：63.

[11]　北京市颐和园管理处 . 颐和园园墙保护性修缮研究 [M]. 北京：文物出版社，2019：44-52.

[12]　东京大学东洋文化研究所 . 东京大学东洋文化研究所藏清朝建筑图样图录 [Z]. 2005：53.

[13]　清宫颐和园档案·陈设收藏卷：第 18 册 [M]. 北京：中华书局，2017：8178，8185.

[14]　张龙 . 颐和园样式雷建筑图档综合研究 [D]. 天津：天津大学，2009：155.

[15]　清华大学建筑学院 . 颐和园 [M]. 北京：中国建筑工业出版社，2000：414.

作者简介

张鹏飞，北京市颐和园管理处。

颐和园（清漪园）东宫门区域建筑布局及功能演变述略

○ 曹　慧

摘　要：颐和园（清漪园）是中国古典园林造园艺术和技艺的集大成者，其园林建筑更是园林的重要组成部分，从建成至今的 270 余年间，园林建筑多次发生变迁。有鉴于以往的研究多集中于园林内部建筑群和单体建筑的考辨，对宫门区域的建筑则缺乏系统研究。本文通过对相关档案文献、样式雷图档、老照片等资料的考察，全面、系统梳理不同历史时期东宫门（大宫门）区域建筑布局、形制与功能状况，总结归纳各阶段的特点，分析其研究价值和意义，探析其发展演变脉络。

关键词：清漪园；颐和园；东宫门；建筑；演变

引言

颐和园位于北京市西北郊，占地 300 余公顷，是中国现存最大、保存最完整的皇家园林。其前身乃始建于清乾隆十五年（1750 年）的清漪园，从清朝中期至今的 270 余年间，这座园林跨越清朝、民国时期、中华人民共和国 3 个历史时期，其命运始终与时代变迁紧密相连。它历经了盛世繁华，遭受过战火劫掠，几毁几建，终于迎来园林的新生，其建筑格局、形制和功能均发生巨大变化。东宫门地区作为进出园林的最紧要处，其变化更为显著，并直接反映园林的历史沿革和功能演变。

1　清漪园大宫门区域建筑

自清代以来，朝廷开始在北京城西北郊进行大规模皇家园林建设，从康熙十九年（1680 年）在玉泉山兴建第一座皇家御苑，到乾隆二十九年（1764 年）清漪园建成，完成中国历史上最为集中、最为恢宏的皇家造园工程，形成"三山五园"皇家园林群。清漪园是西郊园林中最晚建成的一座，它位于"三山五园"的中心，优越的地理位置、便利的水陆交通，使其成为沟通其他皇家园林、景观的中转站和枢纽。

有关清漪园的兴建动机，乾隆帝在《御制万寿山清漪园记》中提及，概括起来有两点，一是整理西北郊水系，发挥昆明湖的水利功能，以保障京城用水和漕运水源畅通；二是利用万寿山昆明湖的山水形胜，实现完全按照自身意愿造园的抱负和西郊园林的整体规划。因此，清漪园的定位主要是"敕几清暇，散志澄怀之所"，兼具"阅伍观稼"和"勤政亲贤"的功能。

1.1　主要建筑

园林建筑的布局围绕着其功能而定，大宫门是清漪园的正门和东侧的主要进出口，按照宫门的基本形制设置，据档案记载，乾隆十九年（1754 年）东宫门等处已建成。由于清漪园时期的档案和图样资料较少且零碎分散，对东宫门地区建筑布局的探讨需要结合老照片、绘画等进行综合对比。

乾隆年间绘制的《崇庆皇太后万寿庆典》是目前已知有关清漪园最早的一幅画卷，可以看到大宫门以影壁为界分为内广场、外广场两部分。外广场包括牌楼一座、石桥三座，内广场包括宫门一座、朝房两座，宫门两侧各有群房。图中描绘的景象与《钦定日下旧闻考》中"宫门五楹东向，门外南北朝房。驾两石梁，下为溪河，左右罩门内有内朝房，亦南北向，内为勤政殿七楹"[1] 的记载基本一致。

有清一代，样式雷家族参与西郊园林的设计建造，其留下的工程图档成为研究园林建筑的重要依据。国家图书馆藏样式雷图档中有三张清漪园时期的全图，其中 146-0045《清漪园河道地盘样》（图 1）和 349-1205《万寿山全图》（图 2）都较为简略，只简单勾勒出大宫门区域的基本轮廓，主要建筑包括宫门、朝房和石桥。342-0666《清漪园地盘画》（图 3）样则更加详尽，建筑形制较为清晰，并用黄签标注主要建筑的名称。从图中可以看到东宫门（大宫门）、内外朝房、军机处、影壁、石桥等，此外，东宫门外北侧还零星散布一些值房、堆拨类建筑。

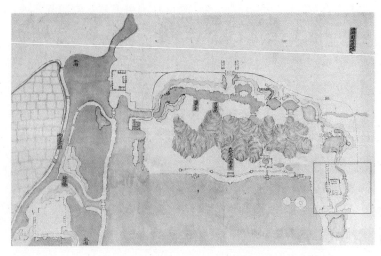

图 1　国家图书馆藏 146-0045《清漪园河道地盘样》（局部）

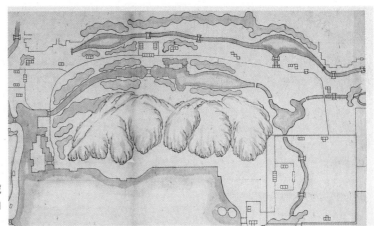

图 2　国家图书馆藏
349-1205《万寿山
全图》（局部）

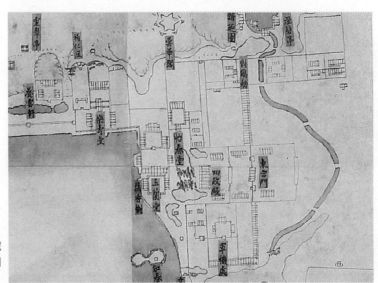

图 3　国家图书馆藏
342-0666《清漪园
地盘画样》（局部）

1.2　建筑形制

建筑形制包括建筑的基本尺寸和等级，是衡量建筑功能和价值的标尺。东宫门坐西朝东，其尺寸综合文献记载、样式雷图和绘画、老照片来看非常统一，均为面阔五间。从《万寿庆典图》和老照片中还能看到宫门南北两侧各有一座罩门，宫门前南北两侧各陈列一座铜狮（后期改安）。屋顶样式由于缺乏相关文献和图样印证，无法仅凭《万寿庆典图》的描绘而进一步明确。

宫门朝房包括群朝房和内广场朝房，为皇帝游园时官员备差或休息的场所。群朝房又称内朝房，位于宫门南北两侧，其中北侧呈"一"字形，南侧呈"L"形，据342-0666清漪园地盘画样和清代绘制的《清漪园图》可知，北群朝房24间，南群朝房48间，合计72间（图4）。

内广场朝房为南北各一座，大小有三间、五间的分歧。国家图书馆藏146-0045《清漪园河道地盘样》和国家图书馆藏349-1205《万寿山全图》中均为面阔三间，而国家图书馆藏342-0666《清漪园地盘画样》《万寿庆典图》和《清漪园图》（清代绘画，绘制年代不详）中皆为面阔五间。借助清朝法国外交官谢满禄拍摄于1880年至1884年的清漪园老照片中北朝房檐柱和台阶的位置可以确定朝房的形制为面阔五间无疑（图5）。

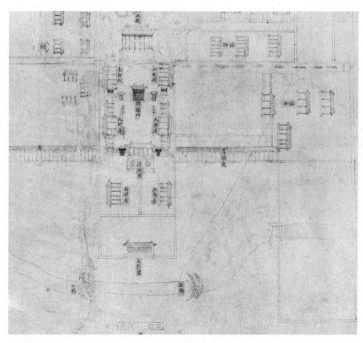

图4 《清漪园图》（局部，清代）

图5 清漪园北宫门
（图片来源：谢满禄，
1880—1884年拍摄）

军机处院落一座。军机处也称"军机房""总理处"，是清政府的中枢权力机关，由皇帝直接管辖，在皇帝驻跸或临幸的园林、行宫等处也多有设置。据国家图书馆藏342-0666《清漪园地盘画样》和《清漪园图》描绘的景象，可知军机处位于南群房西侧，为一组四合院，正殿坐北朝南，面阔三间，东西配房各三间，南端设有院门。

牌楼一座，是外界进入园林的分界线和起点，据工程档案记载其形制为四柱三楼[2]。中国摄影师赖阿芳于1879年拍摄的老照片中也能清晰地看到牌楼的形制为三间四柱三楼式，没有戗杆，规格较低，东面额曰"罨秀"，西面额曰"涵虚"。

综上可见，清漪园时期北宫门区域的主要建筑由宫门一座五间、内朝房七十二间、军机处一座、南北朝房两座各五间、影壁一座、牌楼一座（图6）、石桥三座等构成。宫门内外散布几处堆拨、值房类建筑，使用者和具体功能尚需进一步考证，推测应为大臣、侍卫备差值宿和护卫随扈皇帝时所用。

由于乾隆帝在清漪园建成之日起就许下"园虽成，过辰而往，逮午而返，未尝度宵"的承诺，在园内停留的时间较短，没有住宿的情形，其后的嘉庆、道光、咸丰三帝也遵照执行。因此，园林不具有完备的理政议事功能，朝房、军机处等建筑的象征性和临时性也远甚于实用性，宫门区域建筑仅为皇家园林的基本配置，形制级别均较低。

图6　清漪园大宫门外牌楼（赖阿芳，1879年拍摄）

2　颐和园东宫门区域建筑

　　1860 年，英法两国发动第二次鸦片战争，由于清政府腐败无能，侵略军长驱直入，攻占北方重镇天津和国都北京。1860 年 10 月 18 日至 20 日，为报复清政府扣押谈判代表和战俘，联军焚烧劫掠西郊园林，造成毁灭性破坏，自康熙朝形成的"园居理政"就此中断。

　　清光绪年间，执掌朝政的慈禧太后开始处心积虑地筹备修复清漪园作为她归政后的离宫御苑，清王朝最后一次大规模兴建园林拉开了帷幕。重修工程从光绪十二年（1886年）起至光绪二十一年（1895年）主体工程竣工止持续了 10年，工程浩大，耗资颇费。颐和园重修后成为帝后驻跸理政的场所，改建、新建了一批生活建筑和杂勤区，增添了御苑的生活气息，东宫门区域的变化尤为显著。

　　东宫门区域基本沿袭清漪园时期的布局和形制，即内广场"东宫门五间，宫门内九卿房各三间，两山耳房四座各三间，官门前月台一座，随墙门二座"[3]。外广场影壁一座、月牙河一桶、石平桥三座，牌楼一座（图 7）。其中牌楼形制发生较大变化。由清漪园时期较为简单的三间四柱三楼升级为三间四柱七楼，也从侧面反映出园林地位的提升。

　　为综合考量东宫门区域建筑布局和功能的转换，根据建筑用途和类别的不同，将该区域的主要建筑分为公所衙署类、服务保障类、休闲娱乐类三类，通过分类对比，厘清沿革脉络。

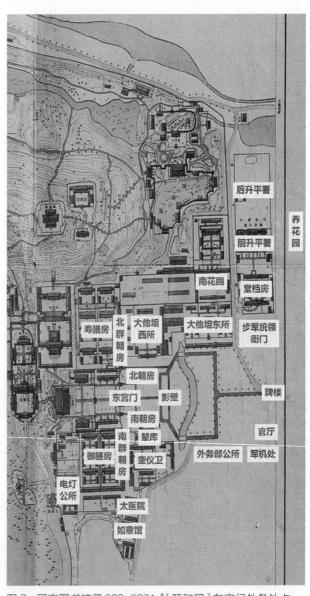

图 7　国家图书馆藏 339-0271《[颐和园] 东宫门外各处占用地位房间地盘画样准底》

2.1　公所衙署类

2.1.1　朝房

东宫门外设有各衙门官员等候传召和休息的朝房，包括大门两侧的群朝房和门外广场南北两侧的朝房。这个区域是从外面进入园林的最紧要处，也是体现园林具备理政功能最明显的标志之一。

在反映东宫门区域建筑的样式雷图档中可以清晰地看到南群朝房的建筑布局呈"L"形，有四十八间，北群朝房则为"一"字形，有二十四间，南北群朝房合计七十二间，与清漪园时期的布局和形制相同。国家图书馆藏颐和园样式雷图档 357-2009《东宫门外南北群房图样》用红签明确标注南群朝房各间的具体使用部门，从北至南、从东向西依次为奏事处、侍卫处、内阁、户部、刑部、礼部、兵部捷报处、吏部、宗人府、工部、翰林院詹事府、都察院理藩院、起居注上谕馆、太常寺太仆寺、光禄寺鸿胪寺、批本处蒙古奏事处、武备院（图8）。以上的部门名称涵盖了清政府的主要部门，完全能满足帝后驻跸期间处理各项政务的需求，也从侧面反映了颐和园成为紫禁城之外的重要政务中心。

广场上朝房最初的设计为两侧各一座，面阔五间，前后廊，即清漪园时期的形制。后考虑到实用性而在其东西侧各增添一座，形制相同，变为南北各两座，中间不相连。这四座房屋的名称和功能在国图藏相关样式雷图档中有几种不同的标注情况，或统称朝房，或统称南朝房、北朝房，还有分别标注朝房和值房的。如国家图书馆藏 337-0151《颐和园东宫门外各处细图》将南北两处新建房屋分别标注为：散值（秩）大臣值房和乾清门侍卫值房。国家图书馆藏 339-0271《东宫门外各处占用地位房间地盘画样准底》则将两处分别标注为：大门侍卫值房、散秩大臣乾清门侍卫值房。两张图档标注的名称虽略有差异，但传递的信息是明确的，即该两处添修房间的使用者为皇帝身边的近身护

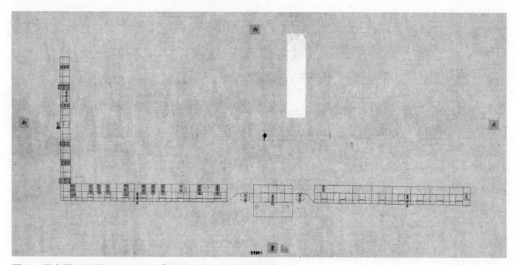

图8　国家图书馆藏 357-2009《东宫门外南北群房图样》

卫——侍卫处的散秩大臣、乾清门侍卫和大门侍卫等人员。据《总管内务府现行则例》记载，每遇驻跸，有散秩大臣一员、乾清门侍卫四员在颐和园住班 [4]221。

民国时期，随着颐和园身份由皇家禁苑变为公共园林，东宫门外朝房的功能也随之转变。1914 年，颐和园正式对外售票开放，北朝房被改为售票处。此外，由于朝房所在的宫门区域，位置显眼，交通便利，遂被商户租赁用于招揽顾客。1935 年，公共汽车管理处借用北朝房四间，以三间作候车室，一间作售票室。南朝房空屋六间，稍加修改，必要时作存车室①。南朝房西头三间曾先后被小轿营业处、引导处租用②。新中国成立后，北朝房东侧重新成为公园售票处，西侧先后被公共汽车公司、西苑邮局等租用，南朝房被商户租用开办大众服务社等③。现今，北朝房仍为售票处，南朝房改造成为颐和园游客服务中心。

2.1.2　步军统领衙门公所

据《钦定大清会典事例》记载，提督九门步军巡捕五营的职制为：守卫、断狱、门禁、编查保甲等。遇帝后驻跸，则总兵一人在园驻班，统率中营官兵昼夜巡逻。禁其声息。凡驾出入，则除道，张帷幕 [5]。其官署为步军统领衙门，设统领一人，颐和园东宫门外有其公所，负责帝后进出园林和驻跸期间的守卫、防护。

公所位于东宫门东北侧，为一组建筑的最南端。据工程档案记载，主体工程于光绪十六年（1890 年）开工建设，光绪十七年（1891 年）竣工。国家图书馆藏 338-0164《颐和园外新建九处房间数目清单》中记录步军统领衙门共房三十九间。之后，又在其南墙外添修马圈等房间，包括东西房二座，每座三间。

据国家图书馆藏 339-0271《[颐和园] 东宫门外各处占用地位房间地盘画样准底》可见，公所为一座坐北朝南的三进院落。西侧院墙开门，中路大门五间，正房五间前后廊，东西厢房各三间，后罩房五间；东西跨院形制相同，分别有北房三间、正房三间、南房三间。

民国初期，步军统领衙门继续肩负园林安全防护的职责，并参与制定园林面向公众开放的章程。1924 年北京政变后，步军统领衙门被裁撤，至此退出历史舞台，公所建筑也逐渐闲置。新中国成立后，原步军统领衙门与堂档房、升平署、养花园等处由中央党校接收并管理至今。

2.1.3　堂档房

堂档房的全称为颐和园内务府堂档房，是内务府堂在颐和园派出机构的衙署。内务

---

① 北京市档案馆藏档案，档案号：J021-001-00269，题名：北平市管理颐和园事务所关于改订联系样式及公务员所得薪酬报告表给北平市政府的呈及市政府指令。
② 北京市档案馆藏档案，档案号：J021-001-01114，题名：北京特别市公署管理颐和园事务所关于导游问题的布告、愿书、提成的呈报及市政府的指令。
③ 颐和园藏《园内外住户清册》，1951 年 3 月 15 日。

府堂，简称"堂上"，是总管内务府大臣的办公机构，设郎中、主事等职，掌管题奏文移案件等，并兼管督催及文职铨选。堂档房应为相对紫禁城的内务府堂而言，更多体现的是档案房处理文书的职能。内务府作为专门为皇室服务的机构，该衙署的设置也进一步表明颐和园成为宫外的政治活动中心。

堂档房位于东宫门东北侧，步军统领衙门的北侧，同样为一组坐北朝南的三进院落。据工程档案记载，堂档房工程和步军统领衙门值房工程同步进行，共用银一万九千五百一两八钱二分四厘，另有堂档房正房明间后檐改安装修等工银一千六万十三两一钱二分八厘。堂档房主体建筑形制与步军统领衙门相同，共计三十九间。嗣后又在其东西两侧添盖下人住房、马棚、马圈等。

据国家图书馆藏346-0998《颐和园堂档房添盖下人住房马棚地盘样》可知，东侧增添住房、车轿屋、马棚十五间，包括下人住房三间、轿屋三间、车屋三间、穿堂一间、马棚五间。据国家图书馆藏356-1996《谨拟颐和园堂档房以西添盖马圈图样》可知，在院外西侧堆拨南北两侧分别添盖住房车屋二间、马棚三间，连接一起，另在南端增加围墙，设置栅栏门，形成一个封闭的空间，增加安全性和便捷性。从以上两处添盖房间的名称可以看出是为满足堂档房大臣办公而设的服务设施，也从侧面反映了随着帝后驻跸颐和园常态化之后，园外各衙门也逐渐投入日常使用。

民国初期颐和园对外开放后，堂档房会同稽查处等部门办理入园、园内船只等票券业务。1924年溥仪出宫后，原清廷内务府机构与人员随之裁汰，堂档房衙署也随之闲置。新中国成立后，堂档房旧址连同原步军统领衙门、升平署、养花园等处一并由中央党校接收并管理至今。

2.1.4　外务部公所

光绪二十七年（1901年），清廷明令改总理各国事务衙门为外务部，负责清廷外交事务，外务部公所即为该机构在颐和园的派出衙署，负责帝后驻跸时处理外交事宜。公所位于东宫门外广场南侧，据样式雷图档，该处清漪园时期仅有一座三间堆拨。由于外务部成立的时间较晚，其公所建造最初并不在东宫门外各处房间的修建计划之内。据考证，外务部公所的建造历史跨度长达18年，历经"东宫门外各项下处值房""东宫门外各项值房西墙外添修房屋""外务部公所""外务部新公所"4个阶段完成[6]。

外务部公所包括中路和东西两个院落，其中主体建筑大堂平面呈"凸"字形，由美国建筑师詹美生设计，建筑样式独特，为典型中式大屋顶形式和西式建筑结构装饰相结合的一层单体建筑，是北京中西建筑艺术融合的先行者和范例。

1912年，溥仪退位后，该处仍然由清室管理。1928年南京国民政府接收颐和园时，该处由外交部接收，后成为颐和园职工家属区。1941年，颐和园小学由升平署旧址迁至此处，该处作为教育用地直至新中国成立后。2003年，海淀区政府委托公司对该区域内的单位、居民进行拆迁补偿清退。2004年11月，颐和园有偿收回该处全部使用权。2008年，经过两期修缮工程，该处作为颐和园游客服务中心开放，如今成为颐和园管理处的办公场所。

2.1.5　军机处

军机处也称"军机房"，是清政府的中枢权力机关，设有军机大臣、军机章京等职。清漪园时期，军机处位于东宫门南侧，是唯一在样式雷图档等资料上有明确标注的部门，也可见其重要性。据国家图书馆藏385-0077《东宫门外内外各处占用地位房间地盘画样》，颐和园重修之初，原拟在南朝房南侧修建军机处公所，后改在原"东宫门外各项下处值房"处。

军机处包括北部的军机处公所，是军机大臣的办公场所；南部的马号（44号院），是军机大臣来园值宿时存放、饲养车辆、马匹的地方，也是公所建筑群的重要组成部分。民国初期，该处对外出租。1937年北平沦陷后成为日军军营。1946年有商人对房屋整修后开设平民医院[①]。1949年国家接收颐和园时，军机处仍属颐和园的管理范围。2009年12月，颐和园收回44号院土地使用权，修缮后成为颐和园的办公用地。

2.1.6　官厅

官厅是八旗步军执勤驻军的值房，有些称堆拨，具有军事、卫戍功能，是清朝满族色彩的安防处所。清漪园时期，大宫门东侧南北各有一座面阔三间前出厦的官厅。光绪时期，为护卫帝后驻园的安全，颐和园大墙周边兴建有50余座官厅堆拨类建筑，其中东宫门外牌楼南北两侧各有一座面阔三间前出厦的官厅，位置较清漪园时期更加靠外，也有防卫前置的意思。此外，在步军衙门、升平署等处西侧也设有堆拨。

民国时期，东宫门外的官厅堆拨类建筑逐渐消失，目前位于牌楼南侧的官厅为仅存的一座建筑级别最高的官厅，也是目前此类建筑的唯一遗存。2009年12月，颐和园收回官厅等处土地使用权，目前此处已纳入东宫门区域改造计划。

除上述6处主要公所外，据档案文献记载可知东宫门外还有海军衙门公所（弹压处）、内务府堂公所（下处）、户部公所、商部、工部下处、武备院、侍卫处、奏事处、南书房等。由于相关资料缺失，原有建筑无存且地形现状变化较大，尚无法进一步明确其位置和沿革情况。

---

① 北京市档案馆藏档案，档案号：J021-001-01558，题名：北京特别市管理颐和园事务所转呈陈兆龙为开办玉泉山平民疗养院请求豁宽租金三年和本所承租前军事处房屋开办平民医院给市政府的呈及市政府准予备案的指令。

2.2　服务保障类

2.2.1　銮仪卫及辇库

顺治元年（1644 年）初设锦衣卫，顺治二年（1645 年）更名为"銮仪卫"，掌供奉乘舆、秩序卤簿、祭祀、朝会时巡大阅，负责管理帝后等皇室成员出行时的銮驾、仪驾、仪仗、采仗和祭祀、朝会时的陈设引仗[①]。宣统元年（1909年），为避溥仪名讳，改为"銮舆卫"。

銮仪卫位于东宫门南朝房南侧、群朝房东侧，紧邻东宫门，切实保障了帝后出行的仪仗需求，也反映出东宫门外建筑的服务功能变化。銮仪卫是东宫门外九处工程之一，整体建筑坐东朝西，依东侧的河道、土山地形而建，共计五十三间，包括东侧顺山房十一间，南北值房各三间；西侧建筑包括值房十三间和库房二十三间。光绪十九年（1893 年）在銮仪卫和南朝房之间添修銮驾金辇库一座七间用于存放车架等。

1936 年后，銮仪卫曾用作汽车、自行车存放处，便利游客来园游览。1950 年北京市公安局设立颐和园消防中队，借用銮仪卫北部建筑至今。南部院落曾用作颐和园基建队工房，后被颐和园派出所作为办公用房使用至今。辇库如今为颐和园导游服务中心办公场所。

2.2.2　御膳房

位于南群朝房西侧，原为军机处，光绪十六年（1890 年）开工改建为"御膳房"，并于光绪十七年（1891 年）竣工。御膳房为光绪帝的专用厨房，负责膳食、茶水和药品，又称"西六所"。整体建筑坐北朝南，分东西两路六座院落，建筑布局和形制相同，均为北房五间带东西耳房各一间，东西房各一座三间，其中东路为御膳房三座，西路包括御茶坊二座，御药房一座。

1942 年，因年久失修被拆除。新中国成立后，成为颐和园管理处的后勤管理区。1984 年，管理处机关由东八所搬至此处新建平房办公。1998 年，为进一步加强对文物的保护和管理，将该处改造成为地上展馆、地下库房的集文物展览和存储功能于一身的新型文物馆，命名为"文昌院"。2021 年 9 月 28 日，颐和园博物馆正式挂牌，揭开了颐和园世界文化遗产保护、传承、利用新的一页。

2.2.3　太医院

太医院的职能为："掌考九科之术，以供医事"。院使、院判及其属官各自以所属的科目分班侍值，为宫中人员服务的称"宫直"，服务外廷的称"六直"。皇帝等驻跸园林时，宫直、六直人员亦在园林内外值班，按照宫中惯例行在扈从。值班人员有按照旨意派遣的，也有按照值班情况轮流委派的[②]。

① 《大清会典·卷八十三》。
② 《大清会典·卷八十一》。

为明晰职责分工、杜绝舞弊，宫廷实施医药分开的制度，太医院大夫负责诊脉，开处方，御药房则负责具体的制药、配药。颐和园分设的太医院和御药房也不在一处，据光绪十八年（1892 年）《工程清单》的记载可知，太医院建筑为一座坐南朝北的小院，包括正房、东西厢房和南房，与国家图书馆藏 342-0665《（颐和园）东宫门外侍卫处迤南添修弹压处值房等图样》中的描绘相符。

新中国成立后，太医院所在的苇场门地区成为颐和园管理处的综合服务区，原有建筑已无存；1959 年，曾在此区域修建露天剧场进行文娱演出；现今为颐和园仓储用房，即将进行第二期文物库馆改造工程。

2.2.4　电灯公所

光绪十五年（1889 年），李鸿章从德国购买全套电气照明设备，安装在园内主要殿宇，设置电灯公所，专司发电及电灯线路管理维修事宜[7]。电灯公所又称"电灯局"，位于文昌阁东，耶律楚材祠以南，包括两座院落。据样式雷图档，北部院落包括机器房、正房、南房、东西厢房各一座，南部院落则有 4 种方案，对比工程清单的记载和民国 23 年（1934 年）绘制的地图可知，国家图书馆藏 344-0765《电灯局以南添修房间图样》中一座近似四合院的院落布局可为依准。此外，在多张样式雷图档中均显示南部院落东侧有一座马圈，由于四周尚有群朝房、如意馆、銮仪卫等处衙署，该马圈的使用者无法确定。

庚子事变期间，电灯公所的房舍机器荡然无存。1902 年，公所建筑应随同园内建筑修缮一起进行过一定的修整，并从德国重新购买设备安装。1908 年，光绪帝和慈禧太后相继去世，"隆裕皇太后懿旨：皇帝尚在冲龄，一时未能临幸……轮船电灯官役撤销差使，所有船灯各项物件交管理颐和园大臣派员看守接收看管。"[4]222 民国时期，电灯公所、如意馆等处被军队占用成为杂役人等的住所①。1932 年，发电机设备下落不明。1942 年，该处建筑也因年久失修而拆除。1998 年，在进行文昌院文物库馆工程时，将电灯公所北院改造为一座仿古四合院落，现今为颐和园博物馆办公场所。

2.2.5　大膳房

大膳房，又称外膳房，位于东宫门外工部公所（下处）以南马厂内。结合工程档案和样式雷图档中平垫地基的记载，可知该处工程应于光绪二十年（1894 年）之后开工。目前已知的样式雷图档有 13 张，整体建筑坐北朝南，具体设计方案有两种，第一种为北部两座三合院落，南部为东西对称的两组各四座膳房；第二种又包括两类，建筑布局相同，仅建筑尺寸略有差异，均为北部一座三合院落，南部五座膳房。

此外，样式雷图档中还有两张以东宫门外大膳房命名的设计方案，位置均为后来的外务部公所，可知仅为前期设计并未实施。然而，从大膳房、外膳房的名称及位置来

---

① 北京市档案馆藏档案：档案号：J021-001-00212，题名：北平市管理颐和园事务所关于清查房屋数目、物品数字给北平特别市政府的呈及市政府的指令。

看，应为服务东宫门外各衙署当值、住班官员、侍卫等人。根据工部公所（下处）的位置推断，大膳房应位于现今的颐和园家属区。由于档案信息缺失和民国以后周边地形、建筑格局变动太大，原有建筑早已无存，建筑布局和形制更无法考证。

2.2.6　寿膳房

寿膳房位于北群朝房西侧，清漪园时期为空地，颐和园重修时为慈禧太后的专用厨房，由8个院落组成，又称"东八所"。寿膳房分为东西二所，东所由南至北包括寿膳房三座、寿膳房库房一座；西所由南至北包括寿茶房二座、寿茶房库房一座、寿药房一座。其中东一所、东二所、东三所、东四所、东七所、东八所均为北房五间带耳房二间，东、西房各三间；东五所、东六所则为北房七间。由一座园林分设两座膳房，以及寿膳房和御膳房建筑形制和数量的对比不难看出慈禧太后的地位远远高于光绪帝，是这座园林名副其实的主人。

1932年，东八所整修后对外出租，后作为颐和园职工宿舍。新中国成立后，该处继续有园内职工租住，也曾作为管理处机关的办公场所。该区域私搭乱建现象严重，古建筑年久失修，破损严重，存在重大安全隐患，且与颐和园文化环境极不相称。经中央和市政府指示自1984年起筹建宾馆，腾退东八所、南花园、大他坦东所的单位和居民并进行改造。2005年9月，由颐和园与首旅集团合作并委托阿曼集团管理的颐和安缦酒店开业。

2.2.7　大他坦

"他坦"为满语。原指猎人临时搭的棚子，后指宫内太监等人的住房、值房。大他坦位于东宫门外北侧，又称"储秀宫他坦"，后简称"储秀宫"，光绪十六年（1890年）开工，光绪十九年（1893年）竣工。储秀宫总管首领除在园内扈从外，还掌管进园当差官员人等的查验。大他坦共有一百五十八间房，包括东西两所，两所之间南北库房二座各九间、东西看守房二座各二间。

综合样式雷图档和民国时期的地图可知，大他坦整体建筑坐北朝南。西所西侧南北横列四座各三间房间，中路为三进四合院落，包括东西厢房四座各三间，南房五间，正房五间，东西耳房各二间，后罩房九间。东侧为南北向群房二十一间。东所南部为东西向群房二十三间，北侧纵列三座院落，其中东西跨院形制相同，共计东西厢房四座各三间。正房两座各五间、一座七间，后罩房两座各五间，一座七间。

民国初期，储秀宫对外出租。1937年12月，侵华日军西城宪兵队驻在西所，建筑被严重毁坏。抗日战争胜利后，该处驻有公安局派驻园内的保安队，协同警察负责园林安全。1947年，有商人整修承租西所，开办存车处、食堂、煤栈等[1]。新中国成立后，

---

[1] 北京市档案馆藏档案：档案号：J021-001-01739，题名：北平市政府管理颐和园事务所关于商人吴翰卿承租修缮储秀宫破房开创营业的呈及市政府的指令。

西所被军管会警卫三团占用，现为某单位家属区，历史格局相对完整，私搭乱建现象严重。东所南群房东侧由迎春餐厅占用，西侧由颐和园邮局（当时称"万寿山邮局"）占用，私搭乱建严重。2007 年 9 月，邮局和居民全部迁出，产权属颐和园宾馆所有，房屋属颐和园文物保护范围内附属用房，现今作为商业用房。

2.3　休闲娱乐类

2.3.1　升平署

升平署是清代掌管宫廷戏曲演出活动的机构，最初称"南府"，始于康熙年间，隶属于内务府，道光年间改称"升平署"。重修颐和园后，为满足慈禧太后痴迷听戏的爱好，在园外建有升平署，存放箱笼行头以及供演员练习等，方便随时应承演戏。

升平署位于东宫门东北侧建筑的最北端，建筑规模较大，分为前后两署，各为一座四进院落，共计一百九十二间房。在国家图书馆藏样式雷图档中，有关升平署的建筑布局有两种方案。第一种即 392-0512《谐趣园以东添修升平署房间地盘样》中东西对称分布五座院落、中间为夹道的建筑布局；图档线条简略，与现状格局完全不同，应为早期设计草案并未实施。第二种以 392-0018《升平署添修中测井炉灶图样》反映的形制为准，中路由南至北分别为五间南群房、五间正房（前后出廊）带东西厢房各三间、五间正房（前出廊）带东西厢房各三间、后罩房五间带东西厢房各三间；东西路建筑格局相同，由南至北依次为五间南群房、西（东）厢房三间、三间正房（前后出廊）带耳房穿堂各一间、西（东）厢房三间、三间正房（前出廊）带耳房穿堂各一间、后罩房五间带西（东）厢房三间。此外，院落最东侧添修中侧四座八间。前后所形制基本相同，仅前所一进西侧有柴灶房二间，一二进之间没有院墙和大门的细微差别。

据档案记载，1900 年八国联军侵占北京，升平署存放的切末行头等物品遭受劫掠，损失巨大。1902 年两宫回銮后，虽然演戏活动并未停止，但是盛况难续。随着慈禧太后去世，清宫演戏暂告段落，颐和园升平署也逐渐衰落。溥仪出宫后，升平署机构就此解散。1929 年 2 月，管理颐和园事务所以武备院全部房屋及升平署一半房屋的拆料整修升平署一半未拆房屋，开办民众学校。1941 年，伪华北政务委员会建设总署占用升平署开办华北土木工程学校，颐和园小学（原颐和民众学校）迁至外交部大堂（原清外务部公所），该处产权不再归属颐和园。1946 年改称"清华农学院"。1949 年北平解放后，马列学院由香山碧云寺迁入，改为"中央高级党校"，此后该处连同原步军统领衙门、堂档房、养花园等一并由中央党校接收并管理至今。

2.3.2　如意馆

如意馆是清廷书画制作的机构所在地，宫廷画师随扈帝后驻跸颐和园。据工程档案的记载和样式雷图档的描绘，如意馆位于太医院南侧，建筑布局、形制均与其相同。民国初期，如意馆对外出租，后被军队占用。新中国成立后，该处对外出租，现今为颐和园库房。

2.3.3　南花园

南花园又称"悦春园"。位于大他坦北侧，谐趣园东侧，清漪园时是一片空地，园林重修时添建为皇家培育南方名贵花卉的地方，是东宫门外九处工程之一，于光绪十六年（1890 年）开工，光绪十七年（1891 年）竣工。

据国家图书馆藏 339-0271《东宫门外各处占用地位房间地盘画样准底》描绘，南花园整体平面呈"L"形，包括南北两院和西侧的花洞，主要建筑有正房五间、两山耳房各二间、转角游廊，东西厢房二座各三间，外院东西厢房二座各三间，院落西北角花神庙一座，大门东山南房六间、西山南房十间；花洞四座各十间；东侧为游廊及车屋，共一百四十四间[①]。

民国时期，北平市工务局曾借用悦春园房屋，也有园内职工租住。1948 年该处建筑严重失修，曾进行保护性修缮，后因经费紧张而暂缓，只进行基础修护[②]。新中国成立后，该处租住有园内职工，后连同东八所等处进行腾退改造。2005 年 9 月，改造完成的颐和安缦酒店营业至今。

2.3.4　养花园

养花园位于升平署以东，又称"自得园"。清漪园时期为"自在园"，是皇家的养马圈，据国家图书馆藏 332-0656《自在园内现存房间图样》可知，在园内西北角和西南角建有马圈、马神庙等建筑，其余大片空地均为河泡、土山。颐和园时期，该处建筑布局和功能均发生较大变化，结合样式雷图档可将工程分成三部分，一是整理地形，修整泊岸，开挖疏浚河道，加宽拓深，理顺自然风貌；二是将原马圈旧址改建用于养育花卉，西侧为院落游廊，应为办公值房，东侧建有花洞；三是在园内东南靠大墙处建有大量房间，东侧为车库房，西侧为四座值房院落并四座马圈，由于档案资料不足，其使用者和功能尚需进一步考证。

民国时期，该处被军队占用，曾为抗日名将佟麟阁的宅院。1941 年连同其西侧的升平署被改造成为伪华北政务委员会建设总署华北土木工程学校。1950 年，该处由中央党校接收并管理至今。

① 颐和园藏光绪十五年（1889 年）九月《钱粮杂记》。
② 北京市档案馆藏档案：档案号：J021-001-01775，题名：行政院北平文物整理委员会工程处关于修缮悦春园一案并请拨发木料给管理颐和园事务所的公函及市政府的训令。

3 结语

3.1 概述

历史不同时期，颐和园（清漪园）的园林地位和定位几经变化，东宫门区域建筑布局和功能也历经演变，大致可分为以下几个阶段：

清漪园时期，由于园林不承载"园居理政"的核心功能，地位也较圆明园低，因此北宫门地区的建筑布局较为稀疏，形制也略低，功能以满足皇帝巡幸时的防卫、后勤服务等基础需求为主。光绪时期重修颐和园后，集理政、庆典、外事、游赏等多重功能于一体，园林建筑布局和形制也进行相应地调整。东宫门作为园林的正门，紧邻园内政务区，也是陆路从紫禁城等处入园的起点，成为承接园林理政功能的主要区域。这一阶段的东宫门地区变化体现在建筑数量大幅增加、布局更密、形制提高。

概括来说，东宫门地区的建筑可以分为公所衙署类：以朝房、军机处、步军统领衙门、外务部公所为代表，承担辅助帝后驻跸期间处理政务及园林安防的职能；服务保障类：膳房医院负责饮食医药，他坦专门负责扈从服务，电灯局保障园林用电，銮仪卫及辇库掌管帝后仪仗车驾；休闲娱乐类：以升平署、如意馆、花园为代表，满足园居期间听戏、作画、赏花等需求。从这些建筑的使用者身份看，已全面覆盖帝后驻园时的各类需求，实现了紫禁城及附属机构的功能迁移。

民国时期，颐和园逐步由皇家的私人园林转变为公众的公共空间，园林的主要功能是提供游览服务。这一阶段，东宫门区域建筑景观和功能发生巨大变化，一是对外出租开办各类商业服务，如銮仪卫变、南朝房。二是租赁给个人或单位职工居住，如东八所、如意馆等。三是开办学校，如升平署、外务部公所。四是被单位或军队占用，如储秀宫。五是因年久失修被拆除，建筑消亡，如武备院、御膳房等。至新中国成立后接收颐和园时，宫门外有些建筑的原有格局和形制已发生改变且无法复原，整体呈现失修失养严重的局面。

导致这一结果的原因有二：一是园林管理者除政府拨给的部分经费外，需要筹措资金维持运转。一方面房屋作为资源对外出租最为便捷；另一方面无力进行修缮，索性拆卸拍卖木料修补他处或折算资金。二是由于特殊的时代背景，各路军阀、军队、日军等先后驻扎园林周边，建筑首当其冲成为被掠夺的资源。

新中国成立后，颐和园成为人民的公园。在很长一段时期内东宫门区域的建筑景观和功能呈现两个特点：一是出租房屋用于商业或居住的用途并未改变，私搭乱建、改造层出不穷，加速建筑面貌改变。二是单位、部队借用、占用成风，导致产权、管理权混乱。1998 年 12 月，颐和园入选世界文化遗产，园林完整面貌和遗产监测的重要性提上日程。单位人员腾退，建筑产权确权、收回，多部门联动推动东宫门区域规划是园方积极推动的工作。

3.2　价值和意义

东宫门区域建筑布局和功能演变是颐和园园林历史发展和变迁的真实写照和缩影，对其进行系统、全面梳理具有重要价值和意义，一方面有助于更深入了解和认识历史时期园林面貌和价值，另一方面为现今的遗产保护、传承和利用工作提供参考和借鉴。具体来说，包括以下几点：

①在古建筑保护和研究方面，东宫门区域建筑是园林建筑的重要组成部分，通过对其设计修建流程、形制做法规范、经费职责分工等考证，可为现今的古建修缮和维护以及考察同时期其他建筑提供丰富的资料和参照。②在晚清政治史研究方面，通过对建筑承载的功能和使用者活动的考察，有助于研究园居理政状况和颐和园作为第二政治中心的运转机制。③在制定规划方面，有助于解决现有建筑产权的历史遗留问题，更好地对东宫门区域建筑进行功能定位和规划。④在地区建筑及遗迹变迁研究方面，发挥颐和园大 IP 的核心价值，为周边青龙桥、大有庄、六郎庄等古镇遗存保护、开发打下基础，带动地区发展。

东宫门是颐和园的重要门户，经过各方多年不懈努力已逐步收回被占用的历史建筑，对实现颐和园世界文化遗产地的历史完整性，最大限度保存历史文化信息和颐和园历史文化研究具有重要意义。

参考文献

[1]　于敏中 . 锁定日下旧闻考 · 卷八十四 · 国朝苑囿 · 清漪园 [M]. 北京：北京古籍出版社，2000：1391.

[2]　中国第一历史档案馆，北京市颐和园管理处 . 清宫颐和园档案 · 营造制作卷 · 卷二 [M]. 北京：中华书局，2015：628.

[3]　中国第一历史档案馆，北京市颐和园管理处 . 清宫颐和园档案 · 营造制作卷 · 卷六 [M]. 北京：中华书局，2015：2997.

[4]　故宫博物院 . 总管内务府现行则例 · 颐和园六十 [M]. 海口：海南出版社，2000：221.

[5]　昆冈，等修 . 刘启端，等 . 钦定大清会典事例 · 卷一千一百五十六 [M]. 上海：上海古籍出版社，2003：128.

[6]　秦雷 . 颐和园外务部公所建筑考 [M]// 中国紫禁城学会论文集：第十辑 . 北京：故宫出版社，2019：488.

[7]　北京市颐和园管理处 . 颐和园大事记 [M]. 北京：五洲传播出版社，2013：85.

作者简介

曹慧，北京市颐和园管理处。

造园艺术

相地合宜 构园得体

——颐和园造园中因地制宜的几个古建设计简析

○ 赵晓燕

摘　要： 无论是中国古典园林还是西方园林，建筑设计都必须要基于地域特征进行。只有善于利用地形地貌的特点，因地制宜，得景随行，才能营造出各具特色的园林景观。本文选取颐和园中几处与地形地貌紧密结合的古建设计进行简要分析，希望可为现代园林建筑设计提供借鉴。

关键词： 颐和园；古建设计；画中游；澹宁堂；瞩新楼

引言

中国古典园林和西方园林设计中都遵循着一个共同的原则，那就是基于地域特征进行设计。地域特征，即园林所处的环境特征，是个广而泛的概念，包括例如气候、地形地貌、文化历史、社会经济现状等内容。作为造园主要载体的地形地貌是其中最主要的方面，表现在园林建筑设计上尤为突出。因为园林建筑是与园林环境及自然景致充分结合的建筑，它可以最大限度地利用自然地形及环境的有利条件。《园冶》中提出"相地合宜，构园得体"，讲的是要善于利用地形地貌的特点，因地制宜，得景随行，才能营造出各具特色的园林景观。也就是要求设计师要根据地形地貌来堆山理水，筑亭建台。

颐和园的前身是清漪园，从兴建至今已有 300 余年历史，是中国古典皇家园林的封顶之作。和其他清代的苑囿一样，颐和园也使用了大量官式建筑，但具有各种不同的体形，而且通过巧妙的组合以及与地形和山石、树木互相配合，创造出一种富丽堂皇而饶于变化的艺术风格，造园中，一山一湖，一草一木，明堂高阁，曲苑回廊，无不因地制宜，错落有致。本文谨就颐和园中跟地形地貌紧密结合的画中游、澹宁堂、瞩新楼三处古建设计进行简略分析。

1　山地小园——画中游

　　画中游始建于清乾隆年间，光绪时重修，由画中游游廊、澄辉阁、爱山楼、借秋楼及石牌坊组成。它位于颐和园万寿山前山西南坡的转折处，占地面积约为 0.5hm^2。"层楼雅号画中游，四面云窗万景收。只有昆明太空阔，破烟几点下闲鸥"，乾隆的诗点明了画中游是个登高览胜的景点。此处地势高敞，视野宽广，既可观景又可得景。建筑以楼阁为重点，陪衬亭台，以爬山游廊连通上下，布局对称，互不遮挡，景观空间层次变化较大，同时大量堆叠山石，围植松柏，构成山地小园林特色（图 1）。

　　画中游建筑群共有 4 座主要建筑，突出于群组中轴线最南端的 2 层亭式敞阁名"澄辉阁"（图 2）。据国家图书馆所藏样式雷 344-0721《画中游前倭角亭图样》中一图签："原查八方亭，因有积土柱顶未满露，现清理露明，系四方重檐倭角亭"，可知倭角亭应该就是现在画中游建筑群中的八方亭，因其不是正八边形，看上去是正方形四个角各去掉了一个小角而成，因而称为"四方倭角亭"。该建筑坐北朝南，造型为平面八方阁形式，重檐八脊攒尖顶，周有围檐，黄琉璃瓦绿剪边，有吻兽、垂兽，四周围廊。澄辉阁

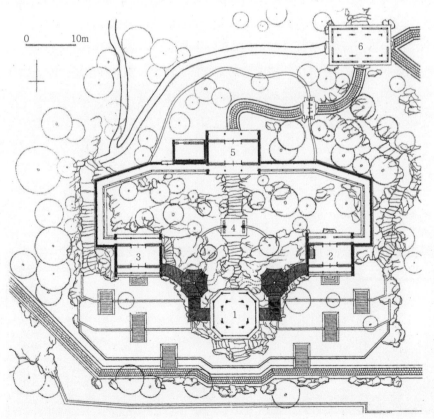

1—画中游；
2—爱山楼；
3—借秋楼；
4—牌楼；
5—画中游正厅；
6—湖山真意

图 1　画中游建筑群总平面图

图 2　澄辉阁　　　　　　　　　　　　　　图 3　六根柱子长短不一

坐落在陡峭的山坡上，前后高差约 4m，设计者巧用地势，下层的六根柱子顺着山石的起伏而长短不一（图 3）。澄辉阁建筑面积 184.32m²，面南悬挂"画中游"匾（因澄辉阁的匾额在民国年间修缮后错挂为画中游，延续至今）。

　　澄辉阁空透开敞，东西南三面都可以凭栏远眺：南向俯视远可观昆明湖全貌，近可见听鹂馆歌舞，东向遥对佛香阁，西向可远望青山塔影，近眺堤柳桃红，立柱与楣子栏杆构成精致的画框，宛若在画中游览（图 4、图 5）。

　　澄辉阁东西两面依着山石的升起，连接着两座 2 层的楼阁，东名爱山楼，西为借秋楼，均坐北朝南。爱山楼、借秋楼的东西各有爬山廊通往澄辉阁，爬山廊中部各有 1 座重檐八脊攒尖顶小亭作为主体楼阁的陪衬，沿爬山廊穿行石洞可到达阁的上层。重檐亭上绿琉璃瓦黄剪边，亭高 3.22m，柱子也是随山势而长短不一，8 根柱子中北侧两根立于山石之上（图 6、图 7）。

图 4　自澄辉阁西望　　　　　　　　　　　图 5　自澄辉阁南望

图6　通往爱山楼的亭子　　　　　　　　　　　图7　不等高的柱子

　　澄辉阁后部是在天然裸露山石上堆叠的一组假山。巧妙布置的山石与阁、游廊紧密连接，构成上下穿插的曲径，增加了这组山地建筑的自然情趣。经假山北面庑殿式顶的石牌坊，可达一组由爬山游廊环抱而成的庭院，其主体建筑就是小巧别致的画中游（图8），它位于整组建筑的最北端。画中游面阔3间，坐北朝南，画中游东、西各有18间爬山廊，东接爱山楼，西接借秋楼。

图8　画中游

画中游建筑群正是通过多种建筑形式的组合：危楼、高阁、小亭、石坊、秀廊、明阶、暗洞、山石、平台、青砖小院，依山势高低错落、左右勾连、上下相通，营造了旷达高远与秀丽柔美相融的美妙画境，可谓因地制宜设计园林建筑的典型范例。

2　山水书房——澹宁堂

澹宁堂位于万寿山后苏州街东中御路北侧的山脚下，始建于清乾隆十九年（1754年），1860 年被英法联军烧毁，慈禧修建颐和园时，澹宁堂并未予复建，仅在南面入口处建三间敞厅门。1994 年 4 月至 1996 年 9 月根据清宫档案在原址上复建澹宁堂，是一组以书斋为主体功能的点景建筑群。清乾隆曾赋诗曰："澹泊水之德，宁静山之体。山得水复处，书堂构于此"（图 9）。

澹宁堂所处地理位置非常特殊，正如清乾隆帝诗中所描述："开窗常面山，山体恒宁静。俯瞰亦临水，水态澹泊永。"澹宁堂背靠（南依）后山坡，左右伸山臂拥抱，前敞（北面）临水的小地形，也可以说是三面环山、一面临水的形胜，环境颇为幽静。在

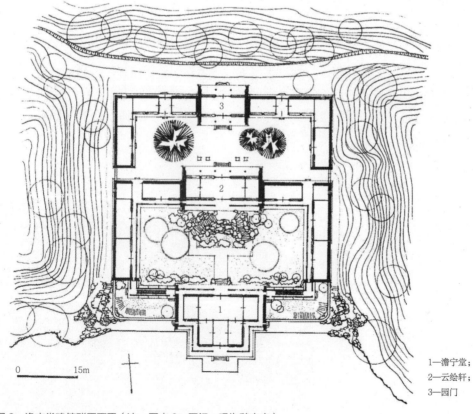

1—澹宁堂；
2—云绘轩；
3—园门

图 9　澹宁堂建筑群平面图（注：图中 3—园门，现为随安室）

设计中巧妙地利用地形地貌，整组建筑坐南朝北，依山势南高北低，落差 4 余米。主殿澹宁堂面阔 5 间，北门出抱厦 3 间，前接一临水码头（图 10）。堂两侧对称建有叠落游廊与南面两层的云绘轩相连（图 11）。云绘轩从南面看是一座面阔 5 间的穿堂殿，从北面看则变成了 2 层小楼，楼内设有楼梯可以上下，出入非常便利（图 12、图 13）。在颐和园整体布局中，澹宁堂南接万寿山后山中御路，北连水路。堂南距中御路不足 3m，堂北抱厦突出于后溪河的水面，一组建筑同时兼顾两种不同的外部环境，处理得极为巧妙。

"澹宁"二字出自诸葛亮《诫子书》："非澹泊无以明志，非宁静无以致远"之句，建筑户对青山，窗涵绿水，四周幽静怡人，取意自然贴切。清乾隆皇帝在所题《澹宁堂诗》小注中说明了建筑的修造原因："予十二岁时，蒙皇祖恩，养育宫中，于畅春园内赐庐曰：澹宁居。"为了不忘祖父康熙皇帝的养育之恩，乾隆皇帝在万寿山后山仿照畅春园的澹宁居建造了此组建筑，并沿用了"澹宁"二字作为建筑的名称。

图 10　澹宁堂北侧抱厦接临水码头

图 11　澹宁堂西侧的叠落廊

图 12　云绘轩从南面看是一座面阔 5 间的穿堂殿

图 13　云绘轩从北面看则变成了 2 层小楼

复建后的澹宁堂总占地面积约 3600m²，其中庭院 1170m²，立体建筑 2011m²，房间 155 间，为二进院叠落式建筑。除云绘轩抱厦为悬山外，其余均为硬山顶，绘苏式彩画，框线贴金，方砖墁地，基本恢复了遗址原有形式、材料和工艺，再现历史原貌。

3 对山幽阁——瞩新楼

瞩新楼位于谐趣园（原称"惠山园"）园池之西北侧，始建于清乾隆十六年（1751年），惠山园仿江苏无锡惠山脚下的寄畅园而建，瞩新楼在清漪园时期名"就云楼"，乾隆帝为其题诗："因迥为高易，对山得阁幽。有窗纳荟蔚，无地幻沉浮。"诗有小序曰"每当朝暮晦明，水面山腰，云气蓬勃，顷刻百变"，就是就云楼起名的原因。清嘉庆十六年（1811年），此园建筑布局有了较大的添改，园林景观发生了新的变化，就云楼改名为"瞩新楼"。

瞩新楼的设计颇具匠心，建筑巧妙借用了园内外山体的自然落差，因地制宜地将楼处理成两面截然不同的样式，楼分上下两层，上层的墙角跟园外山路的路面相平，下层依地下的岩壁筑造，因此，从园内望去是二层的小楼，但在园外看时却变成了一层的敞轩（图 14、图 15）。

瞩新楼坐西朝东，面阔 6 间，周围有廊，二层悬挂"瞩新楼"匾额，上层楹联"万年藤绕宜春苑，百福香生避暑宫"，下层楹联"瑶阶昼永铜龙暖，金锁风清宝麝香"。前檐一层明间装修四扇玻璃槅扇门，中为帘架。此楼高居谐趣园的西北部，楼前有一浅小水池，水自玉琴峡流出，上边盘覆着紫藤，下部山石叠砌，有慈禧皇太后御笔"萝

图 14 瞩新楼从园内望去是二层小楼　　　　图 15 在园外看时瞩新楼是一层的敞轩

月""松风""仙岛"等石刻，池畔生长着茂密修竹，凭栏可俯视谐趣园全貌，还可听玉琴峡传来的淙淙泉声，颇具别样趣味。

4　结语

我国古典园林一般以自然山水作为景观构图的主题，建筑只为观赏风景和点缀风景而设置。园林建筑只是整体环境中的一个协调、有机的组成部分，它的责任是突出自然的美、增添自然环境的美。这种自然美和人工美的高度统一，正是中国人在园林艺术上不断追求的境界。颐和园作为清代皇家苑囿的经典之作，处处体现依山顺势、因地制宜的古建营造手法，是古人巧于因借、追求至美的精彩诠释，对于当今园林建筑设计具有重要的借鉴意义。

参考文献

[1]　汪菊渊. 中国古代园林史：上卷 [M]. 北京：中国建筑工业出版社，2006.
[2]　周维权. 中国古典园林史 [M]. 北京：清华大学出版社，1999.
[3]　姚天新. 颐和园：中国遗产之旅 [M]. 郑州：大象出版社，2004.
[4]　颐和园管理处. 颐和园导览 [M]. 北京：中国旅游出版社，2008.
[5]　张龙. 济运疏名泉，延寿创刹宇——乾隆时期清漪园山水格局分析及建筑布局初探 [D]. 天津：天津大学，2006.
[6]　韩炳越，沈实现. 基于地域特征的风景园林设计 [J]. 中国园林，2005（7）：61-67.
[7]　刘敦桢. 中国古代建筑史 [M]. 2 版. 北京：中国建筑工业出版社，1984.
[8]　颐和园管理处. 颐和园志 [M]. 北京：中国林业出版社，2006.
[9]　北京市地方志编撰委员会. 颐和园志·世界文化遗产卷 [Z]. 2004.

作者简介

赵晓燕，北京市颐和园管理处。

颐和园画中游营建历史沿革及园林造园艺术探析 ①

○ 张 颖

摘 要： 画中游建筑群位于颐和园万寿山前山西坡，主要由画中游、澄辉阁、爱山楼、借秋楼及石牌坊等建筑组成，其间还因地巧借自然山石堆叠两层假山，重塑山势，种植绿植，营造山地园林特色。画中游建筑群始建于清乾隆年间，后数度修缮，但格局未有大的改动，是园内为数不多保留了清漪园时期风格的一组建筑。本文以 2020 年画中游建筑群大修为契机进行文献考证、实地调研、测绘和保护性修缮等研究，对其造园艺术进行分析，并探析造园主人乾隆皇帝的园林审美，进而推动其保护与展示工作。

关键词： 颐和园；园林造园；艺术；历史

引言

历史上著名的古典园林不计其数，商王的鹿台、周代的灵囿、宏大瑰丽的阿房宫、杨柳轻拂的太液池……中国古典园林以山、水、植物和园林建筑为基本元素，以中国的传统文化为灵魂，演绎出一篇篇"凝固的诗"、一幅幅"立体的画卷"。随着朝代的更迭，大多数古典园林仅存于档案文献，即使是盛极一时的皇家园林也大多未能幸免于难，只有通过考古挖掘才能窥见地下残存的痕迹。

颐和园前身清漪园兴建于 1750 年，这座园林秉承清朝乾隆盛世的雄厚财力、皇帝个人较高的文化修养以及造园实践技术的成熟，据自然山水，因势巧借，达到了"天人合一"的境界。

1860 年清漪园被英法联军烧毁。清光绪十四年（1888 年）二月光绪皇帝谕内阁："……万寿山大报恩延寿寺，为高宗纯皇帝侍奉孝圣宪皇后三次祝嘏之所，敬踵前规，尤徵祥洽，其清漪园旧名，谨拟改为颐和园，殿宇一切亦量加葺治，以备慈舆临幸……"② 光绪十四年（1888 年）三月"（光绪）奉慈禧皇太后幸颐和园，阅神机营，水

---

① 本文发表于北京市文物局主办的《北京文博文丛》2021 年第四辑。
② 《清德宗实录》，卷之二百五十二，清光绪十四年（1888 年）。

陆各操。"①

　　清光绪二十六年（1900 年），颐和园被八国联军相继进占。八国联军在园内盘踞达一年之久，园中陈设付之一空。清光绪二十七年（1901 年）八月，"总管内务府大臣世续奏。洋兵撤退。接收颐和园日期。并现查情形。报闻。摺包。"光绪二十八年（1902 年）三月，"命庆亲王奕劻管理颐和园事务"②，再次重修了颐和园。光绪二十八年（1902 年）八月，"上奉慈禧端佑康颐昭豫庄诚寿恭钦献崇熙皇太后幸颐和园驻跸。"③

　　目前颐和园是我国最大、保存最完好的清代皇家园林，是中国古代古典园林集大成者最真实的样本。虽两毁三建几经磨难，但一些重要的古建筑躲过了浩劫，较完整地呈现了颐和园初建时的形制，画中游建筑群组就是其中之一，可从中窥视这座御苑的风采及其初建时主人乾隆皇帝的内心世界。

1　画中游建筑群组概况

　　画中游建筑群组始建于清乾隆年间，清光绪年间重修，由澄辉阁、爱山楼、借秋楼及石牌坊组成。群组中轴线最南端的两层亭式敞阁是澄辉阁。澄辉阁东侧是爱山楼，西侧为借秋楼，两座楼均坐北朝南，且大小、形制皆同，面阔 3 间，柱高 2.98m，建筑面积均 316m²，硬山顶，前后有廊。爱山楼、借秋楼的东、西各有爬山廊与澄辉阁相接，两处游廊中部各建一座重檐八脊攒尖顶小亭，作为主体楼阁的陪衬。

　　澄辉阁后部是在天然裸露山石上堆叠而成的一组假山，巧妙布置的山石与阁、游廊紧密相连，构成上下穿插的曲径，增加了这组山地建筑的情趣。假山北面是一座石牌坊，穿过牌坊是由爬山游廊环抱而成的庭院，庭院的主体即是画中游正殿，它位于整组建筑的最北端。画中游面阔 3 间，坐北朝南，歇山顶，建筑面积 97.7m²，西接耳房 2 间。

2　画中游建筑群组历史沿革及历次修缮

　　据乾隆三十二年七月十七日总管内务府奏折《遵查万寿山等处工程逐一核算数目将管工大臣查议》："……万寿山自乾隆十五年兴修起至二十九年工竣…"④ 可知，清漪园工程开始于清乾隆十五（1750 年），乾隆二十九年（1764 年）工程竣工，其中建筑陆续完成。目前每个具体建筑施工的时间和过程无确切的资料记载，只能根据现存内务府奏折、乾隆御制诗、传世的《万寿图卷》等管窥推测。

①《清德宗实录》，卷之二百六十八，清光绪十五年（1889 年）。
②《清德宗实录》，卷之四百八十六，清光绪二十七年 （1901 年）。
③《清德宗实录》，卷之五百四，清光绪二十八年（1902 年）。
④ 中国第一历史档案馆藏，《内务府奏案·5 宗·245 卷·15 号》。

2.1　修缮年代推测

2.1.1　以《万寿图卷》为依据推测

故宫博物院收藏的《万寿图卷》长达百余米，绘制了清崇庆皇太后万寿庆典时自清漪园至紫禁城寿康宫欢庆的场景。全图分为 4 卷。其中的第一卷"嵩呼介景"描绘了清漪园东宫门外涵虚牌楼至昆明湖南长河入口处的麦庄桥段庆典场景，对研究清漪园具有重要的历史价值。

清乾隆十六年（1751 年）十一月初三日郎正培面奏上喻："於初八日着丁观鹏、张镐随驾至万寿山起，至寿安宫止，往看一路陈设等件，绘图四卷。钦此。"[①]清乾隆二十六年（1761 年）十一月三十日，万寿庆典图作为皇太后七旬寿礼承进。由此可知：第一，万寿庆典图的作者到过万寿山实地考察，画卷具有极高的历史价值；第二，画卷历时 10 年完成，画内出现的建筑在乾隆二十六年之前已经建成。图中绘有澄辉阁，因此可以确定乾隆二十六年澄辉阁已建成。

2.1.2　根据乾隆御制诗中最早出现该建筑名称的年代推测

清乾隆二十五年（1760 年）已有爱山楼："问谁无所爱，仁者乃爱山……"清乾隆二十九年（1764 年）已有借秋楼："窗挹波光庭种楸，一天飒景在高楼。履霜早是羲经着，底事循名更借秋。"[②]

2.2　历次修缮

2.2.1　清漪园时期主要修缮

清代皇家园林一直沿用"岁修制度"，即建筑物建成后检查零修制度。

总管内务府乾隆四十三年（1778 年）六月二十七日奏折《查议粘修清漪园澄辉阁等项工程奏销迟延之监督苑丞文达等罚俸》："……查，苑承文达等系承办粘修澄辉阁等项工程之监督，理应工竣及时赶办销算，乃迟至二年有余今始奏销属不合……"[③]

可以看出画中游建筑群组建成后，应在乾隆四十一年（1776 年）进行过修缮。

2.2.2　颐和园时期的主要修缮

清咸丰十年（1860 年）十月，英法联军入侵北京，洗劫、焚毁了"三山五园"。清漪园众多建筑庭院被毁，只留下断壁残垣和秃山涸水。此后，咸丰、同治两朝都未对其进行过修缮。直至光绪朝，慈禧为自己准备归政后的离宫时，选中清漪园旧址开始大规模地修缮，并将清漪园改名"颐和园"。

清光绪十九年至二十一年（1893—1895 年）修缮画中游建筑群组记录（节略）[④]：

---

① 《清宫内务府造办处总汇·20 卷》，389 页。
② 故宫博物院编，《清高宗御制诗》，海南出版社，2006 年。
③ 中国第一档案馆藏，《总管内务府慎刑司奏折·338 卷·8-9 号》。
④ 中国第一档案馆藏，《呈光绪十九年至二十一年各分厂分作颐和园工程清单》。

光绪十九年（1893年）一月，爱山楼成作内外檐装修前后檐，压面石扁光见细，迤北游廊成作横楣坐凳；画中游、湖山真意、借秋楼均成作内外檐装修，前后檐压面石扁光见细。

光绪十九年（1893年）四月，画中游并东西游廊垂花门均油饰彩画。湖山真意、爱山楼、借秋楼均油饰彩画，周围压面石扁光见细。

光绪十九年（1893年）七月，画中游并东西游廊迤北荷叶式围墙，东西垂花门及湖山真意、爱山楼、借秋楼均油饰彩画，周围压面石占斧见细，八方亭竖立大木已齐。

光绪十九年（1893年）十月，湖山真意甬路筑打灰土，画中游、爱山楼、借秋楼接作内檐装修，八方亭内墁地面砖前面泊岸接錾石料。

光绪二十年（1894年）正月，爱山楼、借秋楼前面泊岸安砌石料。

光绪二十年（1894年）七月，画中游爱山楼借秋楼成墁地面砖前面泊岸接砌宇墙。

光绪二十年（1894年）十月，画中游前八角亭并迤东廊油饰彩画。

光绪二十一年（1895年）四月，画中游八角亭油饰彩画。

据上述资料推断：

一是清光绪时期修缮画中游建筑群组工程清单中，多是内外檐装饰、地面铺墁、修葺宇墙、泊岸安砌石料、油饰工程，可以推断：光绪时重修为对院落格局、建筑样式的延续性修复，建筑格局及山石假山基本保留了初建时的形制。

二是据中国国家图书馆藏样式雷颐和园图卷《画中游前倭角亭图样》（国 344-0721）中一图签："原查八方亭，因有积土柱顶未满露，现清理露明，系四方重檐倭角亭"[①]和工程清单中"光绪十九年七月八方亭竖立大木已齐"可以推断：光绪年间修缮时，画中游建筑群组内的澄辉阁破败得只剩下柱顶石掩埋在土中，主体建筑应该是在清咸丰十年（1860年）浩劫中倾覆的。从《万寿庆典图》中可以清楚地看到清漪园时期澄辉阁两层内部都是封闭的，在阁的四周环以明廊。清嘉庆十二年（1807年）《画中游等处陈设请册》对澄辉阁内的陈设有详细记载："澄辉阁楼下北靠方窗下安：紫檀藤屉心宝座一张……两边假门贴张若澄着色花鸟画一张……楼上面南安楠柏木包镶床一张……两边假门贴汪由敦字对一幅……宝座上一层随板墙龛内供三彩瓷佛一尊，两边供青花瓷文殊普贤菩萨二尊……"

但在清光绪年间的重修工程档案中没有看到对澄辉阁进行内檐装饰的记载，清乾隆时期澄辉阁兼具远眺、游憩、供佛的功能，而光绪十九年（1893年）重修时将其改为四周开敞的格局并保持至今，只留下了远眺功能。

2.2.3　清室覆灭后的主要修缮

根据颐和园档案记载：

---

① 国家图书馆藏，《样式雷图档·颐和园·卷第五函》，44页。

1932 年，画中游租户倪道杰出资修缮画中游，并在主亭上嵌碑刻写《重新画中游亭记》。

1950 年，小修爱山楼。

1951 年，整修画中游主亭。

1953 年，照原样油饰整修画中游，对山石进行加固整修。

1963 年，安装避雷设备。

1964 年，部分走廊挑顶。

1967 年，爱山楼挑顶。

1970 年、1977 年、1978 年、1984 年、1986 年多次进行油饰整修。

2020 年整体进行保护性修缮。

3　建筑特点、造园艺术探析

画中游建筑群组自建成虽历经多次修缮，但格局未作大的变动，特别是叠石部分后期修缮中未查到对假山叠石进行过大规模扰动的记载，较好地反映了清漪园时期的造园风格。《园冶》中有云："三分匠、七分主人。"[1]

虽然乾隆皇帝不是清漪园直接设计者，但却是实际的主导者，从御园选址到园内亭台，乃至叠石、楹联、草木均符合其造园思想、审美情趣和精神追求。

乾隆皇帝虽然是少数民族帝王，但他倾心汉学，有着深厚的汉学功底和文人情怀。对于园林，他除了游牧民族天然对山水的亲近感，更像许多文人一样将建造园林当作追求生活理想境界的艺术活动。园林入画是中国传统园林追求的美学境界，也是清漪园设计的重要理念与实践。勤政殿（颐和园改名"仁寿殿"）表明皇帝流连山水不忘勤勉政事；大报恩延寿寺表明皇帝以孝治天下；后山的四大部州是统治者尊重少数民族宗教，怀柔边疆……画中游名字中"画"字直接点明了乾隆皇帝的园林观，即园林是一幅充满诗意的立体山水画卷。

3.1　与绘画原则相通的选址布局

绘画讲究"意在笔先"，指山水布局先从整体出发，先从大局下手，然后再考虑局部。《园冶》"故凡造作，必先相地立基"。[2] 指出了造园的首要工作是考察地形、地势、风景，综合分析考量，整体布局。可见绘画与造园在构思设计阶段是相通的。清漪园的选址多有记载，此处不再赘述。园址选定后，是进一步对其间的各处审视考量，因

---

① （明）计成著，《园冶·卷一·兴造论》，江苏凤凰文艺出版社，2015 年，2 页。

② （明）计成著，《园冶·卷一·兴造论》，江苏凤凰文艺出版社，2015 年，2 页。

势利导规划经略。画中游的规划设计山石台地园正是其所处的地理位置和地势特点所决定的。

　　画中游建筑群组建于万寿山前山西南坡转折处。这个位置高出湖面约30m，向东西南向都没有任何遮挡，是个天然观景的地点。因此画中游建筑群组的最南端设计建造了观景台——澄辉阁。澄辉阁所处地面坡度为20°~25°，南北地势起伏大，使得其间的阁、亭、楼、牌楼打破了水平布局，被立体化地呈现了出来，成为万寿山前山主要的"点景"。当年万寿山前山还未种植大量松柏，画中游于万寿山西侧的"观景"及"点景"效果更佳。

3.2　画中游历心中理想家园

　　皇家园林主体基调是宏伟、富丽且充满皇家威仪的秩序感。乾隆皇帝的文人情怀又提倡："室之有高下，犹山之有曲折水之有波澜。故水无波澜不致清，山无曲折不致灵，室无高下不致情。然常不能自为高下，故因山以构室者，其趣横佳"（《白塔山记》）。这种看似矛盾的审美与意境，在画中游被乾隆融合呈现。[①] 万寿山前山集中营造了皇家园林威仪与秩序的氛围。画中游建筑群组虽然位于地势陡峭的西侧，但整体布局依旧规整，中轴线东西建筑均匀对称。各个建筑在依山而建徐徐上行时，亭台楼阁、牌楼、游廊南北层次亦错落分明。建筑之上的屋面或以绿琉璃瓦心黄琉璃瓦缘边装饰，或以琉璃聚锦做法装饰。整组建筑轮廓优美，恢宏富丽，色彩斑斓夺目，是人理想中如画的神境仙景。布局规整的建筑间由曲径通幽的石质小路连接，石径、台阶都刻意用不规则的石材砌筑，配合庭院里栽种的植物，并于规整处施以自然的元素，增加了建筑群组天然之气韵，体现了庄重严谨之风格，与山地园林的自然情趣相结合。

　　"画"中除了错落的建筑，还修葺了大量的假山叠石。在现存的修缮记载中没有对假山叠石进行过大规模扰动的记载，应该是建筑群组内最能反映清漪园风貌的元素之一。

　　澄辉阁北侧在天然裸露山石之上堆砌起体形庞大的假山，假山上面南有三个山洞，曲折蜿蜒分别通向东西游廊。爱山楼、石牌坊、借秋楼以北，至画中游殿中间亦堆满假山。称奇的是，紧挨着借秋楼北侧假山有一洞，内有石室。石室西侧还有一条通道至西侧游廊内。清道光二十四年（1844年）的陈设清册[②] 详细记载石室内的陈设："洞内面东安楠柏木包厢床三张，上铺红白毡各一块。面南安绿地纹锦坐褥靠背迎手一分（葛布套）。窗上安素玻璃一块。游廊墙上贴着色大画三张。西一间面北安楠柏木包厢床三张，上铺红白毡各一块、凉席一领。面东设雪花锦坐褥靠背二件（葛布套），上设填漆有盖痰盆一件。床上设古稀说册页一册（楠木壳面）。墙上贴董邦达着色山水画一张"。由此

---

① 《秘殿珠林石渠宝笈续编·第七卷》，北京出版社，2004年，第3727~3728页。
② 故宫博物院藏《内务府堂清册——画中游陈设清册》。

可以看出石洞内的轩朗与假山山体的硕大。

画中游内的假山规模在颐和园内无出其右，过于硕大的假山撑满院落，也是清乾隆时期的风格。而假山内装饰素雅的洞天，与富丽的亭台楼阁风格迥异，更像繁华之外山居者隐逸的家园。

3.3　画中观景外之境

《园冶》归纳了借景的方式和妙处："夫借景，林园之最要者也。如远借，邻借，仰借，俯借，应时而借。然物情所逗，目寄心期，似意在笔先，庶几描写之尽哉……因借无由，触情俱是……"①

园林景观的观赏，不仅是"内观"，更注重"外观"，并通过"外观"将自身与周围环境巧妙联系起来，使得园林空间得到延伸和拓展，是使园林具有象外之象、景外之景的最有效的方法。

立于画中游组建内不仅可以游"画境"，更可以外观"景外之境""境外之景"。

登上画中游最北端的澄辉阁，凭栏眺望"景外之境"：东堤碧柳拂荫；南向湖面开阔，烟波浩渺、波澜不惊、堤岛错落，满目佳境；西望清漪园外"境外之景"，远山含黛，西山塔影巍峨、遍山翠色。身临其境，人在画中游，举目四望满眼具是如画胜景。中国古典园林的借景妙处在此处得到充分体现。

澄辉阁红色的立柱与红绿相间的楣子木栏杆又将美景框成一幅幅景随步移的山水画。"画框"的加入强化了如画的感觉，是李渔提出"无心画""尺幅窗"的实践，使人不由得想起"窗含西岭千秋雪，门泊东吴万里船"的意境，正所谓"悠然心会，妙处难与君说"。

3.4　画中笔墨提点诗情画意

匾额与楹联是中国古建筑极具特色的部分，悬挂于建筑门头、楹柱，是建筑点名立意、营造意境的重要手段。清漪园是由乾隆皇帝一手主导修建的，匾额楹联内容与意境也直接体现了其艺术审美与文化修养水平。画中游几处主要建筑的匾额楹联大多是用于状物点景。

诗画的指引既为园林的意境提供了深厚的文化内蕴，又便于人们更深刻地领悟园林的意境，是园林艺术的精华所在。作为园林的主人，乾隆皇帝对画中游内的建筑多次题诗，将自己的思想和诗画意境交融，使园林意境得以升华。

3.4.1　澄辉阁

"澄辉阁"得名，取自明代汪广洋"朝日何瞳瞳，澄辉丽华屿"。寓意：水色山

---

① （明）计成著，《园冶·卷三·借景》，江苏凤凰文艺出版社，2015 年，337 页。

光澄澈辉映。

乾隆帝御制诗有 4 首关于澄辉阁，分别写于乾隆二十九年（1764 年）、四十年（1775 年）、五十二年（1787 年）、五十六年（1791 年）。澄辉阁诗文内容基本都是登高远望引发的感想，推之当年乾隆皇帝多次登临此阁观景。

3.4.2　爱山楼

匾额"爱山楼"。乾隆帝御制诗有 6 首关于爱山楼。乾隆三十七年（1772 年）《爱山楼》中有云：爱山即乐山，率寓仁者意。点出了爱山楼名字，"爱山即乐山"。用典取自《论语·雍也》："智者乐水，仁者乐山。"楼面对着西山远眺可观乾隆亲定八景之一"西山晴雪"。另外，爱山楼命名和与万寿山东部乐寿堂相呼应。

3.4.3　借秋楼

匾额"借秋楼"。乾隆帝御制诗有 5 首关于借秋楼。"窗挹波光庭种楸，一天飒景在高楼""楼前种楸树，疏叶翻风开"。直接写出当年借秋楼前种植着楸树，盛夏时节登高远眺，凉意满怀，不禁有秋高气爽的错觉。

在中国传统文化理念中，把大地划分为四方——东苍龙、西白虎、南朱雀、北玄武。在一年四季的划分中西白虎为秋，东苍龙为春。借秋楼位于万寿山西，以"秋"为名，与昆明湖东岸的"知春亭"相呼应。

3.5　植物景观特色

中国古典园林的建设是文化底蕴与自然景观的融合，园林建筑者在进行设计时包含对植被的设计，这些植被景观作为一个具有生命力的载体被赋予了深厚的文化内涵，也体现着园林主人的喜好和情趣。

现有资料中对于清漪园造园时期所用植物的直接记载极少。画中游建筑群组中却有较为明确的种植楸树的记载。

清乾隆三十三年（1768 年）《借秋楼》诗中提道："楼前种楸树，疏叶翻风开。"这里应该是实写，即借秋楼前曾种植楸树。

楸树在我国有着悠久的种植历史。《朱子语类》①云："国朝殿庭，唯植槐楸"。楸树广泛种植于帝王园囿、庙宇。宋代梅尧臣《和王仲仪楸花十二韵》："图出帝宫树，耸向白玉墀。高绝不近俗，直许天人窥。"描述了楸树树姿挺拔，开花时满树繁花的景象。清乾隆三十七年（1772 年），改造宁寿宫花园时有一棵楸树影响了施工的位置，乾隆皇帝就树建屋，将建筑后移，并将建筑命名为"古华轩"，"古华"就是"古花"，即"古楸之花"。足见其对楸树的重视和喜爱。因此当年在借秋楼前种植楸树，合"情"合"理"。

---

① 黎靖德，《朱子语类·卷一百二十八·本朝》，凤凰出版社，2013 年。

4　结语

画中游仅仅是清漪园万寿山之一隅，以笔者粗陋学识探究其建筑形制沿革、文化内涵的过程，于博大洪奇的中国传统园林技术、文化，无异于管中窥豹。然芥子须弥，画中游承载的清代皇家山地园林信息及其所蕴含的丰富的文化内涵值得更多学者深入探究。

作者简介

张颖，北京市颐和园管理处。

中国山水文化因子的历史及其在颐和园的表达

○黄　鑫　闫宝兴　高　杨　艾春晓

摘　要：山水文化，是以山水为载体、以人与山水关系为纽带形成的一种独特的文化形态，是中国园林文化的重要组成部分，为了能更好地展现山水文化与中国园林的相生相长，本文对山水与文学艺术、自然地理、历史人文等之间的相互联系与交融互进作了深入细致的研究梳理，并以世界文化遗产、中国古典园林典范颐和园为例，围绕"园林山水"这个中心，运用宏观与微观、考证与分析相结合的方法，阐释了山水园林的特质，并着重剖析了颐和园中所涵盖的山水文化，并于文章最后，借外来文化的影响，对中国园林山水文化价值作了简要解读。

关键词：中国园林；山水文化；颐和园

引言

所谓山水文化，是以山水为载体，以人与山水的关系为纽带建立的一种独特的文化形态，涉及文学艺术、自然地理、人文景观、园林生态等诸多方面。山水文化的形成与发展既有其内部的演进规律，同时又在很大程度上受到各种外部因素的影响，如社会意识、文化思潮、经济基础、文学发展甚至地理环境等因素。山水文化的历程自酝酿、产生、发展直至繁荣，始终离不开人类意识的发动、文学艺术的驱动及社会经济的推动，所经历的过程是内部因素与外部因素共同作用的结果。

1　山水文化的成因

中国的山水文化基因，源自先民对自然的崇拜和由此产生的神话，所谓"山林川谷丘陵，能出云，为风雨，见怪物，皆曰神"。在自然崇拜中，天地山川是早期先民崇拜的核心。从洪荒时代进入奴隶社会、封建社会之后，山与水从原始的自然状态向具有人文意象的文化形态转变，这个过程中，山水文化逐渐形成。

中国山水文化的发展有着得天独厚的优越条件，从人文地理学角度分析，中国背山面海，地缘辽阔，水系错综，既是大陆国家，又是海洋国家，位置十分理想，气候兼有寒、温、热三带，宜于各种生物的生长，形成了优越的山水生态环境，也为孕育山水文化提供了温暖的土壤。例如：黄河流域适于农耕文明发展，孕育催生了以《诗经》为代表的中原文学；江汉平原山林川泽广布，草木丛生，孕育催生了以《楚辞》为代表的南方文学。

2 中国园林山水文化因子的诞生与走向

2.1 上古神话中山水文化的记忆

《易·说卦》："润万物者，莫润乎水。终万物始万物者，莫盛乎艮。"上古时期，华夏先民缘山水而居、依山水而生、伴山水而长，世间万物的生长须臾都离不开山与水。洪荒时代，先人对自然山水虽然赖以生存，但也对山洪水患束手无策，崇拜与敬畏并存，在这种思想支配之下，关于山水的神话便应运而生，如"大禹治水""精卫填海""愚公移山"等。这些神话作品反映了上古先民通过自身的崇拜和幻想赋予了山水神秘的色彩。

2.2 秦汉宫苑，模山范水

先秦时期，儒家孔子借水培养"智者乐水"的君子人格，水之美与士大夫人格间被建立了紧密的联系。《论语·雍也》，"子曰：'智者乐水，仁者乐山，'"。以山水"比德"塑造了儒家理想的君子品德。两汉时期，儒学复兴，在董仲舒的推动下，"罢黜百家，独尊儒术"的文化政策使儒学取得了"定于一尊"的显赫地位。董仲舒在《春秋繁露·山川颂》中对"山水比德"之说作了进一步阐释，更加突出了伦理道德的教化。同时，他在《春秋繁露·人副天数》中力主"天人相类"式的合一说，这也是中国思想史上较早出现的"天人合一"论。此论对后世园林的营造产生了深远的影响，开辟了中国传统园林造园艺术思想的先河。

秦汉时期，中国造园史迎来了第一个高潮，园林以山水宫苑的形式开始出现，离宫别馆与自然山水相结合，范围可达方圆数百里，"体象乎天地，经纬乎阴阳"。因秦始皇对寻仙觅道一心向往追求，将神话中的"蓬莱"之境建进了园林之中，使得此时期的园林融入了仙道文化，模拟神仙海岛。据《秦记》记载："始皇都长安，引渭水为池，筑为蓬、瀛……"汉武帝时期，同样笃信神山仙苑的存在，将遐想变成了可观可游的地上仙宫，上林苑的扩建便是这理想境界的最好体现。自此，园林中"一池三山"的景观布局集其所成，引领了园林营建的后来之势，成为皇家园囿中创作宫苑池山的一种传统模式，立为秦汉典范。

2.3 魏晋以玄对山水，高情寄丘壑

魏晋时期是我国文学史和艺术史上一个重要的变革期，被鲁迅称为"文学的自觉

时代"。汉帝国崩解后，儒家思想一统天下的局面被逐渐打破，以老庄哲学为基础的玄学思想兴起。东晋时期，"中朝贵玄，江左愈盛，因谈余气，流成文体"，在玄学思潮巨大的影响之下，众多文人企慕隐逸、追仙访道、餐霞饮露、优游山林，与自然山水结下了不解之缘。士人把山水作为寄情的审美对象入诗、入画，大批描写山水的诗作表达了体玄识远、高寄襟怀的名士之志。这一时期，园林游赏活动被士人所热衷，那些远离城市自给自足的山水庄园备受青睐，为日后私家园林的兴起奠定了基础。而此时的帝王园囿在山水文化气候的浸染下产生了巨大的变化，园林的布局和使用内容上虽继承了秦汉典范，却增加了较多的自然色彩和写意成分，规模较秦汉山水宫苑小，形式趋于雅致。

2.4　隋与盛唐"壶中"无比精美的山水体系

隋至盛唐，经济的繁荣带来了文化的繁荣，宏大兼容的唐型文化及其蜕变使中国传统园林走向成熟，隋唐时期，受外来文化不断冲击，极大地丰富了人们的思想与视野。随着辉煌灿烂时期的到来，隋唐园林可由诗人画家直接参与营建。吴门画家张璪在《绘境》中提出的"外师造化，中得心源"的艺术思想观点，遂成为园林山水构建所遵循的原则，园林艺术也从自然山水园向写意山水园过渡。此时期受审美风尚和文化态势的影响，人们对山水园林的审美有了进一步的发展，园中主要以山水风景之美为特色。隋唐时期，开凿了贯通南北的大运河，而作为隋朝开皇年间初建的长安城得益于运河开通之惠，成为当时世界上最大的城市和贸易、文化中心。长安城所处地理位置十分理想，"关中八川"流经于此，城中的皇家宫苑则引水入城，形成了掇山有脉、理水有源、脉源相通的山水园林宫苑。

2.5　宋代相生相长的南北山水园林

宋代，园林发展的又一高潮期，以艮岳为代表的山水宫苑，是典型的写意山水园林，"叠石为山，凿池为海"，园中山水各擅其美。艮岳左为山右为水，呈吞山怀谷、挟水赴壑之势，山水景观"千态万状，弹奇尽怪"。南宋以来，江南与北国园林就如"春雨江南，秋风蓟北"之别，江南园林区别于北国绮丽纤靡之风，重清灵高雅之气，钱塘自古繁华的杭州（南宋都城临安），汇聚了众多宫苑、宅园，尤其是以水著称的西湖，"西湖烟水茫茫，百顷风潭，十里荷香……真乃上有天堂，下有苏杭"。宋人文化造诣颇高，受宋代尚文政策的影响，这些居于江南之地的儒雅之士将诗画渗融到山水园林当中，并通过文学题咏作为寄情抒怀的载体，山水便成为士人意兴发挥的主体，浓厚的山水精神赋予了园林新气象。以诗文为情调、书画为蓝本的湖山胜景构筑之法，成为后世山水园林造景的重要文化依据。

2.6   元明清园林艺术的鼎盛期与山水文化的升华

元代，通惠河的开凿并未使皇家造园活动迟滞的局面有所改善，除元大都御苑"太液池"，别无其他建筑。直至明清时期，皇家园林犹如旭日东升，从沉寂中复苏并由此走向鼎盛。

明代，士人园林之风高潮迭起，以江南私家园林为盛，其造园意境融合了自然美、建筑美、绘画美及文学美，风格清丽秀雅，成为中国古典园林的代表之作，也是明清时期皇家园林及王侯贵戚园林效法的艺术模板。清代园林营造要素中必有山水，近水远山皆有情，园中无处不存文华绮秀之美。清康乾盛世，敕建的皇家园林数量不仅多且规模宏大，同时兼具南北园林之长，可谓"北园南调"。康乾两代帝王钟情于园林，沉浸于"山水之乐，不能忘于怀"的心境。"三山五园"的建成，则向世人展现了二人"移天缩地在君怀"的气魄与"天上人间诸景备"的恢宏匠心。

古往今来，中国古典园林的勃兴不仅是中国山水文化繁荣最伟大的创见，也是对中国山水文化发展脉络与精神内核的重要提炼。同时，山水景观作为艺术化载体，其承载着丰富的精神内涵、哲学理想与文化底蕴，并作为中国古典园林精湛的艺术景观要素体象天地、包蕴山海。

3   帝王匠心，山水英华

中国的园林有着悠久的历史，对中国园林的追溯，可以循迹《诗经》中周文王修建灵台的情景，这也是皇家园林最早的起源，而囿、圃的形成，成为皇家园林的原始雏形。可以说中国的园林萌芽于魏晋南北朝，兴起于唐代，成熟于宋代，全盛于清代。而清代皇家园林的高潮奠基于康熙皇帝，完成于乾隆皇帝。

3.1   清初园林的鼎盛期

自辽金开始，北京城西北郊大小湖泊众多，太行山余脉巍峨，占据了京西地理优势，直至清朝，仍是久负盛名的风景名胜之地。清入关后，正值康乾盛世，国库充盈，于是康熙、雍正、乾隆皇帝大规模地开发西北郊这块得天独厚的福泽宝地，陆续兴建了5 座背山面水的大型皇家园林，被后世统称为"三山五园"。

颐和园作为"三山五园"的收山之作，其中另有机缘巧合，在圆明园扩建工程完成之时，乾隆在《圆明园后记》中写道："后世子孙必不舍此而重费民力以创建苑囿"并昭告天下，但是没过多久，乾隆皇帝就以建寺为其母钮钴禄氏皇太后庆祝六十寿辰，且为解决西郊水患之忧为由，于清乾隆十五年（1750 年）启动了营建清漪园（今颐和园）的建设项目。

结合清代皇家园林所处的时代背景，康熙六下江南、平三番、三征西域、统一郑氏台湾形成中国历史上最后一个大一统的封建王朝，对内偃武修文、疏浚河工、独尊程朱理学，以治国安邦为首要，兼仁心仁政施于天下，其子孙雍正、乾隆皇帝承继其业，三代开创了民康物阜的太平盛世，这为日益繁荣的造园活动提供了雄厚的经济和文化基础。

清初，不断高涨的造园活动，使大批文人参与到园林建设中，构园论著层出不穷，如李渔的《闲情偶寄》，陈淏子的《花镜》，钱泳的《履园丛话》等，皆为传世佳作。清代私家园林成就数量最多，以江南地域为盛，太湖之滨、秦淮河头、扬子江边、西子湖畔、山阴道上，名园不胜枚举，园中风景绚美，赞词不已。康熙、乾隆皇帝曾先后六次下江南巡行，为饱览山川之佳秀，足迹遍及苏杭、扬州等私家园林汇集之地，凡所中意的园林，均命随行画师摹绘成粉本"携园而归"，作为皇家园林的参考，清漪园正是效仿江南园林的布局而规划兴建的。

3.2　颐和园山水文化举要

清漪园"因水成景，借景西山"，巧于因借，以水为眼，峰峦当窗，历历倒影，宛若图画，不仅有各臻其妙的真山真水，还纳括了园林主人理想中的神仙境界。清漪园作为皇家行宫御苑，继北宗山水金碧重彩的艺术风格，讲究水态峰姿富贵威严之气，又不失潇洒风流之韵，园中万寿山山色如黛，昆明湖水色琉璃，西山秀色隐约，仰观山际，俯瞰湖畔，名园生辉，境界全出。园中的山容水色令乾隆皇帝流连忘返，游目骋怀，览其园色之盛，极其风物之兴，便有了"何处燕山最畅情，无双风月属昆明"的佳作名句。

清代园地选址"以其地形爽垲，土壤丰嘉，百汇易以蕃昌，宅居于兹安吉"为原则，讲究相地合宜，"或傍山林，欲通河沼"，注重叠山理水"入奥疏源，就低凿水，搜土开其穴麓"。清漪园的构园选址就是效法其理，择傍山依水之地，因地适宜，在原有的基础上拓湖修山，做到有山皆是景，无水不成趣的湖山妙构，增其金碧秀润之气，扑人眉宇，如若天造地设，几不知其为人力也。乾隆皇帝在完成清漪园修建后，发布谕旨将瓮山、金海更名为"万寿山""昆明湖"，园中的湖山格局就此定型。经整修后的万寿山、昆明湖，气势神韵皆出，观之得体，故"虽由人作，宛自天开"。

清漪园所蕴含的山水文化，源于乾隆皇帝的人文情趣与文化心态，既见之于行动，又出之以诗文。乾隆皇帝一生好作诗文，饶有书卷气，钟爱园林，寄情山水，每次饱游之后"以形写形，以色貌色"，其诗生动传神，尽显园中山水景物之美。乾隆皇帝为万寿山、昆明湖作诗200余首，能于有形之景兴无形之情，可谓高情远致，不同流俗。园中由乾隆皇帝创作的楹联、匾额同样饱含着丰富的山水文化信息，题名匾"湖山真意"指其山水具有天然的意味与情趣，不拘于俗。"澹宁堂"取"淡泊水之德，宁静山之体"，寓意不慕名利、心境平和，与乾隆诗"水将漪影容先澹，山欲舒芳意且宁"同意。园林借助于景物题署的"诗化"来获得象外之旨是从宋代开始的，北宋"沧浪亭"取自"沧浪之水清兮"，寓意个人的荣辱得失在"沧浪水中淡化、消融"。再有，园中描写湖光山色的匾额、楹联比比皆是，如："动趣后阶临水白，静机前户对青山""刊岫展屏山云凝罨画，平湖环镜槛波漾空明""西山浓翠屏风展，北渚流银镜影开"等。

古人常将山水精神隐怀于意念之中，憧憬一处栖心之境，营构一方世外桃源。乾隆皇帝亦是如此，修建园林并非只供耳目之娱，而是内养仁智之心。皇家园林中的山大多用来比喻君主，以表示君主"仁寿"之意。自北宋以来，帝王所建园林中的山几乎都以"万寿山"为名，这正是基于孔子"智者乐水，仁者乐山"的山水比德之说。颐和园乐寿堂西配殿匾额"仁以山悦"，出自晋·王济《平吴后三月三日华林园》诗："仁以山悦，水为智欢"。意为仁德、仁慈之心性就好比山那样高大厚重。古人寄情于巨山大川，山水便成为审美领域中重要的对象，且被赋予了人格化的审美标准。自然山水作为审美的客体，成为诸多帝王文臣精神世界的重要组成部分。

中国早期的生态哲学思想出自《管子·水地篇》："地者，万物之本源、诸生之根菀也""水者，何也？万物之本原也"，概括了山水对于万物和人类的重要生态功能。颐和园作为山水生态美学领域重要的客体，遵循与天地合其德，与四时合其序，效法天道自然，是中国园林美学"天人融合、物我同一"的最高生态美学思想的体现。

叠山理水并非只重意境，而是兼有一定的生态功能。从生态构建角度分析，理水比叠山更为重要，山脉之通，按其水径，水道之达，理其山形。不仅如此，"卜筑贵从水面，立基先究源头，疏源之去由，查水之来历。"清乾隆皇帝就为解决西郊水患威胁，以河湖吐纳雨洪的形式，对昆明湖进行疏浚拓湖工程。理水之意"养源清流"，使其承纳更多的水量以备应用，同时梳理香山、玉泉山一带泉脉水道，形成玉泉山—玉河—昆明湖—长河—护城河—通惠河—大运河水系，使湖体具有自然的滞洪、蓄洪功能，为城市供水、农田灌溉、漕运以及园林建设提供了充沛的水源。山容的掇整与水态的梳理是密不可分的，叠山技法源自初唐，可辙覆黄土为台，聚拳石为山，杂木异草，盖覆其上，形貌与原生态的自然山林无异，修整后的万寿山山形更加挺拔俊俏，气势磅礴，因其增大了山体的体量，有效屏障了寒风的侵袭，营造了园内较为舒适的小气候和静谧的休憩环境。夏季，万寿山南麓区域较为凉爽，因借助湖面吹来的湿气，前山区域的空气温度得以降低，提高了山中的舒适度，由此山中形成了良好的自然生态环境。

4 中国园林山水文化的价值

园林中的山水是经过艺术概括和提炼的审美再创造，但所表现出的真山真水的气势神韵，就好像是天然造化生成一般，"园林之胜，惟是山与水二物"。而园林山水中所蕴涵的文化形态和文化现象，体现了中国古典园林创造者的文化素养与艺术情操。独步天下的中国园林，早就在国际上赢得了声誉和地位，其园林山水文化具有原创性、恒久性和可持续发展等特性，因此，挖掘园林山水文化的宝藏，更好地继承古人的山水文化积累，可使我们在更宽广的视域中来研究和把握中国园林山水文化，从哲学、文学、诗画中揭示创建园林山水的文化依据，从而真正理解中国古典园林山水文化的精髓。

中国园林山水文化是随着人类漫长的劳动实践、意识觉醒而孕育、发展到成熟，人们对山水的认识经历了自然崇拜、道法自然、"天人合一"观的一次次飞跃，这反映了人们意识形态的稳定延续和不断发展演变的过程，具有重要的文化价值和现代意义。近代西方国家的文化和先进的技术逐渐影响着当代的中国园林，面对外来文化，我们应在吸收外来文化知识的同时，继承和发扬先人异乎寻常的造园智慧及山水精神，弘扬可视、可感的山水文化，尊重传统、兼收并蓄，互相传承、相互借鉴与影响，力图生生不息、继往开来。中国的山水文化得以流传至今，不仅没有在历史的潮流中被湮没，反而成为一种可持续发展的文化资源，成为人类环境创作可借鉴的艺术范本。中国园林所蕴含的山水文化不仅是历史的积淀，也是锦绣河山的缩影，不但有其灿烂辉煌的过去，也有其蜚声中外的现在和无限的未来。

参考文献

[1]　罗哲文.中国古典园林 [M].北京：中国建筑工业出版社，1999.

[2]　史元海.山湖清音　颐和园匾额楹联浅读 [M].北京：中国文史出版社，2015.

[3]　曹林娣.中国园林文化 [M].北京：中国建筑工业出版社，2005.

[4]　翟小菊.北京志·颐和园志 [M].北京：中国林业出版社，2004.

[5]　陈从周，陈馨.园林清话 [M].北京：中华书局，2017.

[6]　曹林娣.东方园林审美论 [M].北京：中国建筑工业出版社，2012.

[7]　刘天华.园林美学 [M].昆明：云南人民出版社，1989.

[8]　张采烈.中国园林艺术通论 [M].上海：上海科学技术出版社.2004.

作者简介

黄鑫，北京市颐和园管理处。

闫宝兴，北京市颐和园管理处。

高杨，北京市颐和园管理处。

艾春晓，北京市颐和园管理处。

园林古建

颐和园外务部公所建筑考

○秦 雷

引言

颐和园外务部公所建筑，位于颐和园东宫门外广场南侧，占地面积达 8300m² （图 1）。从外部看，该组建筑群青砖灰瓦、广亮式大门，与毗邻的富丽堂皇的颐和园东宫门相比，如拱如卫，如仆如从，主次分明；进入其内，只见屋宇精整、红柱绿牖，为一东一西两院的古建筑院落。从名称上也可大体知道，这里曾是晚清时期颐和园办理外交事务的场所。

由于长期未受人关注，以及历史记载短缺零散，这处建筑具体建于何时？有何来龙去脉？发挥过什么历史作用？有何价值？尚无人进行过专门细致的探究。笔者结合相关清代皇家建筑舆图和修缮档案、外务部档案，并结合晚清大臣日记、外国人来华记述中有关的史料，还原描画出一个细致准确的颐和园外务部公所建筑在清末产生、发展和衰落的历史轨迹，以及时势所赋予这所建筑群鲜为人知的独特厚重的历史文化价值。

对颐和园外务部公所建筑历史的研究，目前只有天津大学建筑设计研究院与颐和园管理处设计室在 2005 年 11 月所作的《颐和园清外务部公所修缮设计》中作过一个简略的历史沿革考察。该文认为颐和园外务部公所建筑始建于 1886 年后，公所东部院落为"内务府各项下处值房"的一部分，再经过大约 1902 年后的一次扩建增建而成，扩建包括大堂、游廊及西院。[1] 笔者通过对更多第一手史料的搜集研究和现状勘察，认为该建筑群从初建到完成，可以明确共经过了从 1891 年至 1908 年 18 个年头、4 个阶段。

1 "东宫门外各项下处值房"时期

整个清漪园时期，东宫门外现在外务部公所所在的区域尚是一片空地，只有在现在的公所东北侧马路位置上，建有一座三间的"堆拨"房，即"护卫哨所"（图 2）。彼时的清漪园只是供乾隆等皇帝"晨来午返"的游览之地，没有设置官员办公机构的必要。当时，众多随行皇帝的官员办公机构主要集中在圆明园附近。清光绪十二年（1886 年）

---

① 天津大学建筑设计研究院、颐和园管理处合编，《颐和园外务部公所修缮设计》，2005 年，8-9 页。

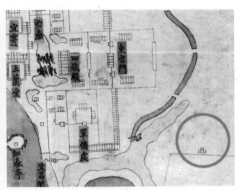

图 1　颐和园外务部公所

图 2　《清漪园地盘图》局部（国家图书馆 344-0666）

开始，清漪园重建工程秘密开始，光绪十四年（1888 年）光绪帝发布上谕，改清漪园名为"颐和园""以备慈舆临幸"[1]81, 83。由于作为慈禧太后的颐养之地，颐和园与清漪园相比，使用功能上发生了很大变化，不仅体现在园内一些建筑的改建上，也更加鲜明地反映在东宫门外一大批衙署机构建筑的增建上。

天津大学建筑设计研究院在 2005 年 11 月《颐和园清外务部公所修缮设计》中所作判断的主要根据，是一份未标时间的清代《颐和园初期东宫门外建筑地盘图》（图 3），从该图中可以看到，东宫门外南北两侧准备兴建和已经兴建的建筑有：大他坦房间、南花园房间、步军统领衙门值房、升平署房间（北侧）、銮仪卫库房值房、外边各项下处值房等，是一批为宫廷服务的内廷和衙署机构办公场所。其中，与外务部公所建筑区位大致相当的就是"外边各项下处值房"[①]。在据《颐和园初期东宫门外建筑地盘图》所作的"从各项下处值房到外务部公所的变迁"图中，将各项下处值房的西院与现在外务部公所的东院叠合起来，认为"各项下处值房"之西院即是"外务部公所"之东院。

在笔者发现的另一张无朝年的《颐和园建筑平样图》（图 4）[②]，"各项下处值房"位置建筑的格局、数量与《颐和园初期东宫门外建筑地盘图》完全相同，只是将地盘图变成了更加形象直观的建筑平样图。两幅清代舆图中，"各项下处值房"均为东西两组格局雷同的建筑，都是由各五开间的南北正房与各三开间的东西厢房围合而成的院落，各有院墙；在两院的北部，是一联排二十九间（包括三间大门）的群房。但是，现存外务部公所中的东院南房则是三开间，并东西各有两间顺山房；北房虽然是五间，但两侧又各有一间耳房。这明显与舆图中明确标画的五间不一致。很明显，清代舆图中的"各项下处值房"之西院与现在的颐和园外务部公所之东院建筑格局并不吻合。

按照清代内务府工程制图管理的惯例，图 4 更为具象的《颐和园建筑平样图》应该是在《颐和园初期东宫门外建筑地盘图》之后绘制的。两张图互相印证，说明"各项

① 天津大学建筑设计研究院、颐和园管理处合编，《颐和园外务部公所修缮设计》，2005 年，第 10 页。
② 龙湖地产，《家国千秋》，2008 年，第 28 页。

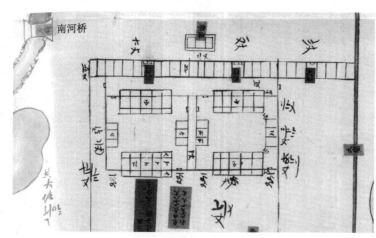

图 3 《颐和园初期东宫门外建筑地盘图》（国家图书馆 339-0271 ）　　　　图 4 《颐和园建筑平样图》
（局部）

下处值房"建筑布局和房间数量的设计方案是固定并前后连贯的，其准确性和可信度无
可置疑。这不仅从两幅清代绘图的延续性上可以印证，也能从文字档案上确认。清光绪
十五年（1889 年）《颐和园钱粮杂记》中这样记载："外边各项值房南房两座，每座五
间；北房五座，每座五间；东西厢房四座，每座三间；北群房二十九间……"①所载房屋
数量与绘图完全吻合。这份《颐和园钱粮杂记》应该是颐和园建筑的预算清单，因为清
光绪十五年（1889 年）时各项下处值房的工程建设实际上还未开始（图 5、图 6）。

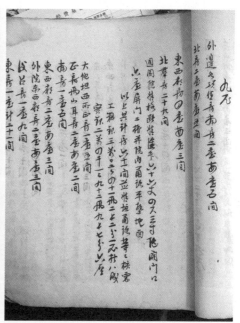

图 5 《颐和园钱粮杂记》封面　　　　　　　　图 6 《颐和园钱粮杂记》内页

① 颐和园管理处藏，《颐和园钱粮杂记》，清光绪十五年（1889 年）九月。

笔者对外务部公所东邻现为某机构家属院的建筑群进行了仔细踏勘，发现该建筑群虽然现状极其杂乱，古建筑残破拆改极为严重，但古建筑房屋的格局依然完整和清晰可辨，正是两幅清代舆图中所显示的两组南北五开间正房各有三间东西厢房组合而成的建筑群（图7）。

两幅清代舆图和《颐和园钱粮杂记》册上所画、所载"各项下处值房"北群房的数量为二十九间。笔者对现有该群房进行勘察，发现从东到西，全部群房的数量（包括大门）总共为三十六间。比清代的记载多出了7间，这是怎么回事儿？进而观察，今外务部公所以广亮大门居中的群房正好是七间。因此这七间群房与当年的"各项下处值房"并无关系，应该是在当年"各项下处值房"的二十九间群房之外后建造的（图8）。

而不属于现在外务部公所范围的群房数量为二十七间，当年清代舆图上的另外两间群房哪里去了呢？笔者发现，现在的外务部公所七间群房东侧的两间群房与这七间群房之间并不相连，有各自独立的山墙，只是后檐墙以一段半米多宽的青砖短墙相连，不仔细分辨很容易视为一体。再看房基，两间群房的房基不与外务部公所七间群房相连，倒是与东边的二十七间群房的房基连成一体，山墙也是共用的。无疑，这两间群房与东边另二十七间合起来就是清代舆图中清楚标画的那二十九间群房。

"各项下处值房北群房"始建于什么时间呢？第一历史档案馆藏清光绪十七年二月十五日（1891年3月24日）《颐和园工程清单》中有明确记载："东宫门外各项值房北群房成做大木"[①]。二月二十日（3月29日）"东宫门外各项值房北群房地脚刨槽成做大木"[②]。（图9）因此，在光绪十七年（1891年）初，各项下处值房北群房就已经开始施工了。

图7　军机处公所建筑现状

① 中国第一历史档案馆、颐和园管理处合编，《颐和园皇家档案·营造制作卷（二）》，第1007页。
② 中国第一历史档案馆、颐和园管理处合编，《颐和园皇家档案·营造制作卷（二）》，第1008页。

图 8　现在的外务部公所北群房

图 9　清光绪十七年二月十五日
《颐和园工程清单》

　　问题至此豁然开朗，外务部公所建筑与"各项下处值房"显然不是同一所建筑。几乎整个现在的外务部公所建筑群，都是在"各项下处值房"之外另建造的。建筑群中建造时间最早、最不起眼，唯一属于当年各项下处值房建筑范围的，就是现在外务部公所北群房最东侧的两间值房（现在用作颐和园保安人员工作室）。它们是"各项下处值房"中二十九间北群房里最西侧的两间，始建于 1891 年 3 月。

　　而且，从两幅清代舆图上都可以看出，这两间群房与东边毗邻的另外二十七间群房以及两个院落，在设计上隔有一道院墙，是相对隔离在各项下处值房东西两个院落之外的，说明这两间群房当时在使用功能上有特意的考虑，有可能是供仆人或值班看守人员看院巡更使用的（图 10）。

图 10　两间值房正面现状

2 "东宫门外各项值房西墙外添修房屋"时期

各项下处值房北群房建筑工程开工的8个月后，在光绪十七年十月十五日（1891年11月17日），《颐和园工程清单》上出现了这样的记载："东宫门外各项值房西二座大门油饰披麻挂灰；西墙外添修房二十间内南北房地脚刨槽。"①（图11）即在各项值房西墙外再添修房屋二十间，其中的南房和北房已经开始动土施工。

现在的外务部公所东院建筑为五排三进，最北边为七间群房，正中为北向的广亮式大门，群房东侧还有两间耳房与群房连成一体；群房往南为北房五间，中间为过道；再往南为东西两侧各三间厢房，往南又三间正房，东西两侧各带两间顺山房，

图 11　光绪十七年十月十五日《颐和园工程清单》

对称严整。从北边群房中间的大门开始，中轴线上以十四间宽阔笔直的走廊将南北各座建筑贯通连接起来，直通到最南部矗立着的一座砖木结构、体量巨大的大厅。《颐和园工程清单》中的这二十间房屋，正是现在外务部公所东院除了北门群房、游廊和大厅之外全部房屋的准确数量。这是一组不在《颐和园初期东宫门外建筑地盘图》和《颐和园建筑平样图》原初设计图纸上的增建项目。

随着工程的开展，添建建筑的内容日益清晰。光绪十七年十月二十五日（1891年11月26日）的《颐和园工程清单》上记载："东宫门外添建各项值房北群房内安钉顶格，随糊饰……西院西墙外添建南房并两顺山房、北房中间大门并两顺山房，码砌碌墩，砌埋头石，包砌台帮。"②结合现状和工程清单，可以清楚地知道各项值房西院院墙外添建的二十间建筑的格局是：南房三间并两座两间的顺山房；北房五间，中间开大门，两侧各顺山房一间。建筑样式的描述与现存古建筑实物完全吻合。除了还未提及的东西各三间厢房，此时这十四间房屋都已经开始打地基施工了。

到光绪十七年十一月初五（1891年12月5日）的《颐和园工程清单》上，记载着"东宫门外各项值房……西院西墙外添建南北房安砌阶条石"③。但是后来工程的进度并不

① 中国第一历史档案馆、颐和园管理处合编，《颐和园皇家档案·营造制作卷（三）》，第1346页。
② 中国第一历史档案馆、颐和园管理处合编，《颐和园皇家档案·营造制作卷（三）》，第1357页。
③ 中国第一历史档案馆、颐和园管理处合编，《颐和园皇家档案·营造制作卷（三）》，第1368页。

迅速，直到光绪十九年五月初十日（1893年6月23日）的《颐和园工程清单》上，才出现了"东宫门外添盖各项值房苫背抿瓦，成砌墙身"①的记载；光绪十九年五月十五日（1893年6月28日）的《颐和园工程清单》上出现了"东宫门外添盖各项值房苫背抿瓦，成砌墙身，屋内搭炕"②的记录；到光绪十九年七月二十九日（1893年9月10日）的《颐和园工程清单》上，则有了"各项值房院内房间油饰彩画"③的记录；而到了光绪二十年十月初十日（1894年11月7日），才看到了"东宫门外内务府值房安钉内檐装修已齐"④的记载，说明这处各项值房西墙外添建建筑连同东侧的东西两个主院是在1894年11月全部完工的。并且，随着工程的完工，朝廷也确定了它的使用功能——为宫廷服务的主要机构内务府的值班用房。这很合理，但只是暂时的。

所以，现在的外务部公所东院除了大厅和大门群房之外的二十间主要建筑，是在1891年11月之后开工兴建，在1894年11月完工的。由于档案中清楚地说明五间北房中间开的是大门，即是进入该添建院落的入门，因此可以明确现在连同广亮大门在内的七间北群房，在这个时期还不存在。

3 "外务部公所"时期

1902年，经过八国联军之役的慈禧太后回銮北京。根据1901年签订的《辛丑条约》，清朝改总理各国事务衙门为外务部，班列六部之前，明确了外交在清朝政府机构中的优先地位。有了外务部，外务部公所也就应运而生了。

在一份无朝年的名为"谨将颐和园粘修殿宇等项工程需用钱粮数目缮单呈览"的清宫档案中有这样的记载：

……外务部、军机处、内阁公所添做桌案板凳铺板灰槽等项，需银一千二百八十八两六钱。⑤（图12）

通观这份档案可知该工程工程量和花费巨大，主要内容是对全园各处建筑装修和家具添

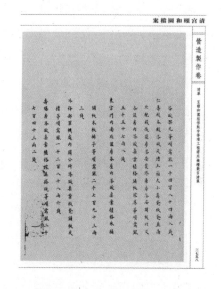

图12 《谨将颐和园粘修殿宇等项工程需用钱粮数目缮单呈览》档

① 中国第一历史档案馆、颐和园管理处合编，《颐和园皇家档案·营造制作卷（四）》，第1566页。
② 中国第一历史档案馆、颐和园管理处合编，《颐和园皇家档案·营造制作卷（四）》，第1573页。
③ 中国第一历史档案馆、颐和园管理处合编，《颐和园皇家档案·营造制作卷（四）》，第1665页。
④ 中国第一历史档案馆、颐和园管理处合编，《颐和园皇家档案·营造制作卷（五）》，第2157页。
⑤ 中国第一历史档案馆、颐和园管理处合编，《颐和园皇家档案·营造制作卷（七）》，第3758页。

配等的经费估算。笔者推测，这应该是 1902 年外国占领军交还颐和园后，清廷对遭严重破坏和劫掠的颐和园进行大规模修缮装饰和家具用具补配的一项工程。同时根据档案上下文联系也说明外务部公所东邻的建筑是"军机处公所"和"内阁公所"。鉴于慈禧太后和光绪皇帝 1902 年 9 月 13 日就开始驻跸颐和园，必然是在整修添配工程基本完工后。因此，根据这份档案推测清廷确定此处建筑作为"外务部公所"使用的时间应该在 1902 年上半年前后。这也是目前所知清宫档案中第一次出现"外务部公所"的名称。

慈禧恢复驻跸颐和园后，为了改善邦交，在颐和园里频繁开展"游园外交"，接见外国驻华公使、家眷及来华要人。叶赫那拉·那桐（1856—1925 年，图 13），满洲镶黄旗人，是晚清历史上的一位重要人物，其所作《那桐日记》对了解清末政治、外交具有重要史料价值。1902 年时那桐任外务部左侍郎（相当于外交部副部长），他在 1902 年八月廿二日（9 月 23 日）的日记中写道：

"德国水师提督盖斯乐同武官十六人觐见皇太后、皇上，在仁寿殿觐见……，礼成后在外务部公所早馔。"[2]438

即这一天来访的德国海军司令盖斯乐一行 16 人在仁寿殿觐见后，在外务部公所用了早餐。这说明，慈禧、光绪驻跸颐和园仅十天，就开始在园内接见外宾，颐和园外务部公所也已经投入使用了。

由于外事接待的频繁和规模的扩大，外务部公所原有的一组院落已经不敷使用，第三次建筑增建工程提上日程。一年多后的 1903 年十月初八（11 月 26 日），那桐在日记中写道：

图 13　那桐像

"申初赴园，住外务部公所新修南房五间，颇洁净。"[2]485-486

这表明，大约从 1902 年下半年到 1903 年底，公所建筑又完成了一次房屋的添修。清末的颐和园工程管理已经不像以前那般细致，笔者在工程档案中未能查找到相关记录。根据那桐的这则记载，结合公所现在的建筑规模，笔者推测，现在的公所西跨院十九间房屋，应该就是在这个时间修建的。整体上看，西跨院比 1891 年兴建的东院建筑体量略为矮小，但地基却稍高于东院，可以看出明显不是与东院同时建造；西跨院只有一进，南部是一座三开间倒座正房，与前边两侧对称的各三座联排七间厢房围合成一个宽敞院落，西侧厢房后还有一座五开间西房。西跨院的建筑等级要低于东院，西五间群房与前面房屋间距显得逼仄，也破坏了院落的中轴线均衡。这表明，这是一次有些无奈和仓促的扩建，为了建造更多的房屋，已经不能顾及布局的对称了。因为再往西数米，就到了和銮仪卫值房之间的南平桥和金水河，已经没有更多的建筑用地了。

从著名的美国摄影家西德尼·D·甘博（1890—1968 年）在 1917—1919 年所

图 14　甘博老照片中的公所（1917—1919 年）

图 15　2005 年所摄外务部公所西墙
　　　随墙门

拍摄的一张东宫门外乞丐照片中可以清楚看到，公所西跨院西墙北部的位置曾建有一个等级较低的随墙门，与銮仪卫值房大门（现在的颐和园消防中队所在地）相对（图 14、图 15）。这表明，当年的外务部公所东西院可能是两个相对独立的院落。

4　"外务部新公所"时期

1907 年，外务部公所建筑群迎来了最后和最大规模的一次增建工程，就是东院中轴线最南端大厅等建筑的修建。

该大厅为一层的中式单体大屋顶建筑，建在高大的砖石台基上。台基东西长 31.62m，南北长 25.31m，加上石质台阶踏步，建筑面积近 900m²，在体量上比颐和园内皇帝上朝听政的仁寿殿还要多出 100 多平方米，比慈禧祝寿庆典的排云殿多出 80 多平方米，是颐和园面积最大的单层独体建筑。大厅南北出厦，南面出厦九间，北面出厦七间，皆进深一间。整个大厅建筑平面犹如一个扁平的"凸"字形（图 16）。由于建筑的面宽和进深都很大，内部又尽量减少对承重金柱的使用，必然对建筑结构提出更高要求，因此，大厅主体屋顶内部采用了具有现代特点的三角式梁架结构（图 17）。

天津大学建筑设计研究院在《颐和园清外务部公所修缮设计》中认为："颐和园清外务部公所，则是尝试着用西方的三角屋架表现中国传统的屋顶形式，同时立面上也大量地运用扁拱窗……反映了当时中国近代建筑师对新的建筑结构与形式的探索。"[1] 该文所

---

① 天津大学建筑设计研究院、颐和园管理处合编，《颐和园外务部公所修缮设计》，2005 年，第 15 页。

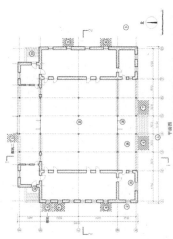 

图 16　大厅平面图（天津大学建筑　　图 17　大厅内部的三角梁架
学院测绘）

论公所大厅建筑是中国建筑近代化探索的观点非常允当。但是，如果说这反映了中国近代建筑师对新的建筑结构和形式的探索，就是想当然了。一份藏于中国第一历史档案馆的档案显示，公所大厅的建筑师是一位地地道道的外国人！

　　在第一历史档案馆，藏有一件外务部收光绪三十四年二月二十五日（1908 年 3 月 27 日）《詹美生致司员恩厚函》：

　　"……本日上午，本工程师始由颐和园回京。外务部公所工程现正加工赶做，每日所用工人约三百名，下礼拜一日须用款项五千两整。为此函请向堂饬拨为要……"①

　　这份档案是一位名叫詹美生的工程师写给名叫恩厚的清朝外务部官员催促抓紧拨付工程款的函件（图 18~ 图 20），说的是"外务部公所工程"正在加紧施工，所雇佣的工人达三百人，部分要支付的工程费用就达五千两白银。詹美生是谁？这是一个什么样的大工程，人工和花费如此之巨？

　　詹美生（1855—1927 年），是北京近代建筑史上颇有名气的工程师 Charles Davis Jameson 的中文名字，也被根据英文名字翻译名为"坚利逊"，出生于美国缅因州，1887 年在麻省理工学院院长的推荐下，詹美生出任爱荷华大学工程系主任、教授，1888 年 3 月当选美国土木工程学会会员。詹美生于 1895 年前后两次来华，在北京开设了"詹美生洋行"。1907 年，清政府为接待准备来华访问的德国皇太子，特命外务部将已废弃的宝源局旧址（即现在的外交部街 33 号院）改建为迎宾馆，特聘詹美生承包西洋式迎宾馆的修建。虽然德国皇太子来华访问后来取消了，但外务部迎宾馆于 1910 年建成后，成为当时清末北京最豪华、质量最好，也是最地道的西式建筑之一。1911 年 11 月 13 日，被清廷任命为内阁总理大臣的袁世凯将内阁设在迎宾馆内，在这里谋划南

① 中国第一历史档案馆藏，外务部档案《詹美生致司员恩厚函》。

图 18　中国第一历史档案馆藏《詹　图 19　《詹美生致司员恩厚函》　图 20　《詹美生致司员恩厚函》中文
美生致司员恩厚函》卷宗第一页　　　英文原件　　　　　　　　　　译文原件

北议和及逼清帝退位。1912 年 3 月 10 日下午 3 时，袁世凯又在迎宾馆主楼礼堂内正式
就任中华民国第二任临时大总统。迎宾馆是民国时期北洋政府的第一个总统府，民国初
年的外交部和新中国的外交部也曾设立于此，成为一座极为重要的北京近代历史建筑遗
产。现在，原迎宾馆"洋风"十足的东大门仍存，并于 2013 年被北京市东城区列为普
查登记文物 [3]。

　　詹美生在清末和民国初期的中国工程界知名度很高，是建筑、水利、铁路、矿业等
工程领域的多面手专家。他受美国政府委派参与过清政府和地方官员主导的中国北方地
区铁路选线和煤矿、铁矿勘探工作，以及淮河水利测绘和治理工程，与李鸿章、张之
洞、那桐、盛宣怀等政府高级官员都有过交往。如，那桐在光绪三十一年二月廿二日
（1905 年 3 月 27 日）的日记中有"美工程师詹美生来谈"[2]531 的记载，可见对其之重视。
民国政府成立后，詹美生被聘为中国水利委员会的总顾问。1918 年，63 岁的詹美生退
休回国，在中国工作的时间长达 23 年 [4]。

　　无论是外务部迎宾馆（图 21~ 图 23）还是
颐和园外务部公所大厅，两处建筑的建造时间相
同，又都是外务部的大工程，同样为外聘的著名
美国建筑师詹美生设计建造。我们有理由相信：
公所大厅或许同样是清政府为迎接德国皇太子访
问所建造的系列接待工程之一。但是，与在宝源
局旧址兴建一座西洋味儿十足的迎宾馆略有不
同，詹美生不愧是一位富有创新热情的建筑师，
他没有简单地在颐和园宫门外再建造一座典型的

图 21　清外务部迎宾馆旧照

图22　现今的外务部迎宾馆东大门　　　　　　　　　　图23　外务部迎宾馆东门说明牌示

西洋建筑，而是谋求探索一种西方建筑内部空间功能与中国建筑传统外观相糅合的新形式，将中式建筑的大屋顶外观与西式的现代三角屋架结构结合起来，从而在保留中国传统建筑形式的基础上实现了西式建筑内部空间宽敞的使用功能。外务部公所大厅和谐地融入于颐和园的中国传统建筑环境中。

在外务部公所大厅修建的同时，在大堂北面的中轴线上，修建了一条连接大厅到北边大门的宽大走廊，并一直向北延伸，在军机处和内阁公所二十九间北群房之西修建了一排几乎相连的七间群房，中间开广亮大门。从广亮大门地平高度和与中轴线走廊的笔直的对应性程度来看，大厅、十四间走廊与广亮大门应该是一体设计建造的。

那么，再返回来说，为什么前面笔者认为外务部公所西跨院建筑建造时间早于此次大厅等建筑修建的时间呢？除了《那桐日记》不太明确的相关记载之外，从现存建筑格局也可以看出，公所大厅之所以设计成扁"凸"字形，即北侧的抱厦不是像南侧一样为九间而是收缩为七间，原因并不是简单地出于建筑美观的考虑，而是因为实际上西跨院的建筑已经不允许在大厅北面修建九间的出厦，那样的大厅西北角和西院的三间南房、七间东厢房就完完全全挤在一起了。詹美生是充分考虑了当时既定的建筑存在和格局后巧妙地设计出扁"凸"字形的大厅建筑平面造型，在不利的立地条件下尽可能做到建筑的造型美观并满足门窗开设的实际功能需求（图24）。

图24　大厅与西院建筑的夹角

　　每天三百名工人的施工规模，使得工程进度很快。詹美生致函外务部不到两个月后，大厅等建筑就已经完成并投入使用了。光绪三十四年四月十五日（1908 年 5 月 14 日），那桐在日记中记载：

　　"早赴颐和园，带领各国使臣等七人、九人觐见游宴，十一点入，三点出。余住宿外务部新公所，洋房甚轩敞。"[2]630

　　那桐，这位慈禧太后的本家和亲信，此时已经官拜大学士、外务部会办大臣，在这天带领两起外国使臣觐见后，晚上住宿在了他称之为新添了宽敞"洋房"的"外务部新公所"。"洋房"的称呼也能说明，当年的大厅在装饰风格上不是现在所呈现的纯粹中式外观风格，而是有着很大程度的"洋"式内外装修的。

　　关于外务部公所大厅的建筑装饰风格和所花费用，可以从时任军机处章京许宝蘅的日记中寻得端倪。仅仅距离那桐住宿新落成的"洋房"三天后，许宝蘅在光绪三十四年四月十八日（1908 年 5 月 17 日）参观了"新公所"，他在日记中记道：

　　"上直（笔者注：直通'值'），直庐即在颐和园门外，南门前设仗马者是也，折件甚简，十时即散。遇吴佩葱郎中，渠系外部（笔者注：外务部简称外部）直日，散直后至公所访之。外部公所新修，费五万余金，因有外人来园觐见，以备憩息，高轩五间，前后深廊，轩后乞得奉宸苑地二十余亩，遍种荷花，花时亦胜境也。屋内陈设器具悉用西品，亦费至六千余金。"[5]

　　吴品珩（1857—1921 年），字佩葱，是许宝蘅的同乡好友，时任外务部榷算司掌印郎中，即司长。许宝蘅经常在军机处下值时到公所找他闲聊。榷算司是外务部的计财部门，作为部门主管的吴品珩对于外务部公所新大堂的建设投资数目自然是十分清楚，他透露给自己好友的信息应该是非常可靠的。

　　添建了大厅、走廊和群房大门的外务部公所确实已经在规模和风格上焕然一新了，因此被那桐称为"外务部新公所"（图 25~ 图 27）。

图 25　2005 年的公所大厅及周边环境

图 26　公所西院现状

图 27　大厅北面现状

　　清朝灭亡后，失去了外交功能的颐和园外务部公所建筑淡出了历史的视野，鲜见史料记载。1941 年，原位于颐和园升平署的颐和园小学迁入这处院落[1]158，一直作为校舍使用到 2004 年底，建筑腾退，由颐和园管理处收回后进行了保护修缮，今为颐和园管理处办公使用。

　　外务部公所建筑历史沿革如图 28 所示。

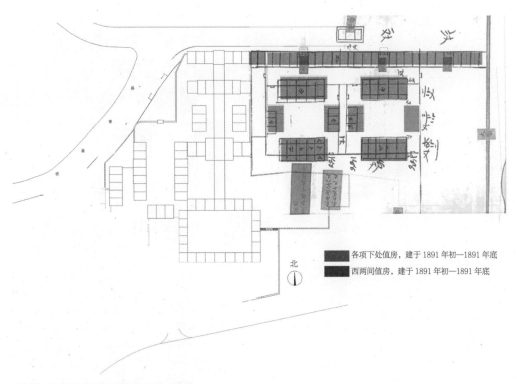

北

各项下处值房，建于 1891 年初—1891 年底

西两间值房，建于 1891 年初—1891 年底

图 28　外务部公所建筑历史沿革示意图

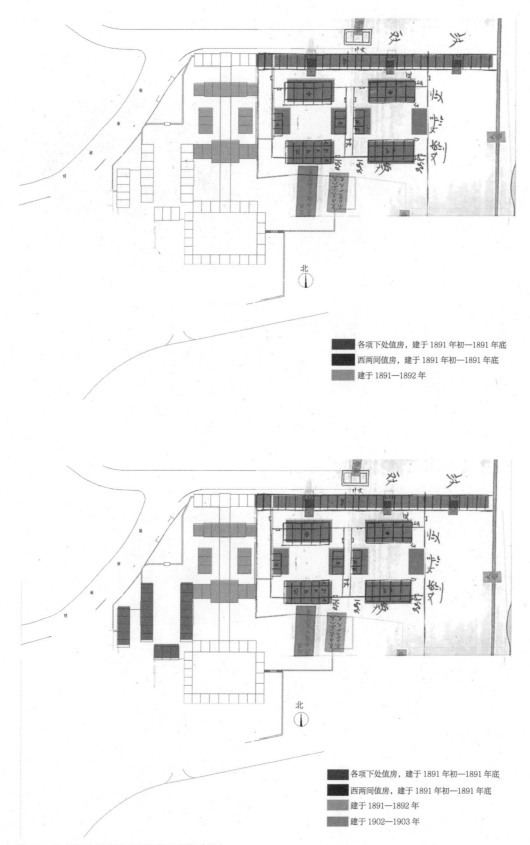

图 28　外务部公所建筑历史沿革示意图（续）

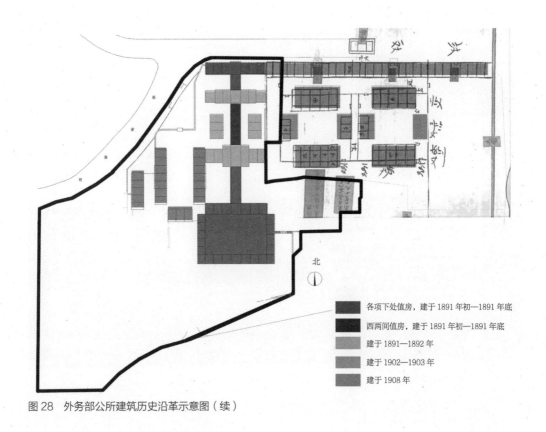

图 28　外务部公所建筑历史沿革示意图（续）

图例：
- 各项下处值房，建于 1891 年初—1891 年底
- 西两间值房，建于 1891 年初—1891 年底
- 建于 1891—1892 年
- 建于 1902—1903 年
- 建于 1908 年

5　结语

　　詹美生设计建造的这座外务部公所大厅，在北京近代建筑发展史上具重要的标志意义和地位。

　　清末时期，由于时代巨变，西风东渐，中国传统建筑开始没落，一批以外国建筑师为主的建筑师群体在北京的大型地标建筑舞台上成为主角，从大约 1900 年代到 1920 年代的 20 年间，移植西方建筑样式在北京兴建了一大批标志性"洋式"建筑，如畅观楼（1898 年）、六国饭店（1902 年）、农事试验场大门（1906 年）、陆军部衙署（1906 年）、外务部迎宾馆（1910 年）、大理院和军咨府（1911 年）、邮政总局（1917 年）、北大红楼（1918 年）等；从 1920 年代到 1930 年代，仍然是以外国建筑师为主体，开始摈弃简单的欧式建筑移植方式，探索将西方建筑结构和技术与中国传统建筑风格形式相结合，创作出一批以中式大屋顶为主要特征的建筑新样式，被称为"北京近代三大建筑"的燕京大学（今北京大学，1921 年，图 29）、北京协和医院（1925 年）、北京辅仁大学（1930 年）为其优秀代表[6]。因此可以说，在 1907 年就设计建造出颐和园外务部公所大厅这样一座将典型的中式大屋顶形式和西式建筑结构装饰相结合的宏伟建筑的詹

图 29　燕京大学建筑

美生，是一位探索中西建筑艺术融合创新的先行者；而公所大厅建筑，则是见证近代中西建筑艺术交流融合和中国建筑由传统向现代过渡探索的珍贵实物。但长期以来，外务部公所大厅在近代建筑史上的价值被建筑史学者疏忽和遗漏，至今失载于任何一部中国近代建筑史和北京近代建筑史的专业著作。究其原因，主要在于未能从史料上掌握和了解该建筑的设计者及其历史信息，从而仅将其看作中国传统建筑没落时代的一抹最后余晖，而未察它其实放射着中国近代建筑转型创新的一缕曙光！

综上所述，颐和园外务部公所建筑群始建于 1891 年 3 月，全部完工于 1908 年 5 月，建造历史跨度达 18 年，历经 4 个阶段完成，是清代颐和园工程中最后完工的一座建筑群（图 30）。它不仅是颐和园外皇家衙署建筑的重要组成部分，体现了清朝最高统治者对皇家园林附属建筑随政治形势不断变化的功能需求。该建筑群主体建筑"新公所"大厅，是由富有创造力的外国建筑师进行设计建造的，反映了外国建筑师对中国传统建筑形式与结构的学习借鉴，以及将中国传统建筑外观与西方建筑结构进行融合的可贵探索，并在建造时间上遥遥领先于北京协和医院、燕京大学等以中西合璧风格著名的北京近代经典建筑，是近代北京中西建筑艺术和技术交流融合的珍贵实物遗存，理应在北京皇家园林史和中国近代建筑史上占有重要的一席之位！

图 30　外务部公所大门

参考文献

[1]　颐和园管理处.颐和园大事记 [M].北京：五洲传播出版社，2014.

[2]　北京市档案局.那桐日记：上 [M].北京：新华出版社，2006.

[3]　张复合.北京近代建筑史 [M].北京：清华大学出版社，2004.

[4]　张复合，刘亦师.中国近现代建筑研究与保护：下 [M].天津：天津人民出版社，2022：614-621.

[5]　许宝蘅.许宝蘅日记：第一册 [M].许恪儒，整理.北京：中华书局，2010：180.

[6]　张复合.北京近代建筑史 [M].北京：清华大学出版社，2004.

作者简介

秦雷，北京市中山公园管理处党委书记、园长。

颐和园涵虚牌楼历史变迁和保护性修缮 [①]

○ 陈　曲

摘　要：颐和园作为世界文化遗产，园林古建筑是其文化遗产重要的组成部分。涵虚牌楼作为典型的园林古建筑，对其进行历史变迁的研究对厘清其形制的变化与发展、历史信息的传承以及其在古典皇家园林中的作用尤为重要。针对涵虚牌楼现状，以最大限度保护、最小限度干预为原则，结合现代勘察技术，进行保护性修缮，对涵虚牌楼的保护与发展具有深远的意义。

关键词：颐和园；涵虚牌楼；历史变迁；保护性修缮

引言

牌楼，是中国传统古建筑类型之一，最早见于周朝，伴随其发展，应用于都市街衢的起点与中段，主要街道的交会处，以及园林、寺观、官苑、陵墓之前，兼具功能性与装饰性。当其应用于皇家园林或官苑中时，通常作为主要入口和通道的标志，多建置在园外的广场或园内主要宫殿和庙宇的前面，以及大型桥梁的两端，以华丽的形象点缀园景，突出其标志性和引导性，显示皇家的气派[1]。

牌楼按照建造材料划分，主要有木质、石质、琉璃、木石混合、木砖混合等几种。按照建造形式划分，可分为柱不出头式和柱出头式两种类型[1]。

颐和园作为古典皇家园林的经典之作，几乎涵盖了牌楼的所有类型，既有"罨秀""涵虚"木牌楼，又有"子非鱼，安知鱼之乐"的"知鱼"石牌楼，还有"众香界"琉璃牌楼等，共18处，以及多处牌楼遗址，种类齐全，建筑形式丰富。在这众多的牌楼中，值得一提的是东宫门外的涵虚牌楼，是国内现存唯一一座金龙和玺彩画的三间四柱七楼"柱不出头"牌楼。

颐和园主要由政务区、居住区、游览区等几大功能分区组成。其中政务区"外朝"自东向西由牌楼、金水桥、广场、东西朝房、宫门组成。涵虚牌楼作为"外朝"空间序列的起点，具有重要的引领作用。

---

① 本文已收录于《2018 北京园林绿化建设与发展》，2019 年。

1　涵虚牌楼历史变迁

涵虚牌楼始建于清乾隆年间，耸立在东宫门外，是一座三间四柱七楼的木质牌楼。牌楼东西向坐落，面宽 15.12m，高 8.96m。筒瓦屋面，带正脊，庑殿顶。明楼、次楼、边楼、夹楼均以多攒斗栱承托，绘金龙和玺彩画。明楼东面额曰"涵虚"，西面额曰"罨秀"，均为乾隆御笔亲提。"涵虚""罨秀"巧妙地点出了颐和园清幽恬静、山清水秀的主题，可以视为是颐和园山水乐章的"序曲"，作为装饰性建筑、起点建筑，涵虚牌楼体现了皇家建筑庄严的气势。

1.1　清漪园时期

清漪园始建于清乾隆十五年（1750 年）[2]。从故宫博物院曾展出的乾隆年间的《崇庆皇太后的万寿庆典图》（图 1、图 2）可以看出，乾隆年间的涵虚牌楼为三间四柱三楼柱不出头牌楼，歇山顶，明间镶嵌的匾额形式简单，东侧为"罨秀"，西侧为"涵虚"，花板等装修及彩画形式不详。

图 1　乾隆年间的《崇庆皇太后的万寿庆典图》
（图片来源：故宫博物院藏）

图 2　《崇庆皇太后的万寿庆典图》中"涵虚"牌楼
（图片来源：故宫博物院藏）

1.2　颐和园时期

清咸丰十年（1860 年）清漪园被英法联军烧毁，清光绪十二年（1886 年）慈禧挪用海军经费开始修复清漪园。清光绪十四年（1888 年）改园名为颐和园。直到光绪二十一年（1895 年）才初步完工，复建工程大约进行了九年。

根据颐和园老照片（图 3），可以看出智慧海前佛香阁尚未有大木构架耸立（注：佛香阁位于智慧海前显要位置）。根据《清宫颐和园档案》[3]营造制作卷中记载，光绪十九年（1893 年）十一月二十一日至二十五日颐和园工程清单记载："佛香阁竖立大木"。可以推断，上述照片拍摄时间早于光绪十九年（1893 年）十一月二十五日。根据《颐和园志》记载，涵虚牌楼在 1860 年英法联军火烧清漪园过程中幸免，且至光绪十二年（1886 年）修复清漪园前未有涵虚牌楼的任何修缮记录，因此推断此牌楼为乾隆时期始建形制。而且从图 3 老照片中可以清晰分辨出，清漪园时期的涵虚牌楼为三间四柱三楼柱不出头式牌楼，庑殿顶，均有抱柱。明间镶嵌的匾额形式简单，东侧为"罨秀"，西侧为"涵虚"，彩画形式为旋子彩画。与乾隆时期《崇庆皇太后的万寿庆典图》中的牌楼在建筑形式上大体相同，只是老照片中的庑殿顶等级高于庆典图中的歇山顶。因手绘图可能会受到图幅及绘画手法的影响，在装修、彩画等细节方面表现会有局限性，所以与庆典图中的花板等装修形式、彩画形式不好作比较。

图 3　1860 年未被烧毁的涵虚牌楼

（图片来源：颐和园研究室提供）

光绪二十年（1894 年）颐和园初步完工。佛香阁重建完成后，从图 4 老照片中可以看出，牌楼的形制发生了根本性的变化，由三间四柱三楼牌楼变成了三间四柱七楼牌楼，就屋面楼数而言等级更高，这与《国家图书馆藏样式雷图档·颐和园卷》[4] 中的涵虚牌楼式样不谋而合，见图 5。《国家图书馆藏样式雷图档·颐和园卷》为样式雷家族传人雷廷昌在清光绪年间主持重修颐和园时期的设计稿。改建后的涵虚牌楼为歇山顶，彩画形式也由旋子彩画改为了等级最高的金龙和玺彩画，明间"涵虚""罳秀"匾额也对换了方向，"涵虚"匾额在东侧，匾额装饰更为繁复，两次间分别增加了面积较大的"二龙戏珠"透雕花板。去掉了抱柱，每根柱两侧增加了戗杆。增加戗杆的做法有效提升了牌楼结构的稳定性和承重性能。因此，就涵虚牌楼的屋面形式、彩画形式、装修形式而言，颐和园时期的涵虚牌楼级别最高。

由此可见，清光绪年间涵虚牌楼的改建，虽然在建筑规制上打破了乾隆以来皇家园林大门外不建高等级牌楼的历史，却成就了在全国范围内现存建筑级别最高、彩画级别最高的牌楼建筑。此牌楼形制做法传承至今。

2　现状勘察情况及保护性修缮方案

2.1　勘察情况

因城市道路抬高，涵虚牌楼台基已被现有路面淹没；夹杆石外观整体保存尚好，但歪闪、沉降程度不一；大木构件均有不同程度的变形、下沉、开裂、拔榫、糟朽等；花

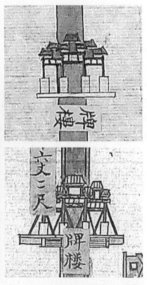

图 4　清光绪年间改建后的涵虚牌楼
（图片来源：颐和园研究室提供）

图 5　清光绪年间涵虚牌楼样
式雷图档

板、折柱、雀替有不同程度的糟朽、变形、拔榫、位移、松动；椽望、连檐、瓦口糟朽严重；屋面歪闪、裹垄灰大面积脱落，筒瓦拔节；猫头花饰不统一；彩画褪色、粉化，贴金氧化，地仗普遍开裂、空鼓严重，油饰褪色严重。修缮前的涵虚牌楼见图 6。

根据勘察情况，坚持"不改变文物原状"的文物修缮原则，坚持"四原"——原结构、原形制、原材料、原做法，在保证"涵虚牌楼"安全性的前提下，对涵虚牌楼大木构架进行加固修缮，同时对其屋面、斗栱、木装修、折柱、油饰彩画等部位的残损进行相应的一般性修缮。

2.2　保护性修缮方案

依据勘察情况，制定相应的保护性修缮方案。简述如下：

地面：介于现有交通条件，维持现有台基状态，不再进行扰动。替换现有九格水泥砖地面 30%。在平台周围做铜质栏杆。

夹杆石：检修夹杆石，清除现有夹杆石松动的水泥勾缝，用油灰重新勾缝。检修夹杆石铁兜绊，并作防锈处理。

大木构架：挑顶至斗栱，打牮拨正，检修大木构件、铁活加固。

装修：拆安整修折柱、花板、雀替、博缝板。镶补、更换局部糟朽严重的构件。

木基层：更换全部望板，更换 80% 连檐、瓦口，更换 60% 椽。

屋面：挑顶，恢复 2 号捉节夹垄屋面。

油饰、彩画：全部满砍，按原式样重做。

图 6　修缮前的涵虚牌楼

按照修缮方案，在修缮过程中，为确保四根柱承重性能良好，通过目测、物探法、阻抗仪法、应力波法，检测每根柱的保存现状。得到的结论为：南一缝柱体不连续，从上至下分为 3 部分，依次为木柱、混凝土柱、木柱，柱上部墩接口向下 4820mm 长度除去混凝土柱外糟朽严重；南二缝从柱根向上至 2970mm 处、北一缝从柱根向上至 4330mm 处，均腐朽严重；北二缝柱局部轻微糟朽，保存较好。依据《古建筑木结构维护与加固技术规范》[5]："糟朽高度超过柱高 1/3，则需要更换新柱"，因此南一缝、南二缝、北一缝柱均已超出可墩接高度，已不能满足牌楼承重需求，需更换新的牌楼柱。

3　水文地质勘查在保护性修缮中的应用

伴随夹杆石、镶杆石打开，及其基础的开挖，在南一缝、南二缝、北一缝现有地面以下约 2.85m 深的位置，发现局部有积水，推测为造成柱严重糟朽的原因之一。因此，为了深入了解积水的来源以采取有效措施，削弱造成柱根严重糟朽的诱因，修缮过程中请专业机构针对涵虚牌楼基础水文地质开展勘查。

3.1　地质环境条件

在开展了涵虚牌楼气候条件、水文概况、地形地貌、区域地质概况、区域构造概况等基础资料调查、研究的基础上，深入开展地层岩性分析、水文地质条件分析。

3.1.1　地层岩性分析

为不破坏涵虚牌楼素土夯实基础，避免对基础造成扰动，在牌楼台明东侧约 1.5m 的位置，以牌楼区方砖地面为零点，钻孔、取土、分析。钻孔平面布置见图 7。根据本次钻探描述、原位测试及室内土工试验成果，按土的岩性及工程特性将地层划分为 3 大层，其中①层土为人工填土层，②~③层土为一般第四纪沉积土层。工程地质剖面图见图 8，自上而下土层分布如下：

（1）人工填土层

1）杂填土①：杂色，稍湿~湿，松散~稍密，主要为砂土、砖块、灰渣、碎石、混凝土块等建筑垃圾组成，地表 0.4m 为柏油路。本大层厚度为 1.80~3.10m。

2）粉土素填土①1：黄褐色，局部饱和，松散~中等。含少量灰渣、砖渣。本层厚度为 1.00~1.60m。

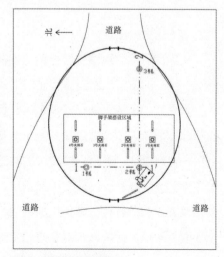

图 7　钻孔平面布置图

3）细砂素填土①2：褐黄色，局部饱和，松散～中等。含少量灰渣、砖渣、粉质黏土。本层厚度为0.80m。

（2）一般第四纪沉积土层

1）圆砾－卵石②：杂色，稍湿～湿，中密。一般粒径20~40mm，最大粒径大于70mm，磨圆度较好，充填55%左右的中粗砂。本层厚度为5.30~6.70m。

2）粉细砂②1：褐黄色，稍湿～湿，中密。以石英、长石为主。本层厚度为1.40~3.30m。

3）粉土②2：褐黄，湿，密实，含云母，本层厚度为0.50~0.9m。

4）粉质黏土②3：褐黄，很湿，可塑。本层厚度为0.50m。

5）粉土③：褐黄，稍湿～湿，密实，含云母、姜石，本层揭露厚度为1.70~6.90m。

6）粉质黏土③1：褐黄色，很湿，可塑。本层揭露厚度为1.00~2.90m。

3.1.2 水文地质条件

（1）区域水文地质条件

涵虚牌楼位于北京西山山前冲洪积扇的上缘，受永定河冲洪积扇及北京西山山前冲洪积扇的共同影响，分布有2~3层砂卵、砾石层，含水层总厚度在50m左右，地层富水性良好，地下水位埋深小于10m。

（2）涵虚牌楼水文地质条件

根据本次钻探及前期调查，牌楼埋深15m范围内有二层地下水，具体情况参见表1。

1）上层滞水

涵虚牌楼四根柱基基坑下挖2.85m均见有地下水，说明在地表以下2.85m左右有一层上层滞水。

从勘察所得的地层资料分析，埋深在3.0m左右的粉土②2、粉质黏土②3是区域形成上层滞水的相对隔水层，但该层厚度较薄，下伏地层又为透水性良好的粉细砂②1。因此上层滞水的补给源主要是大气降雨，可能有少量的排水管道渗漏。同时牌楼基础开挖时的回填土主要为素填土及块石，存在有一定的孔隙，这也为上层滞水的蓄积提供了一

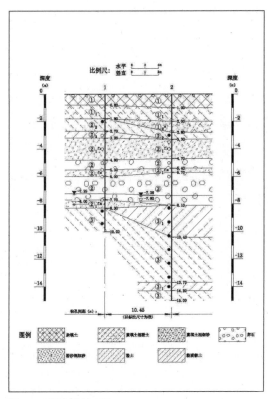

图8 工程地质剖面图

涵虚牌楼地下水情况一览表　　　　　　　　表1

序号	地下水类型	水位埋深（m）	赋存条件
1	上层滞水	2.85	含水层为杂填土及粉质黏土、粉土
2	潜水	7.35	含水层为砂、卵石层

定的储水空间，造成上层滞水在牌楼区富集。

2）潜水

第四纪地层中的潜水主要赋存于卵石②层中，地下水位埋深7.35m，地层渗透性良好。该层区地下水的补给主要为大气降水入渗和地下径流侧向补给。地下水的排泄以人工开采和向下游径流排泄为主。

3.2　结论

通过以上勘查发现，牌楼埋深15m范围内存在有二层地下水，第一层地下水为赋存于上部杂填土及粉质黏土、粉土层中的上层滞水，水位在勘察期间埋深2.85m，分布范围有限，年变幅1~2m，主要补给来源为大气降水，其次有少量的附近排水管道渗漏；第二层地下水为赋存于砂、卵石层中的潜水，勘察期间水位埋深7.35m，地层渗透性良好。

根据涵虚牌楼水文地质勘察结果，为减少上层滞水的存在，在牌楼修缮过程中，挖除埋深3.0m左右的相对隔水层粉土②2、粉质黏土②3，消除上层滞水形成的基本条件，使得大气降水直接渗入到粉细砂②1中排走；另外在牌楼基础修缮完成后，在牌楼附近地面采取有效措施，减少大气降水的渗入量，减少甚至断绝上层滞水的补给来源。

4　修缮方案的进一步完善

依据柱保存情况的进一步深入勘察，结合上述水文地质勘察结论，推断基础积水及基础周围环境潮湿是造成柱糟朽的主要原因。因此，依据古建筑修缮的最小干预及确保结构安全原则，综合专家意见，对涵虚牌楼严重糟朽且不能进行墩接的三根木柱进行更换，同时按照传统园林建筑做法，应对基础积水及环境潮湿问题。具体方案如下：

更换南一缝、南二缝、北一缝柱，材质为黄花松，要求木材含水量达到国家标准，尽量使用较干木材。北二缝柱现状保存。所有柱均做杀菌防腐处理。夹杆石里侧分层灌注桃花浆至夹杆石上皮10cm处停止灌浆，待桃花浆干燥后，在夹杆石里侧缠绕麻绳后，用麻刀灰勾缝，待麻刀灰干燥后安装锁口石，以此减少或者避免雨水通过锁口石的缝隙进入夹杆石内的可能性。自牌楼现有地面挖掘至底垫石下砖基础底皮，深度达

3320mm，相对隔水层粉土②2、粉质黏土②3已被挖除，消除了上层滞水形成的基本条件，使得大气降水能够直接渗入粉细砂②1中排走。在台明石下方用泼灰混合糯米浆砌筑二城样金刚墙至地面砖下皮，并逐层灌浆。九格砖地面适当加大泛水，使大气降水或者外来地表水源能够迅速排走，减少水源下渗。

5 结语

涵虚牌楼作为古典皇家园林中的典型建筑，其修缮过程涉及历史文化信息调研、前期勘察、方案设计、现代科技手段的辅助性应用、施工方案的进一步完善、竣工验收等每一个必不可少的环节。做好保护性修缮将为园林古建筑的传承与发展奠定坚实的基础，利用科技手段进行无损勘察式探索，同时更为古建筑保护性修缮提供了翔实可靠的依据。相信在古建筑守护者始终如一的坚持下，随着人们文保意识的增强以及无损检测技术的发展，必将迎来古建筑保护性修缮的新篇章（图9）。

图9 修缮后的涵虚牌楼

参考文献

[1]　马炳坚.中国古建筑木作营造技术[M].北京：科学出版社，2003：107.

[2]　颐和园管理处.颐和园志[M].北京：北京出版社，2004.

[3]　中国第一历史档案馆，北京市颐和园管理处.清宫颐和园档案[M].北京：中华书局，2016.

[4]　国家图书馆.国家图书馆藏样式雷图档.颐和园卷[M].北京：国家图书馆出版社，2018.

[5]　四川省建筑科学研究院.古建筑木结构维护与加固技术规范[M].北京：中国建筑工业出版社，1993.

作者简介

陈曲，北京市颐和园管理处。

颐和园琉璃艺术历史信息的研究与保护 [①]

○ 陈　曲

摘　要：颐和园琉璃建筑及构件大部分为清漪园时期的原物，体现着清中、晚期琉璃的艺术水平及时代特色。本课题通过对颐和园琉璃历史信息的调查、研究，总结出颐和园琉璃色彩分布规律、等级制度及艺术特色，同时以琉璃瓦为研究基础，对款识、纹样等进行深入研究，形成颐和园琉璃瓦序列链。在大量科学实验数据的基础上，对不同时期的琉璃釉面及瓦胎的组成成分、病害等进行分析、归类，以探究病害诱因，摸索切实可行的琉璃瓦件保护方案。

关键词：颐和园；琉璃；历史信息；序列链；成分组成；保护

引言

"琉璃"名始见于《汉书·西域传》，是铝和钠的硅酸盐化合物经高温烧制而成的一种釉质物，当其被大量地应用在建筑中，有了固定配比的"药材"和严格的烧制工艺后，才专指以氧化铅、石英等为主要原料的建筑陶釉。经过历朝的不断发展，至清代，琉璃大量应用于建筑屋面，并逐步出现了外表全部由琉璃仿木构件组成的无梁殿式琉璃阁、琉璃塔等建筑，同时，清代的琉璃工艺从制胎、配釉到烧制的各主要环节被严格地固定下来，使用范围受到严格的控制 [1]。清代《钦定工部则例》记载："官民房屋、墙垣不许擅用琉璃瓦、城砖，如违，严刑惩治，其该管官一并议处" [2]。即便是王亲贵族，琉璃的使用也有严格规定：皇宫和庙宇可使用黄色琉璃瓦或黄剪边，亲王、世子、郡王只能用绿色琉璃瓦或绿剪边，离宫别馆和皇家园林建筑可以用黑、蓝、紫、翡翠等颜色及由各色琉璃瓦组成的"琉璃集锦"屋面 [3]。由此产生了专供皇家建筑使用的官窑，生产官式琉璃。

颐和园位于北京的西北郊，始建于清乾隆十五年（1750 年），是中国最末一个封建王朝——清朝最后建造的一座大型皇家园林，也是至今为止保存最完整的一座皇家园

---

① 本文已收录于《北京公园生态与文化研究》，2013 年。

林。颐和园占地面积 300.94hm²，现有古建筑 3245 间，约 7 万平方米，建筑形式多样，几乎涵盖了中国古建筑的所有类型，尤其是园内形式各异的琉璃建筑，造型技术、艺术精湛，纹样题材丰富，达到了琉璃艺术运用的顶峰。因此，本文通过对颐和园琉璃色彩分布规律、等级制度及艺术特色的研究，以应用最为广泛的琉璃瓦为切入点，对款识、纹样等进行深入研究，形成颐和园琉璃瓦序列链。同时在大量科学实验数据的基础上，对不同时期的琉璃釉面及瓦胎的组成成分、病害等进行分析、归类，以探究病害诱因，摸索切实可行的琉璃瓦件保护方案。

1　颐和园琉璃艺术特色

1.1　分布范围广

颐和园琉璃应用广泛，万寿山前及山后的主要景点均使用了琉璃建筑及琉璃屋面建筑，包括排云殿—佛香阁景区、南湖岛景区、文昌阁景区、画中游景区、花承阁景区及四大部洲景区，约占总建筑面积的 23%。

1.2　建筑形式多样

颐和园内琉璃依建筑形式分为四大类：琉璃屋面建筑、琉璃牌楼、琉璃阁、琉璃塔。琉璃构件样别决定于建筑的规格及形制。清雍正十二年（1734 年）颁布的工部《工程做法则例》对琉璃瓦有明确规定："瓦分十样，'一样'无编号，'十样'有编号，但无实物，二至九样的瓦件脊饰按尺寸递减。"颐和园琉璃瓦有 4 种规格，为五样、六样、七样、九样。其中最大的五样琉璃瓦应用于排云殿，最小的九样琉璃瓦应用于众香界牌楼和多宝塔，六样琉璃瓦使用面积最广，分布最多。

1.3　色彩丰富

1.3.1　色彩组成

颐和园琉璃颜色共有 7 种，包括黄、绿、深蓝、浅蓝、紫、白和黑色，应用于不同的建筑构件和部位，其中以黄、绿两色琉璃使用面积最大（图 1）。

1.3.2　色彩搭配及等级

根据建筑功能、位置与级别，采用不同的琉璃瓦配色方案，以体现建筑级别的差异。以黄琉璃为最高等级（排云殿景区），其他由高到低依次为黄琉璃绿剪边（佛香阁）、绿琉璃（五方阁、转轮藏）、绿琉璃黄剪边（画中游）、布瓦心绿剪边（云会寺、善现寺），同时还有灵活运用的彩色拼花图案（智慧海）。

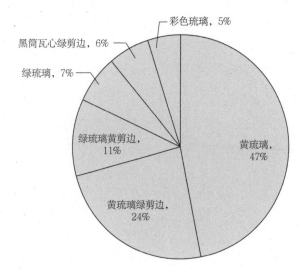

图 1　颐和园各色琉璃分布比例图

1.4　独特的皇家纹样——龙纹

作为皇家御苑，颐和园内大量使用龙纹作为琉璃构件装饰图案，大到正脊，小到勾头，龙纹形式多样、运用广泛。仅就琉璃勾头、滴水上的龙纹就呈现出不同历史时期纹饰的演替和变化。

1.4.1　纹饰种类

在颐和园众多瓦件中，目前已发现黄色琉璃勾头纹饰 18 种、绿色琉璃勾头纹饰 16 种、黄色琉璃滴水纹饰 14 种、绿色琉璃滴水纹饰 13 种。其中勾头升龙纹饰 2 种、降龙纹饰 27 种、滴水行龙纹饰 25 种。时间跨度从清乾隆十五年（1750 年）一直到近现代，龙纹瓦件应用数量之大可见一斑。

1.4.2　纹饰特点

同是龙纹，时代不同的龙纹饰存在着细微的变化。

（1）细部纹饰不同：①中早期的龙头似牛头，角似鹿角，爪张开如风车（风轮爪），首发和肘发不是简单地双勾，而是将多丝多缕的细节表现得一清二楚，首发成束往前飘。龙鳞细密，为芝麻鳞；背部刺如针状，线性排列；祥云、宝珠的画法亦与晚期不同（图 2）。晚期的龙头特点不突出，首发比较简单，肘发渐无。身上鳞片似鱼鳞，背部刺呈"∩"形波浪状、龙爪四趾在前，一趾在后（图 3）。②早期的龙神形兼备、形态各异，晚期的龙则比较呆板。

（2）浮雕深浅不同：通过龙纹浮雕对比，可以看出中早期琉璃勾头浮雕较深，纹路清楚，纹饰清晰，瓦件用木质阴刻模具拓坯后，似又经过手工深加工，工艺精细。晚期勾头浮雕较浅，似拓坯后未进行深加工工序，一模多用，纹路较浅，纹饰模糊，工艺粗糙（图 4、图 5）。

背部刺如针状，线性排列　　龙鳞细密，为芝麻鳞　　　龙鳞似鱼鳞　　背部刺呈"∩"形波浪状

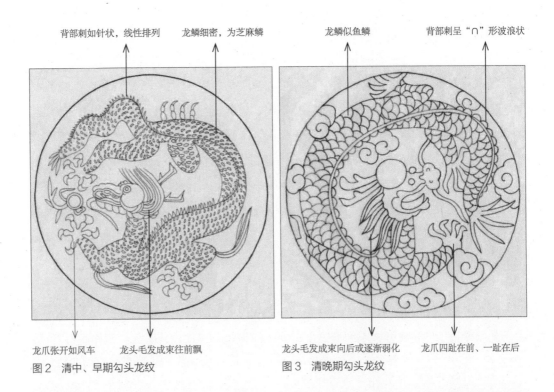

龙爪张开如风车　　龙头毛发成束往前飘　　　龙头毛发成束向后或逐渐弱化　　龙爪四趾在前、一趾在后

图2　清中、早期勾头龙纹　　　　　　　　图3　清晚期勾头龙纹

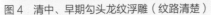

图4　清中、早期勾头龙纹浮雕（纹路清楚）　　图5　清晚期勾头龙纹浮雕（纹路较浅）

　　琉璃瓦的纹饰特点为琉璃瓦的断代提供了一定的依据，但是由于琉璃制作工艺的传承多采用师徒间口传身授的方法，尤其是纹饰部分，与工匠个人水平、不同门派之间的传承体系以及地域分布的影响均有很强的关系，即便是构图、纹饰特点相同或相近的纹饰，也存在一定的差异，准确的断代仍存在一定的误差。因此纹饰断代对于时间跨度大的琉璃断代相对容易，鉴别年代相近的就比较困难，因而只是一种辅助的方法，并不能作为判断年代的唯一根据。

2　颐和园琉璃瓦年代序列分析

清代琉璃制造业受宫廷严格控制，所用的琉璃瓦及构件多出自官窑，而且在瓦胎上一般都应刻有琉璃窑的名称、烧制年代、烧窑匠名氏等，为瓦件的断代排序起到了至关重要的作用。伴随课题的开展及深入，借助工程修缮，收集了大量不同款识、不同纹饰的琉璃瓦，以琉璃瓦款识为基础，依据"颐和园建筑修缮档案"，参考清漪园陈设清册、颐和园工程清单、内务府奏案、朱批奏折、舆图等一系列史料，结合琉璃瓦纹饰特点，大致排列出了颐和园琉璃瓦年代序列链，建立了颐和园琉璃瓦档案库。

由于篇幅有限，以下仅选择年代序列链中带有款识的龙纹饰琉璃滴水进行分析。

2.1　"西作成造"（图 6）

此款发现于转轮藏景区东配亭二层，为六样绿色琉璃瓦，款识为"西作成造"，数量较少，是目前在颐和园发现的纹样最精致、清晰的龙纹滴水，推断可能早于乾隆朝。

2.2　"五作工造"（图 7）

此款亦发现于转轮藏景区东配亭二层，为六样绿色琉璃瓦，款识为"五作工造"，数量较少。从纹样角度分析，"五作工造"滴水纹样不如"西作成造"滴水纹样雕刻清晰、线条流畅，但较"乾隆年制"的滴水纹样精细，推测可能亦早于乾隆朝。通过对故宫等多家单位的走访发现，瓦胎款识"五作工造"和故宫琉璃瓦款识之一相同，因此可以确定此瓦和故宫部分琉璃瓦应为同一琉璃窑烧制。另外于一款绿色筒瓦胎上发现了"四作工造"的字样，亦和故宫琉璃瓦款识之一相同。因而推断颐和园部分琉璃瓦和故宫部分琉璃瓦出自同一琉璃窑厂。

图 6　西作成造　　　　　　　　　　　　　　图 7　五作工造

2.3 "乾隆年制"（图8）

此款发现于清漪园清可轩遗址，为六样黄色琉璃瓦，款识为"乾隆年制"。据颐和园老师傅回忆，此类瓦在1950年代数量较多，基本上散落在后山遗址，可能为清漪园被烧毁的建筑遗存瓦件，是至今在颐和园琉璃滴水上发现的唯一带有皇帝年号的款识。

2.4 "十四年敬造"（图9）

此款发现于五方阁景区，为六样绿色琉璃瓦，款识为"十四年敬造"，数量较少，和"乾隆年制"滴水在龙纹造型方面颇为相似，如龙头均在左上角位置、均为回头龙、龙身走向大致统一等，只是没有其纹饰精致、细腻。虽有烧制时间，但没有皇帝年号。据《颐和园志》记载，清光绪十四年（1888年）曾进行过敷华亭、撷秀亭、转轮藏景区屋面修缮和五方阁景区复建工程[4]，而且这些建筑均为绿色琉璃瓦覆顶，据此推断"十四年敬造"的琉璃瓦可能为清光绪十四年烧制。

2.5 "十五年敬造"（图10）

此款发现于五方阁景区，为六样绿色琉璃瓦，款识为"十五年敬造"，数量较少。将此瓦与"十四年敬造"琉璃瓦对比发现，龙纹的龙头、龙角、龙爪、龙鳞等造型特点相似，釉色相近，浮雕深浅基本相同，因而推断"十五年敬造"琉璃瓦可能为清光绪十五年（1889年）烧制。

2.6 "1950年京西琉璃窑赵造"（图11）

此款发现于转轮藏景区，为六样绿色琉璃瓦，款识为"1950年京西琉璃窑赵造"，数量较多，与档案记载"1950年颐和园进行转轮藏景区挑顶修缮，添配了大量的瓦件"相符。此瓦款识清楚地记载了烧制年代、琉璃窑厂名、烧窑匠名氏信息，同时"京西琉璃窑赵造"的信息引起了笔者对"赵氏琉璃窑"的探究。《刘敦桢文集》中有载："现存

图8　乾隆年制　　　　　　　　　　　　　图9　十四年敬造

图 10　十五年敬造　　　　　　　　　图 11　1950 年京西琉璃窑赵造

琉璃窑最古老当推北平赵氏为最，即官窑"[5]。同时《琉璃厂小记》记载："至光绪庚子，琉璃窑迁徙于京西某地矣"[6]。由此推测，刻有"京西琉璃窑赵造"的瓦件可能为清朝官窑烧制，且直至 1950 年，此琉璃窑一直在烧制琉璃瓦件。由于琉璃烧制的技术的传承多为口传身授，所以此赵氏琉璃窑所烧制的勾头纹样、瓦胎及釉料配比从乾隆朝至今应为一脉相承，对深入研究官窑琉璃具有重要意义。

2.7 "故宫琉璃窑一九五四年制"（图 12）

此款发现于佛香阁围廊，为七样绿色琉璃瓦，款识为"故宫琉璃窑一九五四年制"，是颐和园内围廊应用数量最多的一款琉璃瓦。通过查档得知，1954 年，颐和园进行了大规模的修缮工程，此款琉璃瓦为应工程需要烧制，同时反映了琉璃瓦款识的沿用做法对建筑修缮年代记载的重要意义。

以史为鉴，在 2005—2006 年排云殿大修过程中，新制的瓦件沿用了瓦胎上留有款识的做法，将瓦件烧制时间和产地记录在案，款识为"公元二〇〇五年任丘琉璃"（图 13），以便为下一次修缮提供可参考的依据。

图 12　故宫琉璃窑一九五四年制　　　　图 13　二〇〇五年烧制琉璃瓦款识

3 颐和园琉璃试验分析

为了更好地了解不同时期琉璃釉面、瓦胎的组成成分有无变化，琉璃的制作工艺以及可能造成琉璃病害的诱因，选取了不同烧制年代、不同纹样的黄色、绿色琉璃瓦各6件，共12件琉璃瓦样品，分别用三维视频显微镜、矿相显微镜及扫描电镜—能谱仪、能量散射型X-射线荧光光谱仪、X-射线衍射仪进行琉璃瓦样品观察和元素组成、矿物组成试验分析（表1为琉璃瓦釉面的主要元素组成，图14、图15为样品断面矿相显微镜照片）。

琉璃瓦釉面的主要元素组成（以氧化物的相对百分含量表示）　表1

样品编号	琉璃瓦釉面的主要元素组成（%）										
	PbO	SiO_2	CuO	Fe_2O_3	Al_2O_3	CaO	K_2O	Na_2O	SnO_2	P_2O_5	MgO
YL-01-Y1	43.35	43.26	3.41	0.56	3.04	1.70	0.85	1.33	1.26	1.06	
YL-01-Y2	59.31	30.78	3.87		2.34	1.03				2.45	
YL-02-Y1	51.94	37.51	0.27	5.40	3.84	0.51	0.54				
YL-02-Y2	54.84	36.34	0.25	4.54	2.59	1.03	0.41				
YL-03-Y	8.50	59.76	6.59	0.52	6.41	6.22	1.07	7.84	1.45		1.53
YL-04-Y	55.58	36.14		3.75	2.67	0.41	0.53			0.91	
YL-05-Y	53.11	36.35	4.13		4.08	1.51					0.63
YL-06-Y	52.66	38.08		4.54	4.30	0.42					
YL-07-Y	57.94	32.47	6.33	0.46	2.23	0.57					
YL-08-Y	51.40	38.17	0.09	5.02	3.92	0.96					
YL-09-Y1	54.99	30.40	2.89		3.06	1.24	0.28			7.15	
YL-09-Y2	69.11	12.00	2.06	1.85	2.66	9.48				2.84	
YL-10-Y	55.28	37.53	0.08	4.93	1.65	0.53					
YL-11-Y	54.72	34.05	2.84	0.62	2.46	1.13	0.24			3.13	0.81
YL-12-Y	57.96	32.10	0.15	5.38	2.95	1.19	0.28				

试验结论如下：

（1）所检测琉璃瓦釉的基础釉料是PbO和SiO_2。黄釉的显色元素是铁，绿釉的显色元素是铜。分析结果表明，显色元素和其他元素含量的变化会影响釉色的表现。

（2）成分分析结果表明此次检测的琉璃瓦样品均为硅酸盐琉璃。瓦胎中含有的主要矿物包括石英、莫来石、滑石、长石等硅酸盐类矿物。由此推测，烧制琉璃瓦的原料主要是石英和长石类矿物。

（3）琉璃瓦釉面出现的裂纹、缝隙、划痕、磨损、孔洞、残缺以及釉层剥落等破

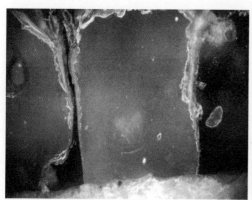

图 14　釉面断面矿相显微镜照片　　　　　　图 15　瓦胎断面矿相显微镜照片

损为外界环境中的有害物质（如雨雪、大气污染物、灰尘等）侵入琉璃瓦内部提供了通道，加速了琉璃瓦的损坏。

　　综上所述，所抽样检测的不同时期的颐和园琉璃瓦釉料、瓦胎组成成分没有大的变化，为现代烧制琉璃瓦提供了基础数据，更为深入研究琉璃瓦烧制工艺奠定了一定基础。而琉璃瓦釉面不同程度的破损会造成瓦件的损坏，是琉璃瓦病害的诱因之一。

4　琉璃病害分析及保护

4.1　病害分析

造成琉璃病害的原因有很多，除人为因素外，主要包括以下几大类：

4.1.1　表面积尘、黑色结壳

琉璃表面沉积物多由灰尘、肥土等组成，因不能及时清除，且经较长时间的沉寂作用，表面沉积物黏性增强，在瓦件表面形成黑色结壳，致使釉色发暗，精美的琉璃纹饰模糊不清甚至引起脱釉。

4.1.2　釉面脱落

颐和园琉璃的脱釉现象比较普遍。主要原因包括：①基础釉料为 PbO 和 SiO_2，且铅含量非常高。铅的存在可以降低烧制温度，使琉璃更加亮丽，但由于 PbO 的膨胀系数较大，因此烧制过程中易导致釉面产生裂纹，胎釉结合不牢固，当外界环境变化较大时，易脱釉。②生产工艺和烧制过程存在的缺陷导致釉层过薄、挂釉不均、胎釉结合不牢。③外界环境影响，如干湿交替、冷热交替、雨雪侵蚀等，均可造成琉璃釉面脱落。

4.1.3　瓦胎酥碱

琉璃瓦覆盖于建筑的顶部，位于与雨雪直接接触的最上层，雨雪过后，瓦件内蕴含较多水分，溶解了瓦件中部分可溶性盐。天气放晴后，阳光直射，水分蒸发，导致可溶性盐析出、结晶，天长日久反复作用，逐步造成釉面脱落，胎体酥碱。

4.1.4　风化

风化是自然环境对琉璃最直接的危害，主要是温度的变化和风蚀的作用。风化在一定程度上影响釉面的牢固性，致其脱釉，同时对于釉面已脱落的瓦胎，致使瓦胎结构逐步疏松，瓦胎粉化。

4.1.5　植物滋生

构件表面沉积的灰尘和肥土为地衣、苔藓等植物提供了生存环境，长期处于湿润环境的琉璃构件便成为苔藓体生长的沃土。同时，构件间的瓦泥也可生长植物，植物根系渗入瓦件间，不断生长，致使瓦件空隙变大，最终造成瓦件开裂、损坏。

4.2　保护研究

根据琉璃的保存现状及病害分析，制定了有针对性的保护方案。主要包括：

4.2.1　清洗

清除构件表面积尘与黑色结壳最有效的方法为清洗。但是目前的清洗材料及清洗方法较多，采用何种材料进行清洗最佳一直无定论。为此，选用了清水和清洗剂进行对比试验。清水清洗效果不是很明显。清洗剂清洗效果较明显，但对琉璃瓦面、瓦胎的影响大小尚需进一步研究。随着研究的深入，将选取更多的清洗材料进行试验，最大限度地保护构件、受到最小的干扰。

4.2.2　粘接及加固

为最大限度地保留和使用原有构件，对于局部开裂但不影响使用的琉璃进行了传统材料和现代粘接材料加固对比试验。传统材料采用油灰（生桐油1：面粉1：白灰1：麻刀0.3）作色勾缝加固构件。试验数据表明：现代粘接材料加固后的强度远远大于传统材料。但是在施工过程中要具体问题具体分析，根据实际情况选用适合的粘接材料。

4.2.3　监测

包括环境监测和琉璃建筑本体及琉璃构件的监测。

（1）环境监测

琉璃所处环境状况对构件保护、保存至关重要。环境诸因素中，大气温湿度的交替及急剧变化是导致琉璃釉面及瓦胎膨胀、龟裂、空鼓甚至离皮脱落的诱因之一，对琉璃影响较明显。因此于小气候环境特点突出的排云门、众香界处放置 HOBO08-032-08温湿度记录仪，定期采集温湿度变化数据，作为环境分析的参考依据。

（2）建筑本体监测

琉璃建筑本体及琉璃构件的监测包括人工巡视监测与定期监测，及时掌握琉璃建筑及构件保存现状。

人工巡视监测：固定巡查人员以季度为周期定期对琉璃建筑及屋面进行监测、记录、上报。每一次检查都要填写《颐和园琉璃古建筑日常监测表》。对于发生位移、下沉的构件应及时测量、记录，重点部位要求绘制图纸标注说明，拍照存档。轻微损坏应安排维修并定期回访。如发生安全隐患应及时抢修并上报。如遇特殊天气，如狂风、暴雨、大雪、地震后，应立即组织巡查，监测灾害性天气对琉璃建筑的损伤情况，及时拍照、记录，填写《颐和园琉璃古建筑灾害天气监测表》。

定期监测点仪器监测：颐和园内现存琉璃建筑均始建于清乾隆年间，历史年代久远，为了较全面掌握琉璃建筑的保存现状，将于智慧海、众香界、多宝塔周边设立永久监测点和固定监测墩台（监测基点），聘请专业监测机构进行沉降、位移等几何变形和应力等理化指标的监测，每次监测完成后撰写监测报告。计划常态下每年监测一次，如遇地震等特殊扰动情况发生，适时增加监测次数。

5　结语

颐和园琉璃的发展变化只是颐和园琉璃建筑历史沿革的一个细微的环节，带有强烈的历史印记，承载了每一个特定历史时期的建筑纹饰、施工工艺等历史信息。对颐和园琉璃历史信息的分析与研究，为保护琉璃古建筑奠定了一定的研究基础，将有利于文物建筑工作者理清颐和园琉璃建筑发展的脉络，为颐和园琉璃建筑的修缮提供可借鉴的依据。

参考文献

[1]　李全庆，刘建业 . 中国古建筑琉璃技术 [M]. 北京：中国建筑工业出版社，1987.
[2]　故宫博物院 . 清·钦定工部则例 [M]. 海南：海南出版社，2000.
[3]　刘大可 . 明、清官式琉璃艺术概论 [J]. 古建园林技术，1996（1）：36-39.
[4]　北京市地方志编纂委员会 . 北京志·世界文化遗产卷·颐和园志 [M]. 北京：北京出版社，2004.
[5]　刘敦桢 . 刘敦桢文集 [M]. 北京：中国建筑工业出版社，1987.
[6]　孙殿起 . 琉璃厂小志 [M]. 北京：北京古籍出版社，1982.

作者简介

陈曲，北京市颐和园管理处。

民国时期颐和园建筑修缮机制探析

○ 曹　慧

摘　要：建筑是园林的重要组成要素，也是园林管理工作的重要对象，更是园林研究和保护的重要课题。有鉴于以往对颐和园建筑的研究多集中在清代，研究内容主要针对园林建筑的沿革、形制、风格等方面，较少涉及民国时期的建筑修缮，本文通过对民国时期颐和园相关档案资料的系统梳理，从机构分工、规章制度、实施流程、工程经费等方面对建筑修缮的基本状况和发展变化进行阐述，探析其运行机制。

关键词：民国时期；颐和园；建筑修缮机制

引言

颐和园是中国皇家园林建筑体系中具有代表性的一个独立的园林整体，是一个完美的园林建筑群。作为中国现存最完整的皇家园林，其重要性及价值无须赘言。有清一代，清廷非常注重对园林建筑的修缮和养护，建立严格的工程管理和修护制度，并设置专门的岁修经费，在清宫颐和园档案中也有大量建筑修缮修护的记载。

1912 年宣统帝退位后，依照清朝政府与中华民国临时政府拟定的《清室优待条件》中"大清皇帝辞位之后，'暂居宫禁'，日后移居颐和园"的条款，颐和园仍属于皇家私产，由清室内务府管理。此一时期，建筑修缮仍循旧制，将颐和园划分为五段，静明园为第六段，由各段"园务"负责建筑的看守和日常巡查，另外从售票所得的收入中，提出一部分"以备补助岁修等项工程之用"[①]。1924—1928 年，颐和园的归属权在清室和北洋政府之间几经更替。由于二者的财政状况都非常紧张，能用于颐和园建筑修护的经费有限，仅仅是勉强维持现状罢了。

北伐战争结束后，南京国民政府内政部接管颐和园，随后又移交北平市政府管理。1928 年 8 月 15 日，管理颐和园事务所成立，"管理颐和园全部暨圆明园、静明

---

① 《步军统领衙门函内务部（附试办颐和园游览售券章程）》，1914 年，中国第二历史档案馆藏，档案号：1001-1915。

园等处，及其一切附属事务"①。事务所是颐和园等处的直接管理者，园内外的建筑修缮和养护是其主要的工作内容，并由其负责具体的执行工作。同时，事务所作为北平市政府的直属机构，有关建筑修缮的事宜需要上报审批，并由专门负责工程修缮、文物保护的机构负责或协助进行。

　　民国时期，颐和园逐渐由封闭的皇家园林转变为向社会公众开放的公共空间，伴随着身份和功能的转变，近代化的园林管理模式逐渐建立。在建筑修缮方面，相关管理者既有对旧有模式的继承，也进行了一定的改良和创新，逐步形成了一套新型的运行机制。本文将从机构分工、规章制度、实施流程、工程经费等各方面对民国时期颐和园建筑修缮机制进行探析。

1　颐和园内部机构和规章制度

1.1　管理颐和园事务所

　　旧有的清室办事处所制定的"暂行职掌规则"，历时既久，沿袭应用殊多不便，"自应斟酌现在情形，因时制宜，力求适合事实，然后责有专归"②。为适应新形势下的工作，管理颐和园事务所一经成立，便着手建章立制，明确机构职能、人员设置和责任分工。1933 年，《修正北平市管理颐和园事务所章程》和《修正北平市管理颐和园事务所办事细则》由北平市政府准予备案。

　　《修正北平市管理颐和园事务所章程》第四条规定，事务所下设总务股负责修缮工程，保管股负责建筑稽查。普通修缮内部可以解决，但涉及古物时，情况要复杂得多。第八条规定："本所关于扩充园务及特别修缮、临时设置等，应先拟具计划书呈请市政府核定，按序进行。"《修正北平市管理颐和园事务所办事细则》对工程修缮的具体事宜有详细规定，如第十三条规定：修理各项工程由工务员按日将人夫数目、工程情形登记工程簿，由庶务员查明盖章，经总务股长复核，呈所长核阅。第十七条规定：各园建筑由各稽查员按照地段随时巡查，遇有坍塌破坏者，呈报保管股通知总务股饬工修理之。其涉于总务事宜，得径报总务股处理③。

　　事务所曾于 1942 年、1946 年两次制定新的组织规程，在建筑修缮方面的规定与1933 年的章程基本相似。1949 年北平解放后，依照《北平市人民政府颐和园管理处组织规程草案》的规定，颐和园由"所"变成"处"，由下设的管理科园务股负责园林一

---

① 《北平市政府管理颐和园事务所关于拟具管理园务组织条例、修正现行章程的呈及北平市政府的训令》，1933 年
　　10 月，北京市档案馆藏，档案号：J021-001-00044。

② 《北平市政府管理颐和园事务所关于拟具管理园务组织条例、修正现行章程的呈及北平市政府的训令》，1933 年
　　10 月，北京市档案馆藏，档案号：J021-001-00044。

③ 《北平市政府管理颐和园事务所关于拟具管理园务组织条例、修正现行章程的呈及北平市政府的训令》，1933 年
　　10 月，北京市档案馆藏，档案号：J021-001-00044。

切建筑物之整修，揭开了颐和园历史新的一页[①]。

1.2　颐和园委员会

1940 年 12 月，北京特别市公署制定《北京特别市公署管理颐和园委员会章程》和《北京特别市公署管理颐和委员会事务所组织规则》，决定设置颐和园委员会负责颐和园等处的事务。1941 年 1 月，颐和园委员会正式成立。

《北京特别市公署管理颐和园委员会章程》规定："颐和园属于北京特别市公署之管辖，设委员会管理之。本委员会受市公署之指挥监督，由市公署分别聘委员九人至十一人组织之。"委员会实行集体决策领导，"由委员会讨论决议：提议保存本园产业古迹事项，核定本园建设修缮事项等重要事项"。《北京特别市公署管理颐和园委员会事务所组织规则》中也明确"本所关于扩充园务及特别修缮临时设备等事，应先拟具计划书提交委员会议决通过，呈请市公署核定按序进行"。工程修缮仍由总务股负责，保管建筑物和各地段巡查守护也仍由保管股继续负责。同时规定"事务所设所长一人，副所长一人，由委员会拟定人员呈经市公署委任之"，"本所所长受委员会之指挥监督"[②]。

颐和园委员会的设立使得在程序上正、副所长不再直接向市政府负责，对于制约所长、防止腐败起到一定的作用。但委员会在实际运作过程中，却遇到很大的问题。1942 年 5 月 20 日，时任市府秘书长兼管理颐和园委员会委员的吴承湜呈报管理中的种种问题："因各委员均有本职，该园又在郊外，自汽油限制后，实难时时前往视察。近奉令更迭，该事务所长正在力谋刷新，如照现制，徒使公文辗转需时，实际上公文到处仍可覆核。可否即予裁撤，并将该事务所组织章程予以修正。"市长当即同意，裁撤管理颐和园委员会，章程也被废止[③]。

1.3　颐和园评议委员会

1948 年，北平市政府"为指导、改进颐和园管理事务，设置颐和园评议委员会"，并以市政府令的形式颁布《颐和园评议委员会组织规程》，共八条。

《颐和园评议委员会组织规程》第二条规定委员会的任务，"关于宫殿亭台修建工程设计事项，关于园务改进事项，关于监督古物保管事项，关于特交审查事项"。第三条

---

① 《北平市政府组织规程、分房负责办事通则及管理颐和园事务所组织规程草案》，1949 年 4 月，北京市档案馆藏，档案号：J021-001-01997。
② 《北京特别市公署公布管理颐和园委员会事务所组织规则及北京管区防空规定》，1940 年 12 月，北京市档案馆藏，档案号：J020-001-00158。
③ 《北京市公署关于撤销颐和园委员会的令》，1942 年 5 月，北京市档案馆藏，档案号：J001-007-00079。

规定人员组成："本会设主任委员一人，委员若干人，由市政府就本市民意机关、地方士绅及有关机关首长遴选，聘充。本会设秘书一人，事务员二人，由市政府职员调派兼充。该会每季开会一次，必要时得开临时会。"从该会的组织架构和人事任命上看，该会受市政府直接管理，"决议案件送市政府采择施行"①。

颐和园评议委员会是颐和园内部管理机构改革的一次尝试，从规程看，评议委员会更像市长的咨询顾问组织，同时也可以认为其对所长业务有监督之作用。

2 颐和园外部机构

2.1 北平市工务局

根据国民政府公布的《特别市组织法》，1928 年 8 月，北平特别市政府成立北平特别市工务局，其前身为 1914 年成立的内务部土木工程处。该局的主要职责是管理全市工务事务，包括房屋、公园、公墓及体育场所等建筑事项，市民住房、道路、桥梁、沟渠、堤岸及其他公共土木工程建设，河道船政管理，广告、路灯管理，等等。作为全市各类工程的主管机构，工务局受市政府指令负责或协助管理颐和园事务所处理颐和园等处的建筑修缮工程事务。

市工务局的主要职责如下。①对园产查勘估价。如 1928—1929 年，有商人欲购买圆明园影壁、石柱、太湖石等，市政府令工务局会同事务所进行查勘估价，以便招商拍卖，同时对商人出价进行评估②。②查勘工程，评估用料造价。查勘后有准予修理的情形。如景福阁前抱厦修缮工程，事务所招商估价后，市政府令工务局"迅速派员查勘"，工务局呈复"勘察情形似应修理，原估工料亦尚属实……令行管理颐和园事务所遵照办理"③。也有暂缓修理的情形，如 1937 年听鹂馆工程，市政府"令饬工务局派员查勘，估计修理，嗣据该局呈复详勘情形，并拟具修缮计划说明书，估计预算及平面图表，计共需费五万九千五百余元，具报到府，经核需款太巨，应暂缓修理"④。

1945 年北平光复后，市政府对工务局进行机构调整，颐和园修缮工程仍由工务局管理，并主要由该局下设的文物整理处负责。如 1946 年，重建颐和园云辉玉宇牌楼工程启动，北平市政府工务局管理该项工程，经第四次标价审查会决，最低标建平营

① 《北平市政府中南海公园管理委员会组织规程、颐和园评议委员会组织规则和北平市沟渠管理规则等》，1948 年 6 月，北京市档案馆藏，档案号：J001-002-00421。

② 《北平特别市政府令工务局会同管理颐和园工务所对圆明园破壁景壁、石柱、太湖石查勘估价具报的训令及该二局所的会呈》，1928—1929 年，北京市档案馆藏，档案号：J017-001-00300。

③ 《北平市工务局关于估颐和园内景福阁前面抱厦承重柁下沉等工程用工料及做法的呈和市政府的指令等》，1933 年 3 月，北京市档案馆藏，档案号：J017-001-00897。

④ 《北京特别市颐和园事务所关于修缮本园听鹂馆工程事宜的呈及市政府的指令》，1937 年 8 月，北京市档案馆藏，档案号：J021-001-01015。

造厂中标。第一期工程竣工之后，工务局"经派员勘验，尚无不合，准予验收，并准第二期工程"[①]。1946 年，启动修缮颐和园围墙工程，工务局向市政府发函"经饬本局文物整理工程处派员勘估，计共倾倒二十五处，业经拟具修缮图说，招商投标，由大隆营造厂承做，现已订立合同，日内即行开工。呈报市政府，并由该处径函管理颐和园事务所知照"[②]。

2.2　旧都文物整理委员会

1933 年 6 月，时任北平市市长袁良鉴于市内文物建筑实有进行系统维护修缮的必要，同时也为实现建设北平游览区计划，开始着手规划北平文物古建筑之整理修缮事宜并逐步开展相关工作。1934 年冬，北平市政府制定北平市文物整理计划，并呈请国民政府行政院驻北平政务整理委员会核准。1935 年 1 月 11 日，旧都文物整理委员会在北平正式宣告成立。1935 年 1 月 15 日，旧都文物整理委员会第一次会议议决，将整理修缮北平文物古迹事宜委托北平市政府负责具体实施，但在文物整理修缮工程实施之前，须拟具完整的计划提会核定，工程竣工时仍报请派员组织验收。

北平市政府为执行北平文物整理修缮事宜，于 1935 年 1 月 16 日设置文物整理实施事务处，其正、副处长分别由市长及工务局局长兼任。该处主要负责北平市内文物整理的各项设计、工程及其他关系文物的编辑宣传事务，并负责筹拨专款、编拟计划、分期实施各项修缮工程等。1935 年末，旧都文物整理委员会移设南京，直隶于国民政府行政院。1936 年 3 月，北平市文物整理实施事务处改组为"旧都文物整理实施事务处"，直属于旧都文物整理委员会。

旧都文物整理委员会先后实施两期文物整理工程，均聘请中国营造学社为技术顾问，具体施工力量主要为北平市工务局的工程技术人员及北平各私立营造厂商的古建营造匠师。第一期文物整理工程于 1935 年 5 月开工，1936 年 10 月竣工，包含颐和园内之桥梁。北平市文物整理实施事务处发函给管理颐和园事务所，"查颐和园内界湖桥、绣漪桥、玉带桥、半壁桥等四座桥梁修缮工程，经本处招商承办，开标结果，以中和木厂开价最低，审查合格，准交该厂承修，即日前往开工"[③]。

第二期文物整理工程于 1936 年 10 月开工，至 1938 年 4 月移交伪建设总署为止。如 1937 年，旧都文物整理实施事务处发函给管理颐和园事务所，"查玉泉山玉峰塔等修

① 《北平市工务局报送重建颐和园云辉玉宇牌楼工程承做合同书、标价审查会纪录、图样等的呈及给文整处的指令以及市政府的指令等》，1946 年 7 月，北京市档案馆藏，档案号：J017-001-03101。
② 《北平市工务局关于报送修缮颐和园围墙工程概算、图说及工程竣工请验收的呈及市政府的指令等》，1946 年 7 月，北京市档案馆藏，档案号：J017-001-03164。
③ 《北平市文物整理实施事务处关于修缮颐和园内界湖桥事项给颐和园事务所的公函》，1935 年 10 月，北京市档案馆藏，档案号：J021-001-00826。

缮工程，经本处标由宝恒木厂承修，现正商订合同"，并解决运料、存料以及监工人员住宿等问题①。另，"查本处修缮贵园仁寿殿及东宫门内外等工程，业经标由广茂木厂承做"，并请颐和园暂借房屋作为监工人员办公住宿之用②。

2.3　伪建设总署

伪建设总署于 1938 年 4 月成立，原隶属于伪临时政府行政委员会，后直属伪华北政务委员会领导，1943 年改组为伪工务总署，负责公路、水利、港湾、都市建设等事务。

1938 年，伪建设总署接替原旧都文物整理委员会的职责，制定北平市文物整理计划，整理修缮北平文物古迹事宜。颐和园建筑修缮工程也由其统筹，如 1938 年 9 月，管理颐和园事务所向伪市公署呈报"以颐和园内长廊及御船等残破拟请派员视察指示"，伪市公署令伪建设总署将长廊工程列入文物整理工程五年计划案内。但至 1940 年 7 月，该项工程仍未进行，"长廊残破情形较前更甚"③。1940 年，关于修复颐和园涵虚堂河边栏板石事宜，管理颐和园事务所呈报伪工务局，伪工务局将现场情况及工程计划报送伪市公署，由伪市公署核示指令，并由伪建设总署列入文整工程④。

伪建设总署可直接负责或督办颐和园建筑修缮工程，并与管理颐和园事务所进行沟通协调。如 1940—1944 年，伪华北政务委员会令直接下属部门伪建设总署、伪工务总署对颐和园养云轩、听鹂馆及谐趣园修缮工程进行督饬⑤。1942 年，修缮文昌阁工程由伪建设总署都市局代为负责⑥。1943 年，管理颐和园事务所向伪建设总署公路局局长上报"颐和园应行修缮工程表"，请其批准，并请"转咨建设总署代为修缮"⑦。

2.4　行政院北平文物整理委员会

1945 年，北平光复后，遵照国民党中央命令，仿照前例，设立行政院北平文物整理委员会，在北平市工务局设立文物整理工程处，专门负责文物的整理事宜。1947 年 1

① 《旧都文物整理实施事务处关于玉泉山玉峰塔工程由宝恒木厂承修的公函及管理颐和园事务所的复函》，1937 年 5 月，北京市档案馆藏，档案号：J021-001-00924。

② 《旧都文物整理实施事务处关于颐和园仁寿殿等工程由广茂木厂承修的公函及管理颐和园事务所的复函》，1937 年 5 月，北京市档案馆藏，档案号：J021-001-00923。

③ 《北京特别市管理颐和园事务所关于修理园内长廊的呈及市公署准照的指令》，1940 年 7 月，北京市档案馆藏，档案号：J021-001-01145。

④ 《北京特别市工务局关于修复颐和园涵虚堂河边栏板石事宜的呈及市公署的训令、指令》，1940 年 1 月，北京市档案馆藏，档案号：J017-001-02292。

⑤ 《伪华北政务委员会关于修缮颐和园内养云轩、听鹂馆及谐趣园的文书（附听鹂馆临时借用简章）》，1944 年 7 月，中国第二历史档案馆藏，档案号：2005-00248。

⑥ 《北京特别市管理颐和园事务所为修缮文昌阁的呈及市公署的指令》，1942 年，北京市档案馆藏，档案号：J021-001-00942。

⑦ 《北京特别市公署关于修筑海淀路口、整理工事、收用民房、迁移费交办事宜给管理颐和园事务所的训令及颐和园应行修缮工程表》，1943 年 4 月，北京市档案馆藏，档案号：J021-001-01457。

月，北平市工务局所属文物整理工程处移交行政院北平文物整理委员会，正、副处长仍分别由市长及工务局局长兼任。委员会决定文物整理项目的对象及预算，工程处负责实施，每项工程计划由委员中对中国建筑有专门研究者予以最后审核。

　　1947年，行政院北平文物整理委员会发布公函查本会职，"因文物整理之指挥监督事宜，对于各项文物之保管修缮，应有统筹必要"，请各保管文物机关"将每月门票收入情形告知本会"，以判断是否需要给予协助[①]。1948年，因"本所财力有限，无法修整"，管理颐和园事务所向市政府申请由文整处代修仁寿殿彩画油饰、西宫门外牌楼，以及负责北宫门油饰保养工程等。

3　建筑修缮实施流程

3.1　主要程序

　　普通的建筑修缮工程可由颐和园自行派工修缮，而重要的古建修缮需呈报市政府查勘，并严格按照一定程序执行。具体流程可以1929年石舫及钓鱼台工程修缮为参照。①逐级呈报。"因近日阴雨连绵"，调查股股长朱仲伦逐一查看园内建筑物，向所长呈报"最为危险者，一即昆明湖内之清晏舫，二即谐趣园之钓鱼台，均因年久失修，危险万状"。所长章上达将预备"兴修之处"上呈市长。②市府勘查。市政府派复查颐和园物品委员会王尊素就近查勘具报。在得到王尊素的具报后，市政府下发训令，令颐和园"即日招工，分别堪估，具单呈核"。③工程招标。事务所"登报招商投标，并请派员监视开标"，当众开标后，将中标者、工料价款单等上呈，市政府指令"应准以标价最低之恒茂木厂得标承修"。④竣工验收。石舫工程告竣，颐和园请示验收，市政府派员验收相符[②]。

　　工程修缮申报、审批、施工、验收环节严禁错乱或遗漏。1929年，双亭等处坍塌，"系年久失修，异常危险"，事务所"业经招工勘估，具单呈核在案"，但未等市政府批准便"已饬工人于八月七日开始动工修理"。市政府为此训斥事务所所长章上达："该所既已勘估具单呈核，正在听候核定，何得先自擅专，据报开工办理殊属非是，成事不说，姑准照办。"并又重申工程修缮务须恪遵程序办理，不得违背指令[③]。

①《行政院北平文物整理委员会关于古建筑保养修缮与管理颐和园事务所的来往函》，1947年9月，北京市档案馆藏，档案号：J021-001-01794。

②《北平市管理颐和园事务所关于修复园内建筑给北平市政府呈及北平特别市政府指令》，1929—1930年，北京市档案馆藏，档案号：J021-001-00239。

③《北平市管理颐和园事务所关于修复园内建筑给北平市政府呈及北平特别市政府指令》，1929—1930年，北京市档案馆藏，档案号：J021-001-00239。

3.2 招标事宜

3.2.1 招标机构

工程招标是建筑修缮流程中的重要环节，也是民国时期对旧有建筑修缮机制进行改革的重要举措。在管理颐和园事务所建立初期，招标工作自行负责，并由市政府进行监督。之后由于工程修缮经费的来源以及文物整理计划的开展，工程招标也随即交由其他负责机构进行代理招标，但也需经过市政府同意和监督。上文提及的市工务局、旧都文物整理委员会等机构都曾负责过招标事宜。

此外，市政府下设的购办委员会也曾负责颐和园工程招标。如 1931 年，管理颐和园事务所向北京特别市政府呈请"修理佛香阁琉璃花墙暨自行修垫园门内外甬路两旁天井一案，拟请由钧府购办委员会招标承办"，并附工料规范和图纸。经市政府同意并指派购办委员会招标后，管理颐和园事务所函致几家木厂，通知其该工程"经呈请交由市政府购办委员会代为招标承修"，并附有购办委员会招标广告①。同年，管理颐和园事务所为重修耶律楚材墓庐工程招标，但由于"各商所投重修耶律楚材墓庐标价高低悬殊，审择或有未当，不足以示公允"，因此向市政府申请"撤销前案，改由钧府购办委员会另行招标承修"②。

3.2.2 招标流程

颐和园建筑修缮工程招标的主要流程如下：由招标负责机构对外发布标单；各商可先领取标单说明，确认参加后，亲持标函并交标价一定比例的保证金，投入标箱；随后当众开标，一般以标价最低者中标，若中标者反悔，保证金不予退还。

如 1929 年 9 月 12 日，事务所呈报工程招商投标开标情形，"将杏桥（荇桥）、双亭、钓鱼台三处工程登报招商投标，并将投标期间、开标日期呈报，并请派员监视开标在案。兹于九月十一日下午三时，由钧府派李科员承禧来所监视，当众开标，计投标者仅华昌厂、顺成厂、恒茂厂三家，华昌厂所投标额合计洋六百七十六元，顺成厂所投标额合计洋六百二十五元，恒茂木厂所投标额合计洋六百零三元五角。各商所投标额，以恒茂木厂为最低。可否准其得标，不敢擅专，理合检同标签及工程做法各三纸，一并备文呈请鉴核示遵"。9 月 16 日，市政府"准以标价最低之恒茂木厂得标承修"③。

---

① 《颐和园事务所关于修理佛香阁花墙和修垫园门外甬门路两旁天井的呈及市政府的指令》，1931 年，北京市档案馆藏，档案号：J021-001-00453。

② 《颐和园事务所关于重修园内耶律楚材祠墓的呈及市政府的指令》，1931 年 7 月，北京市档案馆藏，档案号：J021-001-00438。

③ 《北平市管理颐和园事务所关于修复园内建筑给北平市政府呈及北平特别市政府指令》，1929—1930 年，北京市档案馆藏，档案号：J021-001-00239。

经招标开标后，中标商承揽该工程，另需寻找铺保作为担保人，与事务所签订合同，详细说明工款总额、付款办法、开工日期、完工期限、因故停工措施、逾期完工赔偿责任、工程做法、保固年限、铺保责任等内容。值得一提的是，在保固期限内，承揽商对该项工程须负绝对责任。如 1940 年，仁寿殿油饰有数处脱落崩裂，由原承作商赔修①。

4　建筑修缮工程经费

4.1　主要来源

民国时期，从上到下各级政府的财政都不宽裕，经费更是成为衡量建筑修缮工程能否实施以及可以进行到何种程度的重要指标。颐和园建筑修缮工程的经费大部分来源于其收入，收入又以颐和、静明两园各种游览券价及园内外房租两项为大宗，各商号营业提成次之，地租又次之②。为保障工程修缮经费，市政府制定《北平特别市颐和园建设基金保管简章》，建立起建设基金制度。作为建设基金，这些收入需要上交财政局，后续工程修缮时再申请拨款。即修缮资金取之于园，用之于园。

简章明确基金来源、用途、监管、使用流程等项规定。"颐和园之全体收入除开支呈准各项经费外，所有余款均应存储作为该园建设基金""除拨充该园必要之正当建设暨修缮经费外不得挪作别用""为谋基金处理之适宜暨保管之周密设立基金监理员""由市政府就素有声誉之市民中选聘二人""动用基金应先由管理颐和园事务所拟具事由，商取基金监理员同意，再呈请市政府核定""经基金监理员签字盖章生效"③。

以 1932 年东八所修缮工程为例。在工程实施前，事务所开具做法、报价、工料规范等交由市政府直属的购办委员会进行审核；审核通过后与承办商签署合同，基金监理员共同签署，之后由财政局核收拨发；待工程通过市政府竣工验收后，再指派财政局发放尾款④。

颐和园工程修缮经费既有从年度修缮预算内支出的情形，如 1942 年，关于修缮排云殿西库房、清华轩廊子、荟亭等工程所需费用，管理颐和园委员会上报市公署由管理

---

① 《管理颐和园事务所关于重新裱糊修整梁福阁、仁寿殿的呈文及北京特别市公署的指令》，1940 年，北京市档案馆藏，档案号：J021-001-01292。
② 《北平市管理颐和园事务所关于本所临时借款申请备案给北平市政府呈及市政府指令》，1937 年 8 月，北京市档案馆藏，档案号：J021-001-00951。
③ 《北平市政府制定颐和园建设基金保管章程及售水夫管理规则》，1930 年 9 月，北京市档案馆藏，档案号：J002-007-00049。
④ 《北平市管理颐和园事务所关于修缮园内房屋及所用经费请查照北平市政府呈以及市政府指令》，1932 年 12 月，北京市档案馆藏，档案号：J021-001-00586。

颐和园事务所应支年款修缮费项下支出[①]。也有非预算内支出的情况，如 1931 年，南湖涵虚堂两旁假山石缝崩裂，"所需工料价款拟请作为临时开支，并请于指令核准时令饬财政局备款照拨"[②]。

4.2　其他来源

颐和园资金紧张时，会申请临时拨款、救济款及向银行借款等其他途径筹措修缮经费，但都须经过市政府审批。如 1929 年，管理颐和园事务所由于"票价收入骤形锐减"，请求市政府拨款 2000 元，并承诺"一俟春融票价收入畅销时谨当如数缴还"[③]。1938 年，北京特别市公署令工务局对整理颐和园门前道路及广场项目拨款，并指明："所需公款应由颐和园收入项下支付，在该园收入不充以前，暂由财政局救济款内垫付。"[④] 1946 年，颐和园入不敷出，向市政府申请向市银行借款周转，市政府指令"由财政局转饬市银行暂行垫借一百五十美元以资周转，一俟该园地租收到，仍即缴还"[⑤]。

列入文整工程的项目使用文整专款工程费。如 1946—1947 年开展石丈亭修缮工程，北平市工务局在市政府鉴核批准之后，令文物整理工程处"详估价款，迅即施工"，并指出"需款由文整专款工程费项下列支，仰即办理具报"[⑥]。此外，管理颐和园事务所也会专门向行政院北平文物整理委员会申请协助。如 1948 年，事务所致函行政院文整会工程处，提出仁寿殿灰皮彩画坠落，"本所财力有限，无法修整，拟请贵处派员复勘，设法修复以壮瞻观"[⑦]。

4.3　经费审核

由于财政紧张，修缮工程经费须经过市政府严格审核，并非每次修缮工程申报都能得到批准，曾有多次因需款过大而取消工程的情况。如 1937 年着手听鹂馆及长廊工程，

① 《颐和园事务所关于修缮园内建筑和经费问题的呈及市公署的指令》，1942 年 7 月，北京市档案馆藏，档案号：J021-001-01212。

② 《颐和园事务所报修房屋情况及市政府的指令》，1931 年 9 月，北京市档案馆藏，档案号：J021-001-00399。

③ 《北平市管理颐和园事务所关于请求拨款给北平市政府呈及市政府指令》，1929 年 2 月，北京市档案馆藏，档案号：J021-001-00129。

④ 《北京特别市工务局关于报送整理颐和园门前道路及广场计划、图表、预算和开标结果的呈及市公署的指令等》，1938 年 6 月，北京市档案馆藏，档案号：J017-001-01719。

⑤ 《北平市政府管理颐和园事务所呈报卅五年经常支出情况并申请借款的呈及市政府批转市银行办理拨款事宜的指令以及北平市银行就拨还款事项与管理颐和园事务所的来往公函》，1946 年 4 月，北京市档案馆藏，档案号：J021-001-01575。

⑥ 《北平市工务局关于报送改修颐和园石丈亭等处意见、做法说明书、图样和工程竣工请验收的呈及市政府的指令、训令等》，1947 年 1 月，北京市档案馆藏，档案号：J017-001-03061。

⑦ 《北平市政府管理颐和园事务所关于代修仁寿殿灰皮彩画给行政院文整处的公函》，1948 年 7 月，北京市档案馆藏，档案号：J021-001-01901。

事务所向市政府上报并指明"本所无此专门工程人员，拟请钧府转饬工务局派员来园，将该两处油饰工程分别估计价目，以便酌量修理"。后工务局进行估价，市政府认为款项巨大，指令暂缓修理①。1944 年本欲开展修理园内亭桥工程，已由财政局拨款，即将实施时发现拟定工程款不足以完成该项工程，重新估计需款过大，因此停止该项工程，已拨款项由所长如数缴库②。

同时，市政府也会审核估价是否准确，如有不符，须重新估价。如 1937 年，北平市政府指出工务局所拟修筑颐和园门前油路及石板道工程预算中，沙子单价估价错误，应递减，并给出工程应需总价③。

5　结语

民国时期颐和园建筑修缮机制的主要内容包括两个部分。在颐和园内部，建章立制，明确职责分工、人员设置；制定修缮计划，拟制经费预算；建立日常巡查、逐级呈报的制度；遵循普通工程内部解决，重要工程由上级统筹推进的原则。在颐和园外部，由市政府对修缮工作进行全面统筹，令事务所会同工务局等部门联合开展修缮工程；建立严格的申报、审批、招标、施工、验收程序；同时在经费方面予以支持。

值得一提的是，相关管理者为保障建筑修缮经费，建立建设基金制度；为保证修缮质量，在修缮工程合同中详细罗列做法规范、验收要求、保固期限等；建立工程公开招标比价制度等。此外，颐和园作为重要的文物单位，其建筑修缮也被纳入北平市的文物保护工作中，得到相关文物保护机构在技术、经费和人员等方面的支持。

对民国时期颐和园建筑修缮机制的探讨具有重要意义。首先，对颐和园建筑修缮档案的梳理，有助于厘清建筑形制的发展变化脉络，完善建筑历史沿革。其次，详尽的做法规范和图档为建筑历史考证和复原设计提供依据，也为现今的古建修缮提供参考和借鉴。再次，颐和园作为当时北京地区重要的皇家园林，对其建筑修缮机制沿革进行系统整理和研究能积极推动其他坛庙园陵的相关研究。最后，颐和园建筑的修缮始终与时局紧密相关，它见证了民国时期北平市的社会发展面貌和遭受日本侵略的屈辱，具有重要的历史价值。

---

① 《北平市工务局报送勘修颐和园听鹂馆及长廊等处工程平面图、说明书预算表的呈及市政府的指令、训令》，1937
　　年 7 月，北京市档案馆藏，档案号：J017-001-01523。
② 《管理颐和园事务所关于将王前所长移交修理园内桥亭工程费用如数缴库的呈文及北平特别市政府的指令》，1944
　　年 3 月，北京市档案馆藏，档案号：J021-001-01490。
③ 《北平市工务局关于报送修筑颐和园门前油路及石板道计划、预算表、平面图的呈及市政府的指令》，1937 年 6 月，
　　北京市档案馆藏，档案号：J017-001-01488。

　　民国时期是颐和园园林建筑修缮的过渡时期，对园林建筑起到一定的保护、维护作用，也为现代建筑修缮机制的确立奠定了基础。然而，由于时局动荡，政府更替频繁，人员变动较大、文物保护机构力量薄弱以及其他一些因素，无法从法律、经费、人员、技术等方面对颐和园的建筑修缮做到切实保障。1949 年初，北平市人民政府指示对颐和园内建筑进行勘查，尚有许多重要的亟危建筑无法得到及时修护，园林建筑失修失养严重。

作者简介

曹慧，北京市颐和园管理处。

颐和园样式雷装修图档整理和实例分析

○ 林　琳　任向天

1　名词释义

1.1　装修的概念

装修，宋代称为"小木作"，明清改称为"装修作"。泛指安装固定于大木构件，自身不承重的小尺度木构件。

古代木结构建筑的装修是指"房屋上一切门窗户牖"等小木作的总称，即主体木构架之外由木材制作的部分。"小木作"自宋代《营造法式》中便有记载，工种分类延续至今，内容包括门、窗、隔扇、天花一类。

明代晚期出现的《园冶》是世界首部造园学专著，其中提出的"装折"即为我们所说的装修。清代早期装修在构造方式和风格上与明末有很多相似之处。清代工部颁布的《工程做法》系统地规定了古建营造制度，各匠作负责的工作范围、具体操作方法和实施标准，针对装修部分对名词、位置和作用作了诠释，对槛框、隔扇等部分构件的权衡做法也做了具体的描述。

1.2　装修的分类

清代工部《工程做法》将木装修按照位置分为内檐装修和外檐装修。用于分隔室内和室外空间的门、窗叫作外檐装修，包括廊步的倒挂楣子、花芽子、雀替、坐凳楣子、栏杆等。

安装在屋子内部用于划分不同使用功能空间的装修叫作"内檐装修"，包括各类型隔断、天花、藻井等。清宫廷内檐装修由于多用楠木、红木等名贵硬木，内檐装修也叫作"楠木作"。

1.3　装修的作用和意义

《园冶》中记载"凡造作难于装修，惟园屋异乎家宅，曲折有条，端方非额，如端方中须寻曲折，到曲折处环定端方，相间得宜，错宗为妙。"由此可以看出古人对于建筑物装修的重视，除了装饰作用，更有对空间划分应用的高要求。

装修在古建筑中有着非常重要的地位，首先外檐装修可以起到分割室内外空间的作用，满足日常采光、保温、通风的作用。内檐装修运用不同的隔断将室内空间按功能划分开，形成既相互贯通又相互不会干扰的独立区域。其次，装修是古建筑美学的表达，装修的样式、风格和精美的雕刻形成了中国古建筑独特的建筑艺术风格。在封建制度下，装修还是等级制度的体现，宫廷建筑装修风格豪华绚丽，在装修的形制、装修的题材和油饰色彩方面无不体现出皇权的至高无上。

2　装修图档整理情况

在此次颐和园样式雷装修图档的整理中，共发现涉及装修内容的图档 180 件，其中内檐图档 116 件、外檐图档 64 件（表 1）。图档内容包括了装修图样和装修文档两种类型。外檐装修图档包括能够反映外檐样式的立样图、大样图，内容包括门、窗、眉子、雀替、栏杆等图样。内檐装修图档主要为反映室内装修的地盘图，内容包括各类型室内隔断。藻井图样未发现。装修文档是文字图档，包括了装修工程做法和工程清单。

颐和园装修图档统计表　　　　　　　　　　　**表 1**

建筑名称	内檐图档（件）	外檐图档（件）
仁寿殿	4	3
玉澜堂	9	0
宜芸馆	5	2
乐寿堂	3	0
德和园	9	0
寿膳堂	1	0
文昌阁	0	1
排云殿	1	6
东宫门外马圈	4	1
餐秀亭（福荫轩）	4	1
昙花阁（景福阁）	5	5
听鹂馆	0	3
益寿堂	1	0
云松巢	3	0
藻鉴堂	0	1
扇面草亭	0	1
畅观堂	7	0
花牌楼东石板房随草亭	0	3
景明楼扇石板草房	0	2
西堤草亭、草房、方亭	0	5

建筑名称	内檐图档（件）	外檐图档（件）
颐和园外添值房	4	6
治镜阁	0	6
共一楼以北院落	0	1
寄澜堂至石舫木桥栏杆	0	1
清华轩以西添修库房	0	8
无尽意轩	3	0
写秋轩	7	0
养云轩	5	5
中御路西所值房	1	0
北楼门	1	0
德兴殿	2	0
南湖岛	10	2
谐趣园	21	1
彩棚内五龙捧寿天花式样图	6	0
合计	116	64

　　颐和园样式雷装修图档，按照不同类型可以分为装修画样和装修文档两部分。其中，装修画样又包括地盘样、立样和大样。

2.1　地盘样

　　地盘样包括反映建筑组群装修的地盘全图（图1）和反映建筑单体装修的地盘图（图2）两种。

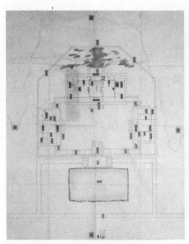

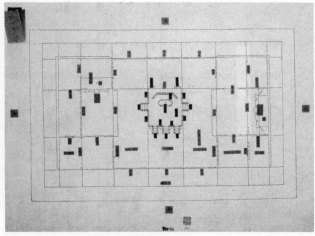

图1　无尽意轩添安内檐装修图样　　　图2　仁寿殿内围屏宝座地平床图样立样

建筑组群地盘全图可是看作是建筑组群总平面图，反映了单体建筑平面结构、建筑空间布局、建筑门窗类型和室内隔断类型，也反映了不同单体建筑之间的位置关系以及建筑组群周围的山形地势和水面的分布情况。

单体建筑地盘图是反映单体建筑平面结构、空间布局、内檐隔断类型、外檐门窗类型的平面图，对建筑装修的描述更具体。一些图样会在空白处标注出室内空间尺寸和装修控制尺寸等说明。同时单体建筑地盘图也会绘制出简单的家具陈设，如桌、床、宝座、屏风等。

2.2　立样

立样包括了内檐装修立样图、外檐装修立样图、单体建筑立样图、组群建筑立样图、建筑剖面图。

内檐装修立样图和外檐装修立样图通常采用正立面图，立样图更为直观地表现了建筑装修整体情况。图 3 为栏杆罩立样图，图 4 为嵌扇立样图。立样图反映了装修的具体类型、结构、雕刻纹样、隔扇芯样式，也会配简单的文字标注装修构件的尺寸和设计要求。彩色装修立样图则用颜色区分开了装修构件的不同部位。

图 5 为外檐装修立样图，可以看出外檐隔扇门整体结构，由横批、五抹隔扇门、帘架门组成。图面分为左右两部分，左侧部分反映隔扇门的框架结构，右侧添加了三交六碗菱花隔扇芯样式，部分隔扇是正搭正交棂条隔扇芯，说明此隔扇窗芯有内外两层，正搭正交棂条是内层隔扇芯样式。

建筑立样分为单体建筑立样图、组群建筑立样图、建筑剖面。图 6 为佛香阁顶层封窗立样图，表现出了佛香阁第四层风窗样式，为步步锦单顶芯隔心。图 7 为治镜阁立样图，属于组群建筑立样图，从图面上可以看出建筑群外檐门窗装修均为隔扇门搭配隔扇窗形式，隔扇门为四抹或五抹隔扇，带横批窗，隔扇芯可能为正搭斜交样式。

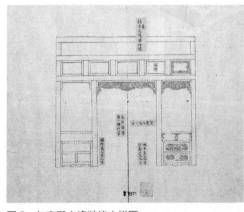

图 3　仁寿殿内檐装修立样图

图 4　宜芸馆等处装修四合如意嵌扇画样

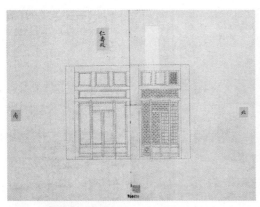

图 5　仁寿殿添修外檐图样

图 6　佛香阁顶层檐封窗立样

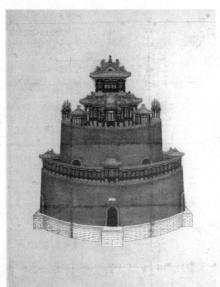

图 7　治镜阁立样

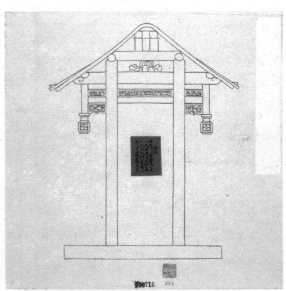

图 8　宜芸馆添修垂花门大木立样

　　图 8 为宜芸馆添修垂花门大木立样，属于宜芸馆垂花门的剖面图，画面详细绘制了花板、雀替装修部分的卷草雕刻纹样。

2.3　大样

　　在颐和园装修图档里还有 6 幅绘制内檐雕刻纹样的大样图（图 9、图 10），大样图是细部做法、雕刻样式的详图，详细描绘了纹样的主题、图案、线条走势。个别图纸添加文字标注，如鉴远堂落地罩标注"楠木花芽子""硬木三色楠才罩中间花芽子"，说明了图样所绘部位、用材（图 11）。大样图是小木作师傅进行装修制作和纹样雕刻的重要依据。

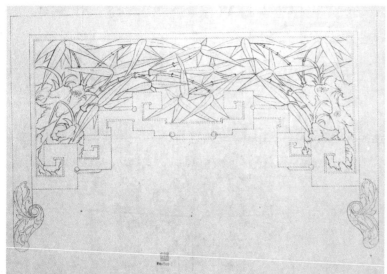

图9　餐秀亭内檐装修落地罩样（现为福荫轩）　　　　　　　　　　图10　梅花式碧纱橱样

图11　鉴远堂内檐装修落地罩立样

3　整理装修图档中的发现

3.1　从图档完成度看装修设计流程

按照样式雷图纸的设计进度来看，颐和园样式雷装修图档画样又可以分为踏勘样、底样、进呈样等。

踏勘样，是设计之初实测所得的具体尺寸图、现场施工写生图，整体较潦草，线条工整性差。底样，又分为准底和糙底，为方案设计中的草图，多为上报皇帝呈览前所绘。呈样，又叫进呈样，供皇帝审阅、核查，贴红黄签注释，图面完成度高，字体工整。

样式雷图档是由清宫廷样式房匠人绘制，样式房是清代宫廷的设计部门。当样式房接到装修设计的旨意后，设计人员会到现场测量室内空间尺寸并绘制室内装修布局图样，呈皇帝或太后御览。然后根据帝后的旨意对具体形式、尺寸、纹样进行修改，并绘制完成各类型装修详图。最后还要根据设计图编写做法说明和工程清册。

以颐和园谐趣园涵远堂添安装修设计为例。图12为谐趣园涵远堂室内装修地盘样，画面用单线条简单勾画出室内布局，红线部分推测为需要修改的地方，画面比较粗糙，表达内容有限。图13为涵远堂室内装修地盘样，与图12的区别在于，对每一缝需要改造的装修部位都作出了文字说明，如"改鼓儿板墙玻璃窗户两旁安门""改落地罩　改栏杆罩"。从图档的完整度来看，图12和图13均为设计过程中的糙底图。

图14在图13的基础上添加了柱子的位置，不仅有空间划分还有柱网结构，线条流畅，主体部分墨线加粗，在每一缝装修处用黄签标注装修样式，空白处用墨笔标注出涵远堂面宽、进深，前中后庭进深尺寸，次间和稍间进深、面阔尺寸。此图为设计图中的

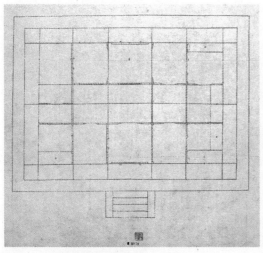 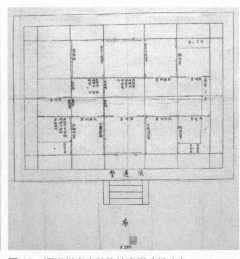

图12　涵远堂室内装修地盘样　　　　　　　　图13　涵远堂室内装修地盘样（糙底）

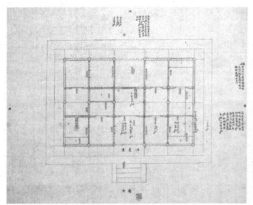

图 14　涵远堂室内装修底盘样（准底）

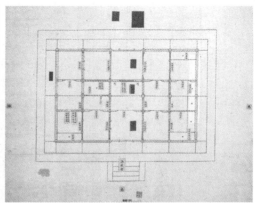

图 15　涵远堂室内装修底盘样（呈样）

准底图，图面工整，标注较完善，但是字体潦草，仍能看到底稿线条。

图 15 画面中墨线清晰工整，有完整的空间布局和柱网结构，黄签在图面四周标注建筑名称和方位，黄签在建筑内部标注每一缝装修名称或简单的做法；红签标注面宽、进深、通高、柱径等建筑尺寸。整张图面整洁、线条流畅、标注完善、书写工整，由此推断此图可能为呈样或最后的定稿图。

另据《清宫颐和园档案》中收录的内务府档《颐和园内谐趣园各座添安内檐硬木楸木细装修数目清单》中记载，"涵远堂一座五间，添安内檐硬木细装修，内前进深明间东凤进深天然落地罩一槽，西缝进深五抹碧纱橱一槽，随帘架一座，后金面阔五抹落地罩一槽，二次间左右缝进深栏杆罩二槽，后金面阔五抹落地罩二槽……"（图 16），与图 15 所绘装修各处一一对应。

从涵远堂内檐隔断保存现状和涵远堂样式雷图样对比来看，与地盘图所绘隔断位置和样式一致，与隔断立样和大样图所绘盘长铜钱纹样相似度极高（图 17~ 图 19）。

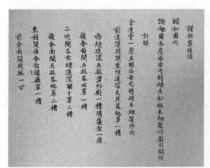
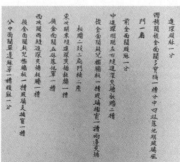

图 16　《颐和园内谐趣园各座添安内檐硬木楸木细装修数目清单》

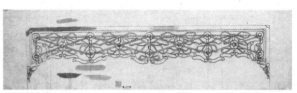

图 17　涵远堂内檐装修落地罩（立样和大样）

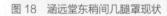

图 18　涵远堂东稍间几腿罩现状

图 19　涵远堂东稍间落地花罩现状

样式雷装修平面图例释义表　　　　　　　　　　　表 2

图例	名称
	碧纱橱带帘架
	几腿罩带花芽子
	落地罩带花芽子
	博古架
	栏杆罩带雕刻挂落

续表

图例	名称
	栏杆罩
	几腿罩
	毗卢帽
	隔扇门带帘架安装风门

3.2　从样式雷图档看设计表现手法

清代样式雷设计图纸属于中国传统工笔界画绘画技法，分为黑白图和彩色图。黑白图以墨线勾画主体内容；彩色平面图在黑白图的基础上淡彩渲染水面、山形地势；彩色立样图则色丰富，用不同的颜色区分建筑不同部位和不同构件，接近实物颜色。

在装修地盘图上还运了一些图例来表现建筑门窗、内檐隔断，这些图例在不同的平面图纸中基本是可以达到通用的，是样式雷图纸的通用表达方法表 2。

4　颐和园内檐装修实例分析

内檐装修的方法和手段大多取决于建筑的性质，例如皇家建筑的富丽堂皇、江南民间建筑的秀美淡雅。颐和园是中国皇家园林，亦汲取江南园林的优美特点，形成了富有特色的园林景色。颐和园古建的内檐装修体现了功能、审美和技术的完美结合。

样式雷在内檐装修中，采用了多种用来划分空间的装修形式，不同的形式满足不同的空间功能需求。有的适合礼仪活动，空间需要开阔、宏伟、气势宏大；有的适合起居空间，需要私密、亲切、精巧；有的适合休闲空间，需要舒适、自然、独特等。在样式雷设计中，就创作出了多种类型的空间效果，自由流畅、层层延展，通过内檐装修，可以体验到室内空间的丰富多彩，既有不同层叠的视觉效果，也有繁复雕饰的细节之美，无不令人叹为观止。

4.1　内檐装修分类

4.1.1　碧纱厨

碧纱厨是用于室内空间的隔扇门，用于室内空间的分隔，通常是满间安装，六扇、八扇、几十扇不等，只有中间两扇开启，其余都做死扇。碧纱厨的边框、抹头、隔心、裙板基本上同外檐隔扇，但较之更加精细（图20）。隔心多用灯笼框，棂格疏朗透光。其心替内须糊纸或纱，比较高级的做法是"二面夹纱"，即隔心为双层，纱上绘制诗画，别有趣味。

4.1.2　罩

罩是一种隔而不断的划分室内空间的装修形式，目的是增加空间的层次感，使空间更加丰富有趣，充满节奏韵律。古建木装修中的花罩有栏杆罩、几腿罩、落地罩、落地花罩、炕罩等。落地罩当中有不同形式，常见有圆光罩、八角罩。

（1）栏杆罩：主要由槛框、大小花罩、横陂、栏杆等部分组成，整组罩子有四根落地的边框、两根抱框、两根立框（图21）。在立面上划分出中间为主、两边为次的三开间形式。中间部分形同几腿罩；两边的空间，上安花罩、下安栏杆（一般做成寻杖栏杆的形式）。这种花罩多用于进深较大的房间。整租罩子分为三樘，可避免因跨度过大造成空旷的感觉，在两侧加立框装栏杆，也便于室内其他家具陈设的放置。

（2）几腿罩：主要由槛框、大小花罩、横陂等部分组成。其特点是：整组罩子仅有两根腿子（抱框），腿子与上槛、挂空槛组成几案形框架，两根抱框恰似几案的两条腿，安装在挂空槛下的花罩横贯两抱框之间。挂空槛下也可只安装花牙子。几腿罩通常用于

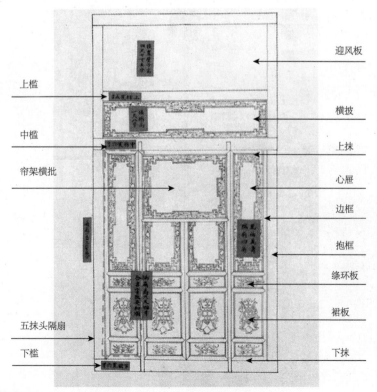

图20　样式雷碧纱厨立样

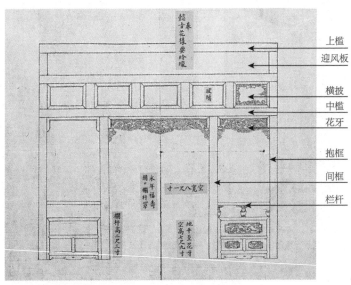

图21　样式雷栏杆罩立样

进深不大的房间（图22）。

（3）落地罩：形式略同于栏杆罩，但无中间的立框栏杆，两侧各安装一扇隔扇，隔扇下设须弥墩（图23）。

（4）落地花罩：形式略同于几腿罩，不同之处是：安置于挂空槛之下的花罩沿抱框向下延伸，落在下面的须弥墩上。落地花罩的形式更加豪华富丽（图23）。

（5）炕罩：又称床罩，是专门安置在床榻前面的花罩，形式同一般落地罩，贴床榻外皮安在面宽方向，内侧挂软帘。室内顶棚高者，床罩之上还要加顶盖，在四周作毗卢帽一类的装饰（图24）。

图22　乐寿堂几腿罩　　　　图23　乐寿堂落地罩

（6）圆光罩和八角罩：其功用、构造与上述各种花罩略有区别。这种罩是在进深柱间做满装修，中间留圆形或八角形门，使相邻两间分隔开来。

4.1.3　博古架、板壁

（1）博古架：又称多宝格，是兼有装饰和家具两种功能的室内木装修，多用于进深方向的柱子间，博古架花格造型优美多样。博古架厚度为 1 尺到 1.5 尺，具体尺寸需根据实际空间来确定，格板厚 6~7 分，不得超过一寸。通常博古架分为上、下两个部分，上部为博古架，下部为柜橱。如若相隔开的两个房间需要相互连通，可以在博古架中部或某侧开门。博古架一般高 3m 以内。顶部装朝天栏杆一类装饰。如果上部仍有空间，可以空透处理，或安装壁板，可在上面题字作画（图 25）。

（2）板壁：板壁是用来分隔室内空间的墙板，多安装在进深方向的柱间，由大框和木板组成。构造做法：在柱间装横竖框架，然后装木板，木板两面抛光或进行彩绘，也可在板面进行烫蜡，刻扫文字。大面积安装板壁，会出现翘曲、裂缝等问题，处理这种问题通常会在板壁两面糊纸，或者将板面用木楞分隔成块，或将板壁分成碧纱橱形式，下面做裙板绦环形式，上装板绘画刻字。也有在砖墙表面装板壁的，方法为：在砌墙时，每隔数层施木楞一道，然后在木楞上钉横竖龙骨，在龙骨上再铺板壁。

4.1.4　天花、藻井

（1）天花：天花是内檐装修的顶部装修，具有保温、防尘、限制室内高度等功能并起到装饰的效果。在明清时期，天花分为两种：井口天花和海墁天花。井口天花是明清古建中的最高形制，构件由枝条、天花板、帽儿梁等组成（图 26、图 27）。海墁天花适用于一般建筑，构件由木顶隔、吊挂等组成，木顶隔下糊纸，称海墁天花（图 28）。

图 24　乐寿堂炕罩

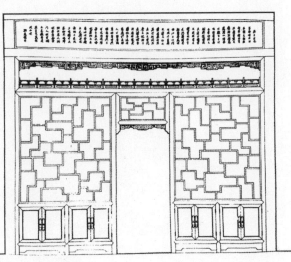

图 25　博古架立面图

图 26　仁寿殿井口天花

图 27　佛香阁井口天花

图 28　玉澜堂海墁天花

（2）藻井：藻井多用于殿堂、庙坛、寺庙等建筑中。《风俗通》中描述："今殿做天井。井者，束井之像也；藻，水中之物，皆取以压火灾也。"由此可见，藻井最初是有避火的意义。明清时期，藻井较之前更为华丽繁复，造形由上、中、下三层井式结构组成。由下至上，梁架纵横交错，由四方变为八方、八方变为圆形，层层叠叠，构造巧妙（图 29）。明清时期还有一种藻形式，上中下皆为圆形井状，例如天坛祈年殿。这种形式的顶棚装修，象征了皇家的威严高大，有着震撼人心的装饰效果。

图 29　藻井

（图片来源：网络）

4.2　颐和园玉澜堂内檐装修——碧纱厨

玉澜堂位于颐和园昆明湖畔，清乾隆十五年（1750年）建，清光绪年间重建。光绪时期玉澜堂是光绪帝的寝宫。正殿玉澜堂坐北朝南，在样式雷图档《玉澜堂地盘平样》中，内檐装修将整个玉澜堂分为南北两个部分，进门口南部明间设地平床，上设宝座、屏风，屏风后为碧纱橱。东西两次间面阔方向设玻璃隔扇与北部空间连通。北部空间（抱厦）西次间设寝宫床，东次间设几腿罩床，玻璃隔扇将明间与次间隔开（图30、图31）。

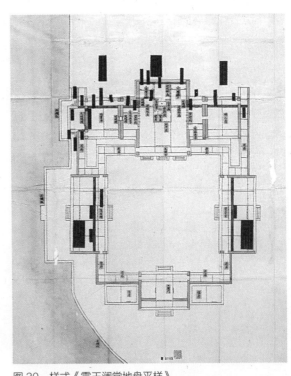

图30　样式《雷玉澜堂地盘平样》

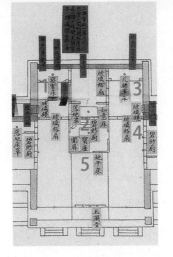

图31　玉澜堂内檐装修现状

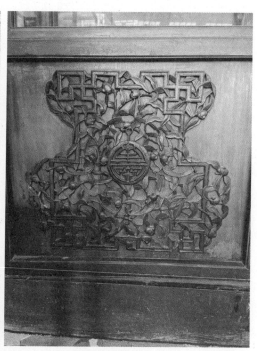

图 32　玉澜堂碧纱厨　　　　　　　　图 33　玉澜堂碧纱橱下裙板

本次考察可见，殿内明间正中设地平、宝座，宝座后为五屏照背。分隔南北次间的碧纱厨为四扇碧纱橱，只有中间两扇开启，其余都做死扇。每扇隔扇分上下两个部分，隔心部分为透明玻璃，无其他装饰，下裙板雕刻木纹样呈宝瓶状，宝瓶内由蝙蝠、万字纹、寿桃、寿字组成（图 32、图 33）。横批为固定扇，不开启，由边框和子屉组成，植物纹样夹纱书画帖横批芯。上部空间加安壁板，板内题字。

4.3　颐和园仁寿殿内檐装修——栏杆罩

仁寿殿始建于清乾隆十五年（1750 年），清咸丰十年（1860 年）被英法联军烧毁，清光绪十二年（1884 年）重建。仁寿殿是慈禧和光绪住园期间临朝理政的地方，是颐和园听政区的主要建筑。现状的仁寿殿又次间区域已无隔扇、书案、床榻家具等样式雷图档所示的摆设。图档与现状对比如表 3、图 34 所示。

仁寿殿内栏杆罩位于大殿两侧进深方向，起到分隔大殿中心区与休息区的作用。整个罩框分为三个部分，中间部分为通道，两边为栏杆装饰隔断（图 35）。样式雷图档上描述，栏杆罩名为"永年福寿栏杆罩"，奉懿旨花样要玲珑，地平至花牙空高七尺九寸，空宽八尺一寸，栏杆高二尺三寸。横批边框雕花，内嵌透明玻璃。花罩纹样雕刻蝙蝠、寿桃、松枝、仙鹤，栏杆净瓶雕刻蝙蝠、寿桃、松枝，寓意福寿延年，纹样雕琢精美灵动，栩栩如生（图 36）。

仁寿殿内檐装修图档与现状对比　　　　　　　　表3

位置	样式雷图档内檐样式	现状内檐样式
梢间与又次间进深方向柱间（由南向北依次为）	几腿罩	内檐槛窗
	碧纱橱	栏杆罩
南梢间面宽方向（由西向东依次为）	栏杆罩	几腿罩
	嵌扇	几腿罩
北梢间面宽方向（由西向东依次为）	玻璃隔扇	几腿罩

颐和园仁寿殿内檐装修

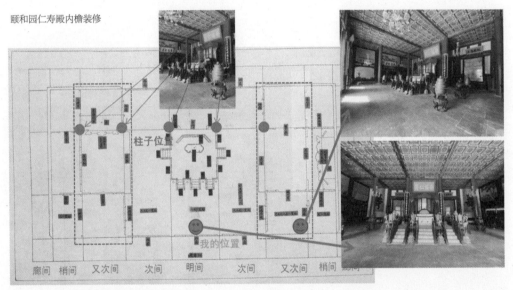

图 34　仁寿殿内檐装修图档与现状对比

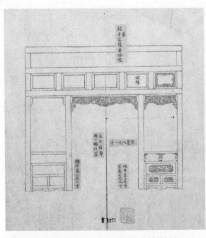

图 35　样式雷颐和园仁寿殿内檐装修——　　图 36　颐和园仁寿殿栏杆罩
栏杆罩立样

4.4　颐和园乐寿堂内檐装修——床罩

颐和园乐寿堂作为寝宫，是慈禧太后居住休息的场所。在样式雷图档中发现乐寿堂西梢间栀子兰花式灯笼框落地床罩立面图（图 37）。参照样式雷图档乐寿堂内檐装修地盘全样中的文字标注，并对比乐寿堂现状，现确定西又次间北侧落地罩，现摆放桌椅的休息区域，原应为床榻位置，且其花纹样式接近样式雷图档纹样。图档中花牙、横批可见栀子兰花雕刻，其余部分画样不完整。图档中西梢间几腿罩床位置和现状对比发现，几腿罩床南移至栏杆罩位置，栏杆罩消失未发现。西次间和西梢间南侧几腿罩床和落地罩床在现状环境中未被发现，似被拆除，或这张地盘样图非最终成稿（表 4、图 38~ 图 41）。

乐寿堂内檐装修图档与现状对比　　　　　　　　　　　　　表 4

图 37 中的小图号	样式雷图档内檐样式	现状内檐样式
2	落地罩床	落地罩
3	栏杆罩	落地罩
4	栏杆罩	落地罩
7	落地罩床	落地罩

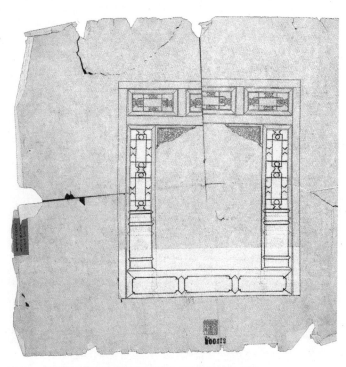

图 37　样式雷乐寿堂西梢间栀子兰花式灯笼框落地床罩

图 38　乐寿堂内檐装修现状

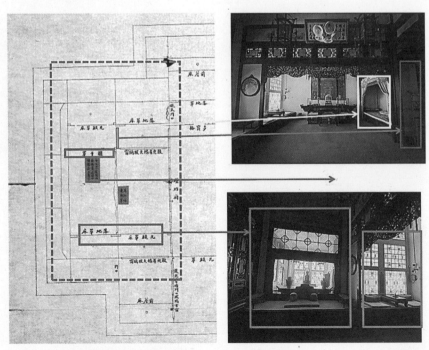

图 39　乐寿堂内檐装修图档与现状对比

图40　乐寿堂床罩　　　　　　　　　图41　乐寿堂几腿床罩

4.5　颐和园乐寿堂内檐装修——博古架

乐寿堂内博古架位于大殿两侧次间北部，作为分隔进深方向前殿会客区与后面休息区的装饰性隔断（图42）。博古架分为上下两个部分，上部搁置古玩器具；下部为存放物件的板柜，板柜门板镶嵌整块大理石。中间为门洞作为人行通道。框架顶部横批安装豪华装饰栏杆，增添博古架立体层次感。

4.6　颐和园宜芸馆内檐装修——板壁

宜芸馆在颐和园玉澜堂后院。建于清乾隆年间，清光绪时重修，是光绪帝的隆裕皇后在颐和园中的住处。室内正中安设宝座、地平、五屏照背。东西次间面宽方向柱间装碧纱橱，进深方向柱间装栏杆罩。西

图42　乐寿堂博古架

侧梢间与次间进深方向装隔扇鼓儿群墙玻璃窗。东侧梢间与次间进深方向装四合如意嵌（图43）。后抱厦柱间进深方向均安装栏杆罩。图档与现状对比无较大变化（图44）。

颐和园宜芸馆的板壁墙与碧纱厨的形式相结合，将大面积板面用木楞分为若干块，将整樘板壁居中四扇分隔成碧纱厨，两侧为板壁，板壁两面裱糊壁纸，板壁上贴书画（图45）。

图43　宜芸馆等处装修四合如意嵌扇画样　　　　图45　宜芸馆板壁

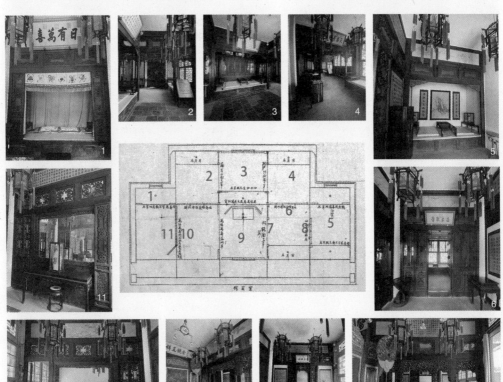

图44　宜芸馆内檐装修现状

4.7　内檐装修在室内空间功能划分中的作用

通过考察颐和园宜芸馆、乐寿堂、玉澜堂、仁寿殿的内檐现状，并与其对应的样式雷地盘样图档进行结合分析，将室内空间分为内、外两个部分。内部空间本文指相对私密的空间；外部空间本文指公共空间，会客空间，是相对开放的空间。如图 46 所示将室内中的外部空间用加底色区域标注出来。仁寿殿除外，因仁寿殿是上朝听政的地方，不同于寝殿类殿堂需要大量私密空间。观察对比发现：碧纱厨是分隔内外空间的主要形式，且其隔扇形式多样，具有较好的私密性效果，除两扇能开启外，其余均做固定扇；落地罩主要分隔同一功能空间内部，例如在休息区内，落地罩在两柱间作为柱间装饰；几腿罩主要用于进深不大的空间内部的装饰，其两根腿子不占空间，也能起到划分空间、装饰空间的效果；床罩，用于床榻前空间的装饰构件，本文不进行赘述。

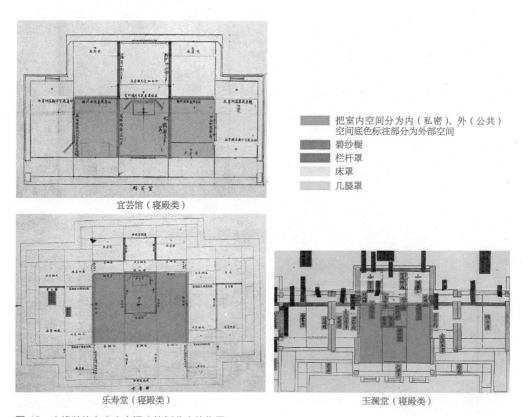

图 46　内檐装修在室内空间功能划分中的作用

作者简介

林琳，北京市颐和园管理处。

任向天，北京市颐和园管理处。

园林绿化

浅析古树在颐和园造景中的应用

○ 赵　霞

　　摘　要：本文通过论述颐和园现存古树资源及古树对古园的贡献、古树造景的艺术美、地名与诗词楹联中的古松景观以及园林植物调整依据，提出作为世界遗产的颐和园，古树地位应与古建文物同等重要，应挖掘古典园林传统文化的内涵，在慢生树种的选用上尽量以历史依据指导植物的配置和调整，以保护世界遗产的古树景观原貌。

　　关键词：古树景观；颐和园；造景应用

引言

　　美国基辛格博士曾在天坛有此感言："我们要复制一个天坛，也许并不难，但我们无论花多少钱，也复制不了天坛这些古老的树木，以及由此衬托出的那种独特意境。"我想在颐和园也是这样的。这里那些或高可参天，或茂盛如伞，或虬枝似龙的古树同园中的古建一道穿越了历史的沧桑，但却向后人传递着生命特有的感人气息，见证着今天的历史，表达着早已作古的造园者的生活理想和造园思想。古园几经修建，花草枯荣的痕迹也随之淹没在历史的尘埃中，只有那些幸存的苍劲古树还能让我们得以透过古人的眼睛看到他们心中的美景曾经是怎样的惬意和舒畅，古人又是如何通过各种巧妙的造景手法营造了清凉舒适而又诗情画意的生活氛围。

1　颐和园现存古树资源及古树对古园的贡献

　　颐和园现存古树有9种，共计1607株。其中，侧柏数量最多，桧柏其次，以油松著称于京城古树，其他种类为白皮松、国槐、楸树、桑树、二乔玉兰和白玉兰。古柏分布多在前山，古松分布多在后山，古白皮松在山顶较多，楸树多分布在长廊一线，其他古树多散生于万寿山前后。目前，最粗的古树在宿云檐城关北侧，直径为105cm；最茂盛的古树在澹宁堂南山坡上，最奇特的古柏是介寿堂的"介"字柏。

　　植物是造园不可缺少的因素。花木犹如山峦之发，水景如果离开花木也会丧失美感。藏族学者土观·洛桑却吉尼玛在他的《颐和园礼赞》中盛赞了清漪园刚刚落成时的美景，其中多处写到了树木的景观。例如，"树荫遮覆／像天生处处亭楼""唯恐名园秀丽的脸庞／在暑热中消褪了娇嫩／绿树撑开了一柄柄阳伞／让她在树荫下静静乘凉""披着翠绿大氅的山岗／山上长满名花与异草／为使子女在怀中安睡／山岗屹立着不动不摇""泉水披着泡沫织成的白纱／淙淙作响慢慢向山下流去／被风姑娘吹落的片片花瓣／她弯腰耐心地一路拾取"。由此可以看出如今已成古树的树木在造景时就既起着独立成景的作用，又担负着荫蔽纳凉的生态使命，同时还间接参与水景的营造，对古园的造景贡献是多方面的（图1、图2）。

　　与现代园林相比较，古树对创造颐和园的古典园林气氛显而易见。古木繁花，可形成古朴幽深的意境（图3）。计成在《园冶》中说："多年树木，碍箭檐垣，让一步可以

图1　古松参与的水景营造

图2　仰望如伞如亭楼的古松令人为之振奋

图3　古朴可入画的古松古城关

图4　古树体现着时间的艺术

图 5　似欲飞腾龙的仁寿殿古松　　　　　　图 6　似巨伞的古松营造的生机盎然的清凉空间

立根，研数桠不妨封顶。"可见构建房屋容易，百年成树艰难。古树体现着时间的艺术
（图 4）。在颐和园的仁寿殿、乐寿堂、益寿堂和介寿堂等历史名人居住的地方，都有古
树在静静地生长，他们因见证了历史而使这座古园具有了独特的历史氛围，彰显着古园
不可替代的园林地位（图 5）。游人漫步于后山古松林中，昂然生气扑面而来，令人神清
气爽之余，不得不钦佩和感戴造园者的巧思和恩泽，感慨"前人栽树，后人乘凉"的生
生不息（图 6）。

2　古树造景的艺术美

植物景观设计同样遵循着绘画艺术和造园艺术的基本原则（图 7、图 8）。即统一、
调和、均衡和韵律四大原则。从现存的古树分布看当初造园艺术，的确如此。颐和园万
寿山前柏后松的古树分布，由于一定的相似性引起人们的统一感，同时由于其间其他树
种的穿插种植又显示着多样性，带给人既富于变化又和谐统一的舒适美感。东宫门内的
行列式古柏林以甬道分界，体现着规则式均衡的布局手法，给人以庄严雄伟的感觉，很
好地配合了路前方皇帝接见大臣处理朝务的仁寿殿的行政功能。

颐和园所属的自然式园林着意表现自然美，植物本身的分枝习性和不同的年龄使植
物具有了形状各异的姿态，带给人不同的感觉。古人对花木的选择标准，所谓姿美、色
美和味香，这点从现存的古树可以看出。例如，松树树冠如伞，挺拔苍劲；柏树苍翠四

图 7　统一的古松林带给人雄伟壮观的感受　　　　图 8　古松描摹的淡雅水墨画

季，可于石缝中生存；玉兰花开洁白高雅，且味道芳香；槐树冠大荫浓，树姿优美，老而不衰；楸树树姿雄伟，高大挺拔，枝叶繁茂，花色艳丽，每至开花季节，繁花满枝，让人赏心悦目。不同姿态的古树与不同地形、建筑、溪石相配置，形成的万千景色给人以各种不同的感受（图 9、图 10）。

　　中国园林对世界园林最独特的贡献在于赋予植物以人格，使园林空间于物理表象之外具有了深邃的含义，即意境。例如，玉兰因深受人们喜爱而与海棠、牡丹和桂花共同象征"玉堂富贵"之意。因此，为实践文化建园的要求，突出古典之品位，满足游人对古园原貌的好奇心理，笔者以此为依据，在古玉兰最受瞩目的乐寿堂内，除现有的海棠之外，还当植牡丹若干株，节日时再摆放两盆桂花，或可再现古人的美意于世人观赏玩味。再如传统的松、竹、梅配植形式，谓之"岁寒三友"，因人们将这三种植物视作具有共同的品格。松苍劲古雅，不畏霜雪风寒的恶劣环境，能在严寒中挺立于高山之巅，具有坚贞不屈、高风亮节的品格，加之松针细长而密，在大风中发出犹如波涛汹涌的声响，故有万壑松风、松涛别院、松风亭等景致。颐和园景中有松堂、云松巢和松春斋，只可惜"岁寒三友"的配植在这些地方已没有集中体现的景点

图 9　高大古松的映衬下形成"小"桥流水的亲切感　　　图 10　高大古树环抱后溪河形成幽深静谧的河谷景观

图 11　松竹中的澄爽斋　　　　　　　　　　　图 12　景福阁前迎客的古油松

了，唯一隐约可见的是宜云馆——乾隆皇帝曾在此读书——竹梅在前院，古松在后院，梅是今人所栽，较好地揣摩了古人的造园心思，体现了这一意境。苏雪痕先生在《植物造景》一书中说："松竹绕屋更是古代文人喜爱之处"，在这里可见一斑，谐趣园澄爽斋可算另外一处。其他或可借鉴的园中景点还有：养云轩，目前院外东侧有一古松，北侧院外有油松两株，园内倘栽以竹梅，也会是一处更加清幽而富有意境之处。现在作为茶社的嘉荫轩周围也有松竹，但院中无土可种植，若摆两株盆栽梅花，饮茶赏景的游客也会在品茶之余多品味一种古园林意境的清雅味道吧！据《颐和园志》，嘉荫轩院内原来还有两株古槐，乾隆帝御制诗中曾有"高槐阅岁有佳轩，傍树开轩具四临"的诗句为证。这两株古槐如果留存下来，花开时节，美景尽收眼底之余花香与茶香共品，那该是怎样的惬意啊！此外，颐和园前山的扬仁风，后山的绮望轩、赅春园、澹宁堂、霁清轩、谐趣园和山顶的景福阁现在都有古松绕屋的景象，不知酷爱诗词的乾隆皇帝是否也是偏爱这样幽致的意境呢？（图 11、图 12）

　　此外，《松石图》的主题在古往今来的画家笔下一再出现，可见植物与置石搭配的造园手法深受人们喜爱（图 13、图 14）。颐和园内古松与置石

图 13　元代盛懋的《松石图》

图 14　紫气东来城关旁的松石图

图 15　充满画意的谐趣园的松石

图 16　生长在石缝中的古松郁郁葱葱

的搭配，最集中地体现在谐趣园内外，遒劲的古松与奇形怪状的太湖石使今天的人们如同置身于古画中，古朴气息格外浓郁（图 15）。霁清轩和智慧海的石头为山上原有的，那些从石缝中长出的参天古松令人由衷地慨叹青松坚贞不屈的品格（图 16）。

3　地名诗词楹联中的古松景观与园林植物调整依据

颐和园的古树以古油松著称，在颐和园众多的景点中，以松命名的就有三处：松堂、云松巢和松春斋。位于后山正中长桥南的松堂现有古白皮松 3 株，古油松 8 株，古柏 29 株，这处植物景观离建筑物还有一定距离，为什么叫松堂呢？来到这里你就会明白：高大的古树枝叶相交，遮挡了烈日和风雨，支撑起一片宽敞清静的空间，使人如坐于舒畅的堂屋中，叫"松堂"最为之恰当，"倚松为堂"！位于后山的益寿堂正堂的匾额上写着"松春斋"三个字样，是取"松柏长春之斋"之意。而位于前山西部的"云松巢"，名字取自李白的诗句"吾将此地巢云松"，乾隆帝御制诗中曾写道："如巢朴屋倚岩限，节后闲游淑气开。只有古松与野鹤，不知春色去知来"，想必是该院高居山间，当年曾有古松环绕，仿佛松梢上的鸟巢可以坐看云飞鹤渡吧！

在景福阁、清华轩、云香阁、颐乐殿和嘉荫轩的楹联上也写到了树木景观。景福阁楹联写道："密荫千章此地直疑黄岳近，祥雯五色其光上与紫霄齐"，可见这里曾与以奇松著称的黄山景观是非常相似的。而如今只在其东和北两侧有古松 4 株，如增加欲作接班的小油松数量，百年之后能再现造园时的景观，那将是十分有趣而有意义的。清华轩楹联上写道："梅花古春柏叶常青，云霞异彩山水清音"，如今园内池中已难闻流水的清音了，但在现有的古柏旁补植两株梅花还是值得一试的，因为该院背风向阳的小环境特征与多年前梅花种植成功的紫气东来城关北侧小环境是非常相似的。德和园颐乐殿外柱楹联曰："松柏霭长春书画集庆，蓬莱依胜景杰物灵光"，如今环绕德和园以古柏居多，古松较少。现今对德和园东南侧北牡丹台上小油松的树型调整增加了该景区的景观效果，契合了"松柏霭长春"的造景意图。南湖岛的云香阁楹联曰："松阁频招溪上月，茶炉重和卷中诗。"如今的南湖岛上已无古松存在了，将来植物调整时应考虑松树的补植。

"植物为框，建筑为画"是造景的一种手法，植物群落甚至单株植物也可以成景。2006 年古树又开始作为活文物纳入文物保护范畴，因此，作为世界遗产的颐和园，古树与古建文物理当同等重要。如能挖掘古典园林传统文化的内涵，在慢生树种的选用上尽量以历史依据指导植物的配置和调整，假以时日之后，再现古典园林的景观和意境，于目前众多的新园林中保存一份古园林样本应该也是今天的园林工作者们为世人所作的独特贡献、为保护世界遗产的原貌所作的特殊努力吧！

参考资料

1. 北京市地方志编纂委员会，《北京志·世界文化遗产卷·颐和园志》，北京出版社，2004 年。
2. 苏雪痕，《植物造景》。
3. 陈从周，《陈从周讲园林》，湖南大学出版社，2009 年。
4.（明）计成，《园冶》。
5. 土观·洛桑却吉尼玛，《颐和园礼赞》，2007 年，中国民族文学网。

作者简介

赵霞，北京市颐和园管理处。

名园嘉木，宜水宜山

——颐和园大果榆景观价值分析和繁殖技术研究

○ 赵晓燕

摘　要：本文对颐和园谐趣园内的园林树种大果榆（*Ulmus macrocarpa*）进行了长期的景观观察和评价分析，在华北地区野生大果榆种群生长情况调研的基础上，总结了大果榆景观特点、生境需求和养护要点。认为大果榆是兼具景观价值和生态价值的优良园林树种，特别是颐和园内的大果榆株群，树形优美、病虫害较少、四季色彩丰富、历史文化底蕴深厚，可推荐作为华北、西北、华中地区的乡土彩叶景观树种。为配合大果榆推广应用，对颐和园内大果榆自播苗进行移栽繁殖试验，并选择自然成熟、果实饱满的种子进行播种育苗试验；对播种基质、栽培期养护技术、肥水管控、修枝整形、病虫害防治等管理技术进行试验与总结，以形成可快速育苗、较快促进植株成型的技术体系；同时结合颐和园谐趣园大果榆成年植株整形修剪技术研究，为颐和园内的大果榆株群快速繁育和推广应用奠定基础。基于以上研究本文最终提出颐和园大果榆株群的推广应用建议。

关键词：大果榆；颐和园；景观价值；繁殖

缘起：惠山寻诗，惊艳时光

坐落于北京城西北的颐和园，不仅是皇家园林造园的典范之作，近年来，随着园林保护工作的进一步加强，颐和园中被完整保存的大量优良、稀缺、珍贵树种也进一步引起了人们关注。为了从多角度、多方位保护和传承皇家园林丰厚的历史文化遗产，颐和园启动珍贵树种保护工作。除去登记在册的古树，很多优良的编外树种也逐步纳入保护研究范围，工作更加细致、科学化，其中保护范围也包括了位于颐和园东北部谐趣园中的大果榆（*Ulmus macrocarpa*）。

颐和园谐趣园东北角涵远堂两侧假山石罅之中有天然形成的数十株大果榆群落，这里北侧原为清乾隆时期惠山园寻寺径所在，时光流转，大果榆仍在寻诗径的石板路留下斑斑驳驳的日影，令人寻味徘徊。这一乡土树种在园林中空间狭小且环境严苛的生长条件下健康生长，形成古典园林建筑与乡土彩叶树种相互辉映的诗意效果，更是以其秋色惊艳了时光。

1　谐趣园大果榆景观评价

谐趣园绕水而建园，院内涵远堂东北侧和西侧水面因挖湖堆起的土山与人工叠石相结合，形成园林的围合背景，而大果榆就生长在这些山石的缝隙里，年久日深以后，与周围的园林环境融为一体，景观层次丰富，树型优美，秋色更是绚烂，形成特色植物景观，其景观价值体现在以下几个方面。

1.1　姿态优美，宜石宜室

大果榆由于自身生长特点和环境影响，形成了极其优美的树姿。其树干苍劲古拙，枝条多横出而挺拔，分支多而不乱。可以说大果榆是一类非常适宜在古典园林中和山石匹配、与古典建筑映衬的树种。

1.2　春叶娇嫩，夏日荫浓

大果榆的新叶生发较早，且新叶带明显的嫩黄色、黄绿色，在早春季节尤显得娇妍喜人；叶片展开后，叶片的布局亦疏朗有致，可堪入画。大果榆果如其名，嫩绿的果荚较普通榆树大很多，颇有观赏价值；其种子也较大且含有丰富的油性，可供食用，果实成熟后成为园内松鼠等小动物的美食。待进入夏季，大果榆叶片已完全长成，由于叶片较普通榆树大且叶脉明显，透过光线在树下观赏，非常有质感，别有风韵。

1.3　秋色绚烂，冬景入画

秋季是大果榆最为绚烂惊艳的季节，不同于银杏的浅黄、枫树的朱红，大果榆的秋叶呈现从明黄到棕黄、褐红等极为丰富的变化。由于叶片的质地和叶脉的纹理，透过光线，则更为优美，以至于秋季涵远堂周围人满为患，摄影爱好者架起"长枪短炮"，在大果榆树下追逐光影和色彩，享受季节变化带来的美景。大果榆秋季的观彩叶期和挂叶期也是较长的，每年从 10 月中下旬变色初期到 11 月中旬可连续观赏秋叶（图 1）。

入冬后，虽树叶凋零，但大果榆的枝干在姿态、审美上特别符合中国国画的意境，也极具观赏性，颇为难得。

图 1　谐趣园大果榆秋色

2　颐和园大果榆的历史渊源和养护管理

大果榆在颐和园的栽植记载现已经无从考证，这一北京目前可在海淀西山、延庆海坨山等悬崖峭壁上发现的乡土杂木如何登堂入室，进入尊贵的皇家园林也成为未解之谜。目前推论有几种：推论一，大果榆可能是在堆叠山石时以种子或小苗的形式不小心混入谐趣园，目前谐趣园的株群中植株有大有小，应该是原有植株在一定范围内自我繁衍形成了一个小群落。推论二，可能是造园时搭配山石人工栽植，但目前并未在内工则例中找到记载。推论三，大果榆有可能是颐和园乡土树种，在造园时被原地保留，成景后被人为整理修整，因为目前西山、樱桃沟尚有大果榆自然分布，但未见长成颐和园中如此大的树型。但谐趣园假山为人工堆叠，非自然山体，且颐和园别处也未见大果榆，所以人工保留的可能性缺乏更多支持证据。

虽然大果榆是乡土树种，适应性强，但颐和园的园林管理者并没有让它们任意去滋长，而是结合景观树木防灾修剪，控制树冠的大小，使其体量大小与周围环境协调，兼顾防止其对古建造成影响；另外还要整理树形，使其姿态株株入画，符合中国古典园林的审美，（图2）以达到自然和人工的和谐统一。

大果榆截至目前管理养护都比较简便，其耐旱能力强、适应性强，故虽生长在山石当中，却并不需要人工灌溉，虽所处区域土层薄、营养少，但也并不需要人工施肥。相

图 2　谐趣园大果榆夏季修剪后效果　　　　　图 3　山西土崖上生长的大果榆

比普通榆树，大果榆的病虫害相对较少，榆毒蛾、榆白边舟蛾、尺蠖、黑绒金龟子等偶有出现，由于园内生物多样性缘故，并未成灾，且不影响景观。综上所述，大果榆除了造景必要的修剪整理，人工养护要求比较简单，是一种生态可持续的好树种，在颐和园基本"自理"、有时有少量养护的情况下可存活多年。

3　大果榆野外生境调研

　　大果榆是榆科（Ulmaceae）榆属（*Ulmus*）的落叶乔木或灌木，是许多群落建群种和优势种。大果榆天然变异类型丰富，从体态（乔木至灌木）到翅果形状，从叶片大小到侧脉多少等均有较多类型，很难找到彼此相关而又稳定的区别特征。在北京周边的延庆、门头沟、密云等山区均有野生大果榆种群分布，大多生长在悬崖绝壁、沟谷石隙等自然条件比较严苛的环境中，以阳坡、半阳坡生长较多；大果榆天然伴生种有鼠李属、溲疏属、绣线菊属、槭树属、栎树等植物，形成季相变化十分丰富的群丛。大果榆在野外环境中的另一特点是植株较小，鲜有长成大树，可能和生境条件严酷有关。此外北京地区之外的辽西、山西等地也多有大果榆自然群落分布（图 3）。

4　大果榆适应性和应用价值分析

大果榆目前在颐和园的适应性和野外生境显示，大果榆可成为华北、华中等地区适应性强、养护要求少、景观价值高的优良园林树种。此外大果榆也具有较高有经济价值，其木材质地好，是优良的用材树种，树皮可入药、造纸、提取栲胶、种子的产量、含油量及癸酸含量在榆属中为最高，常用于食品业或工业酿制业等，因此在林业中也经常被作为经济树种。目前人们对大果榆繁殖研究尚不深入，制约了对这一特色植物的推广应用。对谐趣园山石中生长的大果榆种群进行调查发现，颐和园谐趣园大果榆种群是大果榆中姿态、叶形、秋色均较为优美的优良株群，种子自播能力和根蘖能力都比较强，但是由于环境空间有限，已经很难有更多的单株长成树形饱满、姿态优美的优质苗木，而自然野生状态的大果榆种子饱满度不一，发芽参差不齐，自然环境竞争会影响其繁衍生存率；因此，加大大果榆繁殖和育苗技术的研究，探索更合理的育苗管理措施，为大果榆的快速繁育提供切实可行的育苗方法，培育树形优美的优质成品苗木，才有可能可持续保留大果榆这一优质株群，为大果榆的规模化应用和推广提供技术支撑。

5　大果榆繁殖和整形技术试验

榆属的育苗方法有多种，包括种子育苗、根蘖育苗、硬枝扦插、嫩枝扦插、嫁接以及组织培养等。其中种子育苗（有性繁育）最为经济简便，并能在短时间内获得大量种苗，也是其他育苗方法的基础。

5.1　大果榆种子繁殖技术试验

5.1.1　种子采收

选择颐和园谐趣园内树龄 15 年以上的大果榆植株作为种子采集树，4 月底翅果成熟，颜色由绿变黄开始自然脱落时，从树枝摘取成熟但未脱落的种子作为研究材料，在通风处阴干保存备用。

大果榆成熟果实为翅果，宽倒卵状，圆形、近圆形或宽椭圆形，果核部分位于翅果中部，宿存花被钟形，翅果大小远远大于其他榆属种。采于枝条上的果实大小由 1.6cm×2.2cm 到 2.9cm×3.8cm 不等，多数在 2.3cm×3.1cm 左右。去除种翅的种子呈心形，大小不一，一般粒径 3~6mm。这和先前研究大果榆叶表型在种群间和种群内均存在极显著的相关性，群间、群内均存在丰富的变异相一致。

颐和园大果榆果实的千粒重在 57.73g 与 61.38g 之间，平均为 59.23±1.41g。统计在树枝上采摘的大果榆果实的饱满率为 79%，而提前脱落的种子饱满率不足 10%，这和动物采食和多数果实生长时间短、发育不良有关。因此，种植使用种子时宜采取后期自然成熟并脱落的饱满种子育苗。

5.1.2　种子播种

大果榆种子萌发特征：榆属种子当年即可种植，无需催芽。从不同处理的基质中看，透气兼保水的基质更有利于种子的整齐萌发，可使用体积比珍珠岩：草炭土=3：1的基质；在实际生产播种时也要注意不宜将种子填埋太深，且要保证发芽期基质能有充足的水分。如辅以人工管理，籽粒饱满的大果榆具有较高的发芽能力，自然状态发芽低的原因是种子饱满率低、发芽环境条件较差所致。此外，温度对种子发芽也有明显影响，室外种植的

图4　大果榆播种出苗情况

发芽率普遍低于温室种植，实际生产宜在温室或在室外使用薄膜覆盖以保持温度和湿度（图4）。

5.2　苗期管理、移栽及后期管理

大果榆萌发期，种子内部新陈代谢旺盛，呼吸作用强，对外界环境高度敏感，且根系尚浅，抵抗不良环境能力下降，应实时关注基质及温室环境。一般基质水分含量宜保持在50%~60%，空气相对湿度在40%~50%，温度为15~30℃，基质保持疏松能供给根部充足的氧气。温室集中育苗期也是病害发生的高危期，尤其是温度、水分控制不足或过量，易出现干枯或烂根、染菌等现象。因此，要保持温室空气的流通，使用清洁的水进行浇灌和补空气水分，为防止病菌的侵入，最好每周喷多菌灵等消毒一次，如果出现烂根等现象，在控制基质水分的同时，喷撒1%的硫酸亚铁或恶霉灵消毒剂。

苗木生长至50cm以上时，即可移栽至田间，一般采取春季、秋季和雨季移栽。春季栽植在芽开始萌动时起苗；秋季栽植在落叶前或落叶后起苗；雨季栽植时随起随栽，需要运输时根系要蘸泥浆。在移植栽培时，选择茎干通直粗壮、高矮匀称、枝梢充分木质化、根系发达、主根短而粗、侧根和须根多、顶芽饱满、无病虫害及机械损伤的优良苗栽植。移栽密度按需设置，初期可种植密集，第2年开始按造林所需规格抽行或间株保留。移苗前1个月内，不宜施浓度过高的肥水，此阶段施肥可用0.5%±0.1%的尿素、0.3%±0.1%的磷酸二氢钾等，以少施、勤施为原则。

在管理方面，主要做好松土除草、肥水管理、防病虫害、修枝整形等。移栽缓苗结

图5　三年生的播种苗

束后可适当追肥，每年 2~4 次，最后一次施肥在 9 月前以磷肥为主，以防苗木徒长而冬季受冻害。应进行不定期的松土除草，补水养根。当苗高于 1.5m 后，开始进行冬季或夏季的疏删、短截或辅助性修剪，促进形成苗木主枝和侧枝分明的分枝形态，同时使苗木更加粗壮，为大果榆塑形作准备。大果榆枝条柔韧且易弯曲，播种苗如分栽不及时，主干往往会生长偏斜或扭曲，为保证成品苗质量，需要用竹竿进行绑扎，引导其形成优美的树形（图5）。

　　大果榆自身具有较强的抗冻性，但当年生苗或新移栽苗宜适当进行防寒护理，11 月上旬在土壤封冻前灌足冬水、对根部加土覆盖等，风大地带应在迎风面设立风障。大果榆的病虫害宜通过抚育管理剪去害病虫枝，改善种植环境，提高健壮树抗病力，不必大面积使用化学农药。

6　结语和展望：名园嘉木，宜水宜山

　　大果榆长期生长于颐和园谐趣园涵远堂东西两侧的山石缝隙中，已生长出数十株天然群落，经过人工整形修剪后，姿态更符合古典园林意境，与谐趣园的游廊、亭台楼榭辉映成趣，成为园中靓丽的风景。其姿态优美、叶繁枝茂，尤其秋天叶片变黄变红，色

彩艳丽，是不可多得的彩叶树种。大果榆生长稳定、适应性好，养护简便，又是优良的生态型乡土树种。

大果榆播种、苗期管理、移栽至田间后肥水管控、修枝整形、病虫害防治、促进增加生长速度、树形形态构建等技术体系的建立，为颐和园优良的大果榆株群规模化生态造林和景观应用奠定了基础。本文建议在园林绿化中的以下几方面加大其应用规模。

（1）应用在传统园林中，搭配山石、水景：颐和园谐趣园的景观可以说是大果榆和山石、水景搭配最成功案例，为传统山石景观配置增添了一类极好的植物材料。

（2）配合新技术，用于荒山、边坡绿化：大果榆抗性优良，通过喷播、种植袋造林、育苗等技术联合使用，可成为环境严苛的荒山、边坡等地的造林绿化优质材料，且对养护要求低，更加生态经济。

（3）整理树形，用于城乡绿化、增彩延绿：大果榆春叶优美，秋色更好且观叶期长，通过苗期对树形进行整理，保持一定枝下高度和树干通直，可以成为优良的增彩延绿乡土树种。

参考文献

[1] 陈有民 . 园林树木学 [M]. 北京：中国林业出版社，2013.

[2] 佟健美 . 五种榆科植物解剖结构与抗旱性相关研究 [D]. 长春：东北师范大学，2009.

[3] 叶航，王智，侯慧敏，等 . 气候因素对大果榆分布的影响 [J]. 常熟理工学院学报，2020，34（2）：118-124.

[4] 刘振江 . 辽西地区大果榆群落结构特征初探 [J]. 安徽林业科技，2019，45（6）：52-54.

[5] 叶光华，张兆林，王君雅，等 . 中药大果榆治疗消化道出血 30 例报告 [J]. 中医药学报，1980（3）：30-31.

[6] 李梦然，黄凯 . 浅析北京颐和园园林文化内涵在旅游活动中的价值挖掘 [J]. 北京农学院学报，2015，30（1）：109-114.

[7] 胡楠 . 北京皇家园林植物种类考证及植物造景研究 [D]. 北京：北京林业大学，2019.

[8] 李晓欣，常金宝，柴楠，等 . 不同处理对 4 种榆属植物嫩枝扦插生根的影响 [J]. 中南林业科技大学学报，2018，38（5）：65-69.

[9] 库尔班·哈斯木 . 大果榆苗木繁育技术 [J]. 农村科技，2011（9）：56.

[10] 孔凤 . 哈尔滨市常见榆树的种子繁殖 [J]. 种子世界，2008（6）：35-36.

[11] 李红 . 沙地大果榆种子发芽特性研究 [J]. 现代农业科技，2020（6）：125-127.

[12] 闫冬婷 . 大果榆叶形态差异研究 [D]. 山西师范大学，2017.

[13] 刘永庆 . 榆树的育苗技术与病虫害防治策略探究 [J]. 现代园艺，2019（2）：32-33.

作者简介

赵晓燕，北京市颐和园管理处。

颐和园古树名木文化及对现代植物设计的启示

○ 赵晓燕

引言

　　古树是古典园林中一种不可或缺的构成要素，是历经千百年风雨洗礼的幸存者，它具有顽强的生命力，是长寿的佼佼者。人们对古树有着尊敬与崇拜之情，并将其与历史故事、传说、绘画、诗赋等联系在一起，成为中国历史文化的一部分而源远流长。明代造园名家计成在《园冶》中记载："新筑易乎开基，只可栽杨移竹；旧园妙于翻造，自然古木繁花。"又云："多年树木，碍筑檐垣；让一步可以立根，斫数桠不妨封顶。斯谓雕栋飞楹构易，荫槐挺玉成难。"李渔在《闲情偶寄》中则这样形容："如一座园亭，所有者皆时花弱卉，无十数本老成树木主宰期间，是终日与儿女子习处，无从师会友时矣。"

　　古树作为活的文物，将自然景观和人文景观巧妙地融为一体，以顽强的生命传递着古老的信息。作为历史的见证，古树经历了沧桑巨变（图1、图2）。从清漪园建园时起，象征"长寿永固"的油松、白皮松、桧柏、侧柏等常绿树种就得到了广泛应用。"比德"是儒家的自然审美观，主张从伦理道德的角度来体验自然美，将植物的生态习性赋以人类的高尚品德。作为世界遗产的颐和园，皇家园林的一草一木皆有讲究。

图1　仁寿门古油松

图 2　万寿山苍松翠柏

1　颐和园古树名木基本情况

颐和园的古树资源丰富，种类较多，现有油松、白皮松、桧柏、侧柏、楸树、玉兰、桑树、国槐、木香等 9 个品种，共计 1607 株，其中一级古树 97 株、二级古树 1510 株，集中分布在万寿山的前后山及长廊沿线，后湖两岸及南湖岛也有古树群落分布。

万寿山区以松、柏为基调树种，且多在建筑周围种植，与建筑相互映衬。一级油松多集中于后溪河南岸和后山御路两侧，从万寿山西麓贝阙城关绵延至东麓谐趣园，均有分布。荡舟后溪河，两岸松姿奇秀，颇具古雅之美，与前山磅礴建筑、松涛林海景观形成对比。一级侧柏多见于前山建筑周围，例如云松巢、佛香阁。名贵树种如白皮松则分布于佛香阁建筑组群、花承阁等园林、佛寺混合建筑群，烘托建筑的宗教气氛。

2　深厚的颐和园古树名木文化

本部分对颐和园内的油松、白皮松、桧柏、侧柏、楸树、玉兰、桑树、国槐、木香等 9 种古树所蕴含的园林文化进行阐述。

2.1　王者之树——松

松苍劲刚健，不畏霜雪风寒。孔子说："岁寒，然后知松柏之后凋也。"《荀子》中又有："松柏经隆冬而不凋，蒙霜雪而不弯，可谓得其贞也""岁不寒无以知松柏，事不难无以知君子"，把松柏耐寒的精神特征，比德于君子的坚强性格。

《长物志》记载："松柏古虽并称，然最高贵者，必以松为首。取栝子松（即白皮松）植堂前广庭，或广台之上，不妨对偶。斋中宜植一株，下用文石为台，或太湖石为栏俱可。水仙、兰蕙、萱草之属，杂莳其下。山松宜植土岗之上……"松的姿态苍劲古朴，观之令人肃然起敬。《林泉高致》记载："长松亭亭为众木之表。画家将人生感悟与松的自然形态结合，赋予松以人的品格和风骨。"颐和园最常见的古松为油松，枝干平展，姿态最是入画（图3）。

除油松外，还有树干洁白的白皮松。智慧海东侧的白皮松树姿高俊，青翠枝叶掩映智慧海金碧辉煌的琉璃建筑及红墙灰瓦，色彩浓丽，烘托皇家园林宗教建筑特有的庄严氛围（图4）。

图3 后溪河岸边的古油松群

图4　排云殿月台下的古白皮松，有记载称之为"五彩松"

2.2　诸侯树以柏

柏在古代是柏树类的统称。北京的古柏，树龄在500年以上的约有5000棵以上，占北京一级古树的绝大多数。《周礼》注疏中引《春秋纬》曰："天子树松，诸侯柏，庶人树以杨柳。"在皇家坛庙、宫殿、园林、陵寝均广植长寿常青、木质芳香、经久不朽的柏树。以示"江山永固，万代千秋"之意。在民间认为柏树可以辟邪，是吉祥昌瑞的象征。颐和园中的古柏包括侧柏和桧柏（图5）。

2.3　三公之树——槐

《周礼·秋官》记载：周代宫廷外种有三棵槐树，三公朝见天子时，站在槐树下面。三公是指太师、太傅、太保，是周代三种最高官职的合称。后人因此用三槐比喻三公，成为三公宰辅官位的象征。《陈书·周迪传》云："位等三槐，任均四岳"清钱谦益《祖九诏》中说："蔚矣三槐之事业，再世有闻。"槐树因此成为我国著名的文化树种。古代文献里记载的槐，即国槐，作为北京市的市树，现在已经遍及全市的大街小巷。颐和园共有古国槐13株，大多分布于长廊沿线及各院落（图6）。

2.4　材貌绝伦——楸

《朱子语类》云："国朝殿庭，唯植槐楸"，寺院、古园常植。楸具有"见证历史、材貌绝伦、象征吉祥"等文史内涵。楸树是珍贵的用材树种之一，其材质好、用途广、经济价值高。《史记·货殖传》中记载："淮北、常山以南，河济之间千树楸。此其人皆与千户侯等"。宋代梅尧臣《和王仲仪楸花十二韵》载："图出帝宫树，耸向白玉墀。高绝不近俗，直许天人窥。"楸树树姿挺拔，每年5月开花时，满树繁花，蔚为壮观。清乾隆二十九年（1764年）御制诗《借秋楼》："窗挹波光庭种楸，一天飒景在高楼。履霜早是羲经着，底事循名更借秋"，把楸树当作感受秋意的树种（图7）。

图5　介寿堂"介字柏"

2.5　玉树琼花——玉兰

《离骚》："朝饮木兰之坠露兮，夕餐菊之落英。"《长物志》："玉兰，宜植厅事前。对列数株，花时如玉圃琼林，最称绝胜。"自乾隆时期，乐寿堂便有数十株玉兰栽植，花开时，芬芳扑鼻，有"玉香海"之称。邀月门东南仍有一株清代留存的古玉兰，这株玉兰花期略晚，盛开时节，花色洁白，花繁而大，花形圆润，清香远溢，恰似一片馨香的雪海（图8）。

图6　夕佳楼假山旁的古槐

图 7　仁寿南殿东侧的古楸　　　　　　　　　图 8　邀月门古玉兰

2.6　东方神木——桑

《广群芳谱》："桑，东方自然神木之名，其字象形，蚕所食也。"孟子曰："五亩之宅，树之以桑，五十者可衣帛矣。"汉景帝曾下《令二千石修职诏》："朕亲耕，后亲桑，以奉宗庙粢盛祭服，为天下先。"清代为了表明帝王重视"农桑"，在很多皇家园林里都专门栽种桑树。颐和园西北，清乾隆时期建有"耕织图"景区并将内务府织染局和圆明园内的 13 家蚕户迁到此处。当时这里呈现水田棋布、桑林葳蕤、酷似江南的景象。《日下旧闻考》记载："治镜阁北湖岸为延赏斋，西为蚕神庙，北为织染局……环植以桑。又西隔玉河皆稻田……"又载："蚕神庙每年九月间织染局专司祭祀，又清明于水村居设祀"。

2.7　木香

《闲情偶寄》："木香花密而香浓，此其稍胜蔷薇者也""蔷薇宜架，木香宜棚者，以蔷薇条干之所及，不及木香远。木香做屋，蔷薇作垣，二者各尽其长，主人亦均收其利矣。"每年 4 月底 5 月初，颐和园南湖岛月波楼前的两株木香，白色繁花点点，香气四散，满院飘香（图 9）。这两株木香均为重瓣白木香，相传为亲王送给慈禧太后的寿礼，后植于此处。

图 9　南湖岛月波楼重瓣白木香

3　颐和园古树配置对现代植物设计的启示

中国古典园林以中国画论为理论基础，园林植物景观以古朴淡雅、追求画意为目标，植物配置同样讲究"虽由人作，宛自天开"这一原则。在对颐和园的古树进行实地调研时，发现一些值得思考的现象，笔者尝试对其进行深入分析，试图验证古典园林造园艺术的一些传统手法，或许对现代园林植物设计有所启示。

3.1　适地适树

山地栽松柏，湖畔植桑柳，背风向阳的庭院栽植玉兰、木香，而喜光的国槐、楸树则大多栽植在较为空旷的位置，可以有足够的空间接受阳光，长成参天大树。这与我们现代园林植物设计的原则是一致的。笔者在参加北京市各区县园林绿化养护检查时发现，有的绿地栽植树木不考虑植物的习性，如在低洼处栽植玉兰、油松，给后期养护带来很大困难，导致树势越来越弱直至死亡。

3.2　花木比德

颐和园中多选用具有象征意义的名贵品种。如依上文所述，万寿山遍植寓意着"长

寿永固"的松柏；乐寿堂栽植玉兰、海棠、牡丹等花卉，寓意"玉堂富贵"。仁寿殿栽
植象征帝王的油松，两侧对植象征三公九卿的国槐和楸树，充分体现出皇家园林的威仪
雍容。中国传统文化对花木赋予了一定的文化内涵，直接关系到园林主人的审美情趣，
因此在什么地方栽植什么树，也应和园林绿地希望营造的氛围息息相关。如在小区园林
绿化改造中，应听取社区和业委会的意见；在厂矿、医院绿化中，也应考虑企业文化在
园区中的体现。

3.3　姿态入画

中国古典园林以文人山水画作为范本，处处讲究画理。从颐和园内古树的树形进行
分析，园内所栽植的古树大多姿态古雅，尤其是古油松的选择，极近画意，与周围环境
搭配协调，宛若中国古代文人绘画（图 10）。因此在颐和园现代的园林植物调整或者是
园林植物养护中，都要考虑这个原则，树木贵精不贵多，追求画意，以姿态取胜。

3.4　精在体宜

园林是空间艺术，讲究比例关系。"精在体宜"出自《园治》，意思是园林的精美就
在于形体适度，大小得宜。园林植物的配置也应遵循这一原则，从颐和园现存古树的配
置可以看出，建园时所选的树种大多与周围的殿堂、城关、楼阁、亭桥等建筑，从体量

图 10　谐趣园外的古油松

图 11　景福阁东侧的古油松

上搭配得体，如高大的宿云檐城关搭配一株树冠开阔、树形亦高大的古油松。景福阁北侧的白皮松则与其前身昙花阁更为匹配。因此，在现代园林设计中，也应借鉴此做法，考虑与周边其他园林要素的关系，该障景之处选择树高冠密的树种，该借景之处，选择低矮、生长缓慢的树种，从树种的选择到树木的冠幅、株高进行控制，务使其与周边环境符合空间比例关系（图 11）。

3.5　色彩对比

颐和园的古树以常绿树为主，这些枝叶浓密、色泽深绿的松柏，将皇家园林建筑烘托得更加金碧辉煌、瑰丽壮美。在一些重要景观节点位置，往往会配置一株姿态优美、色彩得宜的古树，来烘托园林环境氛围。例如谐趣园的古油松与寻诗径碑亭搭配，葱翠的枝叶与碑亭红柱形成鲜明的对比，彰显皇家园林气氛。对于植物色彩和季相变化的重视，一直是现代园林植物设计中非常关注的内容，不妨从颐和园等历史名园中去获取灵感。

3.6　距离合宜

古人在栽植树木时，会考虑与建筑保持一定的距离，给树木充分的生长空间，确保后期树木长大后不与建筑产生接触。经调查测量发现，颐和园内重要的单体古建与高大古树的距离一般不低于 6m。如仁寿殿南侧的古槐与建筑距离超过 7m；紫气东来城关与附近的古松相隔一条御路，但仍旧可以掩映城关建筑；景福阁东侧的油松栽植直接在低矮的坎墙以外。而在一些工作考察中发现，近代以来有些新栽植的乔木离周围建筑过近，初建时苗木尚小，短时间不会造成影响，随着时间的增长，树木越长越大，与建筑的屋檐接触，遇到风、雨、雪等自然灾害天气时，非常容易与建筑构件刮蹭，造成安全隐患。

3.7　配置得体

通过植物配置来营造氛围，是古典园林常采用的方法，在颐和园中可见多处这样的匠心设计。在万寿山区采用自然山林的配置方式，让人仿佛走进自然山水之中。而作为理政区域的入口，东宫门内成行成列栽植整齐的古柏，如同一队队仪仗，营造庄严肃穆的气氛，这是通往帝后处理朝政的仁寿殿的御路。而转过仁寿殿，走到昆明湖边，玉澜堂门前的柏树林，则完全按照自然式栽植，疏密有致，不着一丝人工痕迹。而且在重要的借景赏景位置，一定不会配置高大乔木，以免遮挡视线，达到"嘉则收之"的效果。

3.8　假山植真树

清代园林中，假山是不可或缺的园林要素。如圆明园、避暑山庄，包括颐和园在内，都有杰出的叠石巧匠的作品。清代十分重视假山的园林植物配置，设计假山时会在恰当的区域设计专门的栽植穴，回填种植土，以供栽植园林植物。清乾隆皇帝认为"山以树为仪"，只有"假山有真树"，假山才更加真实。乾隆帝御制诗中有这样的描述："丛樾蔚真山，高低喜并育。植林于假山，高畅低委曲。"此类现象在颐和园古树调查中屡屡可见。如佛香阁西侧假山石上的古柏和霁清轩假山山腰旁斜出的古松（图 12）。

3.9　补足气韵

高大的古树往往作为构图的关键要素，起到补足和加强山水气韵的作用。例如霁清轩清琴峡，为营造高山峡谷的气势，在真山石之上堆叠假山石，假山之上再栽植高大的油松，伟岸的树姿掩映于建筑之上，使得深山峡谷的气势得以进一步强化。后溪河两岸林立的古松也增添了后溪河峡谷耸峙的气势。

3.10　古树保护，古来有之

不仅是现代提倡保护古树，古代对于古树大树的保护也是非常重视。园林里的建筑和树木的关系，在《园冶》中有精彩论述："多年树木，碍筑檐垣；让一步可以立根，砥数桠不妨封顶。斯谓雕栋飞楹构易，荫槐挺玉难成。"造园时，对于原有的大树、古

图 12 霁清轩假山上的古松

树，建筑退让一步，不会影响立基；而对树木修剪一下枝丫，也不会妨碍房屋封顶。尽量保护园林中的古树、大树，这种理念在清代颐和园园林的管理当中也在遵循着。在清代样式雷图研究中，我们发现在添修建筑时往往会有多种方案，而最终实施的则是最能保护大树的方案。对于最终方案的确定或许另有其他更为重要的原因，但客观上实现了对大树最大限度的保留，也是造园者希望的结果。

4 结语

相信在我们的关心和努力下，颐和园的古树一定能得到妥善保护，生机盎然地流传下去，用它们的经历去反映历史，以它们的风姿去展现古园风貌。而这些古树所承载的文化，也将随着众多颐和园研究者的传播和推广，为现代园林设计师提供更多的借鉴和参考。

作者简介

赵晓燕，北京市颐和园管理处。

浅析颐和园园林植物景观的变迁与发展

○黄　鑫　闫宝兴　于　龙　高　杨

摘　要：颐和园作为世界文化遗产单位，植物景观是古典皇家园林景观体系重要的组成部分。本文从"独特"的自然环境与"综合"的历史人文对颐和园植物景观的特色形成进行梳理，力求站在人类文化的最高点和科学研究的最前沿，以严谨的科学态度对其作客观的分析，并结合大量实例剖析颐和园园林的演变轨迹和艺术特征，史论并重总结出清漪园及颐和园时期植物景观配置的总体特征，并结合植物景观历史变迁，参考植物景观资源现状保护和利用的策略与方式，从植物景观维护、植物景观更新和以植物景观资源为核心的园林美学体验等角度进行归纳，为实现园内植物景观资源的永续利用提出可供参考的经验。

关键词：世界文化遗产；植物景观资源；保护；利用；颐和园

引言

植物、园林、科学、历史、艺术、建筑、文化……全世界的名园数以百计，但能将这些元素集于一身的则是凤毛麟角，位于北京西郊的颐和园便是个中翘楚。这座被列为"世界文化遗产"的历史名园已有270年的历史，这座并举植物景观、园林美学与建筑艺术的东方园林，经过近3个世纪的发展，生动诠释了清代造园传统在地质环境中的运用。让今日的颐和园成为精彩而层次多样的文化景观复合体。此外，丰富多样的植被物种使颐和园成为植物研究和生物多样性的领军机构之一，气势磅礴的建筑群落和良好的植物景观雄踞世界顶级名园之列。

颐和园是一座见山是山、见水是水的山水园林，由于地质地貌、土壤沉积、气候环境等原因，颐和园成为大量植物种类适宜生长的家园、孑遗物种的避难地和活态文化遗存的诞生地（图1）。

图 1　万寿山植物景观

1　帝王的花园梦到世界名园

清漪园（颐和园前身）的诞生之初便已不同凡响，占据地质地貌的天然优势，湖泊众多，太行山余脉巍峨。自辽金开始，这里已经是郊野风景名胜区，也有行宫别苑的建置，明朝常有文人墨客到这里游湖登山，清入关后，康熙、雍正、乾隆皇帝相继大规模地对此地进行开发，投入大量的人力、物品和资金，陆续兴建了畅春园、静明园、静宜园等大型皇家园林。

清康熙帝在位 61 年（1662—1722 年）。六下江南、平三番、三征西域、统一郑氏台湾。对内顺应当时社会发展的需要，采取适应生产变化的措施，发展农业、手工业和商业，利用程朱理学来巩固封建统治。并与子孙雍正帝、乾隆帝开创了延及于整个 18 世纪的"康乾盛世"。随着社会经济、科学技术、商业和城市发展日趋繁荣，源源不断的文化养分被吸收，促进了皇室园林、百姓民居、生活习俗、民间技艺等方面不同程度的发展。其中，大兴园林、土木建筑的修建成为热潮，主要表现在北京皇宫的扩建和离宫别苑的修建上。

中国园林到了清代，已经经过两三千年的发展，具备了充分的造园理念、技术、成果与实践经验。明末清初天翻地覆的社会巨变，给当时的园林发展带来了很大的破坏，曾经繁花似锦的园林，在兵燹中易主荒废。作为皇城的北京经过清初的恢复，一些园林逐渐开始重建，城内宫殿继续保留明制，除进行改建、扩建外，重点逐渐转向行宫御苑的建设。乾隆时期，新建、扩建园林面积 1500 多公顷，分布在宫城、皇城、近郊、远郊、畿辅等地。在此过程中，北京西北郊改建、扩建、新建了一批皇家园林。乾隆、嘉庆时期是西北郊皇家园林的全盛时期，吸收了江南园林精华，并引进欧洲和其他地方建筑风格，形成以"三山五园"为主的皇家园林代表主体。清漪园（颐和园的前身）便是其中之一。

　　本文并非介绍颐和园园林的发展历史，园林界的前辈已在这方面做了大量而细致的考证和研究工作。但诚如前述，仍有必要对颐和园园林植物景观的演变作一番比较全面的探索。清漪园先后经历了元明天然山水时期、清清漪园时期（1750—1888 年）、清颐和园时期（1888—1928 年）以及现代颐和园公园时期（1928 年后）。园内植物景观分为：清漪园营建之前未加修饰的自然状态、清乾隆时期大规模的规划种植和移植、清光绪至民国时期的补植和养植、公园时期的绿化和管理 4 个阶段。

　　清漪园建园前，《帝京景物略》中记载瓮山："土赤濆，童童无草木"。为改变童山面貌，清漪园建园时对瓮山进行大量的植树绿化。查阅乾隆帝为清漪园所写的风景诗，其中涵盖了大量的植物景观，据统计诗文中的植物有 40 余种。部分植物在经历 270 余年的历史变迁后得以保留下来，形成了现今比较稳定的植物生态群落。

1.1　清漪园时期（1750—1888 年）

　　清漪园时期"满山松柏成林，林下缀以繁花，堤岸间种桃柳，湖中一片荷香"，宫殿、庭院内栽培名贵花木。根据对昆明湖底地层沉淀物中 3500 年的孢粉的分析证实，1750 年以前，该地区植物以松、柏、榆、杨为主，而 1750 年到 1966 年间，增植了栗、胡桃、槭、菱、莲等植物。清漪园建园之时，延续了西堤与瓮山泊原有的柳桃间种、荷藕连天的植物景观，并选择北京地方性树种（油松、侧柏、国槐、白皮松）在山前溪畔因地制宜进行配置，前山栽植耐盐碱、瘠薄而又喜阳的侧柏，后山栽植喜微酸性、耐阴的油松，在后山后溪河栽种松槲混交林。其前柏后松的格局从现存的古树分布中亦可得到证实。

　　乾隆皇帝在清漪园的修建和完成上有开创之功，使清漪园成为一座注重园林造景的苑囿，园中花木葳蕤。清代皇家档案中明文记载了万寿山地区所栽植物，如乾隆三十三年（1768 年）《奏销档·92 卷》、乾隆三十一年（1766 年）《圆明园万寿山匠作则例》等文献共罗列了数十余种花果树木，包括"菓松（红松）、马尾松、木兰芽、菠萝树、柏树、罗汉松、红梨花、大山里红、白丁香、红丁香、白日红、山兰枝、明开夜合（丝棉木）、棣棠花、文官果、鸳鸯桃、杨树、大山杏、小山杏、黄绶带、山桃、柿子、核桃、马英花、白梅、红梅、白碧桃、红碧桃、千叶杏、黄刺玫、探春花、垂柳、珍珠花、梨子树、沙果树、栗子、梅花、碧桃、迎春花、梧桐、楸树、樱桃、梨花、苹果、西府海棠、芍药、山丁"等。且在万寿山北面大有庄的西北，辟有林场苗圃，名"松树畦"，供应清漪园及宫廷各处所需树木。

1.2　颐和园时期（1888—1928 年）

清道光二十年（1840 年）鸦片战争之后，颐和园的园林景观先后经历了几段灰暗时期。咸丰十年（1860 年）九月，"英法联军"焚毁清漪园，导致前山中部的树木全部被毁，建筑周围树木焚毁严重，残败景象直到新中国成立后依稀可见。光绪十一年（1885 年），慈禧开始准备对焚毁后的清漪园进行修复，光绪十四年（1888 年）正式发出上谕，整修清漪园，并更名为"颐和园"。除保持了清漪园时期植物配置格局，效仿乾隆修建清漪园的植物配置手法外，且更注重牡丹、太平花等名贵花木的养育，并于南花园和养花园中设置花卉培育基地。光绪二十六年（1900 年），颐和园身历中国末代王朝的一次严重外患，是年八月，八国联军相继进占颐和园，在园内盘踞 1 年之久，因无人打理，多处景观失修失养，经历重创的颐和园同日薄西山的清王朝逐渐走向衰落。

1.3　颐和园公园时期（1928 年后）

从 1928 年对公众开放至 1948 年底，颐和园中的景观环境不尽如人意，胸径 10cm 的树木不到万株，牡丹花台上的牡丹仅有 7 株。1958 年至 1967 年，由于"绿化结合生产""1960 年至 1967 年发展生产""以园林绿化为主，发展生产"等方针，导致在重新绿化调整的同时全园大搞"花果山"，园林景观完全丧失，生态环境也遭到了严重破坏。

1949 年中华人民共和国成立后，颐和园备受国家重视和保护，是年 4 月成立颐和园管理处，各项工作开始步入正轨。大致绿化事记：1950 年，桂花列为颐和园盆花重点养植品种，设专人培养，并开始繁殖菊花、大丽花，年约 2000 盆。1950 年、1954 年抢救白玉兰、紫二乔玉兰各一株。1951 年，按照历史风貌配置大量树木，年度植树 1247 株，包括油松、桃、杏、白皮松、榆叶梅、绦柳、黄刺梅、山樱桃等品种。1953 年，植侧柏、合欢、元宝枫、白蜡、油松、垂柳、杨树梧桐等树 527 株，绿篱 1520 株。1954 年，植树 2763 株，其中常绿乔木 589 株，落叶乔木 434 株，灌木 1254 株，攀缘植物 486 株。1956 年，植侧柏、桧柏、油松、玉兰、立柳、榆叶梅、连翘、石榴、百日红等 2560 株。

自 1957 年 10 月 20 日颐和园被列为第一批全国重点文物保护单位，在北京市政府的密切关注下，在原有植物造景基础上进行了大规模的绿化种植，增加了园内植物的品种和数量。根据《佛罗伦萨宪章》中强调的"历史园林的修复必须尊重有关园林发展演变的各个相继阶段"的原则，园中对原有花木进行绿化恢复及种植繁育工作。是年，在原有树木的基础上增加植物9246株，除在万寿山种植白皮松、油松、侧柏、云杉，在昆明湖畔种植垂柳、馒头柳、加杨外，还在全园各处分别种植国槐、刺槐、合欢、梧桐、山桃、玉兰、丁香、榆叶梅、连翘、木槿、紫薇、楸树、黄栌等，初步弥补了颐和园夏秋花少的情况。对于原来缺株的牡丹台，由山东菏泽购进牡丹500余株，芍药487株，加强对宫廷花卉的栽培。

1958年颐和园进行了新中国成立后的第一次大型绿化活动，重新绿化了后湖两岸，植树56927株，其中快长乔木（旱柳、绦柳）29633株，常绿乔木20147株，果树500株等。1980年颐和园进行了第二次大型绿化植树活动，至1985年11月，统计园内树木已有115种32510株，草坪1093.75m²，绿化面积46hm²，陆地绿化覆盖率为93%，其中常绿乔木松柏已占树木总数的48%。1991年冬季颐和园启动了为期三年的颐和园绿化调整，共调整种植树木126344株，其中常绿乔木8840株，常绿灌木204株，落叶乔木2320株，花灌木21918株，竹类17022根，攀缘类71800株；宿根类4240墩；草坪20万m²。经过三次绿化调整，园中的部分景观得以恢复，保留与维护松柏常绿、松槲交映的植物格局，延续与营造荷叶连天、柳满堤岸的水乡特色，保持与提升前山淡墨浓彩、后山野趣横生的景观特色。随着园中植物景观的不断改善，加之充分尊重地域气候与土壤特征，使园内植物品种、数量不断增多，景观成具一定的布局和规模。

1.4　华夏园居，再现风采（20世纪末至今）

1998年12月颐和园正式列入世界文化遗产名录，迈入了一个崭新的时期，颐和园植物文化景观是园林景观的杰出典范，它极为清晰地展现了中国景观的美学思想，对中国乃至世界的园林设计影响深远。它也是自然演进、历史文化沉淀、人景交互的产物。颐和园申遗的成功，意味着遗产地向后申遗时代的过渡与转变，也将申遗的重点逐渐转为现有遗产地后申遗时代的保护与管理。

延续着乾隆帝的梦想与眼界，遗产管理者经过多年的深入实践、研究探索，不断丰富和完善着这座园林，且对山林植物景观组成、观赏特征及其环境质量等方面进行了较全面的探究和评估，提出适应现状的规划、保护与管理的发展策略，对植物景观有了跨时代的规划实践意义，也对植物景观的保护有了更加全面、更加深入的研究。更加注重对生态性的园林景观的改善与保护，愈加珍视对园林景观历史文脉的传承、表达与延续。

2　颐和园植物景观资源保护实践与利用重点

进入 21 世纪后，随着政策方向、发展阶段和基础条件的不同，颐和园的园林建设呈现出明显的多元化趋势。据统计园内绿地面积 624199m²，绿地率 74.4%；绿化覆盖面积 750725m²，绿化覆盖率 89.1%。其中，树木共 88135 株（含古树 1607 株），乔木 84 种 35744 株（常绿 13401 株，落叶 22343 株）；灌木 68 种 52391 株。攀缘植物、宿根花卉、竹类、草坪地被类共 637328m²。园内景观分为历史景观风貌型、重点植物景观型、近自然生态型、水生植物景观型四大类；经历了栽植成活、删繁就简、成长得景、维护巩固等重要阶段。颐和园的植物景观资源具有重要的人文历史价值、生态价值、科研价值等，在植物景观的规划与修复过程中应注重自然与人文的双面性（图 2）。

2.1　植物景观管理、保护及修复

（1）较为完善的保护管理体系。重点保护颐和园产权范围和保护范围内具有良好景观价值的绿地植被群落、历史价值的大树古木群落、生态价值的水生植物群落，并按照不同植物群落的长势和布局采取分级保护措施，纳入统一管理范畴，实现园内植物景观资源的永续利用。同时，制定编纂清晰、明确的保护原则、实施办法、管理条例，参照执行《北京市颐和园总体规划（2018 年—2035 年）》《颐和园"十三五"事业发展规划》

图 2　佛香阁植物景观

《颐和园古树名木保护与利用规划（2015 年）》《颐和园生境保护工程及植物应用规划（2014 年）》、《颐和园水生植物景观研究与规划（2019 年）》《颐和园绿化养护质量标准管理手册》等相关行业准则及条例。这标志着颐和园在园林资源的规划、保护、利用、管理等方面日渐走向标准化、科学化、制度化的道路，也在植物景观资源保护管理策略上日益完善。

（2）遵从自然规律，尊重历史原貌。遗产地的植物景观必须遵循"真实性、整体性、动态性、可持续发展"的原则，颐和园植物景观以温带落叶阔叶林和寒温性针叶林为主，植被群落由乔木、灌木、藤本植物、草本植物和部分水生植物组成，选择大量华北地区本土物种，并配植成针阔叶混交的人工群落，力求与当地西北郊自然山区的植物群落达到一致。颐和园万寿山山体前山比后山、西部比东部山脉险峻，土壤较贫瘠、含碱量较高，因此在原有历史风貌基础之上，在前山栽植耐盐碱、贫瘠而较喜阳的柏树，间植松树；后山多植喜酸性土壤、有一定耐阴能力的油松，辅以白皮松、柏树，间植栾、枫、槲、槐、桃、杏等落叶树和花灌木拉开季相变化，利用后山后湖小气候环境与槲栎自然生长环境相似的特点，栽种松槲混交林。而槲树落叶腐烂后形成的有机酸，对油松的生长具有一定促进作用（图 3）。

图 3　万寿山以西植物群落

（3）因地制宜、区别保护与利用。对园内的植物景观资源进行分级保护，对原生植物群落如常绿阔叶林、常绿针叶林、针阔叶林及湿地进行重点保护，对现有古树名木进行保护和适度干预。梳理滨水植物、野生草本植物，适当引进新的植物品种，丰富植物种类多样性。设置生态景观区域，侧重对植物群落的内部调整，如对原生的密林进行疏伐，以利于植物生长；保留乡土植物和动植物的栖息地；对公园内的植物、大树古木群进行普查，建立植物与大树古木保护档案，及时跟进了解园内的植物与大树古木的生长情况，更好地对植物、大树古木进行科学合理的保护。

（4）生境保护和自然灾害防御。及时预防植物、大树古木发生病虫害、火灾的威胁，保护其生境。禁止随意移植保护植物、大树古木，并定期检查其生长情况，及时截去枯枝及周边杂乱灌木，保持树冠的完整性及周边生态环境。对树木空朽、树冠生长均衡有偏重现象的树木，在树干一定部位搭建支撑架进行保护。

（5）积极深入研究与保护修复。颐和园的园林保护管理很大一部分是对植物的研究与保护修复工作。而保护修复的过程不能一蹴而就，需要循序渐进地调整修复。颐和园古树管护中心的成立，为园林植物景观的维护奠定了基础，注重历史研究、档案整理，并力求保持园林的历史原貌与自然兴衰之间的平衡。通过日常采集、鉴别、调查、发现、保护及保存等工作，在植物景观的保护管理方面发挥着重要的作用。

（6）科普宣传与管理巡护。设置关于保护植物、大树古木信息介绍的标示牌，介绍古树名木的科、属、年龄及与其相关的历史文化等，从而提高广大群众对保护植物、大树古木的认知度，增强公众爱护、保护植物景观的意识。同时，加强日常巡护工作，全面提升园林景观质量、精心打造"更优美、更安全、更和谐、更高效"的绿化管理新形象，确保景观效果的维持和延续。

2.2　植物景观的提升与更新

汪菊渊教授认为"植物景观也包括人为创作的景观，即运用植物题材再创作的景观。"还有学者认为：运用乔木、灌木、藤本植物以及草本等素材进行园林景观建设，通过艺术手法并综合考虑各种生态因子的作用，充分展现植物本身的形态、线条、色彩等自然美，创造出具有一定景观意境、兼顾功能性以及与周围环境相融合的艺术空间，以供人们游憩观赏。

2.2.1　通过季相植物配置的方法提升景观层次

颐和园植物景观包括挺拔凝重的针叶林植物景观、绚丽多彩的阔叶林景观、淡泊清新的水生植物景观、浓淡相宜的灌丛景观等。在对植物景观后期修复、更新中，应选择观赏性强的品种，把握群落植物的整体配置效果，营造静中有动、秀中有野的景观意境。例如，利用季相变化配置植物群落，运用彩叶树种科学合理地进行景观设计，根据植物的高低错落，进行层次感的营造。颐和园植物配置多选对称的高大树木，强调大片种植，体现群体效果，万寿山山体植物造景中，以成片的针阔叶混交林为基调树种，其数量大、种类少，可以起到统一的作用；而槲树（*Quercus dentata*）、元宝枫（*Acer truncatum*）、山桃（*Prunus davidiana*）、山杏（*Prunus armniacaL*）、丁香（*Syringa oblata*）等一般树种种类多，但每种数量较少，可根据季相呈现出不同的景观效果，起到静中有变的作用。以万寿山后湖两岸为例：以油松作为基调树种，阔叶树种选择槲树、朴树、白蜡、栾树、柳树、元宝枫、黄栌、山杏、山桃等，树种选择和结构与华北暖温带自然植物群落结构相似，生长情况非常稳定。油松种在山坡较高处，白蜡、柳树临水，春季有大量开花的山杏、山桃、柳树，再散植几丛迎春和连翘为配调。夏季构树开花一片鲜黄，成为主调。秋季槲栎秋色突出成为主调，白蜡、黄栌、栾树秋色可作配调。在细节上又根据园内不同景区的功能，刻意加以人工琢磨，展现特殊植物景观效果。如紫薇路、丁香路、连翘路、临河殿的樱花地等，连成一条独特的"景观廊道"，贯穿于万寿山后山东西，不但季相色彩丰富，从立面上起到划分空间的作用，而且还一定程度上引导了游人的游览方向。

2.2.2　采用修整景视线的方法提升景观效果

颐和园园内现有 40 余万株乔灌木，主要分布在万寿山区、后溪河、昆明湖堤岸、建筑物周边和庭院内。万寿山区种植密度大，各种乔木为竞争光线，纵向生长倾向明显，使多处斋亭轩阁几乎完全被树木遮蔽，造成了"湖面不能观山景、山上不可眺湖色"的局面。而昆明湖堤岸多栽植杨柳树，"杨柳飞絮"具有明显的季节性和周期性，对市民的游园体验造成了一定的影响。根据上述现状，颐和园通过对万寿山、湖岸、庭院核心区乔灌层、透景线的整理修剪，保证重要对景视线的通畅，增加全园景深，体现步移景异、小中见大的特色，使植物景观尽可能地与历史景观风貌相符，充分发挥出原有的园林文化意境。近年来，颐和园大树修剪景观提升工程，最大限度地满足整体与局部的景观配置需求，充分植物生长调节与建筑设施的矛盾，改善树木通风透光的情况，减少病虫害发生率，提高树木抗病害能力，也有效地减少了遇到灾害天气时的倒伏现象及飞絮的产生，为构建"显山露水"的生态景观体系作出了贡献。

2.2.3　运用水生植物提升景观意境

早在清漪园建园前，此处水生植物的栽种就有所记载，《长安客话·西湖》《春明梦余录》《宛署杂记》《天府广记》《帝京景物略》中对西湖的植物景观风貌都有详实的描述，记述的水生植物有荷花、芦苇、香蒲、菱、芡实、浮萍、荇菜、藻类等。清漪园时期，主要以《清代皇帝咏万寿山清漪园风景诗》为依据，涉及滨水陆生植物及水生植物 155 首，其中描写昆明湖水生植物的诗作 68 首，万寿山 13 首，主要的水生植物有荷花、睡莲、芦苇、菰、香蒲、荇菜、藻类等。上述记载，为恢复再现水生植物景观风貌提供了有力的参考依据。通过史料考证，荷花的引用在当时最为常见，被作为夏季主要观赏性水生植物广泛沿用至今。颐和园时期养植了大面积的荷花，主要分布在昆明湖、西堤、谐趣园、耕织图、后湖区域，岸边配以柳、桃等陆生植物，延续了"芙蓉十里如锦……堤柳溪流""堤西那畔荷尤盛""偶来正值荷花开"的景色。昆明湖的荷花群落，更有"莲红坠雨"的美誉。2019 年，颐和园与北京林业大学合作编纂完成《颐和园水生植物景观研究与规划》，对水生植物群落的种类、配置特点和营造方式进行调研和梳理，分析总结颐和园水生植物景观的优势与问题，并提出相应的对策与建议，为颐和园水生植物景观构建与优化提供了重要理论依据。

颐和园中近岸水体植物景观为挺水植物和浮水植物，其中挺水植物有荷花、芦苇、慈菇、千屈菜、菖蒲、水蓼、梭鱼草、荇菜等；浮水植物以睡莲为主。混明湖水生植物景观最佳观赏期在夏季，几乎所有的水生植物在这时已达到生长的旺盛期。千屈菜、黄菖蒲、睡莲、荇菜、荷花等陆续开花。昆明湖中的荷花、睡莲栽植面积大，搭配丛植的芦苇、香蒲以及岸边的萱草、马蔺、松果菊等，营造出不同的空间氛围（图 4）。秋季，多数观花水生植物进入末花期，此时绣漪桥、西堤、耕织图金黄的芦苇花观赏效果最佳。

颐和园结合不同水环境进行合理搭配，形成错落有致的水生植物群落空间。例如：昆明湖大湖与前山院落中小池，因水位、湖底高度、水环境不同，故而在水生植物的选择上也不同，小池一般水深不超过 70cm，淤泥层较厚，如养云轩院前葫芦河，就以种植睡莲、慈姑、香蒲、荇菜等作为点缀。同时，定期对大湖区水生植物进行调整规划，对生长过快、过密影响视觉效果的水生植物进行整理、清割，亮出足够空旷的水面和景

图 4　水生植物景观

观透视线，保障近景与远景和谐相容的景观效果。

2.2.4　整合特色主题提升景观品质

颐和园每年根据大众需求、节庆游园活动、植物花期，都会举办以特色花卉为主题的展览活动及特色植物景观的花讯宣传。例如："颐和园秋韵——桂花节"是以桂花为主题的节庆活动，在长廊沿线、主要庭院、官门前摆放桂花。桂花属于亚热带植物，在北京通常于 9 月份开花。为满足国庆用花需要，颐和园花研所通过调节温度，抑制花芽的活动和分化，并延缓花蕾的生长，使室内桂花花蕾比室外小，到国庆节前两周，搬出室外，由于室外气温低，花蕾迅速长大，经过两周的生长，正好于国庆开放。节庆期间，立体花坛的布置也是颐和园一大亮点，1938 年（民国 27 年）东官门前筑花坛，这是颐和园最早的花坛记载。随着时代日新月异的发展，颐和园在立体花坛植物选配、花色搭配、寓意表达、图案设计上更为讲究，不但有丰富的色彩，更有花形、花径大小的差异，景观效果大气丰富，给人留下深刻的印象，也有很多优秀的设计案例享誉业界，受到中外游客的青睐。

颐和园内特色植物景观以春季桃红柳绿柳的西堤景致最佳，3 月下旬乐寿堂内久负盛名的玉兰花陆续盛开，慈禧赐名"香雪海"；夏季混明湖、谐趣园赏荷；秋季后西河两岸秋景最美；冬季乐农轩、耕织图蜡梅傲立，届时推出"傲骨幽香"梅花、蜡梅迎春

图 5　谐趣园植物景观

文化展。使游客真正体验春来信步桃花径、仲夏池塘风荷举、秋起满园黄金色、冬梅疏影映月寒，园林四季皆有闲花作伴的景观意境（图5、图6）。

2.3　园林数字化建设

颐和园古树名木是重要的遗产资源，也是生态环境和历史文化的重要载体。园内现有古树1607株，其中一级古树97株、二级古树1510株；古树种类有油松、白皮松、圆柏、侧柏、楸树、白玉兰、桑、国槐8种。为更好地保护这些"活文物"，颐和园最初以纸质档案和电子档案为主，"一树一档"。2019年古树信息管理系统正式启用，完善了古树名木数字化管理模式，有利于将遗产地范围内的古树名木建档定位，并采集其生长状况和地理信息，使资源数据和地理信息数据可视化，可随时掌握古树名木的分布和生长状况，对重点古树名木进行动态监测，并有针对性地制定保护政策。2019年，颐和园开展全园五年一次的绿化普查工作，采用地理信息系统（GIS）平台划分园内普查区域725个，借助绿化普查数字化平台进行数据编辑整合，为日后园林景观的维护、修复提供了重要的事实依据。颐和园"数字化园林"建设促进了植物景观的保护和管理走向标准化和现代化，也使植物景观专项维护更加系统化、专业化、细节化。颐和园借助数字化建设、充分运用现代的保护管理措施，对历史性植物进行保护，维护其可持续

图6　乐寿堂玉兰

性发展,具有一定的前瞻性与创新性。

2.4 生态优先,合理利用

清漪园保留了为动植物提供生境的湿地环境,这种生态优先的原则,依然适用于当代颐和园的保护发展。颐和园是北京西郊重要的生态涵养区和生态屏障,2016 年被纳入北京市首批"市级湿地名录"。湿地作为颐和园核心区域,也是最具价值魅力的板块,对公园的长远发展起到抛砖引玉的作用,使湿地内部的自然资源、人文景观、历史文化、水文地质得到充分保护和利用。颐和园湿地植物景观规划以生态优先、以人为本、因地制宜、生物多样性、美学为原则,强调遵循生态与科学规律,维持湿地平衡发展,适地适树,以乡土植物为主,充实湿地植物群落种类,展现湿地的自身反馈能力。颐和园湿地植物景观作为湿地重要的组成部分,景观特点呈现非常鲜明,同时做到了绿色环保、景观协调、文脉延续。选用具有较强生态适应性且存活率极高的乡土植物,如二月兰、紫花地丁、蛇莓、垂柳等,充分发挥植物个体、种群和群落之间的景观与生态效益,形成具有一定层次、厚度、色彩的生态系统。最大限度地保持生态环境与人文历史的连续性,实现可持续发展,顺应节约型园林的发展趋势,建设功能复合互补的生态文明区域。

3 "新时代"下的突破与挑战

《佛罗伦萨宪章》就历史园林的特殊性在《威尼斯宪章》基础上作出必要的补充和改进,强调历史园林作为活的古迹不可能完全按照物质遗存的真实性对其进行保护。历史园林植物景观虽然是过去和历史的产物,但在尊重历史的同时,也需要结合当代的科学技术文化水平促进遗产地植物景观的可持续性发展。近代西方国家强势的技术和文化逐渐影响着当代的中国园林,面对外来文化,我们不应仅停留在保护层面,更要积极学习外来的经验,吸纳新的发展思路。在夺园林景观之高标的同时,满足市民寄情山水的需求,将颐和园建设成为生态稳定、特色鲜明的世界文化遗产型公园。

《佛罗伦萨宪章》第十一条"对历史园林不断进行维护至为重要……保存园林既要求根据需要予以及时更换";第十二条"定期更换的树木、灌木、植物和花草的种类必须根据各个植物和园艺地区所确定和确认的实践经验加以选择,目的在于确定那些已长成雏形的品种并将它们保存下来。"对历史园林的植物景观更新、重塑是一项挑战性的工作,更新方面可尝试采取大尺度植物景观更新和近景植物景观更新。大尺度植物景观更新应侧重于群落性植物景观的更新,更新策略为优化植被色彩;近景植物景观更新侧重于近距离观赏植物景观,采取整合特色主题、提升植物景观品质,优化线性风景道、提升功能性与景观性，优化空间布局、强化植物景观标识度等措施。植物景观重塑应侧重于针对植物景观观赏性较差的区域进行植物造景，重塑与梳理人文历史、展现历史风貌，整合区域资源特色、重塑地域植物专类景观等，以更好地平衡公园植物景观的合理发展，维护良好的生态系统。

4　结语

"植物与植被是众多世界自然遗产与文化遗产中重要的组成部分，植物文化的保护也不能从世界遗产的保护框架中割裂开来。"在逐步恢复颐和园绿化景观这一问题上，如何解读和定位世界遗产中的植物景观，如何保护与管理世界遗产中的植物景观资源，颐和园植物景观的现状如何在遗产保护中走可持续发展之路等，这些对颐和园植物景观价值的保护与传承的疑问具有重要的研究意义。此外，植物景观不同于其他类型的景观遗产，它富有生命力，它是活的、可变的。对于遗产地植物景观的保护需要多学科的专家、学者的努力，遗产管理者需要在对植物景观充分认知的前提下才能够制定出相对合理的保护管理机制。

参考文献

[1]　朱钧珍. 中国园林植物景观艺术 [M]. 北京：中国建筑工业出版社，2003.

[2]　周维权. 中国古典园林史 [M]. 北京：清华大学出版社，1999.

[3]　俞孔坚. 景观：文化、生态与感知 [M]. 北京：科学出版社，1998.

[4]　李虹. 西湖世界遗产与杭州旅游发展的实践与思考 [J]. 旅游学刊，2012（5）：10-12.

[5]　吕剑，杨小茹，余杰. "后申遗时代"杭州西湖遗产区交通发展与管理转型的思考 [J]. 风景园林，2012（2）：82-85.

[6]　李如生. 中国世界遗产保护的现状、问题与对策 [J]. 城市规划，2011（5）：38-44

作者简介

黄鑫，北京市颐和园管理处。

闫宝兴，北京市颐和园管理处。

于龙，北京市颐和园管理处。

高杨，北京市颐和园管理处。

山湖辉媚 草木贲华

——颐和园古典园林植物文化意蕴浅析

○ 黄　鑫　闫宝兴

摘　要：本文以中国传统文化理论为背景，阐述了皇家古典园林——颐和园中植物景观的文化意蕴，通过景观空间结构和人文审美艺术，综合分析了植物配置以及植物景观配置的运用，从画理、诗格、匾额、楹联以及色彩、姿态等角度，探索性地总结了中国古典园林植物美学和文化内涵，并探讨中国园林植物在古典园林营造中的地位、配置手法以及植物本身所承载的美学思想和文化意蕴。

关键词：颐和园；园林；植物；文化

引言

植物的历史可追溯至大约 5 亿年前，原始先民"构木为巢"，植物与人类的生活密不可分。《春秋繁露·五行之义》中描述："天有五行……木，五行之始也……"早期，古人赋予了植物深奥微妙的情感，也有对植物崇拜的因素在内。而在漫长的植物利用过程中，先人引种驯化植物的主要目的是食用、获取生产和生活资料，而园林活动的应运而生，不仅使植物兼有了一定的观赏功能，也使其本身的文化色彩丰富了起来，古人利用植物创造出更为理想的景观环境。

1　中国古典园林植物文化历史溯源

所谓园林"山有其章，水有其法，屋舍其间，草木皆景"，花草树木在中国自然山水式古典园林中起着举足轻重的作用。从一开始中国园林就与植物有着不解之缘，早在殷周、秦汉，甚至更早的原始苑囿中花木已是其重要的景观，从《诗经》（图 1）、《楚辞》等文献中发现当时已有很多植物被种植在园内。

到了两汉时期，"苑"中所栽植的植物品目繁多，如《西京杂记》中有记载："奇树异草，靡不具植"。值得一提的要数汉武帝所建造的"上林苑"，《三辅黄图》记载，汉武帝在修建"上林苑"时，群臣曾自各方献明果、异卉 3000 余种，如"核桃""紫纹桃"等。汉·司马相如《上林赋》则形容当时植物多到"视之无端，穷之无穷"的地步。这一时期的园林虽然奇树异花琳琅满目，但只是猎奇罗列，并无一定的规制章法，尚处于中国园林自然发展的过渡期。

直至唐宋，由于疆域的扩大、经济的繁荣、民族的融合，同时受儒学、道学、佛学等思想的影响，中国园林呈现了一个兴盛的局面，园林主要由帝王、官僚、文人雅士所创建，"以诗入园、因画成景"的造园艺术思想较为成熟，植物景观的运用也日臻完善，其中宋徽宗营建的"艮岳"为今人所熟知，园中迭山凿池、林木畅茂、别出胜景，是唐宋时期中国古典园林的代表作。而"园林"一词在此时期的古籍及诗文中也屡见不鲜，如唐代诗人祖咏《苏氏别业》中有"南山当户牖，沣水映园林"，诗人白居易《寻春题诸家园林》中有"天供闲日月，人借好园林"等诗句；宋代周密撰写的《吴兴园林记》及《娄东园林记》都是将园林作为书名。"园林"一词不但被广泛应用，且园林更注重景观意境和艺术细节上的斟酌，擅长利用花木的形态、季相的变化，乔、灌、花、草的巧妙搭配，营造具有诗情画意的艺术景观，这正是说明当时的造园艺术亦趋成熟。

明清作为中国园林发展史上最辉煌的时期，主要以山水为造园主体，正所谓"植林开涧，有若自然"。而此时北方皇家园林大多选址城市郊区，其"深山别院"以展现大自然天然山水之景色，"虽由人作，宛自天开"，最具代表性的皇家御园当属清代所营造的"三山五园"园林群落（图 2）。为彰显皇权礼法，表达"普天下之下莫非王土"之意，皇家园林往往在很大程度上通过园中植物的配置来表现恢宏威严之势，因此，在北方皇家园林中，常常采用四季常青、岁寒不凋又寓意"长寿永固"的松柏，与色彩浓重的建筑物相映衬，烘托富丽堂皇、气派华贵的园林特色。南方私家园林不同于北方皇家园林，由于规模受限，则以"小中见大""方寸之地尽显大好河山"为见长，植物的配置更注重野趣，所谓"咫尺山林，多方胜景"。查阅古籍、诗文、书画不难发现，古人基本以松柏叠嶂、栽梅绕屋、堤弯宜柳、槐荫当庭、移竹当窗、悬葛垂萝的法则进行园林配置。

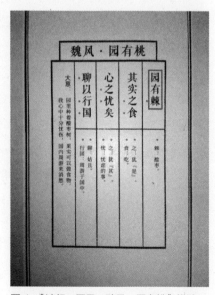

图 1 《诗经·国风·魏风·园有桃》描述：园里种着酸枣树，果实可以做食物

图2　三山五园图

2　颐和园古典园林植物配置历史文化意蕴

颐和园作为清代皇家园林的收山之作，可谓取舍糅合、博采众长，根据山形水势和建筑的特点，结合植物生态习性和风韵加以配置，一草一木可谓相得益彰，昆明湖堤岸桃柳成荫，庭园内四时花木别出心裁，而这种造园得景的艺术构思，都要归功于清乾隆皇帝的独具匠心（图3）。

颐和园的花木历史渊源深厚，据史料记载：清乾隆年间，万寿山后大有庄的西北辟有一处苗圃，名"松树畦"，专门为清漪园（颐和园前身）造景培育花木。清光绪朝，慈禧太后生平酷爱花花草草，许多大臣进献各种名贵花木，像牡丹、兰花、菊花等名花佳卉数百种，可谓芬芳馥郁，四时花开不断。

现存古籍文献中可考证清漪园时期（颐和园前身）的植物种类如下：

清乾隆三十一年（1766年）《圆明园万寿山工程则例》中提到植物造景所用的部分苗木名称：果松（红松）、蕙松、马尾松（油松）、杉松（冷杉）、冻青、秋叶、各色葭叶（芦苇、荷叶）、红叶（黄栌）、黄叶、梅树（梅花）、红茶花（山茶）、玉兰、紫竹、柏树、金钱松、罗汉松（云杉）、槐树、木兰芽、明开夜合（丝绵木）、苦梨、枫树、家榆（榆树）、山桃、山榆（大果榆）、杨、山杏、红梨花、西府海棠、花红（沙果）、山兰枝、山丁（山荆子）、千叶杏（重瓣杏花）、碧桃、紫丁香、千叶李（李）、白丁香、黄绶带（连翘）、青信、垂杨（绦柳）等。

清乾隆三十三年（1768年）《奏销档·92卷》记载圆明园、万寿山树种如下：菓松、罗汉松、马尾松、菠萝树、柏树、槐树、木兰芽、明开夜合（丝棉木）、干松、苦梨树、

图3 《万寿庆典图》（局部），展现了清漪园时期园中景观风貌

枫树、家榆树、山桃树、山榆树、杨树、山杏、红梨花、西府海棠、花红、山兰枝、山丁、千叶杏、珠子花、碧桃、紫丁香、千叶李、白丁香、黄绶带、青信树、垂杨树。

　　美国女画家卡尔在《慈禧写照记》中描述时年颐和园中花木情况："颐和园中所植花草极多，草地上每经数步，亦有名花一堆，名花佳卉，无虑千百种，而新陈代谢，四时不断。"可以看出古人在造园时对植物的观赏特性、色彩、香味等有很高的要求，古典园林中的雪中梅、红艳桃、悬枝榴、飘香桂、霜叶枫、冬蜡瓣以及池中荷，往往代表了时序季相之变化，花木因时而异相继盛开，正反映了天地自然的运脉。

　　古人也常对植物的生态特征与形态特征作性格化的比拟和联想。如：颐和园玉澜堂正殿联"洙香细裛莲须雨，晓色轻团竹岭烟"，全联以荷花和竹比拟君子，暗寓君子贤人处在良好的环境中，得到精心的培养与呵护，品德会更加高尚；"藕香榭"题名匾出自清乾隆皇帝《藕香榭》诗："污泥不染植亭亭，为识花馨识藕馨。君子昔人设比似，如莹正则变丹青。"这里藕代指"莲"，比喻君子具有高尚的品德。这种以花木言志，将植物拟人化的自然审美观起源于儒家的"比德说"。所谓"比德"就是作为审美客体的山水花木可以与审美主体人（君子）相比附，亦即从山水花木的欣赏中可以体会到某种人格美。诸如松竹梅谓之"岁寒三友"、梅兰竹菊谓之"四君子"、莲出淤泥而不染、秋叶凌霜色愈红等托物言志、借物写心的景观手法在古典园林中常常被运用。

　　此外，古人在园林树木配置上"贵精不在多"，花木以孤或三五丛植为主，从颐和园现存老照片中可清晰地分辨出，园中的小园林、小庭院内，种有海棠几株，修竹数丛……清乾隆帝御制诗文中也对部分院落中的植物有所描述（表 1）。

中国古典园林中，善用岩石结合假山砌筑花台，且重视藤本植物的应用和植物与岩石的组合（图 4、图 5）。如颐和园中的"国花台"，史料记载：清光绪二十九年（1904年），排云殿东侧建国花台，"依山之麓，划土为层"，台上满植山东进贡的名种牡丹，花开时"繁英灿烂，洵为美观"。而园中的藤本植物则以慈禧太后喜爱的葫芦居多，园中设葫芦棚多处。

颐和园与清漪园时期植物配置对比　　　　　表 1

建筑名称	乾隆诗文内容	内容提及植物	现有植物	相似度
嘉荫轩	高槐阅岁有嘉荫，傍树开轩具四临	槐	旱柳、国槐、油松	高
云松巢	童童众松围，中有书轩在 云以松为盖，松将云作衣	松	松、柏	高
澹宁堂	荷态红犹浅，林光绿正浓	荷、林木	荷、元宝枫、槲树	高
听鹂馆	何必双柑斗酒，亦有精舍竹林	竹	旱园竹、旱熟禾	高
写秋轩	庭下种楸树，中人能尔为	楸树	楸树、油松	高
排云殿	露气渐移高阁漏，日华初照御阶松	松	油松	高
谐趣园	芝砌春光，兰池夏气 菊含秋馥，桂映冬荣 竹外泉声招鹤至，日边桥影驾虹来 万年藤绕宜春苑，百福香生避暑宫	柳、荷、竹、紫藤	荷、柳、油松、海棠、竹、紫藤	高
山色湖光共一楼	滑竹环临水，岩楼出竹梢	竹	旱园竹、旱熟禾	高
清华轩	云霞异彩山水清音，梅花古春柏叶长寿 殇咏呼会日永风和，怀抱同欣兰幽竹静	梅、柏、兰、竹	侧柏、丁香	中
延赏斋	放眼柳条丝渐软，含胎花树色将分	柳、花灌木	油松、丁香、榆叶梅	中
无尽意轩	扆窗竹籁伏中绿，镜浦荷香雨后红 含姿野卉微风拂，积翠深林淡霭横	荷、松、竹	睡莲、芦苇、香蒲	中
介寿堂	千年露结蟠桃实，万顷波澄若木枝	桃	雪松、海棠、木瓜、桧柏、油松、紫薇	低
赅春园	赅春亶赅春，讵谓富花柳	桃花、柳树	侧柏	低
清可轩	步磴拾松枝，便试竹炉火 盆梅未放荣，缘弗攻以火 竹秀石奇参道妙，水流云在示真常	松、梅、竹	侧柏	低

图4　颐和园国花台，台上栽植牡丹　　　　　　图5　颐和园乐寿堂院内花木繁茂，青芝岫上爬满了粗壮的藤蔓植物

3　帝王诗篇—山容水态草 木诗话

清乾隆十五年（1750年），乾隆皇帝以翁山、西湖的天然结构为基础骨架，为造园布局所需，对其进行大规模修整改造，庞大的万寿山山体于此时定型。古人云："山借树而为衣，树借山而为骨，树不可繁，要见山之秀丽；山不可乱，须显树之光辉。"乾隆皇帝谙熟其法，在植物栽法上颇有远见，因地制宜不断美化山体，改变了万寿山"童童无草木"的面貌。《乾隆诗仲春万寿山杂咏六首》中写道："种松拟种丈寻外，拱把成荫久待迟"；《新春万寿山即景》写道："高下移栽五鬣松，郁葱佳气祝山颜"。诗中提及在仲春、新春时节栽植和移植树木，不难看出乾隆皇帝在对植物的保留和引入上，花费了一番心思。不仅如此，乾隆皇帝还根据地质条件以及植物的生长习性进行配置，逐步形成由松柏林向落叶、阔叶乔木过渡的杂木林。经四季往复，这座当日"童山"已是翠峰叠树，与山间的殿堂楼阁、红垣、黄瓦、金碧彩画形成强烈的色彩对比，渲染出皇家建筑恢宏、华丽的气氛。而万寿山山前的昆明湖堤岸桃柳成荫，湖面大量养殖荷花，桃红柳绿的柔媚多姿与天光云影相映成趣（图6）。

乾隆皇帝一生好弄文墨，喜作诗文，所作"御制诗"多达4万余首，其中咏及清漪园（今颐和园）的1600余首。《清代皇帝咏万寿山清漪园风景诗》中提到了植物40余种，其中对于植物景观的描写涵盖了春夏秋冬、朝霭晨夕的不同景色。根据今人对诗文的梳理可以了解园中当时的植物景况（表2）。

图6　颐和园老照片中清晰可见万寿山西麓的景观

植物材料种类及相关诗文梳理   表 2

植物材料	相关诗文
竹	竹令人远名谈在，不啻斯当倍徒过
柳、碧桃	柳绿及桃红，弗久应至耳
松	松巢山半夏如秋，更有白云在上头
地被	积雪难为白，新苔欲缀青
水生植物	白芷青浦聊结望，寒庐衰柳是知音
石榴	榴虽度节芳犹艳，柳弗疏风影更深
野卉	春芳不问过，夏卉忽云开
荷	污泥不然植亭亭，为识花馨识藕馨
楸树、野卉	庭下种楸树，中人能尔为
枣树	须弥齐枣叶，何碍芥为舟
梅	初春此意尚其遥，击缶古梅花始试
古松	回峦沓峰护书斋，诡石乔松古与偕
槐	潇洒山斋号静佳，日长无暑荫高槐
山桃、李树	那知桃李辞春谷，欲看芰荷凋夏溆
古柏、槲树	黄氏休亭赋，杜家古柏行 一亭松槲间，槲凋松蔚翠
榆	种来榆柳绿荫齐
芦苇	云容水态从头会，秋月春风取次探 夹岸垂杨啁黄鸟，傍堤密苇隐苍鸢 凭窗惟一碧，寓意在三秋
杨	径多红花护，屋有绿杨围
山杏、山桃	漫惜芳菲勒杏桃，东皇品类正甄陶
山茶	玉蕊山茶古干梅，唐花不较地争开
爬蔓植物	竹素今兮谷，萝轩春覆秋

颐和园中的楹联匾额与乾隆诗作关系密切，涉及内容广泛且饱含丰富的历史文化信息。仔细吟味其间的花木语言，含蓄委婉，尽得风流。绝大部分匾额借花木抒情，贵在以花木暗喻比兴之法，成为别样的景观文化，与周围欣欣向荣的植物虚实相生，有着异曲同工之妙。颐和园楹联匾额中提及的植物有：荷花、竹、牡丹、菊、梅花、兰花、柳树、松树、柏树、桃树、藤、蒲、迎辇花（产于嵩山深处的花）、冀荚（古代传说的一种瑞草）、玉树（传说中的神树）等。古人通过联语赋予这些植物情节、精神、思想，可谓妙趣横生、别开生面，更为园中的景致增趣不少。

自古以来园林中的亭台楼阁常用植物命名，以体现植物景观的生境、画境和意境，植物景名主要分为具象和意向两类。颐和园中的建筑云松巢、柳桥、荇桥、鱼藻轩、藕香榭均以植物得名，其中"云松巢"出自李白《望庐山五老峰》诗句："九江秀色可揽结，吾将此地巢云松"。这类依据古典诗词而得名的植物景名属意向类植物景名。景名作为古典园林的重要的元素之一，力求行文优美耐人寻味，古人运用植物点景提名，突出了文人山水的情趣与高雅。

4　结语

中国的园林艺术始终以大自然作为审美表达的主体，体现了古代文人雅士所追求的"天人合一"的审美情趣和精神境界。基于这种理念，花草树木便成为"以景寓情，感物言志"的重要载体。清乾隆皇帝在完成颐和园山水改造之后，便着重于配置园中的树木花草，从"有我之境，以我观物"的主观情怀出发，呈现出山水相融、草木皆景的风雅意境，且为后人留下了美丽的宝贵财富。时至今日，走进园中看景物依旧，湖芳岸秀，林影重重，待岁月静好只闻花事。

参考文献

[1]　苏雪痕.植物造景[M].北京：中国林业出版社，1994.
[2]　罗哲文.中国古典园林[M].北京：中国建筑工业出版社，1999.
[3]　史元海.山湖清音：颐和园匾额楹联浅读[M].北京：中国文史出版社，2015.
[4]　林婊.中国园林文化[M].北京：中国建筑工业出版社，2005.
[5]　颐和园管理处颐和园志[M].北京：中国林业出版社，2006.
[6]　介疾.诗经草木绘[M].武汉：湖北美术出版社，2017.

作者简介

黄鑫，北京市颐和园管理处。
闫宝兴，北京市颐和园管理处。

颐和园植物造景研究与生态应用

○ 闫宝兴　韩　凌

摘　要： 颐和园是我国保存最完整的皇家园林之一，其对揭示中国传统造园艺术、了解传统山水结构塑造、挖掘传统园林植物造景具有十分重要的价值。本文通过对颐和园山水格局和植物造景的历史考证、研究，来建立更为全面、系统、完善的颐和园景观资料库，在使颐和园完整性及真实性得到保护与传承的同时，为其保护性修复及生态应用提供一些参考依据，以期推动颐和园传统园林造园艺术的可持续发展。

关键词： 颐和园；植物造景；生态应用

颐和园作为中国最后一座皇家园林，全面体现了中国造园艺术的实践与理论，对于揭示中国传统造园艺术、了解中国传统园林山水结构塑造、发掘中国传统园林植物造景与种植设计方法等都具有十分重要的价值。颐和园的园林植物继承了中国古典园林自然与人工相结合的艺术手法，具有朴素而丰富的生态思想以及深刻的文化内涵和道德寓意[1-3]。本文通过对颐和园山水格局形成过程和种植设计变迁史的梳理，揭示颐和园造园及历史变迁过程，同时对颐和园山水造园艺术与植物景观营造特点进行较为系统、准确的归纳，研究成果可为颐和园的保护和修复提供参考依据和建议。

1　颐和园山水格局的变迁

颐和园作为我国历史上保存最完整的自然山水园，其层峦叠嶂、山环水绕的山水格局为后世所赞叹。但这种山水格局并非完全天然所赐，它的形成是我国古代生态造园思想和皇家御苑设计方法的集大成者[4]，是中国传统造园理论的集中体现。

1.1　清漪园时期山水格局风貌的形成

清漪园建园之初，对原有西山一带的天然地形进行了工程浩大的整治，不仅新开凿扩大了西湖（昆明湖）水面，而且也对瓮山（万寿山）进行了山形改造，从而改善了瓮山与西湖较为疏离的关系，为造园提供了理想的山水骨架[1-3]（图1）。

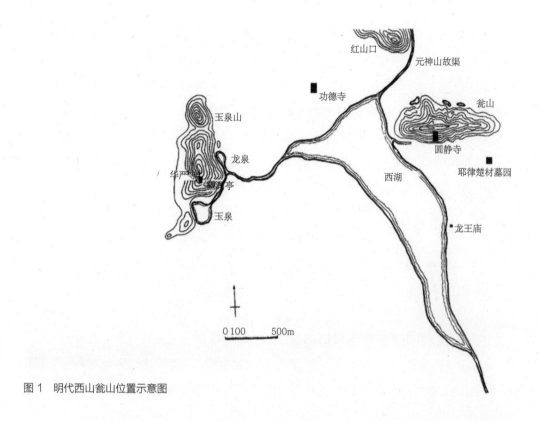

图 1　明代西山瓮山位置示意图

早在元明时期，北京西郊西湖就有神似杭州西湖的说法，更有好事者模仿杭州"西湖十景"来命名北京"西湖十景"，再加之乾隆帝早已对这片水域有所关注，写仿杭州西湖的想法也早在心中既定，在乾隆帝的清漪园相关诗文中也发现了昆明湖写仿杭州西湖的事实[5-9]。如"面水背山地，明湖仿浙西。琳琅三竺宇，花柳六桥堤。"[10-12]

1.2　颐和园时期山水格局的变化

经过 260 多年的变迁和历史考证，清漪园后的颐和园在大的山水格局上基本没有变化，主要集中在局部的变化上。

一是水系方面。咸丰时期，由于"三山五园"水系的进一步改造以及水源的变迁，惠山园（谐趣园）水路已不能通入墙外。

二是局部叠山的变化。光绪时期重修颐和园，增加了大量建筑，如对仁寿殿的改造，《西山名墓》载：1750 年乾隆帝修建清漪园（今颐和园），在瓮山之阳挖地基时发现了耶律楚材的棺木等物。乾隆敬重耶律楚材的功绩，决定在原地重新修建祠堂，以供后人瞻仰。但后来因避免皇家园林中出现异族坟冢，在坟墓西侧修筑了一道围墙，并"培土为山其上以藏之"。1903 年慈禧太后对仁寿殿后面的土坡进行人工地形的改造，修建国花台（今南北牡丹花台）。

三是部分景区院落的变化。如惠山园（谐趣园），在经过嘉庆时期的改造与扩建、咸丰时期英法联军的焚毁、光绪时期的重建，最终形成谐趣园、霁清轩两组建筑，植物景观风貌也随之有所改变；再如耕织图景区，也从河湖交错、稻田棋布、蚕桑遍野的自然乡野、江南水乡景观，至光绪时期的昆明湖水操内外学堂，最终形成现在兼顾乾隆盛世时期皇家耕织文化与光绪时期水操学堂功能的景观特点；经过21世纪初期的恢复重建，加之颐和园周边环境的改变，京西稻田也已不复存在，耕织图三面建起了围墙，已无法重现清漪园时期农耕桑苎之盛况，现今我们要追寻清漪园时期所要体现的农耕、桑蚕文化以及江南水乡民居的韵味，也只能通过史料来进一步研究清漪园时期耕织图的景观格局了。

2　颐和园植物考

2.1　清漪园时期植物材料考证

查阅古籍数据，对于清漪园造园时期所用植物的记载少之又少，因此对全面了解其植物风貌的关系，只有通过三种途径——古籍[10-11]、乾隆帝咏清漪园御制诗、老照片来进行推断[12-19]。

2.1.1　古籍文献中的植物种类

清乾隆三十一年（1766年）《圆明园万寿山工程则例》中，提到植物造景所用的部分苗木名称：果松（红松）、蕙松、马尾松（油松）、杉松（冷杉）、秋叶、各色葭叶（芦苇、荷叶）、红叶（黄栌）、黄叶、梅树（梅花）、红茶花（山茶）、玉兰、紫竹、柏树、金钱松、罗汉松（云杉）、槐树、木兰芽、明开夜合（丝绵木）、苦梨、枫树、家榆（榆树）、山桃、山榆（大果榆）、杨、山杏、红梨花、西府海棠、花红（沙果）、山兰枝、山丁（山荆子）、千叶杏（重瓣杏花）、碧桃、紫丁香、千叶李（李）、白丁香、黄绶带（连翘）、青信、垂杨（绦柳）等。

据清乾隆三十三年（1768年）《奏销档·92卷》记载圆明园、万寿山树种：菓松、罗汉松、马尾松、菠萝树、柏树、槐树、木兰芽、明开夜合（丝棉木）、干松、苦梨树、枫树、家榆树、山桃树、山榆树、杨树、山杏、红梨花、西府海棠、花红、山兰枝、山丁、千叶杏、珠子花、碧桃、紫丁香、千叶李、白丁香、黄绶带、青信树、垂杨树。

因圆明园的建园时间与清漪园接近，根据植物特有的科学性原则，此资料可作为清漪园初建时的植物面貌和植物品类的参考。

2.1.2　乾隆御制诗文中出现的植物材料

《清代皇帝咏万寿山清漪园风景诗》中收录乾隆帝的御制诗文（表1），咏及清漪园者有1600余首，共计提到了40余种植物，其中对于植物景观的描写涵盖了春夏秋冬、

朝霭晨夕的四时不同景色。如此全方位多角度的描写和记载，对于本研究也具有极大的
参考价值。

植物材料种类及其相关诗文梳理 表1

植物材料	相关诗文
竹	竹令人远名谈在，不啻斯当倍徙过
柳、碧桃	柳绿及桃红，弗久应至耳
松	松巢山半夏如秋，更有白云在上头
地被	积雪难为白，新苔欲缀青
水生植物	白芷青浦聊结望，寒庐衰柳是知音
石榴	榴虽度节芳犹艳，柳弗疏风影更深
野卉	春芳不问过，夏卉忽云开
荷	污泥不染植亭亭，为识花馨识藕馨
楸树、野卉	庭下种楸树，中人能尔为
枣树	须弥齐枣叶，何碍芥为舟
梅	初春此意尚其遥，击缶古梅花始试
古松	回峦沓峰护书斋，诡石乔松古与偕
槐	潇洒山斋号静佳，日长无暑荫高槐
山桃、李树	那知桃李辞春谷，欲看芰荷凋夏溽
古柏、槲树	黄氏休亭赋，杜家古柏行 一亭松槲间，槲凋松蔚翠
榆	种来榆柳绿荫齐
芦苇	云容水态从头会，秋月春风取次探 夹岸垂杨唼黄鸟，傍堤密苇隐苍鸢 凭窗惟一碧，寓意在三秋
杨	径多红花护，屋有绿杨围
山杏、山桃	漫惜芳菲勒杏桃
山茶	玉蕊山茶古干梅，唐花不较地争开
爬蔓植物	竹素今兮谷，萝轩春覆秋

2.1.3　楹联匾额中的植物材料

颐和园是现存楹联、镌刻、匾额较多的皇家园林[10]，据不完全统计，颐和园现存
各类楹联、匾额不下百余处，可谓五步一匾、十步一联，这些匾额楹联与园林建筑相
结合，起到了很好的点题作用，许多题名匾都为景观意境作了铺垫，加之乾隆皇帝较
高的文学素养，联古咏今表现出诗意化的主题，为探究植物造景提供了研究依据。

如玉澜堂楹联："渚香细裛莲须雨，晓色轻团竹岭烟。"玉澜堂西侧自乾隆时即开始
种荷花，清香远逸，因而东西配殿有"霞芬"与"藕香"的题名，楹联的上句就是对这

一景色的描写（图2）。清漪园时期，殿堂东侧有土山一脉向北延伸，与万寿山相连。这组殿堂联语中的"竹岭""绿竹成荫""竹梢风"就是指余脉上种植的竹丛。再如惠山园内引镜轩楹联"菱花晓映雕栏日，莲叶香涵玉海波"，意思是水明似菱花镜，映着穿过雕栏的晨光，碧波如酒器中的佳酿，含浸着莲叶的清香。

2.1.4 清代北京地区植物素材考证

《日下旧闻考》《畿辅通志》等地方志书，都记载了清代北京地区出产的特色植物。《日下旧闻考》中物产篇，记述了北京地区谷食、蔬菜、花葩、果实、草木、药物等内容，对全面了解乾隆帝建清漪园时期的苗木来源提供了佐证。列举了枣、梨、桃、杏、李、葡萄、芍药、牡丹、樱桃、石榴、海棠、合欢花、荷、紫荆、石竹、葵花、木香、蔷薇、粉团月季、贴梗海棠、垂丝海棠、木瓜、白丁香、松、椵木、白杨、椿等百余种植物。

2.1.5 涉及颐和园的清代宫廷绘画和现存的一些老照片

颐和园老照片和现存的一些图片也能成为探究颐和园植物景观风貌的直接证据。故宫博物院收藏的《崇庆皇太后万寿庆典图》描绘了崇庆皇太后六十大寿时的景象，其中有关于清漪园的部分。颐和园老照片里记录的颐和园变迁的遗迹，也对植物风貌的研究有一定的借鉴意义（图3、图4）。

2.1.6 古树名木

颐和园现存古树名木 1607 株，是从清乾隆时期至道光、光绪时期陆续栽植的，基本上延续了清漪园时期的植物景观和脉络，可以从它们的分布和搭配推断乾隆帝在建清漪园时所要表达的植物景观意向。

图 2 老照片——玉澜堂西侧荷花

图 3　老照片——云辉玉宇牌楼前的柏树

图 4　老照片——乐寿堂后院的玉兰

2.2　现代资料—昆明湖 3500 余年沉积物研究

　　1995 年，颐和园开展的昆明湖 3500 余年沉积物中孢粉的研究，其结论也能够为颐和园植物种类的考证，提供一些科学性依据。

　　该研究在分析的 77 个孢粉样中，统计孢粉总数 19320 粒，它们分属于 79 个植物科属。针叶乔木有松（*Pinus*）、冷杉（*Abies*）、云杉（*Picea*）、柏科（Cupressaceae）、落叶松（*Larix*）、铁杉（*Tsuga*）、雪松（*Cedrus*）；落叶阔叶乔木植物有栎（*Quercus*）、栗（*Castanea*）、桦木（*Betula*）、鹅耳枥（*Carpinus*）、桤木（*Alnus*）、榛（*Corylus*）、胡桃（*Juglans*）、枫杨（*Pterocarya*）、榆（*Ulmus*）、朴（*Celtis*）、椴（*Tilia*）、槭（*Acer*）、柳（*Salix*）、漆树科（Anacardiaceae）、漆树（*Rhus*）、栾树（*Koelreuteria*）、梣（*Fraxinusr*）等；落叶灌木有杜鹃（*Rhododendron*）、忍冬（*Lonicera*）、鼠李（*Rhamnus*）、丁香（*Syriga*）、楝木（*Cornus*）、五加科（Araliaceae）、胡颓子（*Elaeagnus*）、豆科（Leguminosae）、芸香科（Rutaceac）、蔷薇科（Rosaceae）等；旱生小半灌木有麻黄（*Ephedra*）、白刺（*Nitraria*）；中生或湿生草木有禾本科（Gramineae）、车前（*Plantago*）、唐松草（*Thalictrum*）、山萝卜（*Scabiosa*）、伞形科（Umbelliferae）、葎草（*Humulus*）、蓼（*Polygonum*）、大战科（Eupholbiaceae）、十字花科（Cruciferae）、唇形科（Labiatae）、地榆（*Sanguisorba*）、旋花科（Convolvulaceae）、老鹳草（*Geranium*）、百合科（Liliaceae）、莎草科（Cyperaceae）、石竹科（Caryophyllaceae）等；广域性生长的草本有蒿（*Artemisia*）、苍耳（*Xanthium*）、紫菀（*Aster*）；旱生或盐生草本有藜科（Chenopodiaceae）；水生维管束植物有香蒲（*Typha*）、黑三棱（*Sparganium*）、眼子菜（*Potamogeton*）、菱（*Trapa*）、莲（*Nelumbo*）、荇菜（*Nymphloides*）、狐尾藻（*Myriopyllum*）、茨藻（*Najas*）、魁叶萍（*Salvinia natans*）、萍（*Marsilea quadrifolia*）、睡菜（*Menyanthes trifoliata*）；蕨类有中华卷柏（*Selaginella sinensis*）、圆枝卷柏（*Selaginella sanguinolenta*）、水龙骨科（Polypodiaceae），同时还见到个别的海金沙（*Lygodium*）、里白（*Hicropteris*）；浮游藻类有盘星藻（*Pediastrum*）、转板藻（*Mougeotia*）、水绵（*Spirogyra*）、双星藻（*Zygnema*）、四角藻（*Tetraedrom*）、新月藻（*Closterium*）、鼓藻（*Desmindium*）等。此外，还有亲缘关系并不明确的环纹孢（*Concetrisystes*）以及泥炭藓（*Sphagnum*）等。

3　颐和园植物造景设计创作意境考

乾隆皇帝是清漪园整体规划和建设最重要的主持人，园中很多景点的创意都来源于皇帝本人。颐和园园林景观最大限度地体现了乾隆皇帝的个人喜好、审美趣味、人生信仰以及治世思想等。乾隆皇帝饱读汉学，推崇儒道，反复强调"勤政亲贤""中正治国""崇祖孝亲""修身养得"等思想，故其在颐和园植物景观营造时，以诗文构建园林的同时也以园林为歌咏对象，特别注重"君子比德""视农观嫁""诗画自然"等意境的营造。同时，乾隆皇帝熟悉植物的生长特性和北京的气候特点，植物配置与周边环境相符，满足植物生长需求，因地制宜地创造出丰富多彩的植物生态景观[20-25]。

3.1　因地制宜，形成特色生态格局

颐和园内植物栽植很讲究生态习性，因高就低，依水傍山，自然成林。根据对昆明湖底地层沉淀物中 ck3 孔的孢粉的分析证实，1750 年以前，该地区植物以松、柏、榆、杨为主，而 1750—1966 年，增植了栗、胡桃、槭、菱、莲等植物。

早在清漪园建园之前，昆明湖的前身西湖一带就以垂柳荷花之盛闻名京师，是北京西北郊著名的风景区，文人墨客亦多加渲染："西湖莲花千亩""盛夏之月，芙蓉千里，堤柳丛翠""长堤五六里，堤柳多合抱"。因此，拓治后的昆明湖一带，则继续保持了原西湖瓮山的植物生态环境，延续了西堤与瓮山泊原有的柳桃间种、荷藕连天的植物景观，沿湖堤岸广植垂柳、桃树，湖中部分水面广莳荷花。由此可见当年湖内莲花之盛况："浅乃以荷花正放，过桥似入绛云低""深红淡白尽开齐，水面风来香满堤""便途心纡试沿泛，六桥西畔藕花多"。此外湖中还多辅以菰、蒲之类的水生植物，引得"鸳鸯鸥鹭满汀州"。

对于重点改造的万寿山来说，在清漪园兴建之前，瓮山上的植被并不繁茂，明朝有人称瓮山是一座"土赤坟，童童无草木"的秃山。在乾隆皇帝修建清漪园时，万寿山的生态群落以明为基础。在植物栽植时兼顾了适地适树和兼顾季相变化的原则。清陈淏子《花境》对于植物的种植原则写道："草木之宜寒宜暖，宜高宜下者，天地虽能生之，不能使之各得其所，赖种植位置有方耳。"乾隆皇帝在修建清漪园时，根据造园要求，充分利用当地的自然条件，因地制宜栽植不同的植物，来突出各地段的景观特色，渲染各自的意境；在保持终年常青的同时又注重植物的季相变化。在前山栽植喜阳、耐盐碱的侧柏，后山栽植耐阴、喜酸性的油松，在后山后溪河模拟北京松槲混交林的天然植被形态，在万寿山上采取了松柏等常绿植物为主，槲、枫、柳、栾、楸、桃等落叶植物为辅的植物配置策略，形成"满山松柏成林，林下缀以繁花，堤岸间种桃柳，湖中荷花飘香"的植物群落。经过整治，在短时间内将童山改变成"迭树张青幕，连峰濯翠螺"的繁茂景象。

3.2　"君子比德"儒学之道

孔子曰："君子比德于玉焉，温润而泽仁也。"君子比德是指以自然对象之美来比喻、象征君子的美德。君子比德思想是孔子哲学的重要内容。乾隆皇帝在御苑的缔造过程中不仅因袭了传统文人园林"柳眼梅心""竹籁伏绿""菊盈篱落"的清雅之赏，更看中"天目古松""殿庭槐楸"所暗喻的王者之风的情结缔造，同时也沿袭了古人的传统审美习惯。

在万寿山东麓宫殿区、排云殿建筑群、南湖岛龙王庙建筑群、耶律楚材祠等有施政、祭祀功能的建筑群中，树木配置以松柏为首选，并成行逐列栽植、强化君臣等级意

向。如东宫门勤政殿院落设计，方正规整、建筑主次明晰，而植物配置亦中规中矩，排列有序。树种选用松、柏、槐、楸，借典经史，比德朝纲。在栽植方法上，油松殿前矗立犹如帝王在朝，侧柏东西分列恰似文武两厢，楸树当庭栽，国槐对植，充分体现皇家园林的威仪雍容。

3.3　视农观稼，农桑文化

清代社会的主体依然是农耕文化。清帝王为了标榜其关注农桑、勤政爱民的政治情怀，以园南、西、北的千顷良田为借景，利用清漪园修建以前昆明湖与玉泉山之间密布的稻田水网，模拟乡村生活，建立了耕织图、水村居等建筑群，桑苎桥边耕织图畔桑树成行，织染局环植以桑，内有菜园、花圃等地，景区内稻田与园外千顷稻田融为一体（图5），并结合植物种植创造了绿杨绕屋、桑林毗田、青篱环茨、绿柳如烟的村舍景观。一方面体现了对原有自然条件的充分利用并使之浑然天成的造园创作手法；另一方面表达了帝王"崇本重农"的政治思想。

3.4　诗画自然，四时有佳景

清乾隆皇帝六次下江南，对江南园林甚是喜欢，回京后继续"写仿江南名园"，不仅在大的山水格局上借鉴西湖胜境，而且以惠山园写仿无锡寄畅园，以望蟾阁写仿武昌的黄鹤楼。园内的植物不仅有国内各省进献的花木，还有从国外引进植物。美国女画家卡尔在《慈禧写照记》中描述晚清园中花木情况："颐和园中所植花草极多，草地上每经

图5　老照片——颐和园西侧北侧的稻田景观

数步，亦有名花一堆，名花佳卉，无虑千百种，而新陈代谢，四时不断""太后平生酷爱鲜花，凡之寝宫、朝堂、戏厅及大殿等处，名花点缀，常终不绝"。园中各种植物的配置也讲究季相变化：春有桃、夏有莲、秋有枫、冬有松，四季更替，美景不断。体现"普天之下，莫非王土"的景观意境[26-30]。

4　植物配置的特点

植物配置是中国古典园林表达生态思想的重要方法，在中国古典园林中，古代造园家常常通过周边环境和植物的特性来理解和尊重植物本身，以借植物间接地抒发某种意境和情趣。从艺术性角度分别论述植物与地形、植物与建筑、植物与空间以及植物材料配置、植物景观生态特性。

4.1　植物与地形

万寿山前山坡较平缓，与 200 多公顷的昆明湖水面相对应，以体现旷远开阔的景观为目的，因此构造大量建筑，以增加自然山川的气势，体现出清代皇家园林宏大的气势和典雅的风格。后山山势较陡，地貌环境与前山不同，山体背阴向北，地势狭长，景观注重亭台掩映，清幽深邃，布置灵活而自由，富于自然山林的风致和意境。

清漪园时期的万寿山植物景观存在多样的特点和自然风貌，分析乾隆描写万寿山涉及植物方面的御制诗文，可知清漪园时期的万寿山植物景观多注重于松林、四时景观、地被等；另外，从园内古树名木的分布情况也可以看出，前山以大报恩延寿寺（佛香阁）为主要建筑群的植物配置以松柏为主，体现了乾隆建清漪园为太后"延寿报恩"的本意，因此万寿山前山脚下，柏树沿长廊规整列植，油松、白皮松散布其间，体现了松柏常青、万寿延年的皇家气魄。

清漪园时期山阳栽植松柏等常绿树种形成松峰景观，并通过不同冠型与冠幅的搭配，营造曲径通幽的山林意境。万寿山后山、后湖风格与前山迥然不同，在空间和尺度上与山阳开阔的景观形成鲜明对比，更加幽静、宜人。油松、元宝枫、栾树、小叶朴、榆树形成优美林冠线，山桃、连翘、合欢、丁香点缀其间，加之山回路转间，一座座古建院落，更是创造出一幅幅醉人的图画。

昆明湖一带湖水充沛，生态环境优美，一直以桃、柳、荷花之盛而著称，乾隆帝在建清漪园时，保留了原西湖的景观特点，在沿湖堤岸增植桃柳，湖中广莳荷花，西北水网地带岸上广植桑树，水面丛植芦苇，水鸟成群没出于天光云影之中，呈现出一派天然野趣的水乡情调。

4.2 植物与建筑（亭）

建筑是园林的重要组成部分，颐和园的建筑大部分是以构景的形式分布在园中，与山水、植物相融合。颐和园中亭有 63 座，分布在全园各个角落，匠心独运的位置使其成为最佳观赏点；富有诗意和深刻文化内涵的题名突显了主题，强化了创作意境；灵活多变的姿态与周围的山石、水体、花草、树木、建筑组成一幅幅赏心悦目的画面，达到了"天人合一"的思想境界。

颐和园中亭根据各自不同的位置，也具有不同的景观特点。位于山间的亭既作为点景的建筑，同时也兼具游赏观景的功能，因此位于山间的亭旁植物配置尤其注重视线的通透性。例如餐秀亭"涧叶岩林绿已齐，四围秀色餐无尽"；含新亭"古木荫团笠，虚受宜遐眺"；绿畦亭"绿畦近远皆堪睹，山亭纵目见溪田"；寻云亭"春山渐欲酿清荫"。位于水际的亭旁则更多采取水边常见的、耐水湿的植物配置形式，例如桃红柳绿；亭旁水面则营造水生植物景观以烘托建筑。

4.3 植物与空间

"园林中以植物为主体，经过艺术布局组成各种适应园林功能要求的空间环境，称为园林植物空间。"乾隆御制诗文中多次提到其对植物配置空间的理解和技法。"古木荫团笠，虚受宜遐眺""种松拟种丈寻外，拱把成荫久待迟""径多红花护，屋有绿杨围""秀木乔笼屋，风松入操古""表里湖山归静照，高低桃柳总清扬""山白桃花可唤梅，依依临水数枝开"。

4.4 植物材料的配置

万寿山上除了栽植松等常绿树种，也混植了一定的阔叶和秋色叶树种，四时特征明显，如"山容将欲染，春事渐堪论""乔林布荫偏宜步，敞阁延凉正好凭""岩枫涧柳迟颜色，只觉森森翠意浓"。同时注重移栽名贵品种为山容的葱茏氛围助势，如"高下移栽五针松，郁葱佳气助山容"。万寿山的诗文中出现大量描写花木景观的诗句，如"渐看红意减，林扉又觉绿荫足""群芳滋长养，万绿锁屏颜""谁知烂漫无多待，花信宁须羯鼓催""群芳""花信"等说明万寿山栽植大量花灌木，并作为当时园中突出的审美对象。

无论是春花、夏树、秋桐，清漪园时期万寿山的四季植物景观特征明显，每一季都有景可赏，对此乾隆帝也用了大量的笔墨进行吟赏，例如："花含宿润犹无力，树惹新烟更有神""岩枝涧叶蔚露气，杂花霏香香袭人""花气宜过雨，梧风最引秋""桂是余香矣，莲真净色哉"。

"阶藓含阳重，林檎较昔繁""阶际青青草布荫，寻常行处不生尘""草露喷香中得径，林风翻翠处凭楹"，可以想见清漪园时期的万寿山的地被景观也是非常重要的成景因素。万寿山已形成了上、中、下层次分明的生态群落。

4.5　植物景观的生态特性

"夹岸垂杨啁黄鸟，傍堤密苇隐苍鸢"，植物材料在营造优美景观的同时，也为各种生物提供了栖息环境，对于保持原有的生态环境起到非常重要的作用。"一亭松桷间，桷凋松蔚翠"体现出常绿与落叶搭配的生态学思想，又如"阳崖土润生芳草，阴峪雪余皴古松"。

5　颐和园的保护和建议

1982年《佛罗伦萨宪章》关于历史园林的定义作出了如下规定：历史园林指从历史的角度或艺术的角度，民众所感兴趣的建筑和园艺构造……历史园林是一种主要由植物组成的建筑构造，它是具有生命力的，即有生有死。因此，历史面貌反映着季节的变化与循环、自然生死与园林设计者和主人希望将其永久保持的愿望之间的永久平衡。历史园林中的……植物，包括品种、配色、面积以及各自高度……这种园林是文明和自然直接关系的表现，适合作为思考和休息的娱乐场所，所以具有理想世界的巨大意义，用词源学的术语来表达就是"天堂"，并且也是一种文化、一个时代和一种风格的见证，而且还常常见证了具有创造力的艺术家的独创性。从以上的定义，我们可以看出历史园林具有十分重要的历史文化价值，而园林中原有的植物景观是反映园林面貌、延续园林生命的重要载体。

颐和园的植物在意境风格、群落种类、栽植方法等方面，继承了中国古典造园艺术中"融人工匠意与自然造化于一体"的思想和手法，体现了"康乾"以来在园林植物配置和造景中"嘉则收之，俗则摒之"的典型要求，并赋予园林植物群落以深刻的文化内涵及道德寓意，是造园艺术中自然属性和文化属性完美统一的结晶。因此，颐和园植物景观的修复、保护及管理应遵循以下的特点。

（1）遵从自然规律，尊重历史原貌

颐和园后山很多历史遗迹，是在茂密的植被包围下以废墟的形式存在，对此应坚持"尊重自然规律，尊重历史"的修复理念，以历史原貌为主，对历史遗迹进行保护，保持遗迹的原真性。

（2）体现自然原貌，保留自然郊野性质

颐和园万寿山植物景观尤其是后山和昆明湖区，以体现自然原貌、突出自然的真实与淳朴为特色，植物景观总体上融入北京西北郊的大景观格局中，属于半人工的自然生态群落。在日常管理中，应以自然为原则，定期进行养护与修剪，保护原有地势地貌和原始植物，不做过多的改造，不追求奇花异草。对自然最大的尊重，就是对历史园林形成"真实性、完整性"的保护习惯。

（3）保护古树名木，制定专项管理措施

古树名木是有生命力的"绿色遗产"，是"活的文物"，是历史文化遗产的一个重要组成部分。颐和园古树名木是历史文化传承的载体，是世界文化遗产的重要组成部分。加强古树名木的有效管理，建立古树名木档案，坚持全面系统、常态持续性的原则进行日常养护和管理。

5.1 活体可持续保护

植物景观之所以不同于其他类型的景观，是因为它富有生命力，是活的历史遗产，植物景观体现着历史的真实性和延续性。"活体可持续保护"即完全保持原貌，但对影响其历史原貌的历史事件、历史环境予以详细记录。对于颐和园内保存较好的历史景点，如慈禧重建的前山大部分景区和后山谐趣园、景福阁等部分景区，重视植物景观的生命性和动态性，充分考虑周边环境，如气候、地形等外界因素对植物可能造成的影响，并提出相应的应对策略，对植物景观遗产的状况进行及时的日常记录，适时适度地对历史性植物景观予以修复。

5.2 片段示范性保护

"片段示范性保护"即对某一历史时期的风貌进行片段保护。对遗址及周边环境完整地保存下来，进行展示教育。颐和园内的残存遗址，多掩映在茂密的林木之中，因借于局部的地形而创造出许多精致的小园林，建筑已毁但基址尚存，假山叠石和大部分路网大体上是完整的，在建筑不易于恢复的情况下，其植物景观应在尊重历史原貌的前提下，进行梳理保护，对于不符合场地风貌的植物可选择适合树种逐步进行替换，对旺盛滋蔓的杂树和野草进行治理。这些遗迹同样是颐和园保护的重要组成部分，如记录了火烧清漪园的一个片段，成为清漪园遭英法联军焚毁的事实见证。因此，发挥植物的个体及群体效应，构建符合场地立意及优美的植物景观显得尤为重要。

5.3 科学发展与创新

颐和园历史性的植物景观修复营建需要不断地努力与付出，对地形、土壤等各个要素不断地调整，对景观不断地养护和治理，才能最终营建出尊重历史原貌及文化意境的植物景观。对于恢复的四大部洲、苏州街、景明楼、澹宁堂等传统景区，遵循"修旧如旧”的原则，采用传统材质、木料及工艺，丰富和完善了园林古迹景观，其植物景观在考究历史资料的基础上，遵循古人的造园手法，慎重选择植物种类，种植与场地氛围一致的植物，既遵从古人立意又有发展地塑造出颐和园的整体美感。这是对遗产价值的尊重，也是对历史文脉的延续。

积极构建植物灾害防御体系，应对极端天气，保护植物景观免于伤害。针对重要的景观节点、意义特别的古树名木，应将其纳入数字化管理中，并尽可能将更多的植物纳入数字化管理中，详细记录植物信息，更有利于植物景观资源的保护。在保护其历史原貌和原始地被的基础上，增加乡土地被植物，形成园林底色，既有利于水土保持又增加了背景色彩。

参考文献

[1]　颐和园管理处 . 清宫颐和园档案 [M]. 北京：中华书局，2015.

[2]　黄成彦 . 颐和园昆明湖 3500 余年沉积物研究 [M]. 北京：中国海洋出版社，1996.

[3]　北京市地方志编纂委员会 . 颐和园志（附录）[M]. 北京：北京出版社，2004.

[4]　周维权 . 中国古典园林史 [M]. 北京：清华大学出版社，2008.

[5]　清华大学建筑学院 . 颐和园 [M]. 北京：中国建筑工业出版社，2009.

[6]　彭一刚 . 中国古典园林分析 [M]. 北京：中国建筑工业出版社，1986.

[7]　高大伟，孙震 . 颐和园生态美营建解析 [M]. 北京：中国建筑工业出版社，2011.

[8]　北京市园林局颐和园管理处编 . 颐和园建园 250 周年纪念文集（1750—2000）[M]. 北京：五洲传播出版社，2000.

[9]　曹林娣 . 中国园林艺术概论 [M]. 北京：中国建筑工业出版社，2009.

[10]　夏成钢 . 湖山品题颐和园匾额楹联解读 [M]. 北京：中国建筑工业出版社，2009.

[11]　北京颐和园管理处 . 乾隆皇帝咏万寿山风景诗 [M]. 北京：北京旅游出版社，2010.

[12]　颐和园管理处 . 颐和园志 [M]. 北京：中国林业出版社，2006.

[13]　王其亨，狄雅静，张龙 . 颐和园植物历史景观的配置分析 [J]. 天津大学学报，2009（6）：504-509.

[14]　王其亨，等 . 颐和园植物历史景观的配置分析 [J]. 天津大学学报（社会科学版），2009（11）：504-508.

[15]　（清）王世襄 . 清代匠作则例（第三卷）[M]. 郑州：河南教育出版社，2009.

[16]　（清）于敏中，等 . 钦定日下旧闻考 [M]. 北京：北京古籍出版社，1981.

[17]　（清）田易 . 畿辅通志 [M].《景印文渊阁四库全书》. 台北：台湾商务印书馆，1983.

[18]　（清）陈梦雷，蒋延锡，等 . 古今图书集成 · 经济录编 · 考工典 [M]. 上海：中华书局，巴蜀书社，1986.

[19]　张龙 . 济运疏名泉　延寿创刹宇——乾隆时期清漪园山水格局分析及建筑布局初探 [D]. 天津：天津大学，2006.

[20]　陈从周 . 陈从周讲园林 [M]. 湖南：湖南大学出版社，2009.

[21]　孙筱祥 . 园林艺术及园林设计 [M]. 北京：中国建筑工业出版社，2011.

[22]　耿刘同 . 中国古代园林 [M]. 北京：中国国际广播出版社，2010.

[23]　余树勋 . 中国古典园林艺术的奥秘 [M]. 北京：中国建筑工业出版社，2008.

[24] 苏雪痕 . 植物景观规划设计 [M]. 北京：中国林业出版社，2012.

[25] 李树华 . 园林种植设计学：理论篇 [M]. 北京：中国农业出版社，2010.

[26] 张冬冬 . 试从乾隆对西湖的改造探清漪园之相地 [J]. 中国园林，2015（6）：31.

[27] 王劲韬 . 中国皇家园林叠山理论与技法 [M]. 北京：中国建筑工业出版社，2010.

[28] 金柏苓 . 清漪园后山景区的原貌和艺术成就及颐和园后山建设的规划思想 [D]. 北京：清华大学，1982.

[29] 王劲韬 . 中国皇家园林叠山研究 [D]. 北京：清华大学，2009.

[30] 马欣，李树华 . 颐和园与清漪园时期植物景观的对比研究 [C]// 2008 北京奥运园林绿化的理论与实践 . 北京：建筑工业出版社，2009.

作者简介

闫宝兴，北京市颐和园管理处。

韩凌，北京市玉渊潭公园管理处副园长。

颐和园立体花坛造景施工及养护

——以中非合作论坛峰会立体花坛为例

○ 刘　聪　闫宝兴　韩　凌　胡振园

摘　要：颐和园作为重要的世界文化遗产，每年接待大量游客参观。立体花坛作为颐和园重要的造景手段，广泛应用于节日庆典、国事活动、接待任务、旅游观光、景观提升等方面。本文意在探讨颐和园立体花坛的造景施工及养护，总结先进实用的施工及养护技术，探索行之有效的建造工艺。通过研究颐和园中非合作论坛峰会立体花坛项目，对立体花坛的景观营造、施工养护工艺进行讨论与总结，最后提出立体花坛应用方面的思考。颐和园营造立体花坛所采用的技术手段，成功突破了施工重点，有效解决了技术难点，积累了相关养护经验。颐和园中非合作论坛峰会立体花坛是一次有力探索和成功实践，为日后颐和园利用立体花坛进行造景，推广先进实用的施工工艺和养护技术，起到良好的借鉴意义。

关键词：颐和园；立体花坛；造景；施工；养护

引言

立体花坛以鲜明的主题、绚丽的色彩、优美的造型成为园林景观环境中重要的组成部分，能够起到美化环境、渲染氛围、宣传教育、展示交流等作用。

颐和园立体花坛的应用历史较为悠久，广泛用于重要国事活动、接待任务、节日庆典、旅游观光、景观提升等方面。颐和园如何在外事活动和节日期间，运用立体花坛进行造景，有效增加节日氛围，为广大游客提供良好的景观环境，是值得探讨的问题。由于颐和园游客众多，花坛具体细节刻画要求高，立体花坛体量较大，不便于运输和安装，施工现场又有消防、安全等文保要求，施工和养护时存在一定的困难和挑战。颐和园中非合作论坛峰会立体花坛项目是一次有力探索和积极实践。

1　立体花坛的定义

立体花坛（mosaiculture）英语直译为"马赛克文化""镶嵌图案文化"或"模型坛植"[1]。不同学者对于立体花坛有着不同的定义，较为权威的是国际立体花坛委员会将其定义为一、二年生或多年生的小灌木或草本植物，经过合理的植物配置，将植物种植在二维或三维的立体构架上，形成具有立体观赏效果的植物造型布置技术 [2-3]。北京市地方标准给出立体花坛定义是将植物材料栽植或附着到具有造型作用的骨架表面，通过骨架的造型结合植物材料的特色，构成景观的花卉布置形式，包括通过在立体造型结构中填充基质，将植物材料栽植到基质上的栽植式立体花坛和将花卉通过特定容器固定在造型结构上，组装形成的安装式立体花坛 [4]。

2　立体花坛国内外现状

立体花坛起源于西方，历史可追溯至 19 世纪欧洲公园中的花卉摆放，后逐步发展为平面花坛和立体花坛。国际上立体花坛的兴起得益于 1998 年国际立体花坛委员会 IMC 的成立和每 3 年举办一次的国际立体花坛大赛。国外的立体花坛施工起步较早，制作工艺水平较高，技术较为先进，应用广泛。

国内立体花坛的制作起步于 20 世纪 50—60 年代，北京、上海等地成为我国较早应用立体花坛的地区。北京地区立体花坛的应用水平较高，颐和园、紫竹院公园等地较早摆放过五色草装饰的立体花坛 [5]。随后几年中，北京地区逐渐应用立体花坛进行景观营造，但由于当时经济条件有限、施工水平低、可选的植物材料种类颜色极为单一，加之缺乏相关经验，所建造的立体花坛骨架比较简陋，花坛造型比较简单。20 世纪 70—80 年代，改革开放后社会经济逐步发展，城市绿化美化的内在要求突显，五色草立体花坛快速发展。花坛外部造型从较简单的花篮变为复杂的宝塔、亭子、熊猫、大象、龙凤等，花坛造型更为准确生动，图案纹理更加细腻。20 世纪 90 年代初期，亚运会期间北京开始大规模采用立体花坛装饰比赛场馆 [6]，起到了良好的美化效果，标志着我国五色草立体花坛工艺走向鼎盛时期。20 世纪 90 年代中期，国内外立体花坛交流日益增强，随着新优花卉品种的引入和培育，材料选择上也不仅局限于五色草，还有一、二年生草花。卡盆技术替代了传统的挂泥插草工艺，使得国内的立体花坛颜色更加丰富 [7]。20 世纪 90 年代末，昆明世园会上一、二年生新优草花品种与卡盆技术及自动浇灌技术首次在立体花坛上成功应用，极大促进了我国立体花坛造型发展，起到了引领示范作用。此后国内立体花坛开始大规模使用卡盆、低矮草花、微喷滴灌、夜景照明等新材料和新技术，使立体花坛造型优美、色彩鲜艳、便于养护、花期持续时间长、夜景效果显著。这也标志着我国立体花坛施工技术已逐步完善。进入 21 世纪，我国陆续举办了国际立体花坛大赛、北京奥运会、上海世博会、APEC 会议、中非合作论坛、北京世界园艺博览会等活动，通过立体花坛更广泛的应用，有效美化了景观环境，烘托了会议氛围，提升了城市品位和形象。北京市和上海市曾颁布立体花坛的地方标准，为立体花坛的施工提供技术指导（表 1）。可以说目前我国的立体花坛已经具备了较高的设计水平和施工水平，制作工艺日趋成熟，养护管理也日益先进。

北京、上海颁布的有关立体花坛的地方标准　　　　表 1

序号	标准名称	发布单位	时间
1	《上海主要花坛花卉产品质量等级》DB31/T 1039—2017	上海市质量技术监督局	2017 年 1 月
2	《主要花坛花卉种苗生产技术规程》DB11/T 1352—2016	北京市质量技术监督局	2016 年 8 月
3	《主要花坛花卉种苗产品等级》DB11/T 1052—2022	北京市质量技术监督局	2022 年 7 月
4	《露地花卉布置技术规程》DB11/T 726—2019	北京市园林绿化局	2019 年 7 月
5	《北京奥运花卉布置技术指南》	北京市园林绿化局	2007 年 8 月
6	《北京奥运用花标准》	北京市园林绿化局	2007 年 8 月
7	《花坛、花境技术规程》DBJ 08-66—1997	上海市园林管理局	1997 年 11 月

3　颐和园花坛历史沿革

据颐和园史料记载[8]，1938 年在东宫门广场筑圆形花坛，培植各色花卉。1952 年考虑公园美化需要，增加五色草花坛。1958 年北京市园林局提出"绿化结合生产"方针，困难时期全部花坛改为花菜合圃。1959 年邀请北京林学院宗唯诚教授设计国花台大型花坛。1960 年扩大玉兰花池，在花坛搞花菜合圃。1965 年完成草花花坛 42 个。1984 年以 50 盆大型桂花参加天安门广场花坛展摆。1998 年节日花坛摆放面积约 500m^2。1999 年展摆花坛 6 个，花坛面积达 2200m^2。2008 年颐和园以奥运花卉"吉祥祝福"为主题，全园展摆立体花坛 5 座。2009 年为庆祝中华人民共和国成立 60 周年，举办"华彩颐和"主题花卉花坛展。东宫门"太平有象"花坛在"首都庆祝中华人民共和国成立 60 周年城市花卉布置评比活动"中获一等奖。2010 年至今，颐和园每年在东宫门广场、北如意门、国花台、文昌院等重点游览区域布置立体花坛，为广大游客营造良好的景观环境（图 1）。

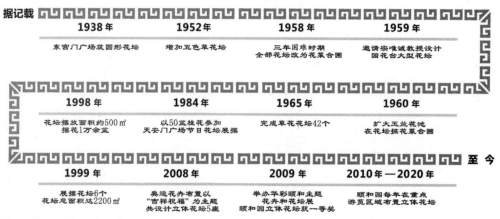

图 1　颐和园花坛历史沿革

4　中非合作论坛峰会立体花坛项目背景

4.1　峰会立体花坛主题和造景理念

　　颐和园中非合作论坛峰会立体花坛在文昌院、国花台等重要节点依据不同的主题进行设置。文昌院"古韵颐和"立体花坛方案选用世界遗产标识和颐和园 logo 作为主体造型，以框景形式展现颐和园历史文化，同时庆祝颐和园申遗 20 周年。国花台"松鹤延年"立体花坛方案选用颐和园古建彩画元素作为主体造型，与排云殿建筑群及国花台景观环境相契合，依托立体花坛形式展现中国古建彩画精髓及园林文化，热烈庆祝中非合作论坛峰会的顺利召开，向非洲人民及世界展示中国皇家园林特色和东方神韵，营造喜庆祥和的氛围。

4.2　峰会立体花坛工程概况

　　为迎接中非合作论坛峰会召开和国庆，展示皇家园林深厚的文化底蕴，大力宣扬中国传统文化，营造隆重热烈、喜庆祥和、清新靓丽、花团锦簇的氛围，颐和园布置了"古韵颐和"及"松鹤延年"主题花坛。

　　"古韵颐和"立体花坛长 8.5m、宽 4m、高 5.5m，立面造型选用四季海棠紫叶红、红草、小菊、金叶佛甲草等，平面花材选用盆菊、四季海棠、蓝花鼠尾草、天竺葵、非洲凤仙、桂花树、叶子花、苏铁等精品花卉。立面面积约 21m²，平面面积约 35m²。"松鹤延年"立体花坛长 15.5m、宽 7m、高 4.5m，立面造型选用四季海棠绿叶红、绿叶粉、红草、金叶佛甲草等，平面花材选用矮牵牛、蓝花鼠尾草、硫华菊、美人蕉、丰花百日草等精品花卉。立面面积约 48m²，平面面积约 119m²。花坛工期约为 1 个月，总计用花约 9.5 万盆（图 2、图 3）。

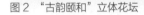

图2 "古韵颐和"立体花坛　　　　　　　　　　　图3 "松鹤延年"立体花坛

5　中非合作论坛峰会立体花坛施工及养护

5.1　施工前期准备工作

5.1.1　现场踏勘

立体花坛的施工是表达设计意图、突出主题、造型具化的有效实施过程。施工前颐和园组织相关人员对文昌院、国花台等区域进行现场踏勘，了解立体花坛摆放位置及周围环境，明确现场浇灌水源、施工电源、吊装设施及交通运输路线等情况。对施工场地进行平整和清理，依照施工组织设计进行实施准备。

5.1.2　花材准备

颐和园立体花坛花材选择一些植株细密低矮、花朵密集、连续开花、抗逆性强、适合北京生长的植物。施工过程中充分考虑植物习性，将习性相近的植物集中布置。按照施工图设计的规格、数量、花色、株形等进行花材准备，同时考虑运输、施工过程中的损耗，花材施工用量按照设计用量的1.1倍进行准备，依照植物种类和花色分筐码放，以方便运输和施工。

5.2　施工中期重点工作

5.2.1　骨架制作与安装

文昌院和国花台是人流密集地区，立体花坛的制作安装要确保安全稳固，严格按照施工图加工花坛骨架。结构要坚固稳定，考虑荷载、风载、整体抗倾覆性、整体抗滑移性，确定好结构固定方式或配重方案。结构外形尺寸要考虑植物材料的生长空间、灌溉系统、运输及安装需要[9]。"松鹤延年"立体花坛为了与颐和园排云殿宏伟的建筑、开阔的草坪、合理的观察视距、厚重的皇家园林文化相适应，所设计的造型体量较大，骨架尺寸较高，以突出恢宏、庄重、喜庆、祥和、磅礴的气势。由于颐和园有着极其严格

图4 立体花坛骨架夜间吊装   图5 立体花坛骨架拼装

的文保要求和防火要求，立体花坛的骨架制作不宜在现场使用明火焊接，给立体花坛的施工和运输带来一定挑战。为解决这一难题，预先在园外的施工基地制作好立体花坛骨架，并分成若干部分按顺序编号后运至现场拼装。从而保证了工期，提高了花坛制作、运输和施工的安全性，有效降低了明火的使用，减少了火灾隐患。为避开白天的密集人流，颐和园选择在夜间进行拼装，减少施工对游客的干扰（图4、图5）。

5.2.2 灌溉系统的安装

灌溉设施安装是立体花坛中较为重要的隐蔽工程。安装完花坛骨架结构后，需要根据施工图纸铺设灌溉设施，处理好喷灌与骨架结构、栽培基质、栽植植物之间的关系。立体花坛的植物材料不宜受到强水流冲击，故常采用滴灌、微喷技术。"古韵颐和"及"松鹤延年"立体花坛铺设灌溉管线时，通过合理排布管线、调整喷头分布、调节喷射方向、调控水压等手段，力求灌水均匀，避免灌溉死角，从而保证植物供水良好，改善花卉生长状况，延长花坛观赏期。中非合作论坛峰会立体花坛实现了灌水的自动化、科学化、精细化，减少了人工养护成本，浇水养护省时省力，便于后期管理，更能够精准给水，节约灌溉用水。

5.2.3 植物固定工艺

立体花坛按照植物固定工艺可分为安装式立体花坛和栽植式立体花坛两种形式[4]。

安装式立体花坛将花卉通过卡盆等特定容器固定在造型结构上。卡盆工艺中使用的填充材料要具有易于吸水、透水和轻质等特点，常用无土基质栽培。骨架的表层钢筋环，需要配合卡盆装置，在灌溉设施布线完成后，将成套卡盆固定在卡环上，并插入相应的灌水器。

栽植式立体花坛将花卉直接栽植到基质上，一般采用穴盘苗植株，因为穴盘苗植株较小，品种颜色丰富，易于制作细腻的景观造型，而且栽培基质多，利于植物生长，有助于延长展示时间（图6、图7）。"松鹤延年"立体花坛造型复杂，展示时间长，需要

图6　"古韵颐和"花坛立面栽植　　　图7　"松鹤延年"花坛立面栽植

突出逼真的细节，故采用栽植式立体花坛建造工艺。骨架外形是立体花坛的关键。骨架钢筋分为内外两层，外层固定网布，包裹基质；内层固定支撑钢板。填充在骨架内部的栽植基质，不仅要疏松、透气，还要有一定的可塑性，通常用草炭、腐殖土、蛭石、松针、珍珠岩、复合肥及微量元素按照一定比例进行拌合，填充基质干湿度以握在手里成团、掉到地上散开为宜。按照花坛造型，边固定、边填充、边捣实基质，包裹网布必须紧绷，对于垂直高度超过1m的种植层，每隔50~60cm设置一条水平隔断，防止浇水后内部栽培基质下陷。填充基质后，确保网布不变形，并按照栽植植物的颜色，对网布进行喷涂。在栽植立体花坛的植物材料时，依据施工图纸要求的纹理、品种及颜色，按照从上到下、从里到外的顺序进行，先栽植图案纹样的边界线，轮廓清晰后栽植图案内的植物。栽植过程中需要用打孔器进行打孔，将植物栽入孔穴中按实，保证植物和栽植表面成45°~60°锐角，小苗斜向上生长，根系自然向下，使植物根系深植基质内，保证植物良好着光，防止浇水时被冲掉。栽植平面花材时，距离花坛主体设置一定的缓冲隔离区，以减少游客踩踏、攀折花卉。

5.3　后期养护管理工作

5.3.1　安全检查

由于文昌院及国花台人流密集，立体花坛竣工后设置了安全围挡线。颐和园安排专人对花坛进行管理和维护，定期检查主体结构的安全性，特别是在大风、暴雨、强雷电等极端天气发生后，检查花坛的基础稳定性、支撑牢固性、整体结构是否变形等，以便及时发现问题，及时处理，消除隐患，做到防患未然。

5.3.2　水肥管理

灌溉是立体花坛花材保持良好长势的基础。栽植完成后的首次浇水，要浇匀、浇透。为了保证立体花坛栽培基质水分充足，每天根据温度、湿度确定水分供给，每 1~2 日滴灌一次。颐和园选择在上午 8 点或下午 4 点喷水 1 次，此时游客相对较少，而且浇水时间能够避开高温时段。"古韵颐和"及"松鹤延年"立体花坛采用滴灌、微喷形式，可以节省大量人力成本，有效控制喷水量，提高用水效率，节约水资源，使灌水均匀，利于植物生长。

立体花坛摆放中后期视植株生长状况进行施肥，一般 1~2 周追肥 1 次[10]，通常有叶面追肥和结合喷灌施加液肥的方法。颐和园立体花坛采用了后一种方法，能够有效保证栽植基质中充足的养分，增强花卉抗病能力，促进立体花坛的良好长势，延长观赏期。

5.3.3　病虫害防治

颐和园采取预防为主、综合防治的方针，做好病虫害监测。由于"古韵颐和"及"松鹤延年"立体花坛植物材料栽植密度大，遇到高温多雨天气，易发生腐烂及叶斑病害，需喷施保护剂进行预防。巡护时发现的杂草、落叶和残花等需及时清理。在环保前提下，根据病虫害发生情况，及时施用环保型低毒农药。

5.3.4　修剪与补植

定期修剪可使立体花坛植物美观整齐，颐和园根据花坛植物材料生长速度进行修剪。一般栽植后半个月左右修剪 1 次，植物生长旺盛时，每 10 天修剪 1 次[11]。按照"古韵颐和"及"松鹤延年"图案纹样修剪，保持主体凹凸有致、线条平直，提升立体花坛观赏效果[12]。修剪次数与强度以保证立体造型效果为准。立体花坛中出现死草、病草、蔫草等情况，要及时去除残株并更换。新补植的花卉品种、规格、颜色要与周边植物相同，以保证立体花坛景观的协调和美观。

5.3.5　回收与利用

颐和园立体花坛展期结束后，对花坛按照后装的先拆、先装的后拆进行拆除施工，并注意安全。灌溉系统等能够提前拆除的应提前拆除，花材、骨架及其他材料回收宜进行分类处理。整体结构外形在拆除中尽量维持原状，以便于节约资源、重复利用[13]。"松鹤延年"花坛在后续使用上进行了重新装饰和重复利用，体现出绿色环保、可持续发展理念。

6　取得的经验与今后应用思考

6.1　中非合作论坛峰会立体花坛取得的经验

由于颐和园游客众多，花坛具体细节刻画要求高，花期展摆时间长，加之花坛体量较大，不便于运输和安装，颐和园作为世界文化遗产，施工现场又有消防、安全等要求，施工起来有一定难度。立体花坛施工要严格按照相关规范进行，充分考虑游客安全、防火安全、工程安全、文保要求等因素，确保施工过程中万无一失。

第一，颐和园明确了"古韵颐和"及"松鹤延年"的主题和造型。花材准备上考虑植物习性，选择适合北京生长的植物。具备提前栽植养护条件的，根据目标花期选用未开花或初花期植物材料。需要现场栽植立即成景的，选择盛花期植物材料。由于存在各种因素的损耗，应适当备出富余花材，保证施工用量。

第二，"古韵颐和"及"松鹤延年"花坛体量较大，结构较复杂，施工前先在园外基地制作好骨架，按顺序编号运输至现场拼装，从而降低明火使用，减少火灾隐患，提高花坛制作、运输和施工的安全性和便捷性。选择在夜间进行吊装，减少对游客干扰。

第三，"古韵颐和"及"松鹤延年"立体花坛采用滴灌、微喷技术。通过合理排布管线、调整喷头分布、调节喷射方向、调控水压等手段，使灌水均匀，保证植物的良好供水，节约人工养护成本和用水量。

第四，由于"古韵颐和"及"松鹤延年"立体花坛要求细节逼真，色彩丰富，造型复杂，展摆时间较长，故采用了栽植式立体花坛建造工艺。该工艺栽培基质多，利于植物生长，保水性好，有助于延长展示时间，易于制作细腻、逼真的花坛景观。

第五，施工后做好立体花坛养护管理工作，每天根据温度、湿度确定水分供给，每1~2日滴灌1次。颐和园做好游客提示，选择在上午8点或下午4点各喷水1次，浇水时间能够避开高温时段和客流高峰。立体花坛采用结合喷灌施加液肥的方法，增强花卉抗病能力、预防病虫害发生，有助于延长花期。此外还对立体花坛定期进行修剪，更换枯死的花草，保证花坛观赏效果。

6.2　立体花坛应用思考

6.2.1　多感观型花坛

"古韵颐和"及"松鹤延年"立体花坛只考虑了白天的景观效果。今后颐和园制作立体花坛时，可以把水景、灯光、音乐、广播、雾喷等技术融入其中，不仅可以聆听音乐，在白天欣赏美丽的植物造型，还可在晚上观赏灯光的美妙夜景。结合颐和园皇家园林特色，在空间布局上添加互动元素，充分考虑立体花坛的视觉、听觉、嗅觉等多维度景观感受，使立体花坛更加丰富多彩，形成游客与花坛的良性互动。

6.2.2 智慧型花坛

颐和园"十三五"规划中明确提出，向智慧型公园转变。未来立体花坛营造时，可结合人工智能、物联网、5G 网络等相关技术，利用物联网，将花坛、摄像头、传感器、中控、网络连接在一起。通过摄像头及时了解花坛的病虫害情况，利用无线传感器实时收集花坛的温度、湿度、光照、花卉生长等指标传输到管理平台，管理系统根据动态监测结果，分析生长需要的土壤水分、养分、pH 值及 $PM_{2.5}$ 空气指数等环境信息。该种方式将有效推进立体花坛的数字化、网络化、信息化和现代化进程，使立体花坛后续养护更加智能（图 8）。

6.2.3 节约型花坛

由于立体花坛造价成本较高，可以采用 BIM 等[14] 软件做好相关造价控制，节约成本。花坛展期结束后考虑好回收利用、循环利用问题，做到立体花坛物尽其用、可持续发展。采用太阳能发电装置为立体花坛夜景照明提供电力，节约能源。在说明牌示方面，利用植物材料在花坛上形成二维码植物牌示。通过扫描二维码的方式，介绍花坛设计理念、主题思想、花材品种等信息，以减少纸张、塑料和金属牌示的使用（图 9）。

6.2.4 创新型花坛

目前新优品种花卉、栽植基质轻化材料、种植挂毯、痕量灌溉[15]、花期调控、3D 打印、防尘固碳等一系列新材料和新技术日趋成熟。其应用特征符合立体花坛的要求，可以提升立体花坛品质。立体花坛应通过不断的技术创新，吸取更多的优秀施工经验，进一步优化建造工艺，增加立体花坛的先进性、科技性和创新性。

6.2.5 服务型花坛

颐和园立体花坛景观营造时，可考虑为游客提供最佳摄影地点、合影地点，增设双

图 8　物联网探测器实时收集各项指标

图 9　二维码植物牌示意图

语说明牌方便外国朋友了解花坛的主题和内涵，做好导游讲解等服务。努力弘扬皇家园林文化，创新服务理念，有力保障重要接待任务和市民游览服务。既用立体花坛营造优美的实体景观环境，又以良好的服务提升公园"软环境"，使颐和园的立体花坛做到服务于接待任务、服务于游客、服务于节日庆典需要。

7　结语

颐和园作为中国久负盛名的古典皇家园林，有着浓厚的历史景观和园林文化。在重要活动期间进行立体花坛造景时，需要契合颐和园皇家园林特质，表达鲜明的政治主题，突出宏伟磅礴的气势，展现庄重有序、喜庆祥和的城市风貌，起到良好的装饰效果，烘托隆重热烈的节日氛围，大力宣扬传统文化，努力营造清新靓丽、花团锦簇的园林景观。

中非合作论坛峰会接待任务是对颐和园立体花坛布置的重大考验，"古韵颐和"及"松鹤延年"立体花坛造景和施工养护是一次有力探索及实践。颐和园人流密集，花坛展摆时间长，主体细节刻画要求高，花坛体量较大，不便于运输和安装，施工现场又有消防、安全等文保要求，施工时具有一定难度。中非合作论坛峰会立体花坛的成功布置，使颐和园积累了一些宝贵的施工及养护经验，采取的各项营造措施，突破了施工重点，打破了养护技术难点，有效解决了相关问题，同时也明确了今后的努力方向，具有一定的实用价值和指导意义。

总之，立体花坛的景观营造要善于借鉴传统的制作手法，运用更加先进的施工工艺和养护技术，逐步向智慧型、节约型、创新型、服务型、多感观型花坛转变。使立体花坛为颐和园这座厚重的园林增添新的活力，成为北京地区一道亮丽的风景，更为日后皇家园林立体花坛的景观营造提供先进、实用的优秀案例。

参考文献

[1]　赵玮. 立体花坛研究 [D]. 南京：南京林业大学，2008.

[2]　王迎新，付彦荣. 立体花坛的制作与欣赏 [J]. 现代园林，2017（5）：80-81.

[3]　林雪苹. 浅谈立体花坛造景中植物的应用 [J]. 福建热作科技，2007，32（3）：36-39.

[4]　北京市市场监督管理局. 露地花卉布置技术规程：DB11/T 726—2019[S]. 2019.

[5]　张莉. 北京地区立体花坛的应用研究 [D]. 北京：中国林业科学研究院，2014.

[6]　赵一恒. 北京志市政卷园林绿化 [M]. 北京：北京出版社，2000.

[7]　蓝海浪. 立体花坛的研究与应用 [D]. 北京：北京林业大学，2009.

[8]　颐和园管理处. 颐和园志 [M]. 北京：中国林业出版社，2006.

[9] 张荫，李彬彬 . 浅谈立体花坛在城市绿化中的应用 [J]. 江苏林业科技，2013（10）: 35-39.

[10] 黄祯毅 . 立体花坛栽植技术新探索 [J]. 海峡科学，2011（8）: 47-48.

[11] 赖娜娜 . 公园节日花卉环境布置技术——北京中山公园迎国庆 60 周年花卉环境布置 [J]. 中国公园，2010（2）: 12-17.

[12] 朱秀珍 . 花坛艺术 [M]. 沈阳：辽宁科学技术出版社，2002.

[13] 范莹 . 节能型技术风景园林施工中的应用 [J]. 居舍，2017（36）: 88.

[14] 徐梦新 . BIM 技术在风景园林工程项目中的应用研究 [D]. 杨凌：西北农林科技大，2018.

[15] 司丽芳 . 北京立体花坛的建造工艺解析 [J]. 中国园艺文摘，2018（3）: 91-94.

作者简介

刘聪，北京市颐和园管理处。

闫宝兴，北京市颐和园管理处。

韩凌，北京市玉渊潭公园管理处副园长。

胡振园，北京市颐和园管理处。

颐和园内碧桃的生物学特性及整形修剪技术

○ 田娟娟　李　洁

摘　要：碧桃作为重要的观赏树种，在园林景观中发挥着不可替代的作用。整形修剪是碧桃养护管理的重中之重。在颐和园这座博物馆似的皇家园林中，926株碧桃向世人展示着灼灼其华的季相更迭之美。本文在对园内碧桃进行现状调查的基础之上，分析了其在颐和园的生物学特性，从原则、作用、方式方法等方面阐述了整形修剪技术，以期为最终制定出一套适用于颐和园的碧桃整形修剪方案提供参考。

关键词：碧桃；颐和园；生物学特性；整形修剪

引言

桃花（*Prunus persica*），系蔷薇科李属桃亚属落叶小乔木[1]，原产于我国，主要分布在华北、华中、西南等地区，在中国已有3000多年的栽培历史[2]。人们习惯将属于观赏桃的复瓣及重瓣品种统称为碧桃[2]，本文所述碧桃也基于此，并包含单瓣品种，但不包括山桃、山碧桃及其杂交品种。古有"重门深锁无寻处，疑有碧桃千树花""碧桃天上栽和露，不是凡花数"等名词佳句，灼灼其华的碧桃更是屡现宋代名画。在现代，碧桃以其清丽秀雅的树姿、烂漫醉人的花色，展示着"春花、夏叶、秋实、冬枝"的四季更迭之美，常被独植、丛植、散点植于城市园林之中，起到点缀、造景、烘托等作用[3]。在颐和园，自清漪园建园，西堤就以"桃红柳绿"而著称，是中国古典园林桃柳间植的配植典范，至今仍是市民春季赏花的不二选择。在这贯穿春夏的美景之中，碧桃在延续花期上贡献卓著，所以，颐和园持续对碧桃进行精品化养护，传承并发展着整形修剪技术。本文旨在明确园内现有碧桃特征特性，总结修剪技术，为最终制定出一套适用于颐和园的碧桃整形修剪方案提供参考。

1　颐和园内碧桃的生物学特性

喜光性强、耐旱，但栽植于颐和园西堤南段的碧桃由于过于干旱多长势不好。

喜肥沃而排水良好土壤，不耐水湿，如水泡 3~5 天，轻则落叶，重则死亡。碱性土及黏重土均不适合 [2]。近年颐和园内碧桃偶有死亡，刨其根部，几乎都有被浸泡或周边土壤排水不利迹象。

喜夏季高温，有一定耐寒力，除酷寒地区外均可栽培。在北京可露地越冬，但仍以背风向阳之处为宜。开花时节怕晚霜，忌大风 [2]。

根系较浅，根系生长模式为横向水平生长，根的水平分布大于垂直分布，根系的扩展度可大于树冠枝展度的 0.5~1 倍，而深度只及树高的 1/5~1/3，其吸收根分布深度一般在土层 40 cm 以内，以 10~30cm 为最多 [1]。

寿命较短，一般只有 30~50 年，约自 15~20 龄起即逐渐衰老 [2]。进入花果期的年龄很早，一般定植后 1~3 年即开花结果，4~8 年达花果盛期。

在生长季，枝条可生长 2 次。在每年的 4 月末至 5 月初会进入枝梢的生长期，而到了 6 月末至 8 月中旬，会进入枝梢的生长低谷期，进入 8 月末至 9 月中旬，其秋梢会开始生长 [4]。园内养护管理中利用了这种多次生长的特性，加速培养树冠与增加分枝级次，以扩大叶面积，促使其早开花。颐和园内，除部分品种外，小枝初发为绿色，入夏后向阳面转变为红色。

开花平均需要 10.3℃，最适宜平均温度为 12~14℃。同一品种的开花延续期为 6~12 天，也有的长达 15~17 天。花期与温度和湿度密切相关，温度低、湿度大则花期迟，持续时间长；如遇高温、风多、干燥则花期早，持续时间短 [1]。由于变种、变型及品种不同，颐和园内碧桃的花期从 3 月底一直延续到 5 月初，从仲春直至初夏，"五一"前夕是最佳观赏期。花芽分化一般在夏末，即 7—8 月间。

2 颐和园碧桃总体情况

颐和园自 1750 年清漪园建园之初就已"满山松柏成林，林下缀以繁花，堤岸间种桃柳，湖中一片荷香"。在御制诗中，赞美西堤桃红柳绿的诗句不绝于耳 [5]。从《奏销档·92 卷》（1786 年）记录万寿山的树种及《圆明园万寿山匠作则例》（1784 年）中对万寿山花果木的记载中可以查阅到白碧桃、红碧桃 [6]。昆明湖 3500 年沉积中孢粉测定出的历史植物有白碧桃、洒金碧桃、复瓣碧桃 [7]。由此可见，碧桃在园内栽植历史悠久。更难能可贵的是，清高宗 256 年前"已看绿柳风前舞，恰喜红桃雨后开"的"柳丝桃朵" [5] 今人仍能欣赏到。在这贯穿春夏、长达两个月的美景之中，现代园艺工作者利用碧桃延续花期、调配花色，以增加观赏性。

颐和园内现有碧桃 926 株。根据陈有民《园林树木学》中所述，园内碧桃主要有如下变型：

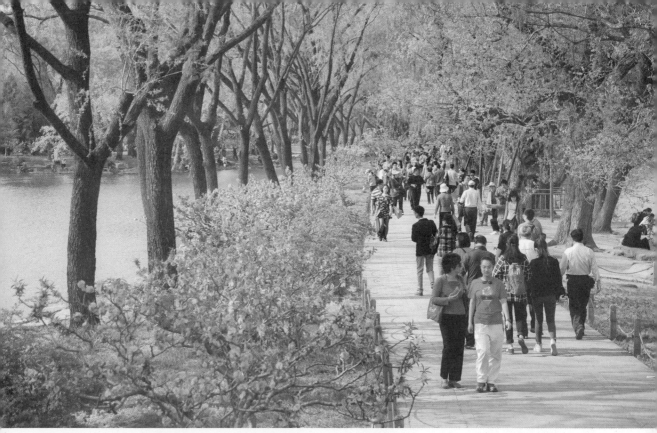

图 1　碧桃有效延续了桃红柳绿的观赏期

①白碧桃（f. *albo - plena*）花白色，复瓣或重瓣。

②碧桃（f. *duplex*）花淡红，重瓣。园内碧桃以此最多。

③绛桃（f. *camelliaeflora*）花深红色，复瓣。

④红碧桃（f. *rubro - plena*）花红色，复瓣，萼片常为 10。

⑤复瓣碧桃（f. *dianthiflora*）花淡红色，复瓣。

⑥绯桃（f. *magnifica*）花鲜红色，重瓣。

⑦洒金碧桃（f. *versicolor*）花复瓣或近重瓣，白色或粉红色，同一株上花有二色，或同朵花上有二色，乃至同一花瓣上有粉、白二色。

⑧紫叶桃（f. *atropurpurea*）从发叶至 6 月初全株叶片紫红色，后逐渐转变为新叶紫红色，老叶绿色；花为单瓣或重瓣，淡红色。

颐和园碧桃物候期一览表[7]　　　　　　　　　　　　　　　　　表 1

萌动期		展叶期	开花期				叶秋季变色期	落叶期
芽开始膨大期	芽开放期	开始展叶期	花蕾出现期	开花始期	开花盛期	开花末期	叶开始变色期	开始落叶期
3月23日	3月26日	4月16日	3月28日	4月4日	4月11日	4月16日	10月10日	10月22日

3　整形修剪技术

3.1　碧桃整形修剪的原则

（1）满足景观配置要求：因景制宜，最大限度满足整体及局部景观配置要求。不同的整形方式将形成不同的景观效果，不同的园林用途各有其特殊的整形修剪要求。

（2）满足生长习性需求：因树制宜，根据树龄、树势、生物学特性、花芽着生位置、花芽形成时间等方面的不同，一树一策，制定不同的修剪方案。

（3）适应环境条件特点：因地制宜，碧桃的生长发育与环境条件间具有密切关系。因此即使具有相同的目的要求，但由于生态条件和配置环境不同，在进行具体整形修剪时也会有所不同。

（4）因枝修剪，随树作形：做到"有形不死，无形不乱"，随树作形、随势修剪。有什么式样的树木，就整成相应式样的形；有什么姿态的枝条，就进行相应的修剪。

（5）主从分明，平衡树势：所谓树势平衡就是骨干枝分布要合理，主枝与侧枝的主从关系要分明，不能强弱不均，应通过修剪给人以健康、均衡、整齐的美。修剪时为了使植株长势均衡，应抑强扶弱，一般来说，树势强主枝强剪，弱主枝弱剪；树势强侧枝弱剪，弱侧枝强剪。

3.2　碧桃整形修剪的作用

（1）调整树木结构，促进健康生长：整形修剪可以实现整体与局部的双重作用，即"整体抑制、局部促进"和"整体促进、局部抑制"；可使树木自身的营养供应得到充分利用，避免无效竞争，调节根冠比；通过控制枝条的密度和高度，还可以平衡树势，增加通透性，从而提高树体抗逆能力，减少病虫害的发生；适度修剪弱枝、老枝，还可刺激枝干内的隐芽萌发，诱发形成健壮的新枝，达到恢复树势、更新复壮的目的。

（2）协调周边环境，增强艺术美感：经过整形修剪的碧桃不仅可以创新艺术造型，增强视觉效果，还可与周围山形地貌、植物群落和园林建筑协同造景，使诸多景观元素浑然天成、和谐一致又独具特色，突显出园林艺术的美感，满足人们不同的审美要求。

（3）避免安全隐患，保证游客游览：园林绿化工作必须时时处处为游客的安全游览着想，尽力消除每个具体环节中的安全隐患。碧桃作为落叶小乔木，应及时排查枝干中空、糟朽现象，及时整形修剪，随时处理问题枝干，避免或减轻折枝倒树对游客人身财产、环境景观以及公园管理造成的损害。

4　碧桃整形修剪技术在颐和园的应用

碧桃的枝条按其功能可分为生长枝和开花枝。生长枝中按其生长势不同，又可分为发育枝、徒长枝和叶丛枝。发育枝生长强旺，有大量副梢，虽能形成少量的花芽开花，但其主要功能是形成树冠的骨架；徒长枝生长很旺、节间长、叶片大、生长不实；叶丛枝极短，长度约1cm，不能开花，当营养、光照条件好转时，也可发生壮枝，用作更新[1]。花枝可分为长花枝、中花枝、短花枝以及花束状枝4种[2]。不同品种主要开花枝类型不同，一般成枝力强的品种，多以长花枝开花为主；成枝力相对较弱的品种则以短花枝开花为主。树龄不同主要开花枝类型亦不同。初开花树以长花枝开花占多数，而老树及弱树则以短花枝和花束状枝开花为主[1]。

整形修剪对碧桃树冠内枝条的组成、枝条的着花量、花期都有影响，通过抑上缓下、疏外缓内、缩前截后的综合修剪方法，能够改变树冠枝类比例，明显减少旺花枝的量，增加有效花枝的量，使花期延长；通过疏除上部旺枝和密集大枝，回缩外围枝可以调整树冠的结构，使碧桃光秃带减少，观赏价值提高。

4.1　碧桃整形修剪的时期

休眠季修剪：应在严寒以后，气温回升，春季树液流动前为宜，此时伤口最易形成愈伤组织。休眠季修剪主要是培养骨架和花枝组，使枝条充实，同时要剪除扰乱树形、影响美观的枝条，使树木健康而整洁地生长。由于碧桃的芽异质性明显，一般基部芽的质量差，中上部芽的质量好又饱满，故冬剪时应注意选择性留芽。

生长季修剪：主要是花后复剪，剪除直立旺长的营养枝和内膛郁闭的枝和小枝组，可减少无效生长，节省养分，创造良好的通风透光条件，利于枝条充实和花芽分化。夏季可继续疏除徒长性营养枝，以促进形成饱满的花芽和通风透光，并可减轻冬季修剪量。

4.2　碧桃整形修剪的程序

一知：知道修剪的技术要点及操作规程、特殊要求等。

二看：修剪前先绕树观察，对修剪方法做到心中有数。

三剪：根据"因景制宜、因树制宜、因地制宜、因枝修剪、主从分明"的原则，做到合理修剪。

四拿：修剪下来的枝条，及时拿掉，集体运走，保证环境整洁。

五处理：修剪下来的枝条要及时处理，防止病虫害蔓延。

六保护：对剪口及时涂抹伤口涂抹剂，促进愈合，保护枝干。

4.3　碧桃整形的方式

在颐和园，碧桃的整形以观其形、赏其花、品其韵为宗旨，方式如下。

4.3.1　自然开心式

树冠圆满，呈圆头形。定干高 40~100cm，主枝 3~5 个，在主干上呈放射状斜生，主枝之间的夹角控制在30°~45°。冬季修剪时，对各主枝的延长枝进行短截，剪口留壮芽。视树势强弱决定主枝短截长度，壮树的主枝可剪去 1/3~2/5，弱树的主枝剪去

1/2~2/3。主枝延伸过长时，要及时更换枝头。同级侧枝在同方向选留，各主枝和各级
侧枝的从属关系明确：主枝头高于其他枝，各主枝的生长势基本均衡；侧枝的长度和粗
度均不能超过所属主枝；各侧枝占据有效空间，促使树冠尽快成形和立体着花；侧枝延
伸过长时也要短截、回缩，选取方向合适的芽，使新抽生的侧枝与原来的枝成"之"字
形发展（图2、图3）。这种树形的优点为：树体饱满，充分利用有效空间；枝条开张，

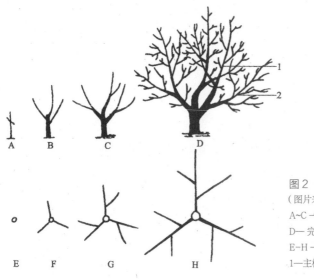

图2　自然开心式示意图
（图片来源：张秀英，2012年）
A~C—第一年至第三年整形；
D—完成基本整形侧面图；
E-H—俯视图；
1—主枝；2—侧枝

图3　西堤桃柳间植碧桃自然开心式整形方式

光照好；主侧枝从属分明；花开得多，并呈现立体化。对于丛植的碧桃，修剪时应将其作为一个统一的群体，注意树冠线既要统一又要富于变化。

4.3.2　桩景式

幼树期，在培养主干的同时，适当地选留主枝和侧枝；亦可以将主干的分支点降至最低，着重培养主枝，在其上重点对侧枝进行整形，通过连年的重短截显示出苍古奇特之感。主枝和侧枝总的培养原则是树冠要饱满，要富有艺术韵味，树姿和体量要与栽植地环境条件相协调，树冠不可过大，生长要健壮，以给人一种生机蓬勃的艺术形象（图4、图5）。

4.3.3　悬崖式

此形见于山坡上。在主干上选两个相反方向生长的主枝。朝向低处的主枝，其基角要尽量留得大，具体的角度随地势而定，并在饱满芽处短截以促长势。在其主枝的背侧近基部的位置培养大的枝组，在主枝中上部的背上培养造型优美的中小型枝组。对于另外一个主枝，基角要尽量小并采取重截，将其培养成一个大枝组，以便形成向低处倾斜的树形（图6、图7）。

4.3.4　近自然式生长

根据生长习性及具体树势，在耕织图景区选择了两株健壮的绯桃，试验性地采取近

图4　耕织图桩景式碧桃

图 5　畅观堂桩景式碧桃

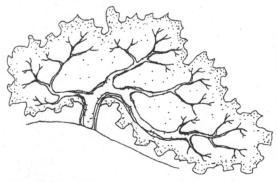

图 6　悬崖式示意图
（图片来源：张秀英，2012 年）

图 7　山坡上的碧桃悬崖式整形

自然式生长模式。幼树期对其进行整形，确定 3~5 个主枝及一级侧枝之后，除疏除病
枯枝、伤残枝之外，不再进行短截、回缩等其他形式的整形修剪。经过 17 年实践证明，
此种方式适用于树势强壮的碧桃，可以大大提高成花量，虽然花径减小，但满树繁花亦
能够收获甚佳的景观效果（图 8）。

4.4　碧桃修剪的方法

4.4.1　确定骨干枝

根据各主枝和各级侧枝的从属关系，找到各主枝的枝头，根据各主枝的生长势进行
均衡，以短截为主，通过抑强扶弱的方法使枝势互相平衡。要注意枝组更新，防止衰
老。短截，一般是剪掉枝条前端的 1/3~3/4，目的是阻止枝条伸长，同时促进剪口下的

图 8　近自然式生长碧桃景观效果

腋芽萌发，保证长出更多侧枝，使树冠的外围延伸扩大，增加开花部位，使树冠分布均匀，株形变得丰满圆浑，亦有利于增加着花点，保证植株多开花。

4.4.2　去除无用枝

以疏剪为主，疏除交叉枝、重叠枝、病枯枝、伤残枝、细弱枝及不必要的徒长枝。目的是改善植株通风透光条件，减少病虫害发生，有利于植物健康茁壮地成长，还能调整树形，使它们层次分明、整齐美观。疏剪不像短截那样还要留下残桩，疏剪应靠基部修剪，不留残桩。

4.4.3　修剪花枝

如果在修剪时只注意骨干枝的安排，不注意开花枝组的培养，很快会出现开花部位上移、内膛枝枯死、开花平面化的现象。开花枝组按其分枝级次可分为大、中、小型。大枝组一般在 4 级分枝以上，配备在树冠的中下部及主枝的背侧和斜侧。长花枝多留，发育中等的长枝开花最好，应保留 8~12 个花芽短截，中花枝留 5~6 个芽，短花枝留 3~4 个芽，剪口芽留叶芽，花束状枝不短截。

4.4.4　不同时期修剪的方法不同

休眠季首先要确定树体的主枝，确定要保留的主枝以及下属侧枝，通过短截的方式，控制主枝长度，优先去除长势较弱或生长扭曲的枝杈，保留相应的侧枝替代主枝，合理安排空间；生长季在新梢生长初期，通过摘心促进副梢生长，以利于形成数量更多、更加饱满的花芽，可通过"留一去一"的掰芽模式，去除多余芽，使骨干枝保留养分，达到保持树势平衡的效果。

综上所述，在对园内碧桃进行现状调查的基础之上，应进行更为细致的种质资源调查，以便通过比对挑选出适合颐和园环境和景观的优良品种，在日后条件成熟时依据品种特性调整配植。通过整形修剪与摘残花、水肥管理、病虫害防治等措施相结合，颐和园已基本形成了较为成熟的碧桃精品化养护方案，希望通过此文的总结，能够为最终制定出一套适用于颐和园的碧桃整形修剪技术提供参考。

参考文献

[1] 张秀英 . 园林树木栽培养护学 [M]. 北京：高等教育出版社，2012.

[2] 陈有民 . 园林树木学 [M]. 北京：中国林业出版社，2011.

[3] 曾进，甘春雁，张磊，等 . 碧桃施肥试验研究 [J]. 黑龙江农业科学，2015（11）：44-47.

[4] 郝彦君 . 试论碧桃的整形修剪 [J]. 建筑工程技术与设计，2020（16）：4291，4308.

[5] 北京市颐和园管理处 . 清代皇帝咏万寿山清漪园风景诗 [M]. 北京：中国旅游出版社，2010.

[6] 翟小菊，张龙 . 颐和园保护规划中的植物历史景观研究 [C]//2008 北京奥运园林绿化的理论与实践研讨会（首都城市园林绿化建设与展望研讨会）论文集，2008.

[7] 北京市地方志编纂委员会 . 北京志 · 世界文化遗产卷 · 颐和园志 [M]. 北京：北京出版社，2004.

作者简介

田娟娟，北京市颐和园管理处。
李洁，北京市颐和园管理处。

宫廷插花在北京冬奥会花卉环境布置中的应用研究

○张　莹　王　爽　佟　岩　张　淼　曲溪雲

摘　要：宫廷插花具有庄严隆盛、造型丰满、色彩富丽、寓意吉祥的风格与特征，是一门自上而下、影响力不断扩大的艺术形式，反映了不同历史背景下的宫廷园艺生活和精神追求。宫廷插花与皇家园林的发展一脉相承。北京作为都城最早可以追溯到西周的诸侯国燕国，后来又作为辽、金、元、明、清朝的国都，成为中国拥有帝王宫殿、园林、庙坛和陵墓数量最多的城市。宫廷绘画作为当时宫廷插花的作品写真流传至今，为我们研究中国插花发展脉络提供了宝贵的历史资料。宫廷插花常用于官方活动的环境设计中，重在突出盛世瑞景。它代表着端庄典雅的文明古国风格，折射出中国繁盛富强的气息，为当代国事活动花卉环境布置提供了重要的指导意义。

关键词：宫廷插花；花卉环境布置；北京；冬奥会

1　宫廷插花的历史渊源

中国宫廷插花艺术起源于黄河和长江流域一带，分布于政治中心城市，现在的集中研究、保护、发展中心在北京。据现有资料考证，宫廷插花萌芽于商周时期，它伴随着皇家园林和礼仪制度的建立而产生，距今已有3000多年历史[1]。它经过了汉代的初始期、南北朝的发展阶段、隋唐的兴盛期、宋代的极盛期、元明清的成熟期、清末民国的停滞期以及新中国复兴期发展至今[2]。

宫廷插花，可追溯至周代。屈原《九歌》中描写的祭祀场面，盛大的花饰，已透露出楚国宫廷中插花之盛。汉代流传于皇宫中，呈现富丽堂皇、光彩夺目的艺术风格，不同于文人、民间等插花的审美情趣。宫廷插花兴盛于隋唐时代，这一时期是我国插花艺术发展史上的兴旺时期，插花开始在宫廷和民间盛行，这时中国的插花艺术开始有了系统的技术手法和规定，此后历朝历代逐渐臻于完善。隋代设六局二十四司，专司包括花事在内的宫廷事务，这一设置一直延续到明代。宫廷中举行牡丹插花盛会，有严格的程序和豪华的排场，如唐代著名花艺家罗虬的《花九锡》，表明了宫廷插花的理想与认真

图 1　颐和园藏清代宫廷插花古画

态度[1]。隋唐时代，文化艺术及宗教交流频繁，中国插花还传播到日本，对日本花道的形成和发展起着极其重要的作用。宋代的四司六局中的排办局，专掌挂画、插花、扫洒、打渲、拭抹、供过之事[1]。以宋代为例，《梦粱录》记载："凡官府春宴、乡会、鹿鸣宴及圣节满散祝寿公筵，俱差拨四司六局人员督责。"明代，插花艺术进入了鼎盛时期。插花逐步走向学术性，有关插花的专著相继问世，袁宏道的《瓶史》就是其中之一。清初，《瓶史》传到日本，译为日文刊行，形成和发展成为一个重要的插花艺术流派——宏道流。时至今日，日本的插花艺术专刊——《花道》，还时常引用《瓶史》中的理论。《瓶史》对日本插花艺术影响之深，亦可略见一斑。清代文学家沈复《浮生六记·闲情记趣》中提出"起把宜紧、瓶口宜清"的主张至今仍为插花界所称道，奉为东方自然式插花的插作准则之一[1]。清代宫廷流行谐音式、写景式插花，重视季节的描绘，不同时令、季节要使用不同的应季花材，形成不同的季相特征；通过园林艺术的表现手法，注重远景、中景、近景的安排，展现不同层次的自然美景，作品疏密有致、高低错落、虚实结合、生动有趣（图 1）。

2　宫廷插花的应用场景

历朝历代，宫廷和皇室贵族往往都是艺术的最大赞助者，皇室有足够的财力和空间蓄育大批的艺术家，并收藏名家的艺术作品，宫廷绘画反映了不同历史背景下的宫廷生活，而宫廷画师为当时宫廷插花的作品写真，为我们研究中国插花发展脉络提供了宝贵的历史资料。

2.1　宫廷礼仪庆典插花

历朝历代宫廷之内会举办很多大型活动，如祭祀、祈福、佳节、寿诞、宴请，这些活动都带有一定目的性，重排场，因而插花创作有较多的形式要求，花型设计较为程式化，往往不带插花者的个人情感和个人审美诉求，迎合皇家品位，满足整个宫廷的装饰、礼仪和娱乐的需要[1]。明代宫廷画师边文进《履端集庆图》（图2）为岁朝清供插花，汇聚梅花、松、柏、柿子、兰、水仙、山茶、南天竹，加上灵芝、如意，共是十种材料，寓意十全十美、吉庆长寿、事事平安。

清代自康熙朝起，出现了一种新的绘画形式——超长卷纪实性绘画，即以绘画手法，在长达数十米乃至上百米的画卷上，描述一个完整的事件或事物。乾隆十六年（1751年），是乾隆帝生母崇庆皇太后钮祜禄氏60诞辰，乾隆皇帝安排了规模盛大、场面奢华的庆寿活动，绘制超长卷《万寿图》[3]。《万寿图》（图3）中，从第二卷沿长河两岸开始，至第三卷内城及第四卷皇城内，街道两侧不同地段，绘有大大小小各形、各种、各类插花盆景，多达50余处[3]。为庆万寿节，皇太后回宫路上除了陈放盆景，插花也是处处摆放。在高梁桥畔新建行宫倚虹堂旁的长河两岸，以插花的大场面，恭迎皇太后在此换乘凤辇回

图2　明边文进《履端集庆图》

图3　清《万寿图》（局部）

官。从图中可以看到，倚虹堂前以及彼岸的戏台、灯廊、点景前，摆放有造型统一的棕色花儿，上陈红座黄花瓶，内插梅花、寿桃、灵芝、松枝、牡丹、竹兰，粉花绿叶，十分喜庆。

2.2　宫廷日常装饰插花

用作日常装饰的宫廷插花，更讲求时令性，采秀丽宜人的小型花材，选用纸槌瓶、胆瓶、小梅瓶等适合斋室的花器。北京故宫为明清宫廷所在，有丰富的宫廷历史文化遗存，不仅延续着中国传统花卉名种栽培历史，故宫博物院藏的各类花器也种类繁多、精美绝伦[1]。康熙及乾隆皇帝的书房或以汝、官、哥、定、钧等名窑瓷瓶，或以壁瓶、青铜器插作斋花，多用一两种植物造型，高贵雅致[4]（图4）。

图 4　宫廷日常装饰插花（清·姚文瀚《芳亭采花》局部）

　　从中国宫廷插花的基本特征来看，凡是为宫廷所吸纳和雇佣，以皇帝的旨意为插花指向的插花形式和插花机构，都应该纳入宫廷插花的范畴。宫廷插花也叫宫体花、院体花，在宫廷中流行，用于装饰皇家、贵族的休闲娱乐活动或宴会等宏大场面，重在突出皇家气派与盛世瑞景 [1]。因而高雅富贵是其最大特征，从花器到花材皆要精致与讲究，方可为皇家所用 [5]。宫廷插花使用的花材名贵繁多，花器精美，配件珍贵。选材上崇尚花大色艳、枝繁叶茂，如牡丹、芍药、大花萱草、海棠等等。选器以官窑烧制的瓷器和古铜器为主，体型较大，做工精致。宫廷插花造型上端庄典雅、富丽堂皇、气势磅礴且寓意吉祥 [1]。创作当代宫廷插花作品应以客观严谨的态度，不失古典意味，与中国传统文化相衔接相贯通。

　　宫廷插花是我国传统园艺文化应用与传统室内空间设计的杰出代表，宫廷插花的色彩搭配、空间安排将中华几千年的美学原理诠释到极致。在国事活动、主场外交场景中运用宫廷插花进行环境设计，其效果是其他类型插花无法比拟的。

3　宫廷插花在 2022 年北京冬奥会花卉环境布置中的应用

　　冬奥会期间，颐和园宫廷插花团队首次将干花插花技术应用于重大国事活动花卉环境布置中，干花的取材全是真花、真叶、真枝，其花色、花形、花貌与鲜花无异，具有长期保存、持久观赏、永不凋谢的特性。牡丹"不凋花"成功运用于 2022 年冬奥会花卉环境布置，既能满足宫廷插花的用花需求又可以延长数十倍的观赏期，免于维护，取得了良好的社会效益和生态效益。

3.1　宫廷插花作品《玉堂富贵　万紫千红》赏析

　　古代插花艺术在对花材的自然形态进行了充分的观察和感知以后，汲取其中的精华，寄予感情，从而展现出作品的艺术之美。通常用"比兴"的方式，借用花材的含义和象征意义，甚至是谐音等方式来传达作品的内在神色气韵，形成一种"景外之意""弦外之音"。

　　汉代皇宫有"玉堂院"，后世以"玉堂"指翰林院。富贵一词出自《论语·颜渊》："商闻之矣，生死有命富贵在天"，指富裕而显贵的意思 [6]。常以玉兰花象征玉堂，牡丹花象征富贵，这两种花卉图借喻玉堂富贵，祝愿职位高升，富裕显贵。清代颐和园乐寿堂的植物配置就是"玉堂富贵"的真实写照。《玉堂富贵　万紫千红》作品（图 5）以仿乾隆瓷母大瓶、龙纹粉彩水盘为花器，搭配玉兰、干花牡丹等，配件为蜗牛如意，寓意安居乐业。彰显宫廷插花花材名贵、花器精美、寓意吉祥的特征。

图 5　2022 年冬奥会香格里拉酒店展陈颐和园宫廷插花作品——《玉堂富贵　万紫千红》

3.2　宫廷插花作品《海涵春育》赏析

创作灵感来源于中国花鸟画《孔雀富贵图》(图 6)。中国画体现了中国人与自然生物的审美关系，尤其是花鸟画、博古画等，不仅表达时代精神，间接反映社会生活，还在世界同类题材的绘画中表现出十分鲜明的特点[7]。

作品名"海涵春育"，出自颐和园仁寿殿内匾额，意为"如海之量，可容百川"，如春天般养育万物，体现了北京兼容并蓄的文化传统和容载万物的人文精神。以粉彩石榴花瓶、影青八仙四方瓶、龙纹水盘为花器，组合搭配干花松树、干花牡丹、干花月季、枯木、如意、食盒摆件等组成(图 7)。

图 6　中国花鸟画《孔雀富贵图》（来自网络）

图 7　2022 年冬奥会涉外酒店展陈颐和园宫廷插花作品——《海涵春育》

图 8　2022 年冬奥会涉外酒店展陈颐和园宫廷插花作品《龙凤呈祥　春满五洲》

3.3　宫廷插花作品《龙凤呈祥　春满五洲》赏析

祥瑞文化（或称符瑞、祯祥等）是中国古代帝王承天受命、施政有德的吉祥征兆[8]。祥瑞文化产生于周代初期，以"德行"因素作为评判准则，进而形成了崭新的社会价值观念。

本组作品为涉外酒店重要区域风水龟的布置，以中国古代祥瑞文化为理念，一大四小的设计方案，形成环绕之势。采取中间大体量不对称式造型与四面对称式造型，布局平衡中又存在不统一，首次尝试东西方插花形式的融合。花器采用景德镇帝王黄青花龙纹瓶，表达我们是龙的传人；花缸表达聚集力量、同心协力；迎客松表达喜迎八方客的好客精神；竹子代表虚心有节的品格；牡丹雍容华贵，寓意着祖国繁荣昌盛；月季象征着幸福和对未来的向往；枯木代表着山川；孔雀是与凤凰的最为相似的一种鸟类，孔雀羽毛是吉祥如意、圆满的象征。整个作品多种素材融为一体，反映出预祝冬奥会运动健儿龙飞凤舞的祥瑞之兆（图 8）。

4　宫廷插花的研究保护现状

深入挖掘和整理我国传统插花艺术，是当代花艺工作者义不容辞的责任。宫廷插花虽是中国传统插花艺术的重要组成部分，但一直以来却没有得到相应的重视，相关的研究基础非常薄弱。自 20 世纪以来，日本将插花作为国粹极力提倡，其文化影响力遍及世界各地。西方以及日、韩等国凭借强势抢占插花艺术的话语权，甚至操纵了世俗的审美观。相比之下，我国作为东方式插花艺术的起源国，传统插花艺术却几近断流。国内许多花艺从业者没有秉承弘扬我国插花艺术的思想，而是着眼于暂时的经济利益，盲目复制或模仿国外花艺。系统梳理与传承保护宫廷插花这一文化遗产，尚有许多工作要做。清代宫廷绘画具有重要的史料和艺术价值，这是宫廷插花研究的一大优势，急需进行相关资料的抢救性挖掘整理。

在各级领导大力关心支持下，颐和园培养了一批插花专业技能人才，多次服务于颐和园、北京市、国家级花卉环境布置工作，在省部级赛事中获奖 15 项，市级赛事中获奖 20 余项。创作的宫廷插花作品屡次受到"学习强国"、北京卫视、新华网等新闻媒体报道，在历届北京市职业技能竞赛中晋级决赛并取得优异成绩，多次作为特色项目参加北京市科普周活动并获得好评，同时在北京冬奥会、北京世园会、中国第十届花卉博览会、APEC 服务接待、北京市月季节、北京市菊展、颐和园"傲骨幽香"梅花蜡梅展等花卉环境布置中出色完成任务。颐和园宫廷插花研究人员还结合科研课题，搜集祥瑞题材古画，从中汲取营养，除了沿袭传统，注重仪式感以外，还将植物、容器、羽毛、文玩、配件等和环境有机融合起来，巧妙运用动植物吉祥寓意，展现时令、季节的丰富变化和祥瑞文化，并结合新时代要求，传承弘扬中国优秀园林艺术和宫廷插花艺术，为促进宫廷插花在当代花卉环境布置中的创新应用贡献力量[9]。

参考文献

[1] 黄永川 . 中国插花史研究 [M]. 杭州：西泠印社出版社，2012.
[2] 王莲英，秦魁杰 . 中国传统插花艺术 [M]. 北京：中国林业出版社，2000.
[3] 刘潞 . 十八世纪京华盛景图——清乾隆皇太后《万寿图》全览 [M]. 北京：故宫出版社，2019.
[4] 叶祯菲 . 明清插花艺术研究 [D]. 南京：南京大学，2015.
[5] 马大勇 . 中国传统插花艺术——情境漫谈 [M]. 北京：中国林业出版社，2003.
[6] 孙可，李响 . 中国插花简史 [M]. 北京：商务印书馆，2018.
[7] 华彬 . 中国宫廷绘画史 [M]. 沈阳：辽宁美术出版社，2003.
[8] 陈葆真 . 图画如历史——中国古代宫廷绘画研究 [M]. 杭州：浙江大学出版社，2019.
[9] 北京市颐和园管理处 . 几上风雅 [M]. 北京：中国林业出版社，2018.

作者简介

张莹，北京市颐和园管理处。
王爽，北京市颐和园管理处。
佟岩，北京市颐和园管理处。
张淼，北京市颐和园管理处。
曲溪雲，北京市颐和园管理处。

颐和园多层台阶式花台牡丹养护技术研究

○张　莹

摘　要： 颐和园牡丹已有百余年的栽培历史和悠久的牡丹文化内涵，是颐和园园林植物配置与花木造景的典型代表。牡丹（*Paeonia suffruticosa*）又名木芍药，是我国传统名花，素有"国色天香"的美誉，其绚丽端庄的婀娜花姿和吉祥幸福的美好寓意自古就备受人们青睐，距今已有 1500 多年的栽培历史。颐和园牡丹大多种植在多层台阶式花台之上，形成逐层叠加的竖向景观，提升了立体景观效果，但是植株根部接受低温或高温影响的面积增大，对其精细化养护管理显得尤为重要。鉴于此，本文对颐和园多层台阶式花台牡丹养护技术进行了初步研究，为传承发展牡丹养护技术积累技术资料，为该种植形式的养护管理者提供参考借鉴。

关键词： 牡丹；文化；多层台阶式花台；养护管理技术

引言

牡丹，芍药科芍药属落叶灌木，我国十大传统名花之一，也是中国园林中独具特色的花卉。古诗云"春来谁作韶华主，总领群芳是牡丹。"牡丹由于色泽鲜艳、雍容华贵、富丽堂皇、艳压群芳，自古以来便被奉为庭院珍品，冠以"花中之王、国色天香"的美称，更被国人誉为"国花"，最适宜体现皇家气派。"金殿内外尽植牡丹"，古代皇家宫苑牡丹栽培极盛，通过牡丹与其他植物的结合体现皇权至高无上的权利和吉祥富贵的寓意。颐和园作为中国现存最完整、规模最大的博物馆式古典皇家园林、世界文化遗产，除了在造园手法和建筑形式上具有高超的艺术造诣以外，园内各处的植物景观也独具匠心，尤其重视传统花卉的搭配种植。特别是在清末，牡丹被推为国花，颐和园建国花台并延续至今，成为清代北京牡丹名园中现存最古老、完整的多层台阶式花台牡丹种植形式。对多层台阶式花台牡丹养护技术进行持续研究将有利于技艺的传承发展，以及遗产保护和实现永续利用。

1　颐和园牡丹花台种植历史考证

　　牡丹在皇家园林中的观赏和栽培兴于隋唐，宋元时期达到全盛，明清时期牡丹在皇家园林中的发展逐渐成熟。据《颐和园志》记载，园内地植牡丹、芍药在清宫时已经非常兴盛，清光绪二十九年（1903 年），佛香阁下东侧建国花台，台上遍植从山东进贡的名种牡丹，慈禧敕定为国花，并命将国花台三字刻于石上。国花台坐北朝南，上下 14 层，台墙土面，上覆琉璃瓦（目前为 9 层）。同时期，颐和园中的花台还有多处，详见表 1。女画家卡尔在《慈禧写照记》中描述晚清园中花木情况："颐和园中所植花草极多，草地上每经数步，亦有名花一堆，名花佳卉，无虑千百种，而新陈代谢，四时不断。"慈禧太后效仿乾隆皇帝修建清漪园的植物栽培手法，在植物和植被的品种上更注重名贵花木的养植和庭院花卉的造景，更有"清末牡丹冠京华"的说法，这也充分表明了当时牡丹的栽培发展已经达到了高潮。图 1 为仁寿北台老照片与现状对比。

1901 年　　　　　　　　　　　　　　2020 年

1930 年　　　　　　　　　　　　　　2020 年

图 1　仁寿北台牡丹种植对比

清末颐和园花台分布情况   表 1

分布	数量（座）	应用形式	种植植物
仁寿殿北花台	1	8 层台阶式花台	牡丹、芍药
仁寿殿南花台	1	5 层台阶式花台	牡丹
国花台	1	14 层台阶式花台	牡丹
排云殿荷池南	2	单层规则式花台	牡丹
排云殿荷池北	2	单层规则式花台	牡丹、芍药
乐寿堂	2	单层规则式花台	牡丹
乐寿堂东院	1	单层规则式花台	芍药
云松巢门前	1	花台	芍药
宜芸馆后登山路东	1	花台	芍药
谐趣园涵远堂	2	单层规则式花台	芍药
后湖东岸	2	3 层台阶式花台	芍药
后山松堂东山坡	1	2 层台阶式花台	芍药

园志记载，1908 年（光绪三十四年）后，园林管理不善，花木缺损。1929 年，曾在仁寿殿北花台及排云殿花台补植芍药；在国花台、仁寿殿、排云殿、山色湖光共一楼各处花台补植月季、玫瑰等，以此两种植物的花期弥补牡丹和芍药短暂的花期。1930 年时，国花台有牡丹 94 株；仁寿殿南花台有牡丹 47 株、北花台有牡丹 39 株，芍药 3 株，乐寿堂前、后、东、西四院共有牡丹 7 株、芍药 23 株、月季 3 株；排云殿内花台有芍药 18 株，院外有月季 2 株；无尽意轩前有芍药 49 株；谐趣园内有芍药 19 株，月季 4 株。由于未能很好养护，至 1948 年底，全园只有牡丹 7 株。1949 年夏，颐和园从山东菏泽（曹州）购名种牡丹 400 株，请当地养花老技工分植于国花台、仁寿殿、排云殿各处花台。1950 年，全园实有牡丹 325 株（部分盆栽入温室）。此后逐年购进成株，至 1954 年实有牡丹 454 株。1953 年开始研究牡丹防寒，由冬季扣盆改为套袋露地过冬。1954 年试验延长牡丹花期。自 1949 年以来，不但保持牡丹花台不缺株，而且还保证了花大叶肥，花期控制在"五一"前后。目前颐和园中实有牡丹 520 株，是迎接"五一"国际劳动节的传统名花。

2 颐和园牡丹种质资源的保护

中国牡丹品种来源于野生种，经过自然选择和人工栽培选择而发展起来，分为中原牡丹品种群、江南牡丹品种群、西北牡丹品种群和西南牡丹品种群 4 个品种群。在我国约有 8 个种、3 个亚种和 2 个杂种，其中栽培最普遍、园艺品种最多的就是中原牡丹品种群。颐和园牡丹种质资源详见表 2。颐和园国花台、仁寿殿、排云殿牡丹花台以松柏作为深色背景，象征着富贵吉祥的牡丹与青砖绿瓦、雕梁画栋的古建筑群相配，极为调和（图 2、图 3）。慈禧寝宫乐寿堂院内，建筑前植有玉兰和海棠，花台曾植牡丹，后面有山石相配，寓意"玉（玉兰）堂（海棠）富贵（牡丹）"。此外，还曾将牡丹与太平花植于花池内，寓意富贵太平。古建筑群为牡丹提供了理想的环境和背景，使牡丹得以借助建筑的搭配变得更加雍容华贵，建筑在牡丹的装饰下也更加富丽堂皇，牡丹与景观相映成趣。

颐和园园艺队自 20 世纪 90 年代中期开始建立牡丹档案进行种质资源保护。颐和园应用的著名品种有'姚黄''赵粉''豆绿''玉板白''御衣黄''胡红''洛阳红''首案红''璎珞宝珠''盛丹炉''酒醉杨妃''锦袍红''剪绒''葛巾紫''青龙卧墨池''乌龙捧盛''大红一品''红宝石''香玉''珊瑚台''乌金耀辉''大朵蓝''满江红'等 70 余个（图 4~图 7），均属中原牡丹品种群，大部分是 20 世纪 80 年代从曹州牡丹园引进的中花品种。花色呈红、黄、白、蓝、粉、紫、绿、黑 8 色。根据 2020 年牡丹花期档案记录，1996 年牡丹档案中的传统名品一直延续保留至今。

图 2　仁寿殿南花台牡丹

图 3　国花台牡丹

图 4 '珊瑚台'

图 5 '满江红'

图 6 '白雪塔'

图 7 '洛阳红'

颐和园牡丹种质资源分布现状　　　　　　　　　　　表 2

分布	数量（株）	品种	应用形式	环境
仁寿殿北花台	101	中原牡丹品种群	5 层台阶式花台	光照较强
仁寿殿南花台	139	中原牡丹品种群	5 层台阶式花台	半阴
国花台	220	中原牡丹品种群	9 层台阶式花台	半阴
排云殿南台	16	中原牡丹品种群	单层花台	半阴
水操学堂后院	42	中原牡丹品种群	地栽丛植	半阴
后湖东岸花台	2	中原牡丹品种群	3 层台阶式花台	半阴

3　颐和园牡丹精细化养护管理

牡丹性喜高燥畏低湿，忌低洼积水，非常适合与花台结合。颐和园位于北京市海淀区，历史上是地势低洼、水量充沛的地区，多层花台层层高起，较单层花台排涝效果更好。颐和园内的牡丹花台不仅数量较多，而且形式多样，既有独立规则形式，如排云殿荷池两侧的单层花台；还有多层台阶式花台，依坡地筑台，台阶次第而上，形成一个广阔的观花立面，讲究株形、花色、株高和花期的搭配，观赏效果是其他栽植方式所不能比拟的。由于颐和园牡丹大多种植在多层台阶式花台之上，虽然在花台中形成逐层叠加的竖向景观，提升了立体景观效果，但是植株接受低温和高温的面积增大，蒸腾量大，对其精细化养护管理显得尤为重要。

3.1　颐和园牡丹的栽植与品种搭配

秋季是栽植牡丹的最佳时期，既利于早发新根，又利于早恢复植株的"元气"，并促进第二年早春植株进入正常生长，成活率高。栽前要对植株根部进行适当修剪，剪去病根和折断的根，再用 0.1% 的硫酸铜溶液或 5% 的石灰水浸泡半小时进行消毒，然后取出用清水冲洗后栽植，栽植深度以根茎交接处与土面平齐为好。栽植宜在中秋时进行，栽植时期要适当，这样栽后伤口愈合快，容易生根。小型独立花台可尝试移栽盆苗，移植裸根苗成活率较差。

在花台内栽植的牡丹品种，讲究株形、花色、株高的搭配，有助于凸显立面的艺术效果。在营造花台体现牡丹群体美的景观时，色彩配置尤为重要。选择同一种颜色或类似色相的花色，如红与粉红、红与紫红或者紫与紫红，容易取得豪迈大气、单纯安静的氛围，比较适合颐和园的特征；黄与红、红与蓝这样的邻补色搭配起来，则能产生活跃愉快、绚丽多彩的画面；对比之下利用补色产生强烈反差，如红与绿、紫与黄、橙与蓝，更能使人精神亢奋、充满动感，这也就是通常情况下绿叶衬红花、紫色牡丹搭配黄色草花和以深绿色植物做红色牡丹背景树的色彩原理。

适当引种其他地区的牡丹品种可以有效的延长花期。由于牡丹花的花期较集中，因此在品种搭配上应加大早花品种和晚花品种的栽植比例，尽量延长牡丹的盛花观赏时间。不同品种群之间的花期也存在一定差距，引种西北牡丹品种，由于气候类型的差异花期较当地的中原牡丹会晚一些。日本和欧美的牡丹品种相比中国牡丹，花期延迟 2 周左右。

3.2　颐和园牡丹的物候观察

在颐和园，牡丹生长发育的物候期大体为：2 月上中旬—3 月中旬芽体萌动；3 月中下旬—4 月上旬抽茎、展叶，花蕾迅速增大；4 月中下旬—5 月中旬开花；6 月上中旬—10 月中旬进行花芽分化；10 月下旬—11 月中旬枯叶，进入休眠。牡丹的花芽全部为混合芽，单瓣品种花芽分化到 8 月下旬上旬即可完成，而重瓣品种仍继续分化，11 月下旬才能完成花芽分化。牡丹从萌芽到开花所需积温为 630~732℃。早春气温稳定在 3.6~5℃芽体萌动；16~18℃为开花适温；26~28℃花芽分化。

3.3　颐和园牡丹的日常养护

对于牡丹的习性，有"宜冷畏热，喜燥恶湿，栽高敞向阳而性舒"的说法，这基本概括了牡丹的特点。牡丹喜光，也较耐阴。如稍作遮阴，避免太阳中午直射或西晒，对其生长开花有利，也有助于花色娇艳和延长观赏时间。牡丹喜疏松肥沃、通气良好的壤土或沙壤土，忌黏重土壤或低洼积水之地、土壤从微酸性、中性到微碱性均可，但以中性土为宜。牡丹比较耐寒和耐旱，能耐 -29.6℃的绝对低温，在年平均相对湿度 45% 左右的地方也能正常生长。北京地处华北平原北部，属暖温带气候，四季分明，冬季严寒晴燥，夏季高温多雨，年平均气温 8~14℃，年平均降雨量 500~800mm，适宜牡丹的生长。

3.3.1　浇水

牡丹耐旱喜燥，栽植后浇一次透水，在春秋干旱季节也要浇水，但不能积水，夏季雨水多时还应注意排水防涝。根据每年的实际降雨量，观测土壤含水量，进行科学的适时适量浇灌。颐和园牡丹一般浇解冻水、花前水、花后水和封冻水。

3.3.2　施肥

牡丹是喜肥植物，要想使牡丹花大色艳，避免"隔年开花"的现象，合理施肥是重要条件之一。颐和园牡丹每年至少需施 3 次肥，以腐熟的有机肥为主，基本用沟施。沟位于植株树冠投影的外缘，每次在植株两侧平行挖沟，注意挖沟走向的轮换，保证一年内在植株周边按多边形环绕开沟。1980 年以前，对牡丹施肥曾使用肉汤或粪液沤树叶，腐熟发酵一年后施用，后因气味大停用转以马掌、豆渣、麻渣和硫酸亚铁等其他有机肥替代。第一次施"花前肥"，在 3 月中下旬结合浇解冻水施入（图 8）。第二次在 6 月上、中旬施"芽肥"，可用 0.2%~0.5% 的磷酸二氢钾作根外追肥，主要是"两护两促"，即护叶、护根，促生长、促花芽分化。第三次在秋季生根前施肥，又称为"根肥"，补充养分，利于植株根系的生长。每次施完肥后要压一遍透水。

3.3.3　土壤条件

牡丹为肉质根，栽植时要选择疏松、肥沃、深厚的沙质壤土，并选择地势高燥、排水好的地方，切忌栽在易积水的低洼之处。土壤性质以中性最好，微碱、微酸性土壤亦可。经过多年的土壤改良和营养管理，2018 年对颐和园主要景区牡丹台的土壤成分进

图 8　牡丹施肥（仁寿南台）

行检测，如表 3 所示，颐和园牡丹种植土的氮、磷、钾含量充足，有机质含量高，牡丹生长所需微量元素均合格且超过标准，土壤环境良好，适宜牡丹植株生长。

颐和园牡丹台种植土壤成分分析　　　表 3

取样地点	深度	水解性氮（mg/kg）	有效磷（mg/kg）	速效钾（mg/kg）	有机质（g/kg）	pH 值	有效态铁（mg/kg）	有效态锰（mg/kg）
国花台 1 层	20cm	345.44	236.5	299	47.4	7.24	25.6	14.0
国花台 1 层	40cm	313.88	216.4	321	45.3	7.47	28.7	11.0
国花台 3 层	20cm	336.88	225.3	353	53.7	7.26	24.0	15.2
国花台 3 层	40cm	333.24	242.1	299	48.4	7.46	27.8	14.7
国花台 5 层	20cm	356.00	223.0	321	47.8	7.26	20.5	12.2
国花台 5 层	40cm	403.30	247.7	353	56.0	7.06	34.7	15.8
仁寿殿北花台	20cm	718.98	310.7	556	68.0	6.48	38.0	25.7
仁寿殿南花台	20cm	551.67	410.3	415	72.2	7.02	31.7	18.8
仁寿殿南花台	40cm	585.19	374.0	493	59.2	6.88	34.7	21.7
参考值		≥ 60	≥ 10	≥ 100	≥ 10	6.5~8.5	≥ 5	≥ 8

3.3.4　修剪

由于颐和园牡丹大部分为 30 年以上老龄牡丹，为了使牡丹生长健壮，年年有花，整形修剪也是很重要的。牡丹的整形修剪主要分花前和花后，包括定干、修枝、除芽、疏蕾等项工作。牡丹栽植 2 年后，即可进行定干，决定植株留枝干多少。对生长弱、发枝数量少的品种，一般剪除细弱枝，保留强枝；对长势强健、枝干较多的品种，以留 5~7 条枝干为宜。牡丹的定干工作宜在秋冬季节进行。定干要视植株情况分数年完成，以后每年或隔年继续选留 1~2 个新芽作为枝干培养，以使株丛逐年扩大和丰满，切不可大剪大砍，急于求成。随着树龄的增加再适当多留分枝，使上、下分枝均衡，株形美观。牡丹在萌动前可除掉基部细弱蘖芽，适当留强壮枝以补充植株整体空间，适当留取老枝上的不定芽，修剪去除交叉枝及病弱枝，以集中养分保证主枝生长、开花及植株整体丰满的造型。秋、冬季，结合清园，剪去细弱枝、内向枝、重叠枝、平行枝，注意秋后修剪时叶柄部位要留 5cm 左右，以利于保护混合芽安全越冬。疏蕾就是将过多花蕾疏除（图 9），每个枝条只保留 1~2 个花蕾。如果顶芽花蕾不如侧芽花蕾健壮，则应将顶芽花蕾疏除，保留侧芽花蕾。植株的养分是有限的，保留的花蕾多，每个花蕾所能够分得的营养就少，花朵就小，单花寿命也会缩短，而且还极容易出现畸形花。留芽时应选枝干的外侧芽。剪口离芽 1~1.5cm，太远易形成干桩，影响美观；太近则容易影响芽

图 9　牡丹掰芽（国花台）

的生长、开花。另外，为使伤口小、愈合快，剪口要平剪。

3.3.5　中耕

生长季节应及时中耕耪地，拔除杂草，注意病虫害的发生。秋、冬季，对二年生以上的地块实施翻耕。

3.3.6　防寒

将植株地上部分用稻草包扎，再在干基部培土过冬，培土深度视植株高度决定，约50cm。

3.4　病虫害防治

牡丹的病虫害不多，但在牡丹的整个栽培过程中，往往由于气候、重茬及管理不善等多种因素导致植物抗性下降，易发生病虫害，以致危害牡丹的正常生长发育。颐和园自2015年起，连续多年在春秋两季对牡丹根部施抗重茬微生态制剂，改良土壤生态环境，提高老龄牡丹的抗病性，花后定期对地上部分喷施防菌剂进行生物防治，提前预防病害发生，改善植物品质，既控制了叶片灼伤又有效减少了病害发生。在颐和园牡丹栽培过程中常见的病虫害主要有以下几种。

3.4.1　炭疽病

炭疽病主要侵染牡丹的叶片，其次为花梗、叶柄及嫩枝等部位。叶片受害症状：6月份开始，叶片正面出现褐色小斑点，逐渐扩大为近圆形或不规则形大病斑；病斑直径因品种不同而异，一般为4~25mm，发生于叶缘的病斑为半椭圆形。病斑扩展多受主脉及大侧脉的限制。病斑一般为褐色，有的品种上叶斑中央组织灰白色，边缘为黄褐色。发病后期病斑中央组织呈无规则的开裂，有时呈穿孔状。7—8月份病斑上出现许多轮状排列的黑色点粒，即病原菌的分生孢子盘。在天气潮湿的情况下，分生孢子盘内溢出红褐色的黏孢子团，这是炭疽病的特征病状。嫩茎、叶柄及花梗上的病斑为梭形的条斑，稍凹陷，红褐色，长3~7mm。病斑后期灰褐色，边缘红褐色，中央组织有时开裂。嫩茎等上的病斑无子实体产生。嫩茎病重时会折断。6月为发病始期，7—8月为发病盛期。高温高湿有利于病害发生，高温之后遇上降雨可大幅度提高病情指数，降雨量大小与发病紧密相关。在北京地区7—8月份高温常常引起牡丹叶片的灼伤，为病菌的侵入提供途径。树荫下的牡丹发病往往较轻，可能与无灼伤有关。种植密度大或株丛大、通风透光不良，发病也较重。目前，栽培品种对炭疽病尚无免疫品种。调查发现，叶片小的、叶肉厚的品种发病较轻，叶片小有利于通风透光。11月上旬（立冬）前后，需将干叶扫净，集中烧掉，以消灭病原菌；发病前（5月份），喷洒广谱杀真菌剂，10~15天喷1次，直至7月底；发病初期，7~10天喷1次，连续喷洒3~4次；此外，要及时摘去病叶，注意通风透光，增施磷钾肥。

3.4.2　紫纹羽病

由土壤传播。发病在根茎处及根部，以根茎处较为多见。受害部位有紫色棉絮状菌丝，初为黄褐色，后变为黑褐色。轻者形成点片状斑块，不生新根，枝条枯细，叶片发黄，鳞芽瘦小；重者整个根茎和根系腐烂，植株死亡。此病多发生在 6—8 月的高温多雨季节，9 月以后，随气温的降低和雨水的减少，病害停止蔓延。防治此病需要选择排水良好的干燥地块栽植；雨季及时中耕，降低土壤湿度；4~5 年轮作一次；选育抗病品种；刮去腐烂的根，分栽时用 500 倍五氯硝基苯药液涂于患处再栽植，也可用恶霉灵灌根；受害病株周围用石灰或硫磺消毒。

3.4.3　地下害虫

主要有蝼蛄、地老虎和蛴螬。蝼蛄主要啃食根皮和咬食嫩芽及幼苗；地老虎从根茎处危害嫩芽；蛴螬咬食根部，7 月上旬至 9 月上旬该虫害最重，是牡丹的主要虫害。三种害虫在成虫期均可用黑光灯诱杀；防治地老虎、蛴螬也可施发酵腐熟的肥料。

参考文献

[1]　王莲英 . 中国牡丹品种图志 [M] . 北京：中国林业出版社，1997.
[2]　北京市地方志编纂委员会 . 北京志 · 世界文化遗产卷 · 颐和园志 [M]. 北京：北京出版社，2004.
[3]　左利娟 . 牡丹在园林中应用的研究 [D]. 北京：北京林业大学，2005.
[4]　祁立南 . 牡丹与芍药在北京园林中的应用 [J]. 北京园林，2014，30（3）：37-45.
[5]　刘慧媛 . 牡丹及牡丹文化在中国传统园林中的应用研究 [D]. 咸阳：西北农林科技大学，2014.
[6]　陈畅 . 牡丹专类园规划设计方法与实践研究 [D]. 咸阳：西北农林科技大学，2015.
[7]　施钱磊 . 江南传统园林牡丹造景调研与实践 [D]. 杭州：浙江农林大学，2017.
[8]　郭文彬 . 北方地区历代牡丹名园考研究 [D]. 咸阳：西北农林科技大学，2015.
[9]　北京市颐和园管理处 . 颐和园园林有害生物测报与生态治理 [M] . 北京：中国农业科学技术出版社，2018.

作者简介

张莹，北京市颐和园管理处。

园林生态

以《园冶》理论指导颐和园植物精细化管护

○ 赵晓燕　缪祥流

摘　要：《园冶》是中国传统造园的不朽经典，深远地影响了明代以后的园林营造活动。其强调造园须遵循"三分工匠、七分主人"的观点，"虽由人作、宛自天开"的立意和"巧于因借、精在体宜"的构想。世界文化遗产颐和园集中国古典园林之大成，集中体现了这种造园思想，再现乾隆皇帝建园意图。颐和园植物景观，是基于自然生态的适地适树原则，模仿江南名园画境，体现帝王思想的经典之作，彰显了为母祝寿、皇权意识和农桑家国情怀的造园意图。管理保护颐和园，任何工作均应以保护遗产原真性和完整性为原则，延续名园意境、传承历史文脉。本文分析颐和园（清漪园）景观与《园冶》造园理论的关系，用于指导现在的园林植物养护管理。通过大量的植物管护实践和有规划的修剪，提出：根据不同意境需求，追求景观细节，实现"虽由人作、宛自天开"的自然生态景观；控制植物的冠幅、株高以与建筑及周围环境相协调，实现"得体合宜、精在体宜"的空间比例关系；打通借景视线，遮挡俗世喧嚣，实现"嘉则收之、俗则屏之"的空间组织，追求视觉效果；强调生态和谐，实现虚景和实景相结合，使游园者达到精神领域的深层次愉悦，并在此基础上探讨实现常态化精细管理的途径。

关键词：园冶；颐和园；遗产保护；植物养护

引言

明代计成的《园冶》集中国历代造园实践之大成，是中国传统造园理论的不朽经典名著，深远地影响着明代以后的中国园林营造活动。它把中国传统的"天人合一"哲学思想在园林兴建中发挥至极致。其造园理论核心：一是"三分工匠、七分主人"的观点；二是"虽由人作、宛自天开"的立意；三是"巧于因借、精在体宜"的构想。陈植先生在《园冶》注释时指出，"体"，就是体制、规划、计划、意图、意境之意。正是这种思想成就了中国明代以后的诸多历史名园，以拙政园、狮子林等代表的苏州园林、以颐和园代表的北京皇家园林，以及北京西郊"三山五园"都成为人类造园史上的高峰，它们都以杰出的历史价值、文化价值、艺术价值而被全人类认可，因而立于世界遗产之列。这就是说，无论营造园林时，还是后期的管理维护都应该体现造园的初始意图，对于颐和园更是如此。

1 《园冶》的造园思想理论

《园冶》是中国最早的专门以造园为内容的园林典籍，总结了中国文人园林的造园技艺精粹。"冶"，原为铸造熔冶，引申为精心营造。应用《园冶》造园理论精心营造的充满诗情画意的园林景观，在后世直至清代园林建设中得到了充分印证。

1.1 "三分匠，七分主人。非主人也，能主之人也"的观点

指出造园艺术的根本不是工匠，也不一定是园主人，而是"能主之人"，即园林的总设计师。这个人应该是最懂得园主人想要什么样的园林，从而通过造园技艺去实现园林景观。文中大量关于游园感受的描述，充分阐述了人是园的主人，园是服务于人的道理。

1.2 "虽由人作，宛自天开"的立意

《园冶》的核心思想便是"虽由人作，宛自天开"，体现了中国传统哲学文化思想中"天人合一"的自然观。在造园中力求效法自然，强调自然天成，不露人工雕琢的痕迹，将人造景观与大自然和谐地融为一体。

1.3 "巧于因借，精在体宜"的构想

综观《园冶》全篇，都渗透着"因""借"的艺术手法。"因"是指因人、因地、因时制宜的造园原则，体现为因人而异、因水构园、因地制宜、因时而作等，这是使得人与自然达到高度的和谐统一，体现尊重自然、尊重客观规律的思想，与现代园林设计之前要进行充分调研是一致的。

"借"——园林设计中，借景尤为重要。"园林巧于因借""借者，园离别内外，得景则无拘远近，晴峦耸秀，绀宇凌空；极目所至，俗则屏之，嘉则收之。"《园冶》中提到"借景无由，触情即是"，视线所及，无一不是美景。借景有远借、邻借、仰借、俯借、应时而借五种。通过借景突破有限的空间达到无限的空间，从而丰富游园者的审美感受。

2 清漪园（颐和园）植物景观特点

园林的四大要素是山水、地形、建筑、植物，所有这些外在的物质都会用来表达造园主人的意图，营造他所想达到的主观意境和精神需求。有人称中国古典园林为"文人

园"，极力追求诗情画意的景观意境。《园冶》的作者计成便是这样一位集诗人、画家于一身的造园师，清漪园（颐和园的前身）的"能主之人"——清乾隆皇帝，是一位仰慕汉文化的皇帝，由他兴建的清漪园，与中国传统文人园有着一脉相承的文化根源，在清漪园的设计中处处体现诗情画意。从植物景观营造和管理角度看，其园林植物景观体现出五个特点。

2.1　基于自然生态的适地适树

分析建园场所的客观条件和主观因素，选择最符合设计意图的园林植物。清漪园建园之时，延续了西堤与翁山泊原有的柳桃间种、荷藕连天的植物景观，并选择北京地方性树种（油松、侧柏、国槐、白皮松）在山前溪畔因地制宜进行配置。清代的皇家档案中明文记载了万寿山地区所栽植物。如清乾隆三十三年（1768 年）《奏销档·92 卷》、乾隆三十一年（1766 年）《圆明园万寿山匠作则例》等文献共罗列了菓松（红松）、马尾松、木兰芽、菠萝树、柏树等数十余种花果树木，这些植物的栽植模仿自然群落的配置方式，形成浑然天成的山林景观。

2.2　体现帝王思想的经典之作

清漪园的园林植物空间处处体现园主人帝王思想，栽植大量体现王者之风的高大乔木。园内现存的 1607 株古树多是从清乾隆时期至道光、光绪时期陆续栽植的，基本上延续了清漪园时的植物景观骨架和脉络，并且与园林建筑相互映衬。注重树木与建筑的距离，预留出树木生长的空间。

2.2.1　体现为母祝寿的造园意图

乾隆兴建清漪园目的之一是为母祝寿，并且借鉴"松为百木之长，而柏与松齐寿"的蕴意，山上配合建筑的分布种植大量松柏，沿长廊列植大量古柏，山麓侧柏群生，油松白皮松散布其间，有效地强化了山形水态，远远望去苍松翠柏环抱中，报恩延寿寺建筑群金碧辉煌，凸显君临天下、松柏常青、万寿延年之皇家气魄。

2.2.2　蕴含至高无上的皇权意识

《朱子语类》云"国朝殿庭，唯植槐楸"；北宋韩纯全的《山水纯全集》更是指出"松，公侯也，为众木之长；柏，若侯相也"。在万寿山东麓宫殿区、排云殿建筑群、南湖岛龙王庙建筑群等有施政、祭祀功能的建筑群中，古树配置以松柏为主，并成行成列栽种，体现庄严的仪式感，目的在于强化君臣等级，营造庄严肃穆的气氛。

2.2.3　显露体恤农桑的家国情怀

清朝京西的水稻得到几朝皇帝的重视，除民间耕种之外，皇家也在京西一带辟有稻田。耕织图景区便是体现帝王重视农桑、心怀百姓疾苦的场所，在这儿建造了织房、染房、蚕房，并命圆明园的 13 家蚕户迁移到耕织图，四周环植大量桑树，至今仍有部分保留。昆明湖西岸的畅观堂是登高观稼之所，是将田园风光收于园内的典范。

2.3　向往江南画境的名园模仿

根据清乾隆皇帝"写仿江南名园"的皇家园林创作思想，营造新婉约的江南景观，不仅清漪园山水格局借鉴杭州西湖胜境，而且在植物配置上也相仿江南园林的配置方式。昆明湖岸边的植物景观也是与西湖相类似的"溪湾柳间载桃""十里荷风，递香幽室"，湖里荷花苇蒲飘香。万寿山西部的长岛命名为小西泠也源于乾隆对杭州孤山西麓西泠桥的想念。再如惠山园写仿无锡寄畅园，增种荷、柳、芦苇等水生植物，展现清新婉约的江南园林特色。

2.4　从清漪园到颐和园植物景观的变化

自 1888 年在清漪园遗址上复建颐和园以后，"能主之人"发生变化，御苑改为行宫，慈禧太后的审美影响到了颐和园部分区域园林艺术的表现。特别是在宫廷区更注重名贵花木的养植和庭院花卉的造景，增添了"玉堂富贵"的雍容气象。《颐和园志》详细记述了晚清至民国期间颐和园宫殿区的增植牡丹、太平花、芍药、海棠、兰花等名贵花卉。

2.5　新中国成立后的园林景观的调整

新中国成立后进行了几次大规模的绿化恢复和改造，尽力恢复清漪园时的植物群落景观。据 2015 年颐和园生态监测普查数据，园中有草坪地被、灌木、乔木等各层级植物 312 种，隶属于 89 科 231 属（包括亚种和变种），其中华北地区乡土植被占 85% 以上。园内呈现"四时不谢"的园林植物景观。

3　以《园冶》理论指导颐和园植物精细化养护

一个园林的风格和特征，也就是设计师想要表达的景观意境，而建成后的管理则是日后延续造园初衷的关键。尤其是植物景观，没有精细化的养护，这个园林会逐渐"变味"，如果不同的管理者（即"能主之人"）带着个人的喜好、品位去影响园林特色，那么这个园林的原有景观风貌就会人为地发生这样那样的改变，对于作为世界文化遗产的颐和园来说，这样的结果是不希望看到的。应根据不同地区对景观意境的要求，通过精细化养护措施的实施，达到景观意境保护和传承的目的。

3.1 "虽由人作，宛自天开"——追求景观细节

古典园林中的植物以中国画论为理论基础，园林植物景观以古朴淡雅、追求画意为特点。在园林植物的日常养护中，不仅要保证植物处于健康生长状态，更应当延续古典园林意境，细微处表达画意，减少人工痕迹和规则式的修剪，山石、湖畔植物点缀得体，宛如画本。

3.1.1 颐和园榆叶梅桩景式修剪

颐和园的榆叶梅采用梅桩式修剪方式，形成曲折有力的枝干，花朵亮丽硕大，整个花冠层中间高，四周略低，层次感丰富。而在一些山脚湖边，则根据地形修剪成悬崖式或探水式，以万寿山浓绿的松柏为背景，衬托着整个花树亮丽典雅，颇具古意（图1）。

3.1.2 西堤桃柳树形修整

昆明湖的西堤是清乾隆时仿照杭州西湖的苏堤修筑。这道长堤和玉泉山、西山融合在一起，使颐和园有限的空间得到无限的拓展。随着树龄的增长，西堤的桃柳树冠逐渐增大，出现互相干扰现象，尤其是在夏季，西堤上呈现一堵直线形的绿墙，将后面的景色完全遮挡。2015年冬季，西堤景观树木防灾修剪工程实施，不仅将高大存在倒伏危险的树木降低高度，而且对其树形进行了梳理。减轻负重的同时，每棵树之间隔开一定空间，远远望去，简洁疏朗，株株入画，呈现一幅长长的烟柳画图景观（图2）。

图1 多年修剪成形的榆叶梅姿态古雅

图2　西堤烟柳，株株入画

3.1.3　知春亭岛柳树修剪

知春亭位于玉澜堂以南紧邻昆明湖东岸的小岛上，有木桥与岸相通，亭畔叠岸缀石，植桃种柳。冬去春来之际，此处冰融绿泛春讯先知，是园内赏春、观景的绝佳之处。岛上的桃柳姿态各异，既可欣赏春意，又可作为前景掩映主景万寿山佛香阁，需要经常进行修剪，枝叶不能过长过密，采用自然式的修剪方式，疏除多余枝条，剪锯口处涂抹与树皮颜色一致的保护剂，修剪后的植株，姿态典雅疏朗，不留一丝人工痕迹（图3）。

3.2　"得体合宜、精在体宜"——把控空间比例

古典园林中的植物配置贵精不贵多，重在姿态，符合画意。树形树姿的变化应加以控制，注重植物的体量与周围建筑、山石的比例关系，争取做到"增一分则过大，减一分则太小"；爬藤植物不能掩盖山石的风骨，以不超过其1/3面积为宜；湖面的水生植物应加以控制，留出倒影的空间；等等（图4）。

图3　知春岛柳树修剪前后效果对比

图 4　延赏斋湖边的榆叶梅通过修剪控制在恰当的高度

3.3 "嘉则收之，俗则屏之"——讲究视觉效果

《园冶》中指出："极目所至，嘉则收之，俗则屏之。"园林植物有分隔、联系空间的作用，利用园林植物能够对园林空间进行有效组织，植物的枝条、叶冠有疏有密，视线有通透有阻隔，使得景物似隔非隔、有藏有露，通过借景、漏景、障景、隔景等手法，将美的景色借进来、漏出去，不好的东西则可以通过茂密的树冠将其遮挡、掩饰。实现"视线所及，人游画中，画随人动"。

"嘉则收之"，即打通借景视线。从耕织图景区往东望去，如果西堤上的桃柳枝叶过密，就会遮挡后面万寿山佛香阁的景色。如在一些重要位置通过大树整形修剪，将佛香阁的景色透过来，就会增色不少（图 5）。万寿山的松柏植株生长越来越高，山上的一些建筑逐渐被树林淹没，在昆明湖上看不到恢宏的园林建筑景观，而在山上一些著名的观赏湖景的亭台楼榭里一样望不到昆明湖景。如对湖山真意亭西侧的树木进行修剪，站在亭内便可远望西山，对景福阁南侧、千峰彩翠城关、燕台大观南侧的树木进行修剪来降低高度，在这些地方就可以望到昆明湖，体会步移景异、人在画中游的感受（图 6）。

"俗则屏之"，即障景手法。后溪河北岸的土山，是由建园时候开挖后溪河的土方堆叠而成，土山上栽植松、枫、槲、桃、朴等乔木，浓密高大的树冠将园墙和园外的喧嚣隔绝，对于这些高大树木要尽量多地保留枝叶，以营造幽深静谧的景观环境（图 7）。同

图 5　由耕织图景区东望佛香阁，大树修剪前后对比

修剪前　　　　　　　　　　　　　　　　　　　　　修剪后

画中游　　　　　　　　　　山顶平台　　千峰彩翠　　　　　　景福阁

重翠亭

图 6　透景线景观植物的修剪——以万寿山区域为例

理，对于一些必不可少的现代设施设备，如电闸箱、喷灌设施、通信设备等，则可以通过将其安置在茂密枝叶的花灌木背后，将其隐藏起来。

3.4 "林荫莺歌""虫草鸣幽""观鱼濠上"——强调生态和谐

《园冶》中有大量关于园林虚景的描述，如花香、鸟语、游鱼、虫鸣等，通过虚景的添色，使得游园者得到精神领域的深层次愉悦。在植物养护中同样要注重这点，如病虫害防治工作，就应遵循"生态、可持续"原则，采取综合防治措施，降低主要病虫害的危险程度。适当保护和补充能够吸引鸟类和昆虫的植物，使园中既有名木争秀，亦有野花缤纷，给游园者增添更多情趣。

图 7　后溪河北岸的植物群落，将大墙和外界的喧嚣隔绝开来

4　实现颐和园植物景观精细化管理的可持续途径

4.1　编制植物景观规划

根据已有的文献和资料，编制植物景观规划，包括《颐和园古树名木保护和利用规划》《树木调整及修剪整形规划》，以规划指导实践，逐步予以落实。例如 2015 年开始实施的《颐和园透景线景观植物修剪五年规划》，通过对大型乔木整形修剪，打开景观视线廊道，尊重和体现颐和园丰富的空间视觉效果。

4.2　深化网格化管理

引进科学管理理念，对全园植物进行网格化管理。开展历史园林植物景观研究，通过专家论证，制定每个区域内的植物配置标准，不符合原貌的进行植物调整和景观提升。细化到每株树木的冠幅、株高，通过养护加以控制，做到精益求精。建立优秀管护片区评比制度，发现问题并及时整改，确保景观效果达到标准。

4.3　实施人才培养计划

园林是一门艺术，人是对园林风格的保持具有决定性的因素，培养一批深谙中国古典园林文化的人才队伍尤为重要。颐和园的园林绿化工作者，不仅仅需要具有熟练的专业技艺，更应具有中国传统文化背景下的艺术造诣和审美眼光。

4.4　成立颐和园研究院

整合颐和园现有学术力量，发挥京津冀地区科研优势，汇集国内外知名专家学者，共同搭建开放式学术平台，形成学术梯队，开展科研工作，出版学术专著，提升颐和园整体科研水平和研究能力，为颐和园遗产保护与传承提供学术支撑。

5　结语

保护颐和园的原真性和完整性，任重道远。体现在园林工作的各个方面。保护颐和园，就是要保护和传承颐和园遗产所承载的文化、艺术以及审美内涵和价值。以《园冶》造园理论，指导园林植物后期养护管理，着力注重植物与建筑、植物与道路、植物与山石、植物与湖面、植物与山形陆地关系的营建，利用植物来丰富、调和景观，注重景观廊道的保护与重建，力求保持造园时的园林意境，是我们当前乃至今后需要继续探讨和努力的方向。

参考文献

[1]　彭一刚. 中国古典园林分析 [M]. 北京：中国建筑工业出版社，1986.

[2]　陈植. 园冶注释 [M]. 北京：中国建筑工业出版社，1981.

[3]　谢莉.《园冶》导读 [J]. 北方文学（下旬刊），2017（2）：203-214.

[4]　北京市地方志编纂委员会. 北京志·世界遗产卷·颐和园志 [M]. 北京：北京出版社，2004.

[5]　段钟嵘. 中国古典园林的意境与情趣 [J]. 承德民族师专学报，2007，27（3）：20-22.

[6]　樊磊. 植物在中国古典园林意境营造中的作用研究 [D]. 沈阳：沈阳农业大学，2007.

[7]　高大伟. 皇家园林文化景观的美学营建——清漪园和北海创作中的美学基因移植 [J]. 城市规划，2011（2）：28-33.

[8]　朱利峰，赵丹苹. 古典皇家园林庭院空间艺术及植物配置分析 [J]. 北方园艺，2011（11）：88-91.

[9]　华海镜，金荷仙，陈海萍. 园林中的虚景 [J]. 中国园林，2003，19（11）：60-63.

[10]　周武. 园林美学 [M]. 北京：中国农业出版社，1996.

[11]　赵爱华，画境与园景——山水画与中国古典园林关系之探讨 [D]. 西安：西北农林科技大学，2008.

[12]　王其亨，狄雅静，张龙. 颐和园植物历史景观的配置分析 [J]. 天津大学学报（社会科学版），2009，11（6）：504-508.

作者简介

赵晓燕，北京市颐和园管理处。

缪祥流，北京市公园管理中心服务处处长。

颐和园摇蚊优势种群鉴定及绿色防控措施初探 ①

○李 洁 闫春财 朋 康 胡 奎 刘文彬 *

摘 要： 摇蚊是双翅目摇蚊科昆虫的统称，虽具有重要的生态学意义，但其集群婚飞会带给人们不悦，幼虫也会威胁人类健康。为科学有效地防控摇蚊，2018 年 3 月 1 日—2019 年 6 月 1 日于颐和园西堤、西区中路进行了摇蚊的生态学、生物学测定及综合治理措施评价试验。通过对采集样品，鉴定出颐和园摇蚊的优势种为齿突水摇蚊（*Hydrobaenus dentistylus*）。通过对摇蚊采样调查及监测，明确了颐和园水域摇蚊的生活规律。采取以生物防控为主、物理防控为辅的综合防控措施，达到了 0.5m 深水域摇蚊幼虫防控率 95.4%、成虫防控率 94.8%，1.5m 深水域摇蚊幼虫防控率 94.7%、成虫防控率 95.2% 的良好防控效果。

关键词： 摇蚊；绿色防控；发生趋势；鉴定；药剂生物测试

引言

摇蚊是双翅目（Diptera）长角亚目（Nematocera）摇蚊科（Chironomidae）昆虫的统称，完全变态。目前已被描述的摇蚊种类超过 6000 种 [1]，世界估计有 1.5 万种 [2]。摇蚊幼虫生活在各种类型的水体中，是种类最多，分布最广，密度和生物量最大的淡水底栖动物类群之一 [3]。作为初级消费者，其即可以滤食藻类等浮游植物，又是诸多鱼类的天然饵料。在水生生态系统中发挥着不可或缺的作用，也是水质监测的生物指标。然而，数量惊人的摇蚊集中羽化，加之其集群婚飞的习性，虽然"不咬人"，但也会造成扰民、污秽建筑物和车辆、妨碍交通安全等不良影响 [4]。而且，摇蚊幼虫体内的血红蛋白是人类重要的变态反应源之一，某些种类还可能携带病原体，引起哮喘、皮炎等疾病，威胁人类健康。

① 基金项目：北京市颐和园管理处科技课题，国家自然科学基金（编号：31672324、31801994），天津市自然科学基金（编号：18JCYBJC96100、18JCQNJC14700）。

　　摇蚊的适应性极高，几乎可以滋生在任何水体，抗逆性强，导致防控工作较为困难。摇蚊绿色防控体系的构建依据颐和园水域摇蚊的生态学、生物学测定及综合治理措施评价试验示范开展，对颐和园西堤、西区中路区域的摇蚊进行调查测定和防控，覆盖面积约 80 亩（约 5.3hm^2）。从 2018 年的 3 月 1 日至 2019 年的 6 月 1 日，持续时间 15 个月，明确了园内摇蚊种类，对春季扰民的优势种——齿突水摇蚊的生态习性进行了研究，总结了环境因素对摇蚊大量发生的影响，分析了优势种群区域性集中爆发的主要原因；通过室内和实地的生物测定，对生物制剂这一防治措施进行了效果评价，最终有效控制了摇蚊的种群数量和虫口密度，降低了摇蚊对景观环境和游客游览的影响，起到了推广和示范作用，取得了良好的生态效益和环境效益。

1　摇蚊幼虫发生规律调查及优势种群鉴定

1.1　调查方法

　　采样调查是调查摇蚊幼虫在水中发生规律的重要方法，摸清摇蚊幼虫发生规律有助于提高药剂防控的精准性。设置 5 个采样点（图 1），在 3—11 月份每月进行 2 次采样。每个采样点分别进行浅水采样和深水采样两种采样方法。浅水采样选择在不超过 0.5m 深的水域中（5 个采样点沿岸区域平均水深），用 D 型 - 底栖生物采集网采样。深水采样选择在约 1.5m 深处的水域（5 个采样点平均水深），沉入小型底栖彼得逊采泥器收集样土，采样点用浮标标记。同时用特制抄网采集摇蚊蛹期蜕皮用于辅助鉴定。

　　每次取样取 3~5cm 深处表土 5kg，将样土收纳入采样箱保存。利用 60m 孔目的筛网洗涤样土，洗涤后装入 50ml 的烧杯中，倒入 95% 浓度的乙醇进行固定。将固定后的样土倒入白色瓷盘，人工分拣出摇蚊幼虫进行计数。将分拣出的摇蚊幼虫放入 75% 酒精中固定。在实验室中将标本鉴至尽可能低的分类单元 [5-8]。

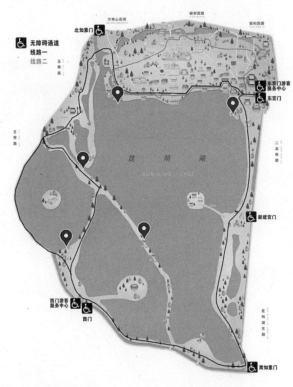

图 1　幼虫采样点分布

1.2　摇蚊幼虫种类鉴定

将保存的摇蚊幼虫样本制成玻片利用电子显微镜观察其形态学特征。制片方法参照Sæther（1969）和唐红渠（2006），研究形态学术语及测量标准参照Sæther（1980）[9-11]。根据对摇蚊形态学学特征的对比，依据其头壳触角和口器各部分（背颏、腹颏、唇舌、上颚、前上颚和上唇）结构，加上蛹期蜕皮触角和背板特制，优势种的摇蚊鉴定为齿突水摇蚊（*Hydrobaenus dentistylus*）[5, 10, 12]。

1.3　齿突水摇蚊幼虫形态特征（图2、图3）

体长7.15mm，头壳500μm，宽400μm。颜色头壳略带呈褐色，前上颚顶端1/2处为黑色，上颚顶端、颏板和后头缘黑褐色。触角长115μm；AR1.87；基节长宽比：4，环器在基部1/5处，感觉孔靠近基节2/5处；触角叶长35μm，伸至第4节顶端。上唇：SI刚毛6~8支，长37.5μm；SII感觉毛单一，长50μm；前上颚二分叉，长87.5μm。上颚长180μm，上颚顶齿长22.5μm，约是3内齿总宽度的0.82；齿下毛长15μm，达第1内齿端部。颏板宽175μm；两颏中齿25μm宽；腹颏板最大宽度15μm；两亚颏毛间距80μm；后颏长217.5μm。腹部尾刚毛台60μm，基部宽58μm，部分骨化，顶端具有7根强壮肛毛，长687.5μm；肛上毛长462.5μm；后原足长150μm，肛管是后原足长度的2/3。

1.4　齿突水摇蚊幼虫生活习性

齿突水摇蚊虫为水生，生活于冷水，特别是流水中，占据整个生命周期的90%，与流水环境相适应的形态特征是它们的身体细长，后原足发达，用以勾住基质不易被水冲走。从幼虫到蛹，一般要经过4个龄期，蜕皮3次。I、II龄期较短，营自由生活；III、IV龄的幼虫潜入水底，营巢定居生活。如果非III龄期幼虫越冬，那么IV龄幼

图2　齿突水摇蚊老熟幼虫　　　　　　　　图3　齿突水摇蚊老熟幼虫头

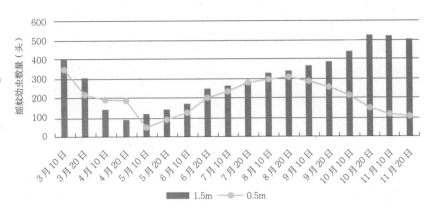

图 4　摇蚊幼虫发生规律趋势

虫生活时期最长。进入Ⅲ龄以后的幼虫，胸部的第 2、3 节由于内部各种器官的发育而开始膨大、颜色开始变白，这时第 2、3 节的区别变的不明显，但与腹部出现明显区别。进入Ⅳ龄后，胸节再度膨大，此时的胸节已经融合并出现色斑，幼虫逐渐缩小，开始进入蛹期。摄食方式为集食和滤食：直突摇蚊亚科主要是集食栖息地所在处的石头或植物茎、叶表面上附着或沉积的藻类和其他有机微粒；筑巢实际上是摄食行为之一，以方便滤食。幼虫为封闭式气管系统，依靠血红蛋白这种"呼吸色素"来吸收氧气。

1.5　幼虫发生规律分析

根据采样情况绘制出摇蚊幼虫发生规律趋势（图 4），由图 4 可知，在 3 月上旬，深水区域越冬的摇蚊幼虫开始向浅水区域活动，3 月上旬至 4 月下旬期间摇蚊幼虫数量逐渐减少，成虫开始由浅水逐渐羽化，这段时间摇蚊成虫较多。5 月中旬，摇蚊成虫开始产卵；5 月下旬至 8 月下旬，摇蚊幼虫逐渐增多，主要分布在深水区域内生活取食；9 月中旬，摇蚊逐渐由浅水区域向深水区域集中活动；10 月下旬，摇蚊幼虫基本集中在深水区域准备越冬。

2　摇蚊成虫发生规律调查

2.1　调查方法

监测摇蚊成虫时间空间分布有助于增加药剂防控的精准性。设置 5 个监测点，同幼虫采样点（图 1），每个监测点分别设置定点成虫监测器，和漂浮成虫监测器，定点成虫监测器设置于不超过 0.5m 深的浅水区域，漂浮成虫监测器设置在 1.5m 深的水域。监测工作 3—11 月每周进行 1 次，统计成虫数量，采样带回并鉴定。每个监测点另设置光诱捕蚊器 1 处，在夜间对摇蚊进行监测。

2.2 摇蚊成虫种类鉴定

将保存的摇蚊成虫样本制成玻片利用电子显微镜观察其形态学特征。制片方法参照 Sæther（1969），研究形态学术语及测量标准参照 Sæther（1980）[9, 11]。根据对摇蚊形态学学特征的对比，依据其头部、翅脉、生殖节背板特征，特别是第Ⅸ背板中央向后突起，形成尖角，常常似肛尖，被毛；抱器端节靠端部具一齿状或指状突特征，优势种的摇蚊鉴定为齿突水摇蚊（*Hydrobaenus dentistylus*，1985），且该种生殖节变异巨大，优势种的鉴定结果和幼虫、蛹期一致 [13~14]。

2.3 齿突水摇蚊成虫形态特征（图 5）

雄成虫体长 3.03~4.68mm；翅长 1.84~2.48mm；体翅比 1.50~1.95；翅长腿节长比 2.26~2.55；胸部棕黑色，腹部棕黄色，翅棕色。触角比 1.45~2.26；颚毛 5~14 根，内顶鬃 0~4 根，外顶鬃 2~8 根，眶后鬃 3~8 根；唇基毛 10~23 根；幕骨 165~220μm；下唇须第 5 节与第 3 节长度比值为 1.04~1.36。前胸背板鬃上侧毛 0~3 根，下侧毛 2~10；无中鬃；背中鬃 8~12 根；翅前鬃 5~8 根，单排；小盾片鬃 5~14 根，1~2 排。翅脉比 1.06~1.20；前缘脉延伸长 30~50μm；R 脉具 8~16 根刚毛，R1 脉具 0~4 根刚毛其余脉无毛；翅瓣毛 12~31 根。前足胫距长 53~90μm，基部无鳞毛；中足 2 胫距分别长 23~30μm 和 30~50μm；后足 2 根胫距，较短胫距长 12~30μm，较长胫距长 55~80μm，中后足胫距无或具薄弱的鳞毛；后足胫栉具 9~14 根棘刺；前足第 1、2 跗节一般无伪胫距，偶见 1 根；中足第 1 跗节具 1~3 根，第 2 跗节 0~2 根；后足伪胫距同中足。生殖节无外突的肛尖；第Ⅸ背板具刚毛 38~87 根，中部后缘突出，形成尖角，常常似肛尖，被毛背板侧刚毛 6~10 根；阳茎内突长 105~130μm，横腹内生殖突长 100~150μm，中间上拱，两侧骨化突显著，上翘；阳茎刺突较细长，长 8~25μm，含 2~4 根刺；抱器基节长 240~300μm；下附器分上下两叶，下叶小于上叶，形状相似，外缘均较圆；抱器端节长 103~125μm，亚端部具齿状至指状突起；抱器端棘长 15~30μm；殖节比为 2.08~2.54；生殖节值：2.88~3.90。

2.4 齿突水摇蚊成虫生活习性

成虫婚飞，交尾在飞舞中进行。成虫有强趋光性，对二氧化碳、热和汗水十分敏感，能在一定的距离内感知到恒温的哺乳动物。成虫口器退化，几乎不进食，只能存活几天（图 6）。

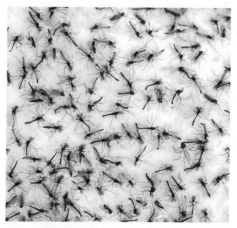

图 5 齿突水摇蚊成虫

2.5　成虫发生规律分析

根据成虫监测器的监测结果绘制成虫监测器监测趋势（图7），根据趋势图可以了解到成虫在3月上旬开始羽化，至3月中旬进入羽化高峰期，进入4月上旬成虫开始产卵，多数成虫将卵产在深水区域，产卵后数量逐渐减少。4月下旬至6月中旬，成虫分散在芦苇、草丛中间，密度较小。进入6月下旬成虫基本消失。根据光诱捕蚊器的监测结果

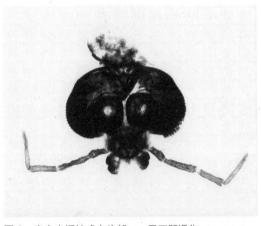

图6　齿突水摇蚊成虫头部——示口器退化

绘制摇蚊成虫的发生趋势（图8），也可得出以上结论，即灯诱效果较监测器监测效果较强。对比数据可知成虫多活动于浅水区域和草丛、芦苇中，深水区域较少。

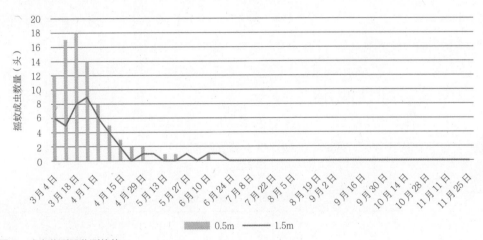

图7　成虫监测器监测趋势

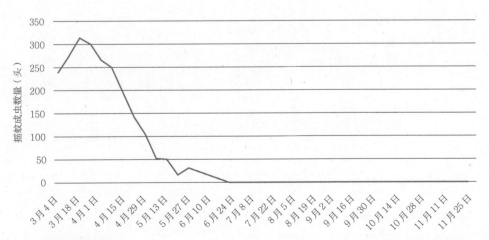

图8　光诱捕蚊器监测趋势

3 药剂室内生物测试

3.1 材料与方法

选择对水摇蚊属防控效果优秀的纯天然制剂进行生物测试。杀幼虫剂为 CJ-LⅠ、CJ-LⅡ、CJ-LⅢ，该系列药剂基于微生物代谢物产品，针对摇蚊和成蚊水生期处理，干颗粒水面施药，可使用喷粉机喷洒；杀成虫剂为 CJ-A1、CJ-A2，该系列药剂基于天然矿物质提取产品，针对滋生地周围栖息的成虫进行诱杀，浓缩诱饵陆地和植被表面施药。

通过摇蚊成虫监测器与灯诱捕蚊器收集成虫，置于蚊笼内，每笼 50 只。剪取颐和园沿湖常见植物枝叶，分别向其喷洒不同稀释倍数的 CJ-A1、CJ-A2 至下滴，在室内晾干，再分别放入笼内，观察 24h、48h、72h 死亡率。同时设对照以清水处理植物枝叶。

在 4 个 30cm×10cm 的水族箱中分别加入等量且分成 4 份的颐和园西堤周围含高幼虫密度的沉淀，加通气泵，盖网纱。分别用 CJ-LⅠ、CJ-LⅡ、CJ-LⅢ进行撒施，同时设对照组喷施清水。每日记录羽化的成虫数量直到对照无成虫。

3.2 药剂测试结果分析

如表 1 所示，杀成虫剂选用 CJ-A1 稀释 4 倍喷雾效果最佳，即可以迅速达到成虫死亡率 90% 的防控效果，同时不会破坏生态链的完整。

杀成虫剂药剂生物测试效果　　　　　　　　　　　　　　表 1

药剂	浓度	死亡率		
		24h	48h	72h
CJ-A1	2	94%	100%	100%
	4	90%	92%	96%
	10	82%	86%	88%
CJ-A2	2	86%	92%	96%
	4	78%	84%	88%
	10	72%	78%	80%
清水	—	0	2%	4%

如表 2 所示，杀幼虫剂选用 CJ-LⅡ撒施，即可以迅速达到良好的防控效果，同时不会破坏生态链的完整，消灭全部摇蚊幼虫。

杀幼虫剂药剂生物测试效果　　　　　　表2

药剂	收获摇蚊成虫数量							
	day1	day2	day3	day4	day5	day6	day7	day8
CJ-LI	0	0	0	0	0	0	0	0
CJ-LII	4	1	1	0	0	0	0	0
CJ-LIII	9	5	3	2	0	2	3	1
清水	15	11	23	44	22	27	13	5

4　综合防控措施应用评价

4.1　材料与方法

2019年3月1日—3月3日对颐和园西堤、西区中路的沿湖区域进行纯天然制剂防控工作，同时在藻鉴堂及凤凰墩区域设置对照区域，向湖岸边的植物、地面、围栏上喷施CJ-A1稀释4倍药液，向浅水区域使用喷粉机喷施CJ-LⅡ颗粒剂，对照区域喷施清水（图9）。防控工作持续3天，成虫防控面积约38亩，用药129kg，幼虫防控面积约36亩，用药136.8kg。防控后利用采样、定点成虫监测器、漂浮成虫监测器和光诱捕蚊器进行统计，发现摇蚊数量减少明显。3—5月每周在防控区和对照区分别进行扫网，统计摇蚊成虫数量进行对比。

2018年3—7月、2019年3—6月设置光诱捕蚊器。

悬挂黄板诱杀摇蚊成虫。保持黄板高度一致，间隔一致，尽量保证景观性。每星期及时撤除无效黄板，替换新黄板。黄板重点设置于西堤两侧，根据监测情况在其他发生量大的地方也进行设置，每批黄板120张大概每两星期更换一次，共需1200张。在2018年3—6月和2019年3—6月对其中10个悬挂点的黄板每两周进行计数统计，取平均值，调查每个悬挂点黄板对摇蚊成虫的防控效果。同时在对照区也设置10个悬挂点，进行调查。

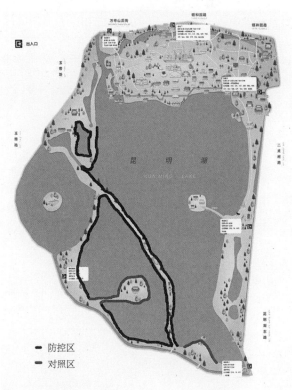

图9　防控区域与对照区域

4.2 防控效果评价

针对 2018—2019 年摇蚊发生量对比，其中 0.5m 深水域摇蚊幼虫防控率达到 95.9%（图 10），成虫防控率达到 94%（图 11）。1.5m 深水域摇蚊幼虫防控率达到 95.2%（图 12），成虫防控率达到 94.3%（图 13）。光诱捕蚊器诱捕到的摇蚊成虫同比减少 94.8%（图 14）。通过扫网对比，发现对照区域的摇蚊发生情况明显较防控区域严重（图 15），防控效果显著。

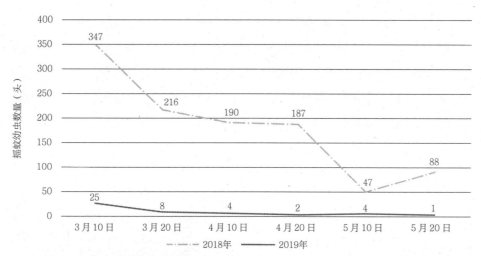

图 10　防控前后 0.5m 水域摇蚊幼虫采样对比

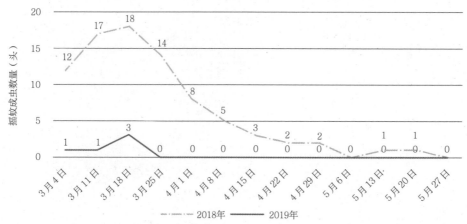

图 11　防控前后 0.5m 水域摇蚊成虫监测对比

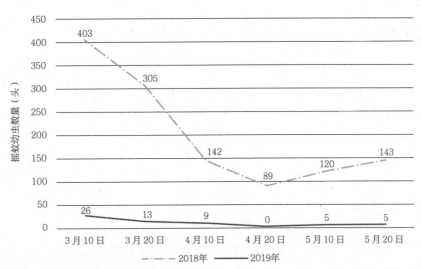

图 12　防控前后 1.5m 水域摇蚊幼虫采样对比

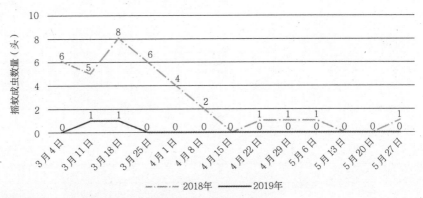

图 13　防控前后 1.5m 水域摇蚊成虫监测对比

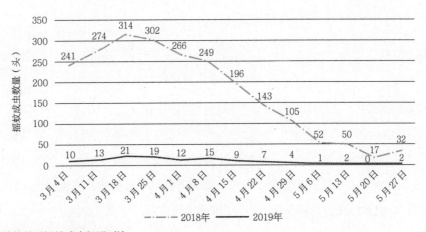

图 14　防控前后摇蚊成虫灯诱对比

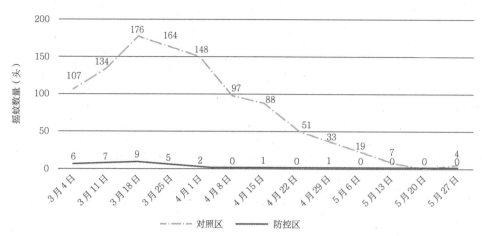

图 15　摇蚊防控区与对照区扫网对比

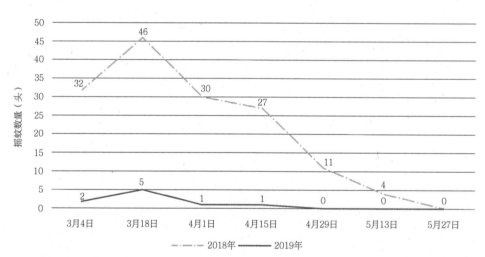

图 16　黄板对摇蚊成虫的平均防控效果两年对比

在颐和园西堤、西区中路区域单个悬挂点的黄板在未进行纯天然制剂防控的情况下，平均可以诱杀 150 只左右的摇蚊成虫，在进行纯天然制剂防控后，平均可以诱杀 9 只左右的摇蚊成虫（图 16）。黄板本身对摇蚊防控效果较弱，但可以起到良好的监测效果，在防控区与对照区设置黄板，可以明显监测到对照区的摇蚊发生情况较防控区严重（图 17）。设置灯光诱虫器 5 套，起到监测和防控的效果，2018 年全年诱杀摇蚊成虫 2288 头。

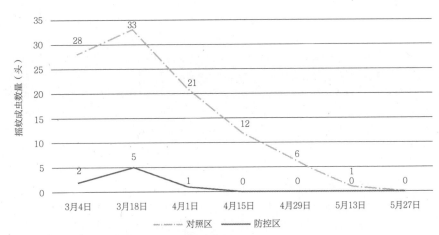

图 17　防控区与对照区黄板对摇蚊成虫的平均防控效果

5　结语

摇蚊是监测水体环境和污染状况的优良指示生物，在生态学和环境科学领域中有重要研究价值 [15]。因其不同的种类对于水域生态环境要求不同，使其成为监测水体环境及污染状况的指示生物 [16]。摇蚊不仅在食物链上是重要一环，也是水生经济养殖动物的绝佳饲料。因此，防控思路应该是控制摇蚊数量在不造成扰民的范围之内，并不是赶尽杀绝，破坏自然生态。

目前我国摇蚊防控技术尚不成熟，存在一些误区。例如大规模使用化学药剂灭杀摇蚊幼虫，往往会因为药剂靶性不强，误杀其他生物，造成生态污染。

随着摇蚊绿色防控体系的逐渐建立，现已可以全方位有效控制摇蚊数量。在 2019 年春季，颐和园通过这一体系实现了摇蚊的有效防控。持续对摇蚊分布和控制方法的评估与研究，进而推广摇蚊种群评估和治理的成功范例，有助于保障和谐自然的人居环境，同时也利于对生态环境的维护。

参考文献

[1]　陈姗，王丽卿，张瑞雷 . 蒙古国摇蚊分类学的研究进展及名录 [J]. 生物学杂志，2017（5）: 98-104.

[2]　Armitage P D, Cranston P S, Pinder L C V. The Chironomidae. Biology and ecology of non-biting midges [M]. [S.I.]: Chapman and Hall. 1995.

[3]　王士达，叶奕佐 . 危害莼菜的几种摇蚊幼虫 [J]. 水产科技情报，1989（4）: 98-99.

[4] Wang X. Nuisance Chironomid midges recorded from China（Diptera）[C]//Late 20th Century Rarearch on Chimnomidae: Anthology from the 13th International Symponium on Chironomidae. Odwin Hoffrichter Shaker Veriag ed., Aachen, 2000: 653-658.

[5] 王俊才，王新华 . 中国北方摇蚊幼虫 [M]. 北京：中国言实出版社，2011.

[6] 刘月英，张文珍，王跃先，等 . 中国经济动物志——淡水软体动物 [M]. 北京：科学出版社，1979.

[7] 梁彦龄，王洪铸 . 高级水生生物学 [M]. 北京：科学出版社，1999.

[8] 刘学勤 . 湖泊底栖动物食物组成与食物网研究 [D]. 北京：中国科学院，2006.

[9] Sæther O A. Some Nearctic Podonominae, Diamesinae and Orthocladiinae（Diptera: Chironomidae）[J]. Bulletin of the Fisheries Research Board of Canada, 1969, 170, 1-154.

[10] 唐红渠 . 中国摇蚊幼虫生物系统学研究（双翅目：摇蚊科）[D]. 天津：南开大学，2006.

[11] Sæther O A. Glossary of chironomid morphology terminology（Chironomidae: Diptera）[J]. Entomologica scandinavica Supplement, 1980, 14: 1-51.

[12] 刘文彬 . 中国摇蚊科蛹期生物系统学研究（双翅目：摇蚊科）[D]. 天津：南开大学，2017.

[13] 孙慧 . 中国直突摇蚊亚科布摇蚊复合体及直突摇蚊复合体七属系统学研究（双翅目：摇蚊科）[D]. 天津：南开大学，2010.

[14] 刘文彬，罗阳，王新华 . 中国水摇蚊属三新记录种记述（双翅目：摇蚊科）[J]. 南开大学学报（自然科学版），2015（6）：78-85.

[15] 丁煌英，宁鹏飞，张庆，等 . 剑湖摇蚊幼虫的空间分布与水质评价 [J]. 水生态学杂志，2017，38（3）：58-65.

[16] 王俊才，方志刚，鞠复华 . 摇蚊幼虫分布及其与水质的关系 [J]. 生态学杂志，2000，19（4）：27-37.

作者简介

李洁，北京市颐和园管理处。

闫春财，天津师范大学。

朋康，北京中农瑞景生态科技有限公司。

胡奎，北京中农瑞景生态科技有限公司。

（通信作者）刘文彬，天津师范大学。

颐和园万寿山生态修复调研

○ 闫宝兴　黄　鑫

　　摘　要：本文通过对万寿山现状植物、地貌等因素的调查，探究山体水土流失的原因，并依据现状情况进行分析研究，制定生态治理方案，最大限度保护颐和园原有历史景观格局与风貌的原真性和完整性，以提升颐和园生态景观历史风貌价值、生态价值和游憩价值。

　　关键词：万寿山；生态修复；生态治理

引言

　　颐和园始建于清乾隆十五年（1750 年），前身为清漪园，总占地面积为 300.8hm²，是一座由万寿山、昆明湖为主体框架构成的大型山水园林。颐和园作为著名的"三山五园"皇家园林群体的构景中心，有着得天独厚的天然山水地貌和温润的气候条件，以及丰茂的植被和多样的生物类型，在优越的自然环境基础上经过人工潜心规划，形成了最具园林艺术精华的中国皇家园林，具有杰出的园林成就和历史艺术价值。

　　万寿山部分区域山体坡度大，且地形多变，受游人活动影响，部分林下植被体系遭到破坏。加之近几年雨季极端天气频繁，降雨强度大、持续时间长，造成坡面局部水土流失加剧，存在坡面滑塌的危险，对园区古建、古树、设施，及游客游览产生安全隐患，同时泥水流至园区路面，造成路面泥泞、湿滑，对园区整体景观风貌维护产生不利影响。针对以上问题，万寿山区域的生态修复迫在眉睫。

1　颐和园万寿山自然地貌

　　颐和园主体结构由万寿山、昆明湖构成，山体和湖体自然发育的历史可以追溯到距今 2.5 亿年前的二叠纪，在海陆交替的震荡状态中，西山一带上升为陆地，地势平坦，形成了"红庙岭砂岩"[1]，后经过地壳变动发生巨大变化，经过剧烈的活动和强烈的腐蚀作用形成今日万寿山和昆明湖的雏形。万寿山在金、元时期因山麓魁大、凹秀似瓮型被称为瓮山。

万寿山为西山的一支余脉，属于燕山山脉，东西长约 1000m，海拔 58.59m。万寿山在西北郊占据着得天独厚的地理环境优势，山势南北坡较为陡峭，平均坡度在 50% 以上，而东西向略缓，平均坡度仅为 25% 左右。万寿山海拔 108.94m，山体为单斜构造，山岩多为淡红色，颗粒较大，质地坚硬，由白色石英粒和红色铁质黏体组合而成，为坚硬的长石石英砂岩。岩层中夹杂的白色石脉为石英，由岩浆活动形成。岩层大致为东西走向，向北倾斜，倾角比较大，局部岩层近似为直立产状，且局部山体岩石裸露，部分裸露岩石出现风化脱落现象。

颐和园植物群落是以元、明时期的植物生态环境为基础，万寿山植被为主体，经过潜心规划，在天然地貌的基础上，根据不同植物的特色形成不同景观。万寿山在清漪园建园前名为瓮山，被人称为"童童无草木"的"荒山"，经过多年的栽植和从外地移植树种，现在逐步形成了郁郁葱葱的大片针叶松、柏和由落叶、阔叶乔木树种组成的混交林。万寿山群落以针阔混交群和常绿针叶群落为主，由于万寿山前山的植物群落的主要功能为造景，用来衬托前山建筑群落之美，因此人工种植了大量侧柏、桧柏、油松、白皮松等常绿针叶树种。而后山的群落除了造景作用外，还担负着生态功能，因此后山的植物配置主要是模拟自然界的针阔混交型群落。从群落组成和结构上看，栽培植物在万寿山植物群落中占有较大比例，植物群落中灌木的种类偏少、多样性不够丰富，且在乔灌木的配置上还有待调整。

2 调查内容与方法

通过现场踏查与基础资料收集，综合区域内道路、地形地貌和水土流失状况，根据万寿山地形图和道路分布将万寿山区域划分为 37 个地块（图 1），以各地块为单元进行实地踏查，初步探查区域水土流失状况及其成因，调查的指标包括但不限于地形、母质、水文、植被、土壤和人为活动等。

2.1 调查内容

（1）地形地貌：包括地形的各向异性、高程、坡向、坡度、坡长等。

（2）植被状况：包括乔、灌、草种类，生长状况，乔木郁闭度，灌木和草本的盖度，地表裸露程度等。

（3）水土流失：主要水土流失类型的分布、数量（面积）、强度、侵蚀状况和原因（自然或人为因素）；特别是侵蚀沟调查，包括汇流面积，汇流路径，侵蚀沟形状、长度、深度、宽度、沟边和沟底土壤颗粒组成、植被状况等。

北

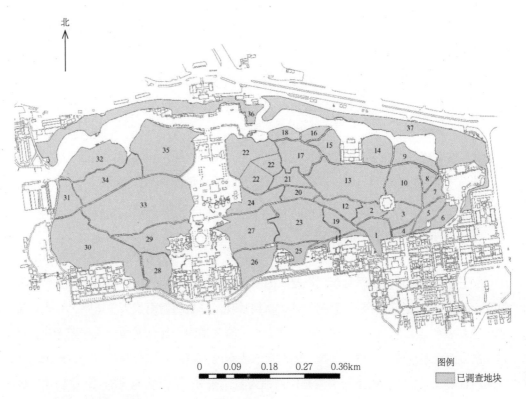

0   0.09   0.18   0.27   0.36km

图例

▨ 已调查地块

图1　万寿山调查区域划分图

（4）水保措施：包括地形整治工程措施、生物措施的类型、规模、保存状况、发挥效果等。

（5）人为干扰：包括道路（规划道路与践踏道路）、植被损坏状况、园区施工等。

（6）溯源追踪：对万寿山水土流失严重区域进行溯源追踪，通过汇流路径寻找汇流点，并在地形图标注。

2.2　监测内容

2.2.1　微气象监测

布设小型气象站，监测太阳辐射、降雨、空气温度、空气湿度、大气压力、风速、风向、土壤温度、土壤湿度等因子。定期下载气象数据进行进行数据整理、统计分析。

2.2.2　定位监测

对水土流失严重区域进行重点定位监测。根据现场踏查结果，确定12个沟蚀点、12个面蚀点、4个重力侵蚀监测点开展监测。在每次降雨后前往监测点进行数据采集。

2.2.3　临时加测

非定位监测区域，发生明显水土流失，临时加测。

2.3　监测方法

2.3.1　侵蚀沟调查法

侵蚀沟按大（沟宽大于 50cm）、中（沟宽 20~50cm）、小（沟宽小于 20cm）3 类进行统计，每条沟测定沟长和上、中上、中、中下和下部共 5 个部位的沟顶宽、底宽、沟深，推算流失量。同时调查测定侵蚀沟的物质组成和植被状况。

2.3.2　测钎法

选择有代表性、人为干扰较少坡面，以及重力侵蚀区域布设测钎。在选定的监测区域，按网格状等间距设置。测钎间距视坡面状况设置，数量不少于 9 根。

3　调查结果及主要问题

由于近些年频繁出现恶劣天气以及人为活动的影响，颐和园山体坡面植被受到不同程度的破坏，水土流失严重，影响山体的植被景观。并且随着雨雪天气影响，地表径流中含带大量表层土壤，造成整体坡面位移、水土流失加剧，部分坡面植被残留无几，甚至存在坡面滑塌和树木倾覆的危险。同时泥水流至园区路面，造成路面泥泞、湿滑。经实地调查发现，万寿山水土流失主要以沟蚀为主，在 37 个自然地块的 29 个地块中共发现了 151 条侵蚀沟，其中轻度侵蚀区主要分布在云松巢、妙觉寺、善现寺、景福阁、紫气东来，中度侵蚀区主要分布在写秋轩、多宝塔、澹宁堂、益寿堂，强度侵蚀区主要分布在绮望轩、构虚轩、骇春园、福荫轩。33 个地块存在面状侵蚀，面蚀总面积达 9049.97m^2，占总面积的 32%。轻度侵蚀区主要分布在妙觉寺、绮望轩址、云松巢、紫气东来，中度侵蚀区主要分布在写秋轩、荟亭、澹宁堂、眺远门，强度侵蚀区主要分布在构虚轩、福荫轩。重力侵蚀分布较少，主要分布在多宝塔、澹宁堂、后溪河南岸（图 2）。

3.1　坡面植被及设施破损严重

受日常雨雪等天气影响，植被破坏严重，坡面裸露，雨后侵蚀细沟密布坡面，与周边环境反差明显、不协调，影响园内景观。近年来的暴雨加剧了坡面裸露及侵蚀，促使植被破坏与水土流失形成恶性循环，加大了园林植被恢复的难度。

3.2　植被退化，水土流失严重

调查区域内坡面植被大多为浅根系，固土能力较弱。同时，由于夏季瞬时降雨强度大，大面积植被冲毁，导致坡面土壤流失、植被退化、树木根系外露，对古树生长产生不良影响，甚至可能导致树木死亡，造成不可恢复的损失。

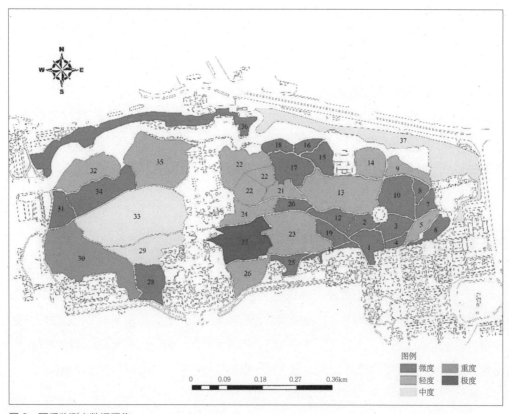

图2 雨后监测点数据采集

部分泥沙随地表径流直接流入昆明湖，造成水质恶化，影响水体景观。长此以往，泥沙在湖内淤积，甚至造成库容减小，进一步引起水体的富营养化。

3.3 坡面稳定性下降，坡体位移形成安全隐患

由于部分坡面植被覆盖率较低，造成表层土壤稳定性差。伴随日常雨雪等天气影响，地表径流加大，并含带大量坡面表层土，造成坡体位移，整体坡面坡脚部分高出现有防护墙顶端，使现有挡墙无法满足安全防护要求，对周边古建筑形成一定安全隐患。同时，大量坡面土壤随着地表径流流至路面，在降水期间造成路面泥泞、湿滑等现象，对游客造成不便，并对周边景观产生不良影响。

3.4 坡面排水系统功能发挥受限，加剧坡体不稳定性

由于坡面缺乏有效导流措施，排水设施不成系统，部分排水设施虽然较为完整，但无法满足频繁出现的极端恶劣天气，使雨水径流不能有效地通过排水系统顺利排导，加剧坡面水土流失。部分乔木根部土壤流失严重，使树木整体呈现半悬空状态。项目区内古建筑较多、日常游客流量大，悬空的树木对古建筑及游人均产生一定的

安全隐患。同时，坡面大量泥沙随径流淤积于园内步道，使步道湿滑泥泞，游人极易摔伤。

3.5　部分防护措施老化，无法满足安全需求

园内现有防护设施均出现不同程度的老化、破损、变形等现象，局部存在安全隐患，导致设施防治功能性减弱。同时，由于原设施建成较早，存在不完善现象，在经历暴雨后，局部墙体出现外移、坍塌或反倾斜现象，部分甚至存在墙体倾覆、土体滑塌的可能，防护性能受损，基本无法满足防护功能需要。

4　综合治理方案

万寿山生态修复治理方案是以保护世界文化遗产的完整性为前提，汲取古人的智慧，将人工治理和自然环境相融合，将径流疏导和园林景观相结合，采用不同的治理手段分区治理，将水流通过拦截、疏导等方法导入原有的排水系统，减少对坡面和路面的冲刷；采用生态带护坡、坡面植草及增加固土灌木层、植被恢复等生态措施进行固土护坡。

4.1　治理措施

4.1.1　完善排水系统

对于万寿山水土流失治理工程来说，水是一个至关重要的因素，也是导致土壤侵蚀的主要自然因素之一。以古人修建的排水系统为借鉴，完善或修复区域排水系统，应在区域内，根据实际地形砌筑截排水沟等，用以疏导、排泄地表径流。存在某些坡度变化较大的区域，考虑减小地表径流对水土流失和土质减弱的影响，安置挡水石、护土筋、散点石等措施。必要时考虑将坡面径流改为地下径流。

4.1.2　稳定坡体

由于长期的坡面水土流失和人为活动的破坏，局部坡体表层、挡墙存在不稳定隐患，对不稳定的坡面，通过采取削坡、拦挡、加固等技术措施，实现坡体稳定。对路边危树，采取回土、拦挡、稳固措施，实现坡面种植土的恢复。再结合松木桩、植被袋等工程措施，利用藤蔓植物覆盖，实现对古树的保护。

4.1.3　整理坡面

部分坡体稳定性相对较好，但由于人为践踏和坡面径流侵蚀，致使植被破坏、土壤流失和板结现象明显。所以在进行坡面植被恢复前应先对坡面进行必要的整理，以便于植物栽植和播种。在坡面整理的同时，适当改良土壤，为植物后期的生长提供肥力条件，必要时还需进行客土作业。

4.1.4　增加拦挡措施

在沟蚀明显点位处增加拦挡措施，材料使用硬木或松木，也可使用生态袋起到拦挡作用。乔木周围地表裸露处可增加树盘等。

4.1.5　植被恢复

坡面乔木层已经形成，上层树冠茂盛、遮阴明显；但中低层灌草覆盖不足，需进行合理补植，实现地表覆盖、保持水土。设计选择耐荫、根系发达、耐旱的灌草种，采用栽植和播种相结合的形式，自然式布置，注意与周边现有植物景观的融合。

4.2　治理模式

4.2.1　局部坡面治理模式

对于现状坡面较陡、树木根系裸露的情况，会对植物正常生长产生不利的影响，并对存在倒伏等危险的区域进行相应治理。首先，预留出植物生长空间，依据现场情况采用木箱拦挡式围护加固、松木排桩围护加固、松木桩围护加固等措施在植物根部进行半围合式布置，并在围合范围内回填掺入生长基质的种植土。同时，在种植槽内沿措施边缘栽植扶芳藤、金银花等藤蔓植物，点缀绣线菊、金银木等灌木实现植被重建。

4.2.2　整体坡面治理模式

由于山体部分坡面坡度较大，缺少有效的植被覆盖，水土流失现象较为严重。同时，由于缺少坡面排水系统，造成坡面排水不畅，导致坡面整体稳定性差，对古树、周边古建筑产生一定的安全隐患。

首先，根据坡长对坡面进行分级处理，依据坡度不同，选择松木桩等对坡面进行拦挡防护，坡长大于 10m 的坡面可进行分级处理。同时，将防护形式与坡面排水系统相结合，达到稳固坡面的目的。防护措施主要为松木桩结合生态植被袋护坡、木桩分级拦挡护坡、生态植被袋护坡。

在坡面采用播种和栽植相结合的方式进行植被恢复，栽植荚果蕨、绣线菊等耐阴且根系发达的地被植物进行植物拦挡，适当点缀栽植扶芳藤、迎春等植物。

5　结语

颐和园作为世界文化遗产，对它的保护和继承是一项艰巨的工作，要在保护其历史风貌整体性、原真性和可持续性发展的前提下，以可持续发展为目标，采取人工适时干预的措施，适当减少、调整不符合园林意境及影响植物群落健康生长的植物，保持原有的植物景观格局不发生变化。

5.1 统筹兼顾、全面规划

以防治水土流失、改善区域生态环境为基础，进行水土流失防治措施规划，实现区域内生态、社会、经济的可持续发展。

5.2 生态优先，绿色发展

维护万寿山的生态平衡，保护原有地形地貌，对地表裸露、水土流失严重区域进行植被恢复，根据万寿山区域特点及水土流失等环境现状，坚持走"生态优先、绿色发展"的生态保护道路，建设人与自然和谐共处的生态治理体系。依据颐和园植物的配置原则，在万寿山后山适当增加有历史记载的乡土花灌木，增加符合历史风貌的地被植物，丰富植物群落，增加植物的多样性，增加植物的固土能力，防治土壤冲刷，减少水土流失的发生。

5.3 保护为主，防控结合

治理以保护为主，秉持"生物措施为主，工程措施为辅"理念，按照水土流失程度划分区域，因地制宜、因害设防分别布设水土流失防止措施，保障措施的合理性和有效性。通过防治、控制有机统一，实现区域内生态修复。

5.4 生态旅游，适度发展

旅游活动超过一定的强度将会对植物群落的物种丰富度和物种多样性及绿地造成损害。颐和园作为旅游胜地每年接待数百万人次游客，因旅游活动较强，植物群落多样性受到了一定程度的影响。旅游在创造经济价值的同时，也要考虑环境容纳量，将每天的旅客接待量控制在一定的限度内，向游客倡导生态旅游，使游客建立起保护环境、保护生物多样性的意识，才能长远地传承颐和园的历史文化和园林文化。

参考文献

[1]　北京市地方志编纂委员会 . 北京志 · 世界文化遗产卷 · 颐和园志 [M]. 北京：北京出版社，2004.

作者简介

闫宝兴，北京市颐和园管理处。
黄鑫，北京市颐和园管理处。

生态修复技术在遗产保护中的应用

——以颐和园东桃花沟为例

○ 闫宝兴　韩　凌

摘　要：园林遗产作为世界文化遗产的一部分，是珍贵不可复制的。良好的生态环境是园林遗产保护的基础。生态修复技术是通过人工治理和自然自我修复相结合，力争还原自然的生态系统状态，恢复生态系统的生物多样性，达到人与自然的和谐共处。生态修复是生态建设的深化和发展。本文通过对颐和园生态修复技术应用的分析，探讨生态修复技术在遗产保护中的应用与推广。

关键词：生态修复技术；颐和园；遗产保护；东桃花沟；应用

引言

颐和园是以万寿山、昆明湖为主体的皇家园林，是著名的世界文化遗产。而园林遗产作为世界文化遗产的一部分，是珍贵不可复制的。园林遗产所依存的生态环境在社会进程中不断退化，成为脆弱的生态系统。我们必须对生态资源进行保护，维系人与自然的和谐共处。

保护生态环境就是保护生产力，改善生态环境就是发展生产力。自然生态系统是人类赖以生存和发展的物质基础。随着人口的急剧增长、大规模的森林砍伐、长期的工业污染以及资源的不合理利用等问题的出现，直接或间接导致了土壤退化、环境污染、植被破坏、气候异常等生态问题。如何保护现有的生态系统，修复和改善已经退化的生态系统，重建可持续发展的新生态系统，已成为人类亟待解决的重要课题。在此背景下，生态修复研究应运而生，成为现代生态学的重要研究内容[1]。近些年，随着生态修复技术的应用研究，生态修复技术逐渐深入到多个领域，并在园林领域得到了应用和发展。

1　生态修复技术的概念

生态修复是运用生态学原理和系统科学的方法，把现代化技术与传统方法通过合理投入和巧妙结合，使生态系统保持良性的物质、能量循环，从而达到人与自然的协调发展的恢复治理技术。生态修复涉及内容广泛，它需要生态水文学、植物地理学、资源生态学、森林园艺学、地质学、环保学、材料工程学、生物遗传学等相关学科共同参与、相互渗透。

生态修复技术是生态修复的核心内容，它以生态修复理论为研究基础，以不同的退化点为研究对象，从而提出适用于当地生态环境修复和可持续发展的技术模式 [2]。近年来，我国的生态修复技术研究取得了较大的成就，并发挥了越来越重要的作用。

颐和园作为世界文化遗产单位，每天游客多达数万人次，超负荷的游人量使颐和园管理超负荷运转，山体、草坪被践踏，植被破坏，山路土壤板结，造成山体地表径流，加之近几年万寿山绿地改造及山体喷灌系统的建立，导致一些灌木、地被遭到破坏，山体坡面冲刷加大，水土流失严重，景观被破坏，存在安全隐患。为了给广大游人创造优美、和谐的山林环境，还原和保护万寿山遗产地自然生态系统，颐和园园林部门经过多次现场勘查和专家论证，对园内水土流失较为严重的几处地段进行生态修复。

2　生态修复技术的种类

2.1　单项生态修复技术

单项生态技术包括以下 3 种修复方法：

首先，是植物修复技术。植物修复技术是按照生态学规律，利用植物自然演替、人工种植或两者兼顾，使受到人为破坏、污染或自然损毁产生的生态脆弱区建立植物群落，恢复生态功能的技术体系 [3]。这种技术方法充分考虑到人为因素和自然因素，遵循科学的操作规范，使自然生态系统得到最快的恢复，有利于受破坏环境的保护和再生，而且这种方法在天然性、可靠性方面均可发挥其特点，因此也被称为绿色修复。同时，它也是应用最广泛的生态修复技术。

其次，是微生物修复技术。主要是利用微生物降解和转化环境中的有机污染物质达到对生态环境的修复。微生物修复在生态修复中起主导作用。微生物修复中微生物主要包括细菌、真菌及原生动物等三大类。

最后一种是化学修复技术。化学修复技术也是一种常用的生态修复技术，它主要是针对污染物的特征通过添加化学药剂来强制去除或固定污染物，达到对生态环境的修复。目前，化学修复主要被应用于污染土壤的生态修复中。

2.2　复合生态修复技术

复合生态修复技术就是在充分分析不同修复技术特点的基础上，扬长避短，通过不同的修复技术间的有效组合，从而形成一个全新的复合修复技术。这种方法通过各种技术间的有效融合，使风险性降到最低，有效提高了生态修复的效率。

3　生态修复技术应用——以颐和园东桃花沟为例

颐和园是中国传统造园艺术的典范，是我国保存最完好、规模最宏大的古典皇家园林。历经沧桑的古树承载着时空的变迁，是历史的见证物，是一种具有生命特征的文化遗产，是世界文化遗产的重要组成部分，是"活的文物"。颐和园古树大部分生长在万寿山上，尤其是高大古松多生长在后山中御路两侧。颐和园万寿山在多年周边环境变化、常年雨水冲刷下，陡峭坡地存在水土流失现象，进而导致生长在这些区域的古树根系外露，树体倾斜，给古树的生长造成了极大的安全隐患。为了保护万寿山的生态环境，保护珍贵的"活的遗产"——古树名木，园林部门经过反复调研、论证，决定对颐和园东桃花沟采用生态修复技术。

东桃花沟西邻须弥灵境、南邻善现寺、北与寅辉城关相接，是一个沿着山谷线的沟谷，它连接着后山与后溪河将山上的雨水收集流入后溪河，是一处具有功能和景观兼备的结合景点。水平投影面积1420m²，坡面面积1760m²。东桃花沟为沟谷，最低点高程49.27m，最高点高程66.05m，个别地段山坡陡峻，且均为阴坡。因坡势较陡，桃花沟源头原有山石护坡、打桩编栅护坡，但由于汇水路线改变，持续降雨使土壤含水量增大，加之这一带土壤渗透性较好且疏松，土层较厚，抗冲性较弱，大雨过后存在许多不稳定因素；此处古树根系常年经雨水冲刷裸露，原有的防护措施也因年久失修破损，存在安全隐患（图1、图2）。

图1　东桃花沟冲刷现状　　　　　　　　　　　图2　古树根系裸露

3.1　生态修复的原则

以保护环境、防治水土流失、稳固坡体、保护皇家园林风貌为原则；以保护文物古迹、保护游客安全为目标；以维护古树名木自然生长势为前提。因地制宜，因害设防，适地适树；工程措施与生物措施相结合，注重景观融合。

3.2　实施方法

通过在坡面设置排水措施，减少坡面径流对坡面的冲刷，利用生态修复技术进行坡面防护，稳固坡面，恢复坡面植被，防止水土流失，增加植被的覆盖度，改善古树生长环境。

3.2.1　东桃花沟生态护坡

东桃花沟生态护坡采用了传统的工程护坡与生态护坡相结合的方法。首先在善现寺以北，被冲山坡的上端结合地形作水平截水沟（视情况一般间距 5m）施行拦挡、疏导。沿等高线方向，两侧向中间最低处的坡降为 3%~5%，水平截水沟净宽为 0.5m，内外侧高差 150~200mm，采用半填半挖的形式，在截水沟的外侧采用生态植被袋和松木桩围拦。在坡面纵向铺设管径 160mm 的 PVC 排水暗管，山上冲下来的雨水和坡地上部的雨水沿水平截水沟汇入暗管（管径为 160mm），减少雨水沿坡面下流，减轻地表径流。在每级截水沟的最低高程点处设置管径 250mm 的 PVC 集水井，集水井与地下的排水暗管互相联通，集水井上盖雨水箅子，将截取的坡面径流引入地下排水暗管，并汇入自然排水通道。

植被恢复尽可能保留原有植被，在施工时尽可能避免削坡作业，结合颐和园自生优势群落，确定最终配比形成植物群落之间的动态关系。局部整地时，适当进行土壤改良，以利于后期植物生长；针对植被修复，应保留原有乔木，以灌木为主，草灌结合（表 1）。植物选种均为当地原有植物，通过实践证明，这些植物固土能力强，易于管理，耐瘠薄，耐干旱，并且极耐荫。灌木可选：荆条、珍珠梅、扶芳藤、绣线菊、胡枝子等；草本可选：百脉根、野菊花、紫花地丁、二月兰、麦冬、马蔺、蕨类等（图 3）。

东桃花沟生态护坡植物种类　　　　　　　　　　　　　　　　表 1

中文名	科	拉丁学名	生态习性	用途
二月兰	十字花科	*Orychophragmus violaceus*	耐寒性强，比较耐阴，适应性强，对土壤要求不严	为良好的园林林下地被植物，也可作花境栽培
绣线菊	蔷薇科	*Spiraea salicifolia*	喜光也稍耐阴，抗寒，抗旱，萌蘖、萌芽力强，耐修剪	可在花坛、花境、草坪等处丛植或孤植
荆条	马鞭草科	*Vitex negundo* var. *heterophylla*	耐寒、耐旱、耐瘠薄，适应性强	山区常见灌木

续表

中文名	科	拉丁学名	生态习性	用途
胡枝子	豆科	*Lespedeza bicolor*	萌蘖力强，根系发达，并具根瘤，有固氮作用	是保持水土和改良土壤的优良树种
鸢尾	鸢尾科	*Iris tectorum*	性强健，耐寒性强。喜阳也耐半阴	可丛植、布置花坛，或栽植于池边湖畔、石间路旁
马蔺	鸢尾科	*Iris lactea* var. *chinensis*	耐寒，喜光，耐盐碱，耐践踏	用作地被，可用于盐碱地改良
萱草	百合科	*Hemerocallis fulva*	喜湿润也耐旱，喜阳又耐半阴	栽于林缘向阳处或疏林下作地被
紫花地丁	堇菜科	*Viola yedoensis*	性强健，喜湿润的环境，耐阴也耐寒	可成片植于林缘下
小冠花	豆科	*Coronilla varia*	喜阳，耐半阴，生长强健，适应性强	是抗性和固土能力极强的地被植物，可以防止水土流失
扶芳藤	卫矛科	*Euonymus fortunei*	对土壤、光线要求不严、耐瘠薄，适应性强	用以掩盖墙面、山石，攀缘力极强
金银花	忍冬科	*Lonicera japonica*	喜光也耐阴，耐寒，耐修剪，对土壤要求不严	用在林下、建筑物北侧等处作为地被栽培，攀缘力强
百脉根	豆科	*Lotus corniculatus*	喜温暖湿润气候，耐瘠、耐湿、耐阴	可在林果行间种植
珍珠梅	蔷薇科	*Sorbaria sorbifolia*	喜光亦耐阴，耐寒	观赏树种，可孤植，丛植效果甚佳
荚果蕨	球子蕨科	*Matteucciastruthiopteris*	喜凉爽湿润及半阴的环境	林下观叶植物

3.2.2　古树保护方案

东桃花沟现状植被以油松、山桃为主，间杂少量的侧柏、栾树、元宝枫、槲树、山杏、珍珠梅等，其中有6株古树屹立其间。山坡古树因受大风摇动而牵动根系，导致土壤松动进而引发边坡崩塌，树木倾斜。为了保护古树，笔者对存在危险的古树采取回土、拦挡、稳固的措施，实现坡面种植土的恢复。

根据古树生长位置和根部裸露等情况，采取了3种保护措施：

（1）松木桩围护

松木桩围护最大特点是透水不透沙。松木桩围护一般布置在坡度平缓、土层较厚的坡面内、工程量小、拦蓄径流泥沙多的地方；松木桩弹性韧性好，能承受冲击和振动作用，有较好的耐久性；松木桩具有较强的吸湿性和湿胀干缩性，干燥松木吸湿时，随着吸附水量的增加，松木将发生体积膨胀，使得它具有较好的抗拉、抗压、抗弯和抗剪4种强度。

（2）自然石围护

采用自然石砌筑，能够更加有效、牢固地保护古树根茎坡面土壤，增加营养面积，防止坡面径流对古树根部的冲刷，对古树的安全与成长都能起到很好的保护。

（3）自然石加松木桩

在地势陡峭、冲刷严重的古树周边设置自然石加松木桩防护。这种防护兼具松木桩防护和自然石围护的优势。

古树根部围护的排水措施。在自然石、松木桩等防护措施的下部，间隔 1m 设置排水孔或排水管，可以有效防止古树根部积水。在坡面根据古树的生长位置及周边环境，安置 PVC 排水管，将古树周边渗透的雨水收集汇入排水管，下渗的雨水经排水管排入天然的排水沟，汇入后溪河，确保对坡面径流的全面分区域汇集的需要，实现排水系统化（图 4）。

植被恢复是生态修复技术中最能展现其效果的环节。在坡面沿等高线方向平缓坡段设置反向水平条，根据施工地形进行适当调整。采用半填半挖的形式，在水平条外侧采用生态植被袋和松木桩拦挡。生态植被带内装好配比好的基质，顺着阶梯铺在作业面

图 3　东桃花沟生态修复后的景观

内，并辅以紧固件加固。生态植被带内植物有耐阴的紫花地丁、二月兰、早熟禾、黑麦草等种子。为了保证景观效果，在生态带的缝隙内种植附着力强的扶芳藤、金银花等藤本植物，在作业面允许的范围内，种植与桃花沟景名相呼应的山桃，丰富桃花沟景观（图 5、表 2）。

图 4　古树根部设置排水管

图 5　春季桃花盛开景象

东桃花沟古树保护植被种类 表2

生活型	序号	名称	拉丁学名	规格种植方法	备注
灌木	1	山桃	*Prunus davidiana*	树高 1.2~1.5m	
	2	黄刺玫	*Rosa xanthina*	树高 1.2~1.5m	
藤本	3	扶芳藤	*Euonymus fortunei*	三年生	
	4	金银花	*Lonicera japonica*	三年生	
	5	五叶地锦	*Parthenocissus quinquefolia*	三年生	绿期长
地被	6	紫花地丁	*Viola philippica*	撒播 / 喷附	返青早
	7	二月兰	*Orychophragmus violaceus*	撒播 / 喷附	自繁能力强
	8	早熟禾	*Poa annua*	撒播 / 喷附	绿期长
	9	麦冬	*Ophiopogon japonicus*	撒播 / 喷附	耐阴
	10	芒草	*Miscanthus sinensis*	撒播 / 喷附	
	11	黑麦草	*Lolium perenne*	撒播 / 喷附	根系分蘖能力强
	13	银背蕨	*Aleuritopteris argentea*	栽植	耐旱、适应性强
	14	荚果蕨	*Matteucciastruthiopteris*	栽植	喜凉爽湿润及半阴环境

4　结语

　　颐和园内东桃花沟区域生态修复工程的实施，有效地解决了安全隐患，减少和防止了坡面径流，涵养了坡地的水分和养分。经过养护管理已初见成效，特别是东桃花沟植物生长显著，目前局部已达到郁闭程度（图6）。在山体护坡生态修复技术中应尽量应用乡土植物，向自然学习，构建生态自然群落。

图6　生态修复后植物达到郁闭

后续我们将继续对该地区进行观察，对工程成果进行总结，将坡地生态修复技术更广泛地应用于颐和园的园林绿地和古树保护中。但由于游人践踏以及林下过阴等多种原因，在园区其他区域进行的生态修复没有取得预想的效果，如何针对不同地点采用不同的生态修复技术是我们今后需要不断探讨的问题。

参考文献

[1]　王健胜，刘沛松，杨风岭，等 . 中国生态修复技术研究进展 [J]. 安徽农业科学，2012，40（20）: 3.

[2]　杨明英 . 生态修复常用词语辨析 [J]. 现代农业科技，2010，（11）: 28-29.

[3]　崔爽，周启星 . 生态修复研究评述 [J]. 草业科学，2008，（01）: 87-91.

作者简介

闫宝兴，北京市颐和园管理处。

韩凌，北京市玉渊潭公园管理处副园长。

虫情测报灯在颐和园有害生物防治中的应用研究

○ 张　莹

摘　要：利用昆虫的趋光性，应用灯光诱杀有害生物是一项非常重要的物理防治措施，是综合防治的重要组成部分。半个多世纪以来，人类大量使用化学农药防治害虫产生了以下副作用：害虫的抗药性（resistance）增强、主要害虫再度猖獗和次要害虫大量发生（resurgance）、农药污染人类生存环境（residue），已关系到人类的生存和发展。20世纪70年代以来，虫情测报灯等新型诱虫灯被广泛应用于有害生物的预测预报和害虫防治，为我国农林业生产和生态环境保护作出了重要贡献。由于颐和园在我国乃至世界古典园林中的特殊地位，其环境保护与病虫害防治之间的矛盾调节至关重要。为了贯彻"预防为主，综合防治"的方针，颐和园自2011年起开始对园林有害生物实行生态防治，在保持植物景观完好的前提下，在植物配置多样化区域设置虫情测报灯监测虫情并对害虫进行诱杀，在颐和园内重点虫害的发生发展规律的预测上发挥了重要作用。多年来颐和园在用药成本、人工消耗、环境污染上逐步做到"三降低"，以达到植物健康生长、人类生存环境安全的低碳环保目标。

关键词：虫情测报灯；颐和园；监测诱杀；环保

1　研究概况

"飞蛾扑火"实际指昆虫的趋光性现象。昆虫能通过其视觉器官（复眼和单眼）中的感光细胞对光波产生感应而做出相应的趋向反应[1]。虫情测报灯是一种特制的气体放电灯，它能发出330~400nm的紫外光波，属于人类不敏感光。在近代科学的发展中，通过研究昆虫的视觉神经，发现多种农、林业害虫对不同波长的光敏感程度不同。这是由于这些昆虫眼睛的网膜上有一种色素，这种色素只吸收一种特殊波长的光，然后引起光反应，刺激视觉神经，通过神经系统影响运动器官，从而引起足或翅的运动，飞向光源。昆虫对频率低的光线感觉是麻木的，而对频率高的光线感觉特别敏感。许多害虫的视觉神经，都对波长在 330~400nm 的紫外线特别敏感，会产生最大的趋光性。虫情测报灯能发出波长 360nm 左右的紫外线，诱杀效果好。虫情测报灯由高压电网灭虫器和灯泡和控制器 3 部分组成，灯泡看上去就像普通的荧光灯或白炽灯泡，利用灯光把害虫诱入高压电网的有效电场内，当害虫触及电网时瞬时产生高压电弧，把害虫击毙，落入转仓中。

中国古人根据昆虫的趋性原理研究出各种灯光器械诱捕夜间活动的害虫，同时也将其作为农业生产上用来对害虫进行测报和防控的一项重要措施。中国 20 世纪 60 年代开始应用黑光灯诱杀大豆、高粱、谷子等作物中的害虫，随后逐步在其他作物上大面积应用 [2]。虫情测报灯对害虫的诱杀能力比白炽灯提高了几十倍，作为测报的一种手段，其可以较准确地测出害虫的消长动态。

颐和园位于北京西北近郊海淀区，由万寿山和昆明湖组成，地处暖温带。万寿山南坡主要树木为松柏，北坡则以松树为主，配合元宝枫（*Acer truncatum*）、槲树（*Quercus dentata*）、栾树（*Koelreuteria paniculata*）、槐树（*Sophora japonica*）、山桃（*Prunus davidiana*）、山杏（*Prunus sibirica*）、紫薇（*Lagerstroemia indica*）、白蜡（*Fraxinus chinensis*）、海棠属植物（*Chaenomeles*）、玉兰（*Magnolia denudata*）、腊梅（*Chimonanthus praecox*）、连翘（*Forsythia suspensa*）、华北紫丁香（*Syringa oblata*）等落叶树和花灌木的间植大片成林，还种植了名贵的白皮松（*Pinus bungeana*），更接近历史上北京西北郊松槲混交林的林相，以使其富于天然植被形象且水草丰茂，具有浓郁的自然气息，是典型的古典山水园林。园林植物保护一直是以危害植物正常生长的有害生物为靶标，实施多种防治措施。2015 年以来，连续 3 年针对万寿山进行昆虫监测，其中有害生物 316 种，微生物 51 种 [3]。

2　材料与方法

2.1　虫情测报灯的安装地点

虫情测报灯设置场所为颐和园东北角眺远斋和颐和园西侧的十三亩地。

安装的虫情测报灯型号为鹤壁佳多科工贸股份有限公司的佳多 JDA-Ⅲ（图 1），工作电压 AC220V，功率 450W。

2.2　监测方法

人工监测自动虫情测报灯为主。每周定期取回昆虫制成标本，进行鉴定和数量统计。

图 1　佳多 JDA-Ⅲ虫情测报灯外观

3　结果与分析

3.1　虫情测报灯内颐和园害虫的调查结果

2018—2020 年眺远斋虫情测报灯内共诱杀颐和园主要园林害虫 11 科 28839 头，天敌共计 2624 头，含异色瓢虫 1300 头（表 1），益虫的平均比例为 8.3%。根据统计，2018 年开启虫情测报灯 94 天，诱杀 106 种 13905 头昆虫，2019 年开启虫情测报灯 180 天，诱杀 92 种 7443 头昆虫，2020 年开启虫情测报 186 天，诱杀 119 种 10115 头昆虫，为颐和园虫害防治提供了数据依据。

2018—2020 年眺远斋虫情测报灯采集昆虫虫口数量　　　　表 1

时间（年月日）	种	虫口数量（头）	天敌（头）	天敌占总数的比例
2018 年 6 月 25 日—9 月 26 日	106	13905	1346	9.7%
2019 年 4 月 13 日—10 月 9 日	92	7443	452	6.1%
2020 年 4 月 2 日—9 月 24 日	119	10115	826	8.2%
总计		31463	2624	8.3%

3.2　颐和园几种主要害虫的发生规律监测

3.2.1　微红梢斑螟的发生规律监测

微红梢斑螟是一种钻蛀类害虫，寄主为油松、华山松等，主要为害松树的新梢，通过幼虫蛀入引起枝梢干枯死亡，严重影响树木生长量。颐和园后山区域油松（包括古油松）数量较多，因而微红梢斑螟是植保测报工作比较关注的害虫之一。

微红梢斑螟一年发生 1 代，可采用诱捕器和虫情测报灯对其成虫进行诱杀。微红梢斑螟每年 10 月上旬以幼虫的形态在被害梢内进入越冬期，翌年 4 月中旬开始为害，部分幼虫爬出越冬蛀道，寻找新梢为害，新梢被蛀后被咬处有松脂凝结，呈钩状弯曲。3 龄幼虫有迁移的习性，部分幼虫从旧被害梢爬出，为害新梢的幼虫迁移后出现个别被害梢内无虫的现象。此虫不仅为害新梢，也为害球果。成虫于 5 月中、下旬开始羽化，白天静伏于梢头的针叶基部，夜晚飞翔，因此灯诱是重要的防治手段之一。由于其具有世代重叠的现象，从 5 月中、下旬这一时期开始，虫情测报灯内均可见成虫，直至 9 月下旬（图 2）。2018—2020 年颐和园眺远斋虫情测报灯 3 年分别诱杀害虫 357 头、228 头、315 头，幼虫主要为害期为 4—9 月。

3.2.2　国槐尺蛾的发生规律监测

颐和园有国槐近 700 株，分布在各个主要景区院落之中，遍布万寿山前山与后山。由于国槐尺蛾在颐和园一年发生 3 代，少数 4 代，9 月后下树化蛹越冬，4—9 月上旬均

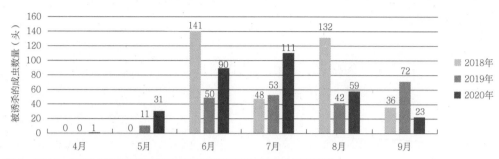

图 2 2018—2020 年颐和园眺远斋虫情测报灯微红梢斑螟成虫诱杀情况

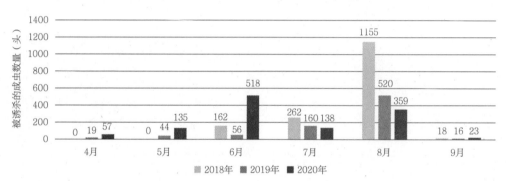

图 3 2018－2020 年颐和园眺远斋虫情测报灯国槐尺蛾成虫诱杀情况

有幼虫，世代重叠繁殖迅速。国槐尺蛾幼虫具有暴食性，为害国槐叶片比较严重，一旦防治不利将对园林景观效果产生较大影响，属于颐和园植物虫害重点防治对象。颐和园眺远斋虫情测报灯诱杀数据显示以 2018 年和 2019 年 8 月为害最为严重，诱杀数量分别占全年数量的 72% 和 64%，由于前 2 年的测报经验，2020 年提前预警国槐尺蛾的为害时间，使得害虫数量得到了一定的控制，全年 6 月为害最严重，此月份诱杀到的成虫数量占全年诱杀成虫数量的 42%。4 月下旬—9 月上旬为各代的成虫期，虫情测报灯内均可见被诱杀的成虫（图 3）。

3.2.3 斜纹贪夜蛾的发生规律监测

颐和园一年发生 1 代，以蛹潜藏于草丛或表土层越冬。6—7 月出现成虫（图 4），趋光性强。8—9 月幼虫为害盛期，10 月上中旬幼虫化蛹越冬，在高温少雨的年份经常爆发成灾。斜纹贪夜蛾是一种食性很杂的暴食性害虫，近年来在颐和园主要为害

图 4 斜纹夜蛾成虫标本

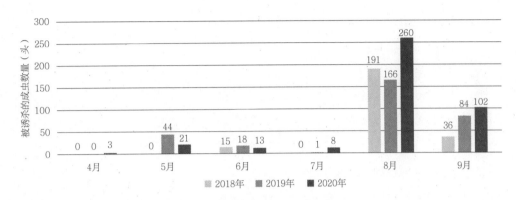

图5　2018—2020年颐和园眺远斋虫情测报灯毛黄鳃金龟成虫诱杀情况

荷花、睡莲、木槿和桑等，为害颐和园耕织图西区荷花、睡莲区域。也是近几年颐和园重点虫害防治对象。2018—2020年颐和园眺远斋虫情测报灯内诱杀数据为45头、30头和8头，由于监测和防治措施得当诱杀数量逐年递减，2020年防治效果显著。

3.2.4　毛黄鳃金龟的发生规律监测

毛黄鳃金龟幼虫喜食多种林木、花卉、草坪的地下部分，根、果全部被吃光，植株枯死。成虫趋光性强，大量食叶，颐和园眺远斋虫情测报灯内数量比较大。

颐和园一年发生1代，以成虫和少数蛹、幼虫越冬，在冬季，老熟幼虫下至1m多深处越冬。翌年4月中旬—5月上旬为成虫活动产卵盛期。成虫毛黄鳃金龟成虫出土期整齐，平均气温11℃为出土盛期，每日出土时间集中（18∶30—19∶30）。5月下旬至6月出现新1代幼虫开始为害，6月幼虫开时为害取食植物根部。毛黄鳃金龟幼虫有3龄，1龄幼虫基本为腐食性，个体小，抗药力弱，进入2龄后开始为害花木，3龄为严重为害阶段。在颐和园8月眺远斋虫情测报灯内可见成虫数值最高（图5）。2018年、2019年、2020年诱杀成虫分别为242头、313头、407头，呈逐年上升趋势，并在2021年对颐和园东堤碧桃引起一定为害。

3.2.5　鸣鸣蝉的发生规律监测

鸣鸣蝉是刺吸性害虫，主为白蜡、刺槐、椿、榆、桑、杨、梧桐。颐和园每年均有一次成虫发生，若虫在土中生活数年，每年6月中下旬开始在落日后出土，爬到树干或树干基部的树枝上蜕皮，羽化为成虫。刚蜕皮的成虫为黄白色，经数小时后变为暗绿色。雄虫善鸣，有趋光性，适合虫情测报灯进行诱杀。7月成虫开始产卵，8月为盛期，产卵枝因伤口失水而枯死，以卵越冬，翌年5—6月卵孵化为若虫落地入土。2018年、2019年、2020年眺远斋虫情测报灯内诱杀成虫分别为73头、24头、31头，虽然颐和园寄主树种较多，但由于鸣鸣蝉数量不大造成为害程度较小。

4　结论与讨论

4.1　结论

人类对植物病虫害的单一化学防治将是一场永远打不赢的仗，最终将导致一系列不可逆转的生态学灾难，最终将导致一系列不可逆转的生态学灾难 [4]。地球上的害虫有 8 万余种，真正造成危害的仅 3000 余种，在一个地区严重为害的只有几十种 [5]。利用昆虫趋光性制成的虫情测报灯对绝大部分昆虫具有很高的诱杀效果，是害虫无公害防治技术的重要组成部分。昆虫中的蛾类、半翅目、鞘翅目、直翅目、同翅目害虫，大都具有趋光性，诱捕以鳞翅目害虫居多。设置诱虫灯既可捕杀害虫，同时也在虫情监测方面发挥了很大作用 [6]。

4.2　讨论

虫情测报灯的应用主要包括直接诱杀防治和虫情监测两方面，是对害虫的危害情况进行预测预报或诱杀防治的一种重要工具 [7]。其优点有：①灯光诱杀害虫不污染环境，生态效益显著。颐和园的生态环境保护与游客安全息息相关，灯光诱杀具有发展优势和广阔的应用前景；②诱集害虫种类多、数量大。2018—2020 年诱杀害虫占诱杀总数的 91.7%，应用效果显著；③预报准确率高，害虫发生趋势线有助于颐和园有害生物防治工作；④虫体较完整，便于开展制作昆虫标本的工作。2020 年颐和园园艺队建立第一和昆虫标本档案室，整理、制作昆虫标本 5488 头，2016 年之后制作的标本大多数来自于虫情测报灯；⑤虫情测报灯是光控开关，操作方便安全程度高。早晚不需要人工开关灯，减轻了测报人员的工作量；⑥除用于直接灭虫外，还可进行害虫种类、分布、虫口密度和部分生活史的调查与总结。

颐和园的专职虫情测报员人员通过 3 年的监测数据工作，利用虫情测报灯监测害虫种群动态，分析有关因素对害虫种群变动的影响，预测害虫发生、发展的趋势，研究综合治理措施，并及时、有效的发布病虫害趋势预报和提供防治建议。2020 年，从虫情测报灯中发现新登录北京有害生物 1 种，并及时发布。虫情测报灯在颐和园具有操作方便、自动化程度高、使用安全、诱集害虫种类多、数量大、能大幅度降低落卵量、压低虫口基数、减少农药使用量、不污染环境等优点，社会效益、经济效益和生态效益都非常显著，对无公害可持续发展有重要意义，具有较好的应用推广前景。

参考文献

[1]　张纯胄 . 害虫趋光性及其应用技术的研究进展 [J]. 华东昆虫学报，2007（2）: 131-135.

[2]　胡成志，赵进春，郝红梅 . 杀虫灯在我国害虫防治中的应用进展 [J]. 中国植保导刊，2008（8）: 11-13.

[3]　北京市颐和园管理处 . 颐和园园林有害生物测报与生态治理 [M]. 北京：中国农业科学技术出版社，2018.

[4]　梁朝巍，诱虫灯在中国的研发状况及其特点 [J]. 科技之光 .2011，3（48）: 51-52.

[5]　张广学，郑国，李学军，等 . 从保护生物多样性角度谈频振式杀虫灯的应用 [J]. 昆虫知识，2004，41（6）: 532-535.

[6]　卢洪斌，胡明慧 . 浅析灯光诱杀在林业虫害防治中的应用 [J]. 防护林科技，2015（8）: 58-59.

[7]　林明江，安玉兴，管楚雄，等，害虫诱捕器的研究与应用进展 [J]. 广东农业科学，2011（9）: 68-71.

作者简介

张莹，北京市颐和园管理处。

浅谈颐和园湖山建筑群排水技术

○ 贾　萌

　　摘　要：每年 7 月全国进入汛期，面对雨水的袭击，颐和园内有规律、有系统的排水设计起到了关键作用：①拦水法：扇面段院落扬仁风，庭院外有一长沟横卧于建筑旁，水流可被长沟挡在建筑之外，并随水沟的走向直接引入昆明湖。②挡水法：假山石块是山上建筑物排水不可缺少的挡水石。暴雨来临，假山石块能挡住湍急的大股水流，有效降低水流的行动速度，缓解水流的冲击力量。③分水法：山上有细长高耸的石头，虽不能直接阻碍水流的洗刷，但却可以将大股的水流分成小股，起到瓦解水流冲击力的作用，是水库中经常使用的泄洪导流装置。④蓄水法：雨会带来大量的泥沙和落叶，进而造成昆明湖淤泥的沉积，在山上常常安置一些小的蓄水池，将带有淤泥的水沉淀之后再通过暗道送到大的水池之中，养云轩前的葫芦河蓄水池，使昆明湖底的淤泥保持稳定，不用每年一清。⑤排水法：地表径流流到开阔的水面排水入湖是确保雨水无杂质地流入昆明湖的一种方式。颐和园长廊内侧临近山体部分留有暗道口，其上用石头覆盖，成为重要的排水口。此外，长廊沿线基础还修有排水通道，山上雨水的水流可通过暗道排出。

　　关键词：颐和园；排水技术；古代园林工程；昆明湖；万寿山

引言

　　每年 7 月，全国各地进入汛期，城市内涝时有发生，洪水淹没城市主要街道，但像颐和园这种同样承受着暴雨肆虐的皇家建筑和园林却总能安然无恙，几百年前的古代园林工程究竟是如何减少强降雨给建筑物带来的损失的呢？

　　这个问题一直困扰着笔者，于是到图书馆查阅了大量有关颐和园水利系统的文献，偶然在图书馆查阅到风景园林学家孟兆祯院士写的关于颐和园给排水原理的相关论文，豁然开朗。因此根据文章中所涉及的相关细节，借助工作之便，笔者开始留意颐和园万寿山与昆明湖的诸多传统排水设施，于是答案越来越清晰。

1　颐和园排水口分布

1.1　主要排水口

颐和园排水口分布的起点是从苇场门开始，苇场门北侧现有二龙闸遗址（图1），内有闸口，控制着昆明湖的水位，二龙闸外紧贴的园墙其实是一个水坝，墙高与里面的道路高度基本相同，外面又采用石墙形式加以围护。由于园墙是后来添建的，所以从园内很难看出水坝的位置。

二龙闸围墙外边的荷花池作蓄水池用（图2），为了美观，池内种满了荷花。像这样的蓄水池在万寿山前山也有好几处。二龙闸东北侧的月牙河，担负着颐和园内外水系的贯通，裸露在地表的部分足以承接从仁寿殿至东宫门这部分重要皇家建筑庭院的所有排水量。

1.2　分支排水口

除了二龙闸这个最大最醒目的排水口之外，颐和园还分布了其他的排水口，分别是：最南侧的绣漪桥（图3，可以将多余的雨水排到紫竹院、动物园、西直门水关），最北端的青龙桥（直接排向清河）以及霁清轩（排向圆明园）、谐趣园（此出水口经过暗道排到东宫门外月牙河）。

图1　二龙闸遗址　　　　　　　　　　　　　　　　　图2　二龙闸蓄水池

图 3 绣漪桥排水口

2 临湖建筑群排水技术

2.1 水井

从东官门进入颐和园后，在院落中随处可以见到许多井盖。很多人会以为是排水井，其实这些井盖下面的水井，不仅可以担负排水任务，还能给庭院中树木根系透气用，具有透气井的功能（图 4）。

颐和园前山院落逐层排水系统是整个颐和园排水施工系统的特色之一。在建筑物外墙下面的排水口处和墙内侧的排水口处都有设计了与之相对应的排水井。

院落的设计大多为中间高、两边低，这种施工技术有利于雨水顺利流出院外。同时，院内外也有一定的高度差，通常会形成 2% 的坡度。雨水经过院中各处，被雨水井收集并通过墙基排水口流出院外，直接引入下一个庭院，为了防止枯枝杂物流入，雨水井和排水口也都安装了防污装置，既实用又美观。

每遇强降雨时，前山各个庭院的雨水都被有组织、有规划地汇入昆明

图 4 仁寿殿院落水井

图 5　引水口位于花窗之下

湖内，昆明湖堤岸上设置有许多引水缺口，这种缺口只有湖水干涸时才能显露出来，平时都是隐藏在湖底，一般人难以察觉，甚至很多人根本不知道它们的存在。在去年冬天，笔者在裸露的一处湖底发现了它们，景虽不大，有水则显灵，物虽不美，关键时起作用。这就是这些缺口的真实魅力（图 5）。

2.2　植物

在昆明湖东岸种植着许多松柏，尤其在知春岛与玉澜堂庭院之间的堤岸上，不仅种植，而且还是规则式地种植，经过数百年的洗礼，完全看不出是人工有意而为，不论倾向、长势还是形状，都归于自然（图 6）。树与树之间组成了天然取景框，是拍摄万寿山主要建筑佛香阁以及智慧海建筑群最好的取景地，成为摄影家的最爱。从这里往佛香阁方向看，从拍摄地到万寿山佛香阁的直线距离大约为山高的两倍，形成了最好的观赏夹角。虽然这些松柏看似平常，但是一遇到降水量超过 200mm 的特大暴雨，强大的树木根系能有效防止水土流失。另外这里地势与昆明湖存在高差，游人到这里受湖光山色的吸引也不会觉得脚下水流有多急，水流沿着地面的高差快速通过直接流入昆明湖。

图6　昆明湖东岸植被

2.3　庭院

2.3.1　乐寿堂

在庭院里，除了地面水井外，许多陈设品在建造之初竟然自带"排水功能"。

乐寿堂庭院中有一块太湖石，名"青芝岫"，整块大石头裸露在空气中的部分只有2/3，另外1/3深埋于汉白玉石雕刻的海浪纹石墩。从乐寿堂往外看，很像一座仙山从海上升起，取意"寿比南山"。两侧还有两棵松树盆景，寓意"不老松"，连起来就是"寿比南山不老松"，平日里，它的故事和寓意总是吸引着众多游客去探寻。

但其实它的排水施工技术也极具特色，通过对青芝岫数日的观察，笔者发现它的排水方式很奇妙，在暴雨来临之际，雨水冲刷这块太湖石，使石头上的泥沙流向光滑的海浪纹，纹路如同水槽引流把水引到了地面，再汇集石墩四面的散水一并流进排水井。每当雨天，此石都被冲刷成青绿色，"青芝岫"因此得名（图7）。

2.3.2　扬仁风

乐寿堂西侧的扬仁风院落平时是不对外开放的，借工作之便，笔者有机会在里面寻找到了院落的雨水流向，进而又发现这个庭院有一条长沟横卧在扇面建筑旁边，各处流过来的水都被这条长沟挡在建筑之外，并随着水沟的走向，直接被引入昆明湖方向（图8）。

2.4　蓄水池

颐和园前山还分布着许多蓄水池设施，养云轩前的葫芦河就是最有特色的一处，是古代排水工程与人工造景相结合的典型案例。从施工角度来看，葫芦河在昆明湖前形成

图 7　青芝岫

图 8　扬仁风院落内水池

了一道屏障，首先可以汇集万寿山上流下来的大量雨水，如果这些雨水径直排入湖中，将会携带大量的泥沙碎石和枯枝落叶，势必会造成淤泥的沉积。20 世纪 90 年代清理昆明湖的淤泥工程耗费了极大的人力物力财力，实属不易，而清理葫芦河这个小湖中的淤泥就不用这么费事。

　　在园林造景方面，这条葫芦河配上造型俊朗的拱桥，自然而然形成了一条"水廊"，与其南侧大名鼎鼎的长廊交相辉映，各具特色，一个走游人，一个排雨水，各司其职，相得益彰（图 9）。

图 9　葫芦河

　　葫芦河虽然相对昆明湖来说便于清淤，但仍然要每次放入大量的水进行清洗，如何能避免积淤？现代人想了很多工程措施来解决这个问题，比如在葫芦河北侧上山路上的排水沟上修建了成排的水箅子。这些箅子安在排水沟上行之有效地过滤了很多枯枝树叶，离葫芦河越近，水箅子设置得就越密集，每次汛期过后，箅子里都会积满淤泥，大大减轻了葫芦河的泥沙淤积量，通过水箅子阵—葫芦河—出水口这层层减负，才使昆明湖长期保持碧水清波。

3　山上建筑群排水技术

3.1　挡水石

　　为防止水土流失，缓冲水流，万寿山前后山的园路大多采用层层递进的台地式施工布局，同时栽种的树木都比较紧密，每种树安排的位置也很科学。另外，在山上路边还随处可见各种各样的石头，尤其是重要路段，都设计了具有"防撞桶、防撞墩"作用的挡水石（图 10）。这种施工技术既能防止水土流失，又可以控制雨水的流向，从而消耗山上流下的雨水能量，降低水的流速，让瓢泼大雨变为涓涓细流再注入排水沟，同时挡水石还会降低水土流失的可能性，是现代排水管道施工设计的典范。

　　颐和园中也存在很多古代排水技术工程之间的相互配合。仔细观察会发现山路比旁边的草坡要高出不少，路中间部分比两侧排水沟又高出许多，路的截面就像是倒扣的瓦片，每当下大雨之时，水顺着地势落差流入两侧的排水沟；当急流在转向时，挡水石

图10　挡水石

就发挥了缓冲作用，除了给水消能以外还能控制雨水的流向，所以笔者亦称其为"引路石"（图11）。在山上坡度变化较大的地方，由于水流速度太快，表土层往往会被严重冲刷而毁坏路基，唯一的解决办法就是减少雨水对路基的冲刷，可在台阶两侧和有坡度的地方要放置挡水石。这些自然堆砌的山石摇身一变成为挡水石后，利用石趣之美与植物景观相配合，竟然变成山上很好的点景物。在重要院落中，众多挡水石还形成了挡水墙，参差不齐地布置在院墙四周，即阻挡住侵袭这里的雨水，还能形成飞瀑景观，这种施工技术真是一举两得。

图11　带排水口的挡水石

3.2　护土筋

在挡水石之间还设有一种防止水土流失的施工技术叫作护土筋。在一般庭院里几乎看不到，只有在比较陡的山坡上能看到。

护土筋的排水功能要比挡水石强得多，有时从长廊沿线上山时会发现地上铺着一些琉璃瓦，它们被埋在土里，上面一部分露出地面大概 3~5cm，每隔 10~20cm 就会铺设 3~4 道，铺设的护土筋分布在道路两侧，排列形式像鱼中间的刺儿一样，坡度越陡峭铺设的护土筋就越密集。古代护土筋材料为建筑工程下脚料，它们的铺设可以防止雨水冲刷山路，在一定程度上保持了水土，降低水中的含沙量。这样一来，水流入昆明湖就不会造成过多的淤泥沉积。除此之外，在排水沟底部也用鹅卵石和比较粗糙的建筑下脚料衬砌，同样也可以阻挡一些泥沙混进雨水中。

3.3　挡土墙

在山脚和半山腰的建筑后笔者还发现了许多垒砌的挡土墙。说是墙，但从表面却丝毫没有半点墙的样子。使用这种施工方法是为了和建筑周边的假山相协调，它们也被做成了假山的样子。最有特色的挡土墙位于谐趣园涵远堂后面、益寿堂前面的两侧，使人误以为是假山石，其实它们主要的作用是防止山上的泥土冲到排水沟里，造成安全隐患（图 12）。

3.4　明沟

颐和园中有条件的地方都会设计明沟，如扬仁风后墙和万寿山挡土墙之间的道路旁就有一条排水沟。而山上道路这种明沟则更常见，人们既能欣赏沟壑的野趣景色，在下雨天它又有非常好的排水效果。

采用明渠排水技术不仅能为园中水池进行补水，还能让游人在雨中欣赏到如小桥流水般的景象，大大增加了游览兴趣。为了与岸坡风景保持一致，园林设计师在明沟排入园内水系的位置处经常会做一些处理。比如谐趣园玉琴峡做成簸箕形状的山石，下雨时就会形成水簸箕景观，皇帝当年在这里题刻了不少文字；再如涵远堂后假山式挡水墙命名为"堆云积翠"；玉琴峡入水口起名"泉

图 12　涵远堂挡土墙

流不息"，最大的一块挡水石上刻
"玉琴峡"三字。

有时园林设计师会将明沟修成
一条登山道，形成一条旱路，不用
的时候，游人可以从此上下山，当
雨季到来的时候，这里的流水会顺
着山路注入园内水池，此处还形成
了山水结合的风景（图 13）。

图 13　谐趣园进水口（晴天为旱路，雨天成水渠）

4　结语

乾隆皇帝修建颐和园的前身清漪园，除为母祝寿，另一个重要的目的就是为京城兴
修水利，昆明湖的建成不仅灌溉了"京西御稻"还联通了整座北京城的水利体系。

颐和园皇家古老的排水技术使用了 300 余年，现今仍是园中排水主力，这要归功
于历代工匠积累了大量的建筑物排水经验。在感恩和感叹前人智慧的同时，我们应对颐
和园排水技术加以宣传，让更多的人受益于祖先留下的文化遗产，这不仅能增加文化自
信，为日后的科普传播工作提供相应的理论材料，还能为现今的防汛工作提供一些指导
借鉴，让百姓受益。

参考文献

[1]　何二洁 . 浅谈颐和园给排水工程 [J]. 祖国：教育版，2013（05x）：67.
[2]　孟兆祯 . 风景园林工程 [M]. 北京：中国林业出版社，2012.

作者简介

贾萌，北京市颐和园管理处。

园林文物

"园说——北京古典名园文物展"策展回顾

○ 张亚红　秦　雷　隗丽佳　张　旭

摘　要：北京的古典名园是体现首都历史文化名城风貌的重要内容，为展示首都北京历史名园的艺术魅力及其在城市发展中的重要作用，策划了"园说——北京古典名园文物展"。通过丰富的文物和历史资料布置，以北京市属古典名园在北京800余年城市建置和变迁中的历史、文化、生态及社会价值为主线，按照时间、空间、功能三个线索，以文物讲园林，以园林讲城市，阐释园林文化遗产的"昨天、今天和明天"。

关键词：古典园林；展览；博物馆；文物

2019年5月18日为国际博物馆日，"园说——北京古典名园文物展"（以下简称"园说展"）在首都博物馆开幕。对于北京市公园管理中心来说，这是一个开创先河的历史节点、文保成果的"高光时刻"。来自颐和园、天坛、北海、景山、香山等11家历史名园园藏文物，首次走出公园、集中外展。240余件（套）承载着城市变迁和历史记忆的文物展品和历史资料走进博物馆，向公众讲述"虽由人作、宛自天开"的北京古典名园故事。

展览期间，国家文物局副局长，北京市委常委、宣传部部长，市委常委、教工委书记，北京市副市长等领导参观指导，给予很高评价。观众观展热情高，展览应要求延期落幕，由原定2019年10月7日延长至2019年11月3日。170天的展期，共接待观众40余万人次，得到了广大观众的喜爱和各级领导的肯定。

"园说展"的圆满成功，坚定了我们进一步挖掘园林文化、传承园林文化价值的信念，增强了让文物活起来，讲好园林故事的信心。回顾策展前后的点滴，有很多收获和体会值得总结和记载。

1　展览的缘起

2018年，北京市领导在调研颐和园、天坛两家世界文化遗产单位时，强调进一步落实习近平总书记关于"加强文物保护利用和文化遗产传承，让丰富的馆藏文物活起来"的指示，将市属公园园藏文物在首都博物馆面向公众展出。2018 年 11 月，我们与首都博物馆商定，展览安排在首都博物馆地下一层 2 号展厅，面积 1200m²，开展时间确定在 2019 年 5 月 18 日。

2 展览的逻辑脉络

2.1 展览的主题

以园藏文物为载体讲述古典园林的历史、文化、生态及社会价值，从古典园林这个视角讲述古都北京的城市建置和发展变迁。简言之，以文物讲园林，以园林讲城市。

2.2 展览的名称

"园说——北京古典名园文物展"是首都博物馆近些年展览中首次用两个字作为名称的展览，看似简单的两个字背后，却是颇费周折的过程。

此项展览作为首都博物馆"礼赞京华"系列展览之一，最初取名"园耀京华——北京古典名园文物特展"。"园"指园林；"耀"，意光耀、闪耀；"京华"，指北京；"特展"指规模、意义、规格和组织程度不一般。这一名称基本表达了展览的意图，符合博物馆展览名称的惯例，但不够亮眼、精彩，缺乏点睛力度。之后改名为"园·粹——北京古典名园文物展"。"园"即园林；"粹"既指文物是园林中的精华，又寓意园林是城市的精华；同时在首都博物馆建议下，把"特展"的"特"字去掉。但总体感觉，展览意图还没有表达到位。经反复研究，在 20 多个备选名称中最终选择了"园说——北京古典名园文物展"为展览名称。主要考虑到：一是符合习近平总书记提出的"让文物说话，让历史说话，让文化说话"的要求；二是园林圣典，明代计成所著《园冶》阐释园林的提法用的即是"园说"二字；三是精准反映了此次展览以文物说园林、以园林说城市的意图。

2.3 展览的架构

北京市公园管理中心管辖 11 家市属公园，包括颐和园、天坛两家世界文化遗产，北海、中山、景山、香山 4 座著名的皇家御苑，北京动物园、北京植物园两家专类园，陶然亭、紫竹院、玉渊潭 3 个城市公园以及中国园林博物馆，园林类型丰富多元，历史文化内涵各具特色，想要在一个展览中涵盖古典园林、坛庙园林、山地园林、城市园林、博物馆等多种类型，如何搭建展览整体架构着实费了不少脑筋。

起初，我们想借助北海、景山、中山、天坛 4 座园林来阐释中轴线文化，以颐和园、香山、北京植物园为主来表达西山永定河文化带。无论是 4 座园林对于中轴线的支撑，还是 3 座园林对于西山永定河文化带的支撑都相对薄弱。

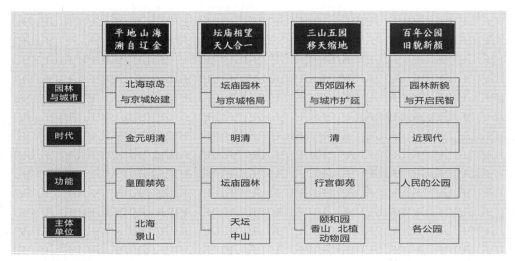

图 1　园说展策划架构体系图

随后，我们跳出各家公园所处位置的局限，调整了思维角度，以园林发展为脉络，以市属 11 家历史名园为讲述主体，从时间、空间、功能 3 个维度阐释城市与园林、历史与园林、人与园林之间的关系，确定展览整体逻辑思路。整个展览的核心和精华见图 1 所示。

从图 1 中可以看出：

维度一：空间关系——城市与园林

园林与北京城市的发端、发展密切相关。以北海琼华岛讲述京城起点，以天坛为代表的"九坛八庙"介绍京城格局，以颐和园、香山为代表的西郊园林介绍城市功能的扩展，并把长河沿线的北京动物园和紫竹院公园巧妙地衔接嵌入其中。

维度二：时间关系——历史与园林

北京城的建设可追溯到金元时期，北海在当时即作为重要的行宫园囿。明代是京城格局的成形时期，天坛、社稷坛等是其中重要组成部分。清代的颐和园、圆明园等皇家园林扩展了城市西郊的文化格局。

维度三：功能定位——人与园林

不同类型的园林代表了不同时期、不同人群对天人合一、山水相融、美好家园的诉求。北京古典名园包含了皇家禁苑、坛庙园林、行宫御苑等多种功能定位，这些古典名园从私人独享到人民共享，在新时代都成为人民群众的美好家园，体现了"公园姓公"的根本属性。

2.4　文物的筛选

北京市属公园的园藏文物共有 5.6 万件，数量不少，但品质较高、种类丰富的文物多集中在颐和园。天坛是重复件多，品类多为祭器。其他公园文物数量较少。这给展览增加了不小的难度，想要依托文物讲园林就需要在精挑细选文物展品的同时，尽可能平衡展览各单元的文物体量。因此，文物的筛选始终随着展览大纲的打磨以及展览的落地实施而不断动态调整。最终精选出的文物包括瓷器、玉器、青铜器、漆木器、书画、丝织品等190件文物及戏单、拓片、历史照片、标本等50余件（套）资料品，展品年代自辽金至今，其中一级文物13件、二级文物18件。

2.5　展览的单元设置

展览主要分4个单元，加上序厅和尾厅共6个板块。

2.5.1　序厅：虽由人作　宛自天开

通过园林中的山（假山石）、水、建筑（廊亭彩画）、文物（石洗）、植物（竹）、动物（石洗中的锦鲤），表达园林对自然山水的摹写以及对美好意境的追求。

2.5.2　第一单元：平地山海　溯自辽金

主要表现北海公园、景山公园在北京城市历史沿革和布局中的重要地位。北海作为中国历史最悠久、格局保存最完整的皇家园林，是古都北京城市架构的核心，具有重要的历史价值。北海公园、景山公园平地起山海，亭台花木深，艺文渊薮地，具有突出的园林文化艺术价值。

2.5.3　第二单元：坛庙相望　天人合一

主要通过天坛公园所藏的丰富、系统的古代祭祀类文物，表现天坛、社稷坛、日月山川坛、帝王庙在古代北京城市建置布局中的重要功能，及其所反映的中国传统哲学中敬畏自然、敬天法祖、人与自然和谐相处的朴素自然观。

2.5.4　第三单元：三山五园　移天缩地

通过丰富的皇家文物，展现颐和园、香山静宜园、卧佛寺行宫、紫竹院行宫、乐善园行宫的皇家园林艺术以及在清代政治、文化、外交、民族团结、城市生态、供水等领域发挥的重要作用。

2.5.5　第四单元：百年公园　旧貌新颜

表现民国以来，公园这一以昔日皇家禁地为主的最早对民众开放的公共空间，作为近代文明的产物，在开启民智、创新文化、酝酿革命、服务民生领域发挥的作用，特别是新中国成立以后，在保护文物、传承文化、创新科技、促进交往、服务外交，提升人民大众幸福生活指数等方面所发挥的无可替代的巨大作用。

2.5.6　尾厅：盛世兴园

通过照片墙展项，展示新中国成立以来民众在公园中的文化生活照片，照片墙从黑白渐变至彩色，在对园林未来展望和凝练的结语中结束展览。

除了上述的展览主题，在策展过程中，我们还隐含了一条展览主线，即"国强则园兴，国衰则园败"。从历史走来的古典园林，无疑是精彩辉煌的，在清乾隆时期达到顶峰，而后因国力衰败、列强入侵，几经劫掠和焚毁，新中国成立后迎来了新生，皇家禁苑成为人民公园。2019 年是新中国成立 70 周年，70 年的发展，国力不断增强，公园迎来了前所未有的发展时期，越来越多的公园建成开放，走入老百姓的日常生活，即"盛世兴园"。

3 展览配合活动的策划与开展

为多角度阐释园林，在展览期间我们还开展了一系列随展活动：一是 2019 年 5 月 18 日开幕当天，天坛公园展演非物质文化遗产中和韶乐。二是安排"园林人讲园林美" 3 场随展讲座。由北京市公园管理中心原总工程师李炜民，北京市公园管理中心副主任、中国园林博物馆馆长张亚红，颐和园园长杨华三位专家分别以"不到园林怎知春色如许""中轴线上的历史名园""颐和园·时间美学"为题阐释园林美。三是开展"天坛的声音""御苑书法，墨香传承""中国古代建筑探秘""探秘中国园林博物馆园林沙盘制作"等 4 场科普体验活动。四是举办老照片中的游园人物座谈活动，联合《北京晚报》开展"祝福祖国 70 华诞，我与公园共成长"游园新老照片征集。五是借助"科普公园"公众号平台，开设"园说——说文物专栏"，发布文物科普文章 21 篇，介绍"园说展"中的文物精品故事。六是编辑出版《园说——北京古典名园文物珍粹》《园说说文物》科普图书。七是精选北京市属公园文创产品在首都博物馆展卖。

此次展览得到各方的认可，得益于：

市领导高位推动。多位北京市领导对此次展览的定位、场地、大纲、文物解读方式、宣传等给予关心、支持和具体指导。

北京市公园管理中心统筹推进。展览涉及 11 家市属历史名园，从项目立项、资金安排、策展团队组建、大纲编制、项目落地实施，北京市公园管理中心充分发挥了体制优势，加强了统筹和调度。

策展团队专业敬业。策展团队由北京市公园管理中心业务部门和颐和园牵头，其他市属公园及中国园林博物馆共同参与。策展基础是公园管理中心及所属各单位多年的文史研究。展览大纲的编写主要由颐和园承担，其他单位对本单位所涉及内容进行把关。展览内容在确保准确的前提下，力求通俗易懂。

讲解团队素质过硬。从各公园选拔的讲解人员在展览大纲确定之初就开始了培训，并在布展阶段进行了实地演练。展览期间，讲解人员的讲解内容也随着观众的需求不断调整和完善。

　　当然，任何一个展览都是遗憾的艺术，"园说展"也同样留下了一些遗憾，比如因筹展时间紧，没来得及上线语音导览服务；有些文物展品的解读还可以再详细些；序厅的纱幕虽几经更换，效果还是不甚理想；等等。

　　我们回顾"园说展"策展中的收获，总结经验和不足，对今后开拓策展理念，创新展陈内容，推出"有观点""有温度"的文化展览具有借鉴和指导意义。

4　结语

　　"园说展"的成功，凝结着各级领导、园林和文博专家的热诚关怀和大力支持，体现了首都园林工作者高度的政治责任感和团结协作的工作作风，展现了北京市公园管理中心各级领导和各公园文物专业工作者坚强的统筹组织能力和精益求精的专业态度，书写了新时代首都园林文物保护管理事业新的篇章！

　　当前，在习近平新时代中国特色社会主义思想的指引下，北京古典名园的传承保护与创新发展迎来了新的机遇，北京市属公园的广大干部职工将"不忘初心、牢记使命"，继续发扬在"园说展"策展过程中展现的专业态度和敬业精神，为传承公园历史文化、服务人民大众、提升首都功能、建设生态文明作出新的贡献！

作者简介

张亚红，北京市公园管理中心副主任。
秦雷，北京市中山公园管理处党委书记、园长。
隗丽佳，北京市颐和园管理处。
张旭，国家植物园

"园说II——颐和园建园270周年文物特展"的选题及策展逻辑

○ 张亚红　秦　雷　隗丽佳

摘　要："园说II——颐和园建园270周年文物特展"，以时间为主线，功能、逻辑、主题为辅线，分4个单元讲述清中期的清漪园、清晚期的颐和园以及近现代的颐和园270年间，由皇家禁苑开放为人民公园的历程，参展文物208件（套），资料190件（套）。在展期围绕重点节点、主题策划，开展了多媒体、全方位的立体宣传和随展讲座等活动。

关键词：颐和园；清漪园；文物；展览

2020年9月25日，"园说II——颐和园建园270周年文物特展"（以下简称"园说II"）在中国园林博物馆开幕（图1）。国庆8天长假，因限流要求，中国园林博物馆每天可预约3000人，几乎天天约满，预约的游客有90%左右会去"园说II"所在的临1、临2展厅，可见其受欢迎程度。

"园说II"是北京市公园管理中心继2019年在首都博物馆开展的"园说——北京古典名园文物展"（以下简称"园说I"）后推出的园说系列展之二。延续着"园说I"的

图1　园说II——颐和园建园270周年文物特展
（图片来源：文中照片均由张晓莲拍摄）

办展理念，形成了具有园林文化特色的文化品牌，精准地解读和阐释了园林文化的精粹。按照计划，园说系列计划持续做 10 年，陆续推出 10 个大展。

1 "园说Ⅱ"的选题

"园说Ⅰ"是从北京这座历史文化名城的视角阐释古典名园的地位、作用和价值。"园说Ⅱ"试图换一种角度，从一座具体的园林切入，叙述其发展变迁，展现园林营造、园林艺术和不同时代的园林功能、园林管理，表达中国人的传统自然观，以及中国人对充满意境的景观环境的向往与追求。

选择颐和园作为"园说Ⅱ"的主题，有 3 个方面的考虑：一是颐和园是世界文化遗产，是中国最后一座皇家园林，也是中国古典园林的杰出代表。二是 2020 年是颐和园建园 270 周年，回望 270 年的兴衰荣辱，从园林这一视角和载体折射出中国近现代发展史，印证"国强则园兴，国衰则园败"的历史规律。三是颐和园园藏文物丰富，数量多、品质高，特别是多年来的研究成果对展览形成强有力的支撑。

此外，此展览作为"2020 中国大运河文化带京杭对话"活动的"1+8+N"项子活动（即 1 个主论坛暨开幕式、8 项主场活动，以及来自北京市、浙江省、杭州市的 N 项主题活动）之一，展览内容也凸显了大运河文化带建设成果，提升了颐和园在"大运河文化带"上的地位与影响力。

2 "园说Ⅱ"的叙事逻辑

2.1 展览框架及线索

展览以时间为主线，功能、逻辑、主题为辅线，分 4 个单元讲述颐和园历史上的 3 个时期（清中期的清漪园、清晚期的颐和园以及近现代的颐和园）270 年间逐步由皇家禁苑开放为人民公园的历程（表 1）。以不同时期园林的服务对象、管理机制、功能变迁

展览的框架及线索　　　表 1

展览大纲线索	第一单元	第二单元	第三单元	第四单元
时间线	清漪园		颐和园	近现代
功能线	澄怀散志		园居理政	为民服务
逻辑线（叙事性）	选址功能—造园艺术—焚毁		重建—园居、理政—劫难—外交	开放—变革—振兴
主题线	禁苑（行宫）		禁苑（离宫）—清末开放（皇室私产）	皇室私产（民国初期的开放）—国家公园（1928—1948 年）—人民公园（1949 年以来）

为线索，讲述园林由清内务府管理，作为皇室私产专门为帝王服务的功能逐渐转变开放为人民的公园，为广大人民服务的进程。

第一单元由清漪园的选址、兴建入手，重点突出清漪园的造园艺术。

第二单元讲述清漪园的主要历史功能及禁苑管理制度等内容。

第三单元讲述历经劫难后，清漪园重修并更名为颐和园，这一历史时期的园居生活及政治、外交功能，以及晚清颐和园时期的管理与 1900 年再遭劫难。

第四单元以民国时期的率先开放为切入点，重点论述新中国成立后，颐和园作为人民公园的定位及为人民服务的社会功能、各领域的成就等内容，点明并升华主题。

2.2 展览内容

2.2.1 序言

颐和园原名清漪园，始建于 1750 年，是清乾隆时期在北京兴建的最后一座大型皇家园林，是数千年来中国造园艺术的集大成之作，1860 年被英法联军焚毁；1886 年开始重建，建成后成为晚清中国政治、外交和宫廷生活的中心之一；民国时期，颐和园是中国最早一批对公众开放的皇家遗迹之一。1949 年新中国成立后至今，颐和园作为人民的公园，一直以来承载着文物保护、文化传承、生态涵养、游览服务等多方面功能，是首都全国文化中心建设的一张"金名片"。

2.2.2 第一单元 山称万寿水清漪

1750 年，清乾隆皇帝以兴修水利和为母祝寿之名兴建清漪园，其得天独厚的居中地位将京西"三山五园"连成一体；清漪园的建造继承了中国三千多年造园的理念、哲学与传统技艺，以高阁长廊的宏大气势、写仿天下胜景的造园手法、诗情画意的人文意蕴，将为母祝寿、水利建设、农田辟治、军事操演、园林游赏、宗教信仰等功能融入一园（图 2、图 3）。

（1）五园之中

清朝康乾时期，在京西的畅春园、玉泉山静明园、香山静宜园、圆明园等皇家园林相继建成之后，乾隆皇帝在位于四园之间的西湖、瓮山一带连续兴工 15 年，建成了万寿山清漪园，从而将京西一带的庞大皇家园林群连成一体。清漪园成为"三山五园"的构图中心。

（2）疏泉延寿

1749 年冬，乾隆皇帝对北京西北郊水系进行了大规模整治，以疏浚、开拓西湖作为蓄水库并建置涵闸，通过修整玉泉山、西山一带的泉眼、水道，疏通玉河、长河，开挖养水湖、高水湖等措施，形成了可调节的玉泉山—玉河—西湖—长河京城水系，既解决了西郊水患，又为漕运、城市供水、农田灌溉等提供了充沛水源。1750 年，乾隆皇

图 2　第一单元展览效果

图 3　颐和园匾额

帝为庆祝翌年崇庆皇太后 60 寿辰兴建清漪园，发布上谕改瓮山之名为"万寿山"，改西湖之名为"昆明湖"。昆明湖成为北京城最重要的水源地和人工蓄水库。

（3）移天缩地

清漪园的建造依托得天独厚的山水环境，继承了秦汉以来的皇家园林造园艺术与传统，吸收了南北各地特别是江南私家园林造园技艺之精华，体现了清朝最高统治者的哲学观念、政治思想、宗教信仰、艺术趣味，以及清代社会所达到的物质技术和施工组织的最高水准。"莫道江南风景佳，移天缩地在君怀"，清漪园可谓中国皇家园林艺术的集大成之作。

2.2.3　第二单元　无双风月属昆明

清漪园不仅是清朝皇室散志澄怀、观光悠游的休闲胜地，也承担着最高统治者观稼验农、宗教祭祀、怀柔远人等重要政治文化功能（图 4、图 5）。清咸丰十年（1860 年），英法联军焚毁"三山五园"，清漪园亦遭劫难。

（1）耕织图画

1751 年，乾隆皇帝将内务府织染局迁至清漪园西北部的耕织图景区；1771 年，乾隆皇帝将宋代绘画《耕织图》摹刻上石，镶嵌在耕织图的建筑内，从而使清漪园耕织图

图 4　第二单元展览效果

图 5　蓝釉白龙纹瓷梅瓶

成为既有耕织生产实际功能，又有耕织文化景观价值的"活"的"耕织图画"。

（2）几暇散志

清漪园主要是作为清帝理政之余的休闲游观之所，不承担居住、理政功能。但是帝后亦常来园拈香礼佛、祀神祈雨、观稼验农、读书品茗等，有时也在这里接见大臣，赐游示渥。

（3）和合一家

清代帝王出于巩固其政治统治的需要，注重以宗教推行政治怀柔与社会教化。清漪园中的大量宗教建筑，体现了乾隆皇帝对宗教特别是藏传佛教的尊重与扶植，具有加强民族团结的意义。

（4）庚申罹难

清漪园作为皇家御苑，由内务府委派官员和匠役进行管理，严禁官绅百姓私自入园，建立了惩戒制度。1860 年，英法联军焚毁"三山五园"，清漪园绝大部分建筑被毁，陈设文物被抢劫殆尽。

2.2.4　第三单元　中间宫殿排云起

1886 年，光绪皇帝以恢复昆明湖水操为由，在清漪园废墟上重建园林；1888 年，正式更名清漪园为"颐和园"，作为慈禧太后"颐养天年"之所（图 6、图 7）。从 1891 年到 1908 年，颐和园成为帝后园居、理政、外交的主要场所，是紫禁城之外重要的政治中心。

图 6　中间宫殿排云起

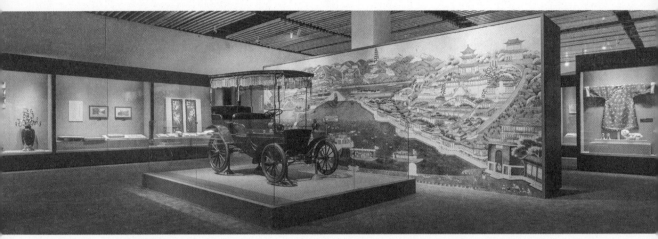

图 7　第三单元展览效果

（1）钦工钦算

颐和园的重建是清朝最高统治者以"规复水师旧制"为旗号，在耕织图旧址修建昆明湖水操学堂开始，遵循严格的管理流程和则例，工序复杂严谨。重建过程中，内务府样式房和工部算房等部门各司其职，每五天奏报一次工程进展，体现了朝廷对皇家建筑营建工程严格的制度化管理。

（2）颐养行乐

1891年，慈禧太后和光绪皇帝开始在颐和园驻跸，至1908年，每年居住时间长达5~10个月。皇帝、皇后在园内开展园居理政、起居休闲、消夏避暑、庆寿观剧等活动，是晚清宫廷生活的重要空间。

（3）再遭劫难

1900年八国联军入侵北京，慈禧太后西逃。俄国、英国和意大利侵略军闯入颐和园，盘踞长达一年之久，破坏、抢掠了大量园藏文物，部分建筑物亦遭破坏。

（4）御园"洋风"

慈禧太后回銮后，颐和园成为宫廷外交活动的主要场所。慈禧太后、光绪皇帝在颐和园频繁接见外国使臣及其眷属，并赐宴、游园，以加强亲善。同时委派大臣出国考察，引进西方事物，学习西方书籍。

2.2.5　第四单元　观鱼胜过富春江

1914年，尚为逊清私产的颐和园对公众售券开放；1927年后收归国有，园林管理渐趋条理。历经民国前期的政治动荡、日寇入侵、战乱多发，1949年新中国成立，颐和园的历史翻开了新的一页（图8）。新中国成立后的70余年中，颐和园真正成为人民的公园，在首都北京的文物保护、文化传承、游览服务、文化中心建设工作中发挥着重要作用。

图 8　第四单元展览效果

（1）禁苑初开

清朝灭亡后，社会各界要求瞻仰颐和园的呼声日高。民国政府规定参观者须经外交部审批，发给门照，并通知清室内务府，之后改为外国人参观由外交部审批，国人参观由内务府或步军统领衙门办理。1914 年，尚为逊清私产的颐和园正式对社会售券开放。1928 年，民国政府成立"内政部颐和园管理事务所"，不久，移交北平市政府管理。

（2）人民公园

新中国成立后，颐和园的管理以为人民服务为宗旨，步入新的历史时期。文物的保护修缮和园林美化工作得到了政府的大力支持，颐和园的管理体制日益完善，卫生、服务、绿化、文物保护等工作走在全国同行业前列，成为北京旅游服务、国事活动、市民游憩、传统文化体验的重要场所。

（3）世界文化遗产

改革开放后，在各级政府和相关部门的大力指导和支持下，颐和园逐步收回历史景区和建筑，持续加强古建筑保护修缮，1998 年成功申报成为世界文化遗产。党的十八大以来，颐和园不断加强文化研究和传播，积极践行让文物"活"起来的指示要求，文化影响力不断增强。

颐和园是中国古典园林艺术的瑰宝，是中国数百年历史沧桑变迁的缩影，是弥足珍贵的世界文化遗产。270 年来，颐和园从皇家禁苑逐渐变为人民的公园，昭示着中国社会发展的规律，承载着一代代人民对美好生活的向往，是今天首都北京推进全国文化中心建设的宝贵资源。在习近平新时代中国特色社会主义历史文化遗产保护思想的指引下，颐和园管理处将在北京市委市政府、北京市公园管理中心的领导下，以保护遗产、传承文明为己任，不忘初心，砥砺前行，为首都全国文化中心建设作出应有的贡献！

2.3 文物数量

"园说Ⅱ"参展文物 208 件（套），资料 190 件（套），其中一级文物 13 件（套），二级文物 23 件（套），三级文物 60 件（套），四级文物 8 件（套），一般文物 104 件（套）。本次展览得到了故宫博物院、中国国家博物馆、国家图书馆、中国文物交流中心、中国科学院文献情报中心、首都博物馆、沈阳故宫博物院等 9 家单位的大力支持，共借展文物 31 件（其中实物 20 件、电子版 4 件、复制件 7 件），档案资料 16 份。

2.4 云展览及电子导览

本次展览由 2020 年 6 月开展延迟到了 2020 年 9 月；同时因为展厅限流，配合线下展览，我们开通了线上的云展览；为防人员聚集，增设了电子导览。

3 配套活动

3.1 文创展示

"园说Ⅱ"利用中国园林博物馆临 1、临 2 两个展厅，利用展厅之间的过渡空间搭建了一处文创展销区，名为"颐式生活新文创"，展销颐和园文创精品，包括颐和园系列学术文化书籍、颐和园日历等以及颐和园代表性文创产品 50 余件，其中多件是以本次展览参展文物为元素设计的产品。

3.2 系列宣传和社教活动

深入挖掘展览亮点，以未展出过的、高品级的、有故事的文物或纹饰、图案题材特殊的文物等为切入点，推出系列文章，解析重点展品，持续推进展览宣传；依据展览主题与参展文物的特色亮点，结合展览期间中秋、国庆、重阳等节日特点，开展不同节日的相关配套宣传及设计活动。围绕重点节点、主题策划，开展多媒体、全方位的立体宣传。出版《颐和园建园 270 周年园林文化学术论文集》以及"园说Ⅱ"同名图录。举办"大美颐和——颐和园四季风光摄影展"。结合展览内容举办了系列科普活动。

3.3 随展讲座

本次展览展期中，共邀请 6 位专家从不同角度阐释颐和园的园林艺术与价值，以便公众更好地了解展览所展出的众多文物背后的颐和园，了解这座历经 270 年的经典园林的精彩、磨难和辉煌（表 2）。

展览期间开展的专家讲座　　　表 2

姓名	工作单位	职称	讲座内容
张亚红	北京市公园管理中心	高级工程师	回望 270 年，解读颐和园背后的故事——"园说"展策展逻辑
杨华	北京市颐和园管理处	高级工程师	"河水清且涟漪"——颐和园与大运河文化带的关系
吕舟	清华大学建筑学院	教授	基于世界遗产视角的颐和园价值再认识
夏成钢	北京山水心源景观设计院	总设计师	清漪园到颐和园楹联匾额的变化
阚红柳	中国人民大学清史所	教授	清帝园居理政
唐学山	北京林业大学	教授	颐和园的造园艺术

　　展期内，学者名家在中国园林博物馆为广大园林文化爱好者带来精彩的 6 次专题讲座，包括颐和园等皇家历史、文化、文物等内容。展览及相关配套活动相关话题在网络新闻、微信、微博和 App 等平台广泛传播，截至 2020 年 10 月 19 日展览相关信息共计5337 篇（次）。

　　近年来，在新的时代背景下，随着文化事业和文化产业的不断发展，以学术研究为支撑，园林蕴含的更多层次的"文化景观"正逐渐被挖掘和阐释，并以文物展览的形式，以"引进来""走出去"的方式，涌入人们的视野。至"园说"系列园林文化展，一个个学术积淀深厚、设计新颖独特、科技融合创新的展览被推出，且呈方兴未艾之势。

作者简介

张亚红，北京市公园管理中心副主任。
秦雷，北京市中山公园管理处党委书记、园长。
隗丽佳，北京市颐和园管理处。

"园说——北京古典名园文物展"炼成记

○ 秦 雷

引言

在八百多年的历史长河中，北京的古典名园与历史兴衰同步，塑造了不同时期的都城风貌，见证了壮阔的社会发展进程，印证了"国弱则园衰、国强则园兴"的历史规律，是首都北京无可替代的文化遗产和无与伦比的城市特色。为了深入贯彻落实"让文物活起来"的指示精神，让历史"说话"，让北京的古典名园"说话"，生动揭示以颐和园、天坛等为代表的北京古代皇家园林和坛庙在北京城市发展中不可或缺的重要地位和深厚文化，集中展示首都古典名园丰富精美的文物藏品，并向中华人民共和国成立七十周年华诞献上一份首都公园人的美好祝福，由北京市公园管理中心和首都博物馆主办，辽宁省博物馆协办，颐和园、天坛公园、北海公园、中山公园、香山公园、景山公园、北京植物园、北京动物园、陶然亭公园、紫竹院公园、玉渊潭公园 11家北京市属公园和中国园林博物馆承办的"园说——北京古典名园文物展"（以下简称"园说展"），于 2019 年 5 月 18 日在首都博物馆隆重开幕（图 1）。开展之后，观者络绎，好评如潮，展期从 3 个月延长到 5 个半月。本次展览对广大观众增强对首都古典园林在北京城市功能中的地位及其重要的历史、文化、生态和社会价值的认识、了解发挥了积极的作用。

1 立纲

展览大纲对展览是统领性的，纲举才能目张。展览的主题明确后的首要工作是编写和确立展览大纲，明确展览的范围和分类，理顺展览的叙事层次和结构，深化展览的目的和意义。"园说展"的主题就是展示以颐和园、天坛公园等 11 家市属历史公园为代表的首都古典名园深厚的历史文化内涵，以及在北京都城发展历程中的重要历史地位、多元功能和文化价值。但是，展览如何结构和分类？ 以什么顺序来讲好故事？大纲要面对和解决的一件需要理论思考和学术探索的工作。首先，要明确展览的内容范围，毕竟北京市公园管理中心下辖管理的只有市属 11 家历史名园和园林博物馆，并不是所有的北京历史名园，可以有所扩及，但不可能囊括北京历史上和现存的所有历史名园，精力

图1　2019年"园说——北京古典名园文物展"首都博物馆

和管理体制也允许我们做到"面面俱到"。其次，关键是以什么结构叙事？有同事提议以文物展品的材料质地分类，这种分类简单易行，便于操作，以文物类别为主体的叙事结构，突出的是文物展品本身的工艺特点和价值。第二种方式以公园为叙事主体，2013年中国园林博物馆开馆时策划的展览——"蕴奇藏珍——北京历史名园文物精品展"，基本以公园为叙事单元，这种结构也较为简单，有利于凸显各个公园文物藏品的特色和公园的功能地位，缺点是整体上比较碎片化。第三种讲述方式则是站在北京800多年都城史的高度，将历史名园置身于北京都城建置和发展的历程中予以定位和讲述，对历史名园与都城建置的关系和作用挖掘和说明，无疑会大大增加展览大纲的学术深度和实现难度。

在专家论证会上，专家否决了第一种、第二种简单化的大纲结构意图，明确希望要以第三种思路，从更高的定位上讲好历史名园的故事，展现历史名园在北京城市中的重要地位和多元功能。于是，展览筹备组背水一战，进行了多次的集中研讨，最终设置 4 个展览单元。第一单元定名为"平地山海，溯自辽金"，讲述中轴线上的北海公园、景山公园和中山公园，这些公园不仅距离紫禁城最近，北海公园还是现存最早的皇家园林，是北京建都的起点性地标；第二单元定名"坛庙相望，天人合一"，讲述以天坛、地坛、日月山川坛等坛庙园林的功能地位以及体现"天人合一"思想的祭祀礼乐文化；第三单元定名"三山五园，移天缩地"，讲述颐和园、圆明园、静宜园等"三山五园"的历史沿革和功能以及辉煌园林艺术成就，同时附带了出都城，经现在的动物园（当年的乐善园和畅观楼行宫）、紫竹院公园（当年的紫竹禅院行宫），直到"三山五园"的长河文化景观；第四单元定名"百年公园，旧貌新颜"，讲述从清末民初原皇家建筑逐渐作为公园开放，直至新中国成立后 100 余年来首都公园事业的发展，特别是党的十八大以来北京公园在文物保护、生态维护、服务民生等领域的巨大成就。这个大纲结构，立意高远，学术性强，融合度高，富有创新，相当于一个展览看下来经过了时间和空间的两条路线：时间上从辽金时期的北海、经过明清时期的"七坛八庙"和"三山五园"，再从百年前的第一个公园开放直到今天；空间上从紫禁城旁侧的三海御苑、左祖右社、背后屏山，经讨城内外的坛庙建筑，沿西直门外长河直到颐和园、圆明园乃至更远的香山静宜园、卧佛寺等。时间上从远到近，空间上从中心到郊外，处理得非常巧妙与合理。再辅以展览设计手段的分割与联系，带给观众起承转合、时空转换、步移景异的观展感受。

形成展览大纲的过程也是一个斟词酌句和学术转化的艰苦过程。比如对展览主题名称，所有人员以至各级领导，都一直为找一个准确而响亮的名字绞尽脑汁：名园耀京华、园粹、说园等，起了至少十几个名字都不甚满意，直到最后在向北京市副市长汇报时提出了"园说"作为展览主名称，顿时所有人觉得找到了最恰当的表达。"园说"出自《园冶》这部中国最伟大的造园学专著，是其开篇第一节的章节名称。以"园说"为展名，既通俗，又渊雅；一方面是对习近平总书记"让文物说话"思想的贯彻落实，另一方面也是对中国古代造园理论经典的致敬和传承，体现了中国造园艺术的深厚底蕴，完美诠释了让园林说话、讲好园林的故事的展览主题，堪称是画龙点睛的神来之笔。

2 择物

展览中的 190 件（套）文物是从北京市属 11 家历史名园和中国园林博物馆所藏

的 7 万余件藏品中精选出来的（图 2）。观众也许要问，从 7 万多件套藏品中挑选出 190 件套展品不是很容易吗？ 挑选的标准是什么？ 可以说并不容易，甚至是相当不容易！一个好的展览绝不是文物展品的堆砌，而是一个话语的体系；既要考虑到文物藏品的代表性和观赏性，又要考虑到文物藏品的系统性和多样性；既要表现从辽金元明清到民国以及新中国成立 70 年来的历史沿革性，重点突出颐和园、天坛公园等世界文化遗产单位丰富精美的文物展品，又要有覆盖到每一家公园的广泛性，对北京市公园管理中心所辖的 11 家历史名园和中国园林博物馆，扩而展之到地坛、先农坛、日坛、月坛等坛庙园林和玉泉山静明园、圆明园等"三山五园"，依据其历史地位、功能和藏品状况，尽可能比较系统与合理地予以展现。既要体现园林和文物学术研究的新成果，又要去挑选" 有故事"的文物……这就要求策展人员对北京的古典园林发展史和园林艺术史，对每一个公园的每一件文物藏品，都要有相当的了解和认识，并能够从北京公园发展史的整体和宏观的高度及广度上去系统挑选和排列每一件文物展品的位置。

北京市公园管理中心所辖公园的藏品分布很不均衡，颐和园和天坛公园两家加起来就有 5 万余件。这两个公园的文物挑选相对容易，比如天坛公园的各类清代瓷玉坛庙祭器，成套的编钟、编磬等，很成系统，不仅可以表现天坛的历史功能和价值，连日坛、月坛、先农坛、历代帝王庙等"七坛八庙"的文物都有涉及；颐和园更不成问题，历代宫廷旧藏青铜器、瓷器、玉器、家具，如商代兽面纹三牺尊（图 3）、乾隆云龙纹大玉瓮、紫檀嵌珐琅云龙纹大罗汉床、巨幅缂丝佛像、慈禧油画像等，可以做到精中选精。颐和园和天坛公园丰富而成体系的文物精品，奠定和保证了展览的基础和品质。

图 2　展览中的展品

图 3　商代兽面纹三牺尊

图 4　万春亭清代琉璃宝顶

　　但其他公园的文物挑选便比较困难。大部分公园文物并不多，有的公园即使有部分藏品，但大多为建筑构件、残碑断碣、历史档案和现当代书画作品等。展览筹备组在各公园专业人员的协助下，努力挑选具有代表性和说明力的展品。如景山公园，文物账册上只有两件明清铜制投壶（一种宫廷体育游戏用品），根本无法说明景山在北京都城布局中的地位。景山是紫禁城的镇山和中轴线上的一个制高点的地位如何体现呢？展览筹备组将景山制高点万春亭上的清代琉璃宝顶作为展品（图 4）。这件宝顶体量巨大，原位于万春亭中间最高处，是清代修缮万春亭时的建筑构件，1938 年因雷击受损，裂为横竖数块，第二年以多枚铁铜子锔上继续使用，直到 2005 年再次大修时因破损严重才予以替换，后一直保存于公园的库房之中。这件真正的北京中轴线上的巅峰之作，有力地说明了景山的独特地位和价值。展览也唤醒了这件建筑残件的文化价值，在首都博物馆后来举办的北京中轴线展览中，这件宝顶再次作为重要展品被借展。中山公园、陶然亭公园也是如此，基本没有能够反映其早期建置历史的藏品，只好付之阙如。但我们在展览的最后一部分各挑选了一方民国时期的碑刻：中山公园的《行健会刊石记碑》和陶然亭公园的《陶然亭都门胜地碑》，以表现民国时期两个公园对公众开放和开展社团活动的历史功能。

3　识物

　　支撑展览仅靠代表性的文物精品是不够的，要想系统展示北京古典园林八百多年的历史变迁过程和文化价值特点，弥补展品系统的缺项，展览工作组不仅要熟悉和了解各公园提供的在册藏品，还要到各公园进行深入的调研、了解，乃至发掘、考证那些身份未明、"语焉不详"的在册藏品，以及还未列入文物清册的"疑似"文物，以串联和填补整个展览链条中的缺环和空白。比如北海公园，是北京乃至中国历史上现存最古老和保存最完整的皇家园林，在北京城市发展史上占有重要地位，是北京古典皇家园林的起点和开端，按照大纲设想理应在展览开篇的部分给予重点的展示。但无论是其园藏的宋金艮岳遗石、元代渎山大玉海、铁影壁，还是明代石雕影壁等，都因为体量太大无法入展而弃选，其他明代以前的文物藏品一件没有，造成整个展览开始部分即是空白的困境。

为了寻找反映早期北海历史的实物展品，我们几次到实地交流和调研，试图找出些意外的收获。终于，在团城承光殿内，发现悬挂有类似乾隆御笔"黑漆金字一块玉"形式的诗文匾13方，形式古朴，制作精良，书法流畅，与颐和园中的几方乾隆帝御笔匾额极其相似。问北海公园研究室的同志这些匾是否是清代遗物，告知这些匾额没有进行过断代和鉴定，推测有可能是北海公园开放后不知何时仿制的，所以在文物账册上没有登记。仰头仔细观看这些匾额，内容都是题咏团城和承光殿景物的御制诗，典型的乾隆帝笔体，其中一首诗写的是："承光匪自今，建置溯辽金……"大意为：北海的承光殿不是现在才有的，它的建置可以追溯到辽金时代。诗句落款处还有一白一朱两方印章："古稀天子之宝"和"犹日孜孜"，这也是经典的乾隆帝御用玺印。这不正是借乾隆帝之口说明了北海悠久历史的有力证物吗！但有一个问题在展品说明中不可回避，就是这些匾额的制作年代，是清代？民国？还是新中国成立后？它们究竟是不是1925年之后北海作为公园对社会开放之后为了丰富展览效果而依据乾隆帝御制诗等史料创作的呢？如果是很晚近的新制品，则欠缺说服力。

为了弄清匾额的年代，我们查阅北海公园的相关史料，在适园主人李景铭于1924年完成和首版的《三海见闻志》中找到了答案。民国时期，中南海成为政府机关办公地，北海则在1925年后开放为公园。李景铭曾出任北京政府财政部赋税司司长，1924年在财政整理专门委员会任职，财政整理专门委员会的办公地即在南海涵元殿北的香扆殿附近。李景铭在上下班的途中，或工作余暇，常漫游三海之中，"偶过一树一石，一亭一榭，必下车探访，披荆斩棘，考其旧迹，默记小册中"，三个月写成此书。在该书卷三谈到承光殿内，明确记道："殿之四面，悬御笔草书匾额颇多，兹分录之，一云：'承光匪自今，建置溯辽金……'跋云'壬寅新正之月上浣御题'……"李景铭在书中所记第一方乾隆帝御题诗匾便是此匾，由此可知此匾民国初年北海未开放时便存在，而此时民国政府初创，不可能有兴趣去创制乾隆帝诗文匾额；同样，清朝晚期财力竭蹶也难有此雅兴。因此，我们判断这些乾隆诗文匾额就是乾隆时代的遗物。于是，我们将这方匾额作为重要的展品纳入展线，再配合一些文字史料和拓片资料等，来反映北海的早期历史，起到丰富形式和深化内容的良好作用。

　　再如紫竹院行宫，是当年清代皇家乘船由玉河来往颐和园中转休息的地方，不仅反映紫竹院公园这个公园个体，也是北京大运河文化带上的一个重要节点，在展览中理应有一席之位。但是，和行宫相关的文物藏品基本是空白，在实地调研中，我们发现只有一件具有清末民初风格的木雕花穿衣镜是个具备上展条件的老物件，但藏品信息不详（图5）。紫竹院公园藏品管理人员介绍说，此穿衣镜来历并无记载，有"慈禧穿衣镜"的口耳传闻，但是紫竹院行宫在民国时期也曾屡被出租与达官富商，也有可能是他们留下的。如果这件穿衣镜是民国时期的物品，就不能用来说明与清代长河行宫的关系。因此，弄清穿衣镜的时代究属晚清还是民国时期这样一件正常看来也许并不重要也不必要的事情，对于在此次展览中表现紫竹院公园的历史地位就显得非常关键。翻检相关图录，果然发现了几幅清末皇族女性和此种穿衣镜的合影，其中比较有名的一幅是肃亲王善耆的福晋赫舍里氏于1904年拍摄的。这张照片具有清晰的来源，它是由赫舍里氏本人赠送给当时的美国驻华公使夫人萨拉·康格的。康格夫人在照片的背面注明了像主的身份，以及拍摄地点"肃王府"，并写道："她穿着礼服去给太后和皇帝拜年"，从此可以明确断定此类穿衣镜的时代以及身份。当然也不能完全排除这种镜子是当时照相馆提供的，因为其他同时代题材照片中的镜子与此相差无几，但也至少说明此种穿衣镜与清末宫廷并不违和。上展线后，这件藏品引起了观众的浓厚兴趣，较好地诠释了紫竹院行宫的历史价值。

　　诸如此类，挑选和辨识文物的过程中还有很多这样的艰苦、曲折和收获。可以说，展览中的每一件文物展品的选择，都凝聚了策展人大量艰苦的学术劳动以及对北京古典园林的历史、文化和价值的深入理解，也因此在文物展示的逻辑性、系统性、艺术性、观赏性、学术性等方面获得了各界观众的充分肯定。

4　合力

　　展览的举办和合力的体现。各级领导对展览举办给予高度重视，北京市副市长两次专程听取展览大纲和设计方案汇报，要求讲好园林故事，深化展览内容，确保展览质量，对展览名称、展品等细节亲自给予指导。北京市公园管理中心将展览列为年度重点项目，党委书记、主任张勇先

图5　紫竹院慈禧穿衣镜

后3次召开专题会听取展陈工作阶段汇报，明确展览工作机制，审核展览主题，确定大纲结构，为展览工作的有序开展定向把舵，安排资金，抽调精干专业力量，组建策展团队，协调统筹推进所属各公园和单位全力配合。公园管理中心副主任张亚红亲自负责，先后召开9次业务会，从文物挑选、大纲结构确定，到展览设计、文字图表审核，亲力亲为；北京市公园管理中心服务处处长缪祥流、副处长温蕊居间统筹协调各单位积极配合。笔者带领的以颐和园文物部主任隗丽佳、科员张利芳和张若衡等为核心的展览工作组，以饱满的工作热情和严谨的学术态度，全力投入，研磨展览大纲、拣选文物展品、撰写展品说明、指导形式设计、组织文物运输、统筹展览施工和文物布展，在7个月紧张的工作，不断深化展览大纲和优化展览形式设计，文字大纲反复锤炼修改了10余稿，展览形式设计方案则反复更多，有的区域如序厅部分前后做了17稿方案。展览的筹划和施工，还得到了北京园林研究专家、北京市研究学者、博物馆学者的热诚指导；展览的施工和布展获得了首都博物馆和各公园同行的大力支持；文物的挑选工作到最后一个月还在进行调整和增减，又经过一个多月紧张的现场施工和一个星期的文物包装运输和布展，最终完成了展览策划和布置等工作，如期顺利对公众开放（图6）。

图6　布展现场

5 结语

　　展览毕竟是短期的，将展览作为成果固定和延续，以图录的形式记录下来十分必要。按照计划，需出版一本既汇集了展览文物，又具有园林文化阐释深度和学术参考价值的精品图录，定名为"园说：北京古典名园文物珍萃"。笔者带领颐和园文物部主任隗丽佳、科员张利芳和研究室张鹏飞等组织文物摄影，开展史料搜集、文字撰写，对图集文字和设计进行了细致的版式设计审校。承担图录出版工作的文物出版社社长张自成和副总编辑刘铁巍高度重视，委派冯冬梅为责任编辑、孙之常为摄影师，聘请李猛工作室承担整体装帧设计工作，务求高标准，出精品。北京市公园管理中心主任张勇、副主任张亚红和首都博物馆党委书记白杰亲自关心和审阅书稿，提出完善意见。为保证图录设计的质量和艺术效果，我们多次组织召开设计会，逐页商讨修改和完善。李猛是一位非常有才华的版面设计师，能够坚持自己的设计风格和立场，同时也善于理解展览筹备组提出的修改要求。设计风格大气、典雅，内容丰富精彩。由于大量文物都是首次亮相和精挑细选，设计新颖，因此既具有艺术观赏性和视觉冲击力，又有很强的学术价值。《园说：北京古典名园文物珍萃》于 2019 年 10 月如期出版，2020 年，在由中国编辑学会组织的第二十九届"金牛杯"美术类图书评审中，《园说：北京古典名园文物珍萃》在数百本同类图录中脱颖而出，荣获金奖（图 7）。

　　"千淘万漉虽辛苦，吹尽黄沙始到金。""园说：北京古典名园文物展"的成功举办，凝结着北京市政府、北京市公园管理中心各级领导、园林和文博专家、博物馆界同行的热诚关怀和大力支持，体现了首都园林工作者高度的政治责任感和团结协作的工作作风，展现了北京市公园管理中心各级领导和各公园文物工作者良好的统筹组织能力和精益求精的专业态度，成为"园说"系列展览的开端，书写了新时代首都园林界文物保护管理事业新的篇章！

图 7 《园说：北京古典名园文物珍萃》

作者简介

秦雷，北京市中山公园管理处党委书记、园长。

于不确定中寻求确定

——"园说Ⅲ——文物中的福寿文化与艺术特展"背后的故事

○ 隗丽佳　张利芳

引言

2021年9月28日，"园说Ⅲ——文物中的福寿文化与艺术特展"开幕式暨颐和园博物馆成立揭牌仪式在颐和园博物馆和德和园扮戏楼举行（图1）。这是一场与"福寿"相遇的展览，在这里，观众可以了解福寿文化悠久的历史、生动的形象、精湛的工艺、丰富的内涵和深远的影响，感知古人朴素的审美意趣和生活追求。

一个展览就像一本书，成书之前，那些散碎的篇章、凌乱的线索、无序组合的文物等，都需策展团队逐一梳理、合理编排。一场精美展览的呈现，一次文物和现代生活的共鸣，离不开一群人的默默付出，而整个过程更是在不确定中寻求确定（图2）。

图 1　颐和园博物馆揭牌仪式

图 2 展厅内景

1 紧扣主题 系统研究——展览前期筹备工作

1.1 选定展览主题

展览主题的确定，是一个不断尝试、探讨、论证的过程。"园说Ⅲ——文物中的福寿文化与艺术特展"（以下简称"园说Ⅲ"）既要延续"园说"系列展举办的初衷，还要突显藏品特色，彰显展览品牌和文化魅力。策展团队自 2020 年 11 月就开始准备展览选题策划工作，从策展成熟度、社会影响力、操作可行性、展览规模、展期安排等方面着手考虑和权衡，先后 3 次向中心详细汇报了"园林典籍展""中轴线上的园林展""颐和园家具展""四大名园展"的选题思路、优劣势等内容，力求在展览立意与展品解读方面求新。经过数次研讨，最终以庆贺党的百年华诞、展示颐和园丰富的福寿题材文物、弘扬优秀传统文化为由，确定"福寿文化"的展览主题。

1.2 确定展陈大纲

中国福寿文化源远流长、内涵丰富。近些年各大博物馆也陆续推出了福寿主题的展览，但多缺乏对福寿文化源流的追溯及各时代福寿文化特征的总结与展示，而这恰是展览的难点和重点。为呈现更好的展览效果,"园说Ⅲ"策展团队广泛搜集相关专著、论文,深入研究文献史料,第一次系统梳理了"福""寿"字的起源及福寿文化的发展演变历史。使展览不拘泥于单纯的器物展,而是以多维度、多层次去阐释福寿文化的内涵,展现其对社会生活方方面面的影响。展览大纲得到专家的肯定,最终实现了这一场学术研究向展览展示转化的创新性展览。

1.3　甄选展陈文物

文物承载灿烂文明、传承历史文化、维系民族精神。策展的过程,即是和古人隔空对话,只有解读好、表述好文物背后蕴含的故事和生活,并以生动有趣且代入感较强的方式传递给观众,才能让他们更好的理解文物所在的位置及其文化价值。

此次展览共展出福寿题材文物 286 件(套),园藏文物和借展文物各占一半,这是颐和园承办展览以来,跨地域借展文物数量最多的一次。为弥补园藏文物的不足,也为给观众全新的观感体验,策展人员从年代着手,精挑细选各时代契合展览主题的代表性文物,如新石器彩陶、西周青铜器、汉代瓦当、唐代铜镜、宋代瓷枕等。借展单位涉及 8 个省市 18 家单位,借展文物共计 145 件(套),其中重量级展品有 10 件(图3、图4)。

支持单位(18家):

• 故宫博物院	• 山西博物院	• 宁波中国港口博物馆
• 首都博物馆	• 河南博物院	• 宁波博物院
• 清华艺术博物馆	• 河北博物院	• 广州市博物馆
• 中国园林博物馆	• 湖南省博物馆	• 广东民间工艺博物馆
• 圆明园管理处	• 广东省博物馆	• 古陶文明博物馆
• 北海公园管理处	• 上海中国航海博物馆	• 平湖玺印篆刻博物馆

图3　18家借展单位名单

图4　部分借展文物

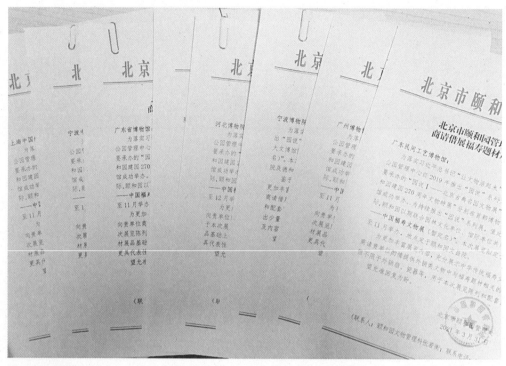

图 5　部分借展函

借展文物的增多，加大了展览的难度，加之跨地域借展的不确定因素也随之增加。期间，若选定的文物不能"如约而至"，策展人员还需及时寻找替换的展品，相关的流程也要重新申报和办理；部分级别高的文物，对温湿度、展柜等环境也有更高的要求，如何把展厅内外环境打造的适合文物展出，也是策展团队需考虑之事（图 5）。

1.4　敲定展陈方案

此展览作为颐和园博物馆挂牌的首展，从博物馆外围环境、馆内外导览牌、展览主视觉、各单元海报至展厅平面布局、空间呼应、色彩应用、展品定位、灯光效果、说明牌形式等设计内容，都需策展团队逐一与设计人员对接、修改、敲定。形式设计是对大纲内容的直接"翻译"，现代艺术"语言"的巧妙运用，一个个独具匠心的"小心思"，能拉近观众与文物之间的距离，让观众走进展览，爱上展览（图 6～图 8）。

2　严格把关　精准定位——展览后期施工运输布展工作

2.1　施工

此次展览位于颐和园博物馆内，3 处展厅分散，且展厅均为仿古建筑，安全性是施工过程中最重要的一点。文物管理科联合保卫科、属地队，每天进展厅查看施工进度，

图 6　展览主视觉

图 7　展览海报

图 8　展览各单元海报

因地制宜调整方案细节，确保展览大纲内容和形式设计方案能落地实施。后期，因定制展柜周期较长，留给施工的时间紧张，工作人员日夜奋战，高质量完成验收工作。

2.2　借展点交

此次展览借展文物分布广、数量多、级别高，为确保文物顺利来园，文物管理科制定了科学合理的文物运输方案，由文昌院队、文物管理科、保卫科挑选专业人员，兵分 4 路分别至广东—湖南—河南、上海—浙江、山西—河北、北京等各博物馆进行点交、包装、押运、入库工作，每个环节都极为谨慎。文物点交工作考验耐心和细心，要根据文物清单和资料，对文物逐一比对、查验现状，并拍照存证，任何一丝裂缝、修补痕迹等都要翔实记录在案；文物押运工作辛苦漫长，党员同志们充分发挥模范先锋带头作用，一路奔波，一路"操心"，为文物保驾护航。

2.3　布展

布展工作专业严谨又繁杂琐碎。因每件文物质地不同，拿放也有相应的规定；展品除保持群、组、件（套）的基本分级外，还要根据墙面精确计算展品的间距，一些大型的画作需要用专业的激光尺，在展墙上挨个定位出每一幅作品的位置。给观众以视觉冲击力和内涵表现力。恰当的陈列方式是一种"艺术"，需要独到的艺术眼光，更需要不厌其烦地调整。

3　集中资源　通力协作——展览开幕

"园说Ⅲ"展览筹划的过程中，北京市领导、北京市公园管理中心与颐和园等各级领导、专家都给予高度重视，北京市副市长以及北京市公园管理中心领导听取展览专题及进展汇报 11 次，精准把关指导，对展览细节提出科学合理的建议，确保展览如期开幕。

颐和园内各部门依据《"园说Ⅲ——中国福寿文物展"（暂定名）暨博物馆筹备策划工作方案》中的责任分工，各司其职、积极配合，全力协助策展团队做好博物馆申报、展品修复、展厅布展、展览宣传报道、基础设施保障、文创筹备、安全系统保障、学术研讨会、讲座、展览讲解等分项目工作。

为让更多的观众获得沉浸式、漫游式的情境体验，我们充分利用现代技术手段在展厅设置了多媒体投影、空气瓶终端设备、重点文物扫码介绍等互动方式，开发了线上虚拟游览系统，让观众实现在 PC 端、移动端 360° 全景观展。国庆期间，云观展全网播放量超过 820 万次，截至 2019 年 10 月 15 日，游客实地观展颐和园博物馆 48102 人次，德和园展厅 46711 人次。

4　结语

"园说Ⅲ——文物中的福寿文化与艺术特展"顺利开幕，展览传达的吉祥如意、福寿绵长的美好寓意已留存在每个观展者的心中；展览虽已结束，但"园说"的故事仍将继续，我们也将以传承和保护中华传统文化为使命，不断寻求园林文化新的研究思路和展示空间，让文化穿越时空，连接过去和未来。

作者简介

隗丽佳，北京市颐和园管理处。
张利芳，北京市颐和园管理处。

"园说Ⅳ——这片山水这片园" 策展回顾与解析

○ 隗丽佳

引言

2022 年 9 月 28 日，由北京市公园管理中心主办、颐和园承办的"园说Ⅳ——这片山水这片园"（以下简称"园说Ⅳ"）展览在颐和园博物馆成功举办（图 1）。本展览甄选展品 171 件（套），首次以文物为载体，系统讲述以"三山五园"为核心的古典园林集群在选址、营建、造园艺术、历史功能及保护发展等方面的内容。展览从策划到实施，历时 252 天，设置了专门的组织、人员和工作机制，通过了系统的研究、设计及多方面、多环节的协作过程。

图 1 "园说Ⅳ——这片山水这片园"展览海报

1 展览缘起与目标

"园说"展览是在北京市领导的关心指导下，由北京市公园管理中心主办并推出的系列精品文物专题展览。自2019年以来，已如期举办了3期："园说——北京古典名园文物展"（2019年）、"园说Ⅱ——颐和园建园270周年文物特展"（2020年）和"园说Ⅲ——文物中的福寿文化与艺术特展"（2021年）。这些展览是对"让文物活起来""让文物和历史说话"指示精神的贯彻落实，也是园林文物工作者"以文物诉说园林""以园林讲述优秀传统文化"的初衷。2022年，正值三山五园国家文物保护利用示范区建设的关键之年，为展示以"三山五园"为核心的"这片山水这片园"的文化价值及其在当代的转化、创新与发展，特举办"园说Ⅳ——这片山水这片园"展览。

2 策展过程

展览是一个博物馆的"灵魂"。一个好的展览，是收藏、研究和阐释能力的一种综合体现。而一个好的策展团队，则是能把学术内容合理转化，重构解析成好玩、好看、长知识的展陈空间，让公众在博物馆的学习环境中，深入思考、激发灵感、获得启迪、转变态度。

2.1 研究与选定展览主题

展览主题，是展览的中心思想，是展览要传达和展示的核心要义。展览主题需通过多元化的策展视角去思考、探讨、论证和确定。它需要考虑各种因素、提出多种设想，以便从中选定最佳的方案，确定最适宜的选题。

"园说Ⅳ"作为颐和园博物馆的临时展览，其主题选择既要与本馆的性质、任务相适应，突出藏品特色、行业特性和区域特点，更要聚焦当下社会热点、满足社会发展需求，突显园林价值、文化内涵和人文印记，实现"在园林说、说园林事、让园林说"的初衷。策展团队自2021年10月底就开始着手准备展览选题策划工作，基于固有展品的研究及近些年一直想做"三山五园"文物展的展览规划，策展团队梳理了相关研究成果，并进行了研讨、吸收、概括和提炼。2021年11月、12月，先后向上级单位汇报了"金声玉振"和"三山五园"两个选题的构思、大纲框架及展品情况。立足于"三山五园"国家文物保护利用示范区建设的大背景，综合考虑策展成熟度、操作可行性、展期、规模与场地等因素，最终确定了"这片山水这片园"的展览主题。选题理由如下：

（1）中心辖属单位颐和园、香山公园、国家植物园（北园）位于"三山五园"区域范围内，拥有"两山（万寿山、香山）两园（颐和园、静宜园）"的文化遗产资源优势，具有一定的研究基础。

（2）以"三山五园"为核心的山水园林，是北京城市建置的重要组成部分，以此为选题，可展示传播园林之于城市的重要性，阐释园林丰厚的文化内涵。近年来有关"三山五园"主题展览多以图片展、数字展为主，个别以少量文物为支撑的展览，缺乏体系性、全面性。鉴于此，我们可依托品类丰富的文物资源，尝试从园林视角解读"三山五园"集群的历史、文化和遗产价值，让更多公众了解、关注文化遗产，传承弘扬优秀传统文化。

（3）2022年是颐和园博物馆挂牌成立两周年。为打造一流博物馆，深入推进颐和园博物馆建设，扩大其在文博领域的影响力，需策划推出具有较高品质及品牌效应的展览。

2.2 拟定展览大纲结构、深化展览内容

从展览主题到形成展览大纲，是一个逐步完善的过程。展览选题确定后，还需深入研究文献资料，了解前沿学术动态，征询业内专家意见，拟定并反复推敲、修改大纲框架。

"三山五园"集中国古典园林之大成，是一部浓缩的大清史。以往关于"三山五园"研究的史料、论著汗牛充栋，如何从庞杂的历史信息中梳理出一条展览脉络，并提取内容构建合理的展陈框架进行主题的诠释。这是策展团队面临的首要问题，也是整个策展过程最难的环节。2022年1月至7月，整个策展团队共研读了数十本代表性著作、上百篇论文，定期组织研讨了数十次，调整了10轮大纲结构（图2）。期间，我们陷入几版大纲内容优势与缺陷的取舍中：从结构上看，一类是从园林本身出发，讲述园林随时间推移而发生的变化，是关于园林集群宏大历史进程的总结与概括，各章节虽侧重不同的表达内容，但都是对园林文化内涵的挖掘和阐释；另一类则聚焦于人的活动，以"修

大纲结构	第1版	第2版	第3版	第4版	第5版	第6版	第7版	第8版	第9版	第10版
第一单元	山水毓秀	山水毓秀	山水毓秀	山水毓秀	选址营建	生态人文 园林建设 浩劫复兴	五园话沧桑	五园迭兴	山水毓秀	山水毓秀
第二单元	五园筑兴	五园迭兴	五园迭兴	五园迭兴	山水养性	烟云供养 （修身）	湖山存风雅	山水养性	五园迭兴	名园盛衰
第三单元	攸关国计	移天缩地	移天缩地	移天缩地	诗意栖居	和乐满堂 （齐家）	园林尽平生	园林栖居	移天缩地	移天缩地
第四单元	劫尽新生	澄怀散志	澄怀散志	陈设琳琅	心系家国	勤政亲贤 （治国）	山水勤文治	园居理政	修文崇武	园居理政
第五单元		攸关国计	攸关国计	攸关国计	尚武安民 （平天下）	游园理军机		继往开来	古园新生
第六单元			继往开来							

图2 10版展览大纲框架

单元设置	第一单元 山水毓秀	第二单元 名园盛衰	第三单元 移天缩地	第四单元 园居理政	第五单元 古园新生
单元设置	1. 辽、金、元时期 2. 明时期	1. 园林兴造 2. 两度劫难	1. 一池三山 2. 名胜写仿 3. 宗教大观 4. 玉殿华堂 5. 中西合璧	1. 捭阖内外 2. 民族和睦 3. 水利农桑 4. 艺文起居	1. 红色印记 2. 保护利用
内容	优越自然环境	园林营建历程	造园艺术成就	多重历史功能	红色、保护与发展
时间线索	金元明	清			新中国成立前夕—现代

图 3　确定的展览大纲框架

身、齐家、治国、平天下"为主线，讲述园林中发生的一个个历史故事，由点及面，引发公众对园林承载功能的思考。从策展思路看，前者系统全面、历史纵深感强，主题深刻，后者角度新颖、代入感强，吸人眼球。之后，我们再次组织召开了专家论证会，听取专家的意见、建议，将两版结构优化配置，以客观的态度、正确的政治立场，置身于展览的历史语境，最终确立了以时间序列为暗线，体现园林"自然环境—营建历程—造园成就—历史功能—保护发展"的内容框架（图 3）。

　　考虑到博物馆展厅小而分散的空间特点，展览结构采用了时间顺序和并列顺序的结合，分为 5 部分（图 4）：第一部分为山水毓秀，展示清代以前的山水环境及人文活动；第二部分为名园盛衰，讲述"三山五园"及周边赐园的营建历程；第三部分为移天缩地，概括"三山五园"的造园艺术成就；第四部分为园居理政，揭示这片山水园林承载的多元历史功能；第五部分为古园新生，展现新中国成立以来园林的规划与发展。同时，这 5 部分内容的设计也遵循一定的逻辑顺序，从园林的选址开始，逐步发展为营园、为园林活动、为保护规划，动态展示园林从无到有、由繁盛至衰落、之后获得新生

图 4　展厅实景

的过程。这样，既避免了展览因学术性、全面性、系统性而产生的枯燥陈述，又解决了由专业学术成果向大众化、通俗化展览转化的实际问题。

展览框架确定后，就需进一步深化展览内容，撰写大纲文字。我们制定了大纲行文规范，从专业术语、纪年表示法、字体及字号、符号使用、前言、单元部题、文物说明、辅助展品说明等方面统一标准，力求简洁准确，通俗易懂。

2.3　甄选文物

展览主题和大纲结构的确定，为策展团队挑选文物指明了方向。文物展的定位及用文物讲述园林文化的展览目标，让这个环节的工作尤为重要。颐和园作为现存"三山五园"中保藏文物数量最多的单位，策展团队积极发挥自身优势和主动性，与藏品保管部门开展业务交流，全面了解馆藏文物的现状，尽可能选择最能揭示主题的文物、与表现主题有关的文物，以及可起旁证作用的备用文物、资料品或复制品。

在研究现有文物资源的基础上，梳理大纲内容中难以用馆藏文物表现的薄弱环节和空白点。如第一单元体现辽金元明时期山水环境及在此建祠立庙的物证、史料，明代著名私家园林有关的器物、书画等；第二单元展示"三山五园"及赐园营建的图轴记卷等；第三单元反映名胜写仿的绘画、中西融合的建筑构件等；第四单元与园林功能密切相关的玺印、谕旨、兵符、西法仪器等。之后，利用全国各文物单位馆藏资源数据库、已发表刊物、图录等媒介，依据设定的展品挑选标准，逐一遴选不同时代契合展览主题的具有艺术性、学术性和典型性的文物，划定借展范围。本次借展可以说是"从不确定中寻找确定"的过程，面对疫情起伏的态势，我们克服困难有序组织借展工作的洽商及协议的签订、展品的点交、运输、布展等工作事宜。

"园说Ⅳ"借展文物高达 67 件（套），含 50 件文物、13 件复制件和 4 件电子资料，约占展品总数的 40%，涉及京内外 15 家文博单位。展品选定后，对其进行了综合研究，将展品排列组合，成为一组组表达主题思想的群体。此次展览中，"山水毓秀"（辽金元时期）这一章节展品不理想，选定的文物具有一定的局限性，某一件或一类文物很难表现已设定的展览内容。为使观众更好地理解展览的意图及传达的历史信息，我们挑选了其中 4 件借展展品（辽代石碑、金代塔铭、元代石匾、高足杯）作为一组（图 5），同时配以历史文献辅助解释，让观众一目了然，快速提取展览在"物"之上的文化信息。

2.4　确定形式设计方案

展览的形式设计，是展览内容升华并转化为具体方案的创造过程，其主要任务就是准确、鲜明、生动地体现内容和主题思想。此展览作为颐和园博物馆的年度大展，设计内容包括博物馆空间布局、馆内外导览牌、展览主视觉、各单元海报、展厅平面布局、

图 5　山水毓秀单元展品组合

色彩应用、多媒体设置、展品定位、灯光效果、说明牌形式、参观游线、展览宣传册页等。为确保展览内容落地实施呈现"1+1 > 2"的妙笔生花之感，策展人员不厌其烦地给形式设计人员解析展览的结构、意图及配套的设计说明，只为将深刻的主题、抽象的内容、具象的园林要素通过独特的形式设计完美结合，呈现给公众一场集思想性、艺术性和观赏性为一体的展陈空间。

　　本展览空间的划分因地制宜。前言作为对整个展览内容的概括与总结，一般情况下，多置于序厅。但在此展览中我们做了创新性的尝试，将前言与整个展览的主视觉设计合为一体（图 6），安放于展厅空间组成的正院内，这样的设置不仅起到联结外部空间与展厅空间的过渡作用，同时，串联各个展厅，更加诠释了园林开阔舒朗的个性和包容世间万物的能力；策展团队的巧思还体现在色彩的运用上，5 个单元从单元部题至展墙、展柜的色调均以绿色为主基调（图 7），力求在设计元素中配合展品和单元内容不间断地浮现园林植物的绿、古建的绿、山水的绿和生态的绿，从而突显山水园林这一主题。此外，在单元部题的设计上也是十分考究，各单元部题分为 4 层：最底层为单元基础色的渐变，第 2、3 层则在一整块玻璃上分两层分别贴敷浅色山水和设色建筑，最外层用柔光效果渲染在单元部题及说明文字上。视觉效果上，使人仿佛置身于远山近景的园林画卷中，身心惬意。概言之，以上手法都是在用形式设计化解空间问题，扬长避短。

　　为提升公众的观展体验，增强展览的感染力，策展团队还对重点展品《香山路程图》进行深入研究和再创作。从公众观展的需求出发，利用影像技术将古人线装书式的静态游览线路图转化为动态的、全景式的优美画卷（图 8），以公众喜闻乐见的方式传递、延伸展览内容，让文物展变得更生动。

图 6　前言与展览主视觉设计

图 7　1~5 单元主题墙

图 8　《香山路程图》多媒体展示

3　展览亮点

3.1　文物阐释名园

展览从园林的视角和逻辑，用文物来讲述这片园林的深厚文化内涵，策展思路独特而新颖。

3.2　学术奠定基础

展览以学术研究为基础，以时空为轴线，梳理园林营建过程、造园艺术、功能定位，内涵挖掘全面，故事串联合理。

3.3　展品异彩纷呈

展品共计 171 件（套），文物数量多、规格高、品类丰富、材质多样。其中，多件展品为首次展出。

3.4　形式丰富多样

展览中，除运用图表、拓片、地图等辅助展品外，还运用数字化技术，以《香山路程图》为蓝本制作多媒体视频，打造沉浸式、漫游式的情境体验，以情感共鸣记忆，增强文化的传播力、吸引力、感染力，创新博物馆文化服务方式。

4 结语

"园说"系列展览的成功举办，凝结着各级领导、园林和文博专家的关怀和指导，得益于各文博单位的大力支持与协助，积淀了整个策展团队的智慧与心血。每一次策展，都是一次探索实践的经历，也是一次经验积累和能力提升的过程。未来，"园说"的故事还将继续，我们也将一如既往秉持以文物诉说园林，用园林阐释中华优秀传统文化的初心和情怀，凝聚科研的学术力量，激发文化的精神力量，用博物馆语言讲好中国故事。

参考文献

[1] 王宏钧 . 中国博物馆学基础 [M]. 上海：上海古籍出版社，2001.
[2] 高红清 . 博物馆临时展览工作基础实务 [M]. 北京：北京燕山出版社，2015.
[3] 齐玫 . 博物馆陈列展览内容策划与实施：修订版 [M]. 北京：文物出版社，2015.

作者简介

隗丽佳，北京市颐和园管理处。

"园说 V——南北名园　和合竞秀"展览的策展与实践

○ 隗丽佳

1　品牌故事

"园说"就像颐和园里的一棵小树，是由公园人亲手培育和打造的行业展览品牌，我们为之规划了 10 期的主题系列展，以生动精准地解读园林文化精髓，实现以"文物诉说园林，以园林阐释优秀传统文化"的初心，向公众展示"在园林中说、说园林事、让园林说"的文化魅力。自 2019 年开始，5 年间，我们紧扣时代脉搏，从公众的需求出发，已成功举办 5 期"园说"系列原创展，每一期的展览都从不同侧面呈现新时代文化遗产保护事业的蓬勃发展，以及在文物保护、文化传承、服务民生福祉和生态文明建设等领域的时代步伐，对满足人民美好生活需求等方面具有深刻的现实意义（表 1）。

5 期"园说"系列原创展　　　　　　　　　　　　　　　　　表 1

园说——北京古典名园文物展（2019 年，首都博物馆）	讲述 10 余座北京市属古典名园在北京 800 余年城市建置和变迁中的历史、文化、生态及社会价值，展现北京对于园林文化遗产的保护与传承
园说 Ⅱ——颐和园建园 270 周年文物特展（2020 年，中国园林博物馆）	以颐和园 270 年间发展变迁为脉络，讲述不同发展阶段这座园林具有的水利、农业、军事、宫廷文化、政治、外交等方面的社会功能和价值。从皇家禁苑走向人民公园，从禁闭守旧走向开放创新的发展历程
园说 Ⅲ——文物中的福寿文化与艺术特展（2021 年，颐和园博物馆）	讲述中国传统福寿文化的源流和在古代苑囿中的体现，包罗万象的物质载体和丰富多彩的艺术形式，以及流播广泛的普世影响
园说 Ⅳ——这片山水这片园（2022 年，颐和园博物馆）	讲述以"三山五园"为核心的历史名园集群在选址、营建、造园艺术、历史功能、文化价值及其在当代的转化、创新与发展
园说 Ⅴ——南北名园　和合竞秀（2023 年，颐和园博物馆）	讲述江南私家园林和北方皇家园林在地域环境、整体特征、造园理念、陈设工艺、文化内涵等方面的内容。体现了园林与生活相融、传统与现代联通、人与自然和谐共生的发展理念

2　策展与实践

借本文笔者想和大家分享一下本期正在颐和园博物馆展出的"园说"第五期"园说 Ⅴ——南北名园　和合竞秀"（以下简称"园说 Ⅴ"）展览的策展心得。

2.1　展览定位

2019 年以来，"中国大运河文化带京杭对话"活动已成功举办 3 届，"园说"系列展览有幸 3 次纳入活动之中，2023 年以大运河上南北园林为选题可谓是恰逢其时。大运河园林是我国古典园林中最具代表性的园林建筑，也是运河文化遗产的重要组成部分。展览力求通过运河的纽带关系，展示南北园林"融南涵北、兼容并蓄"的特征，实现"展览弘扬中华优秀传统文化，传承、守护园林文化根脉"这一主旨定位。

2.2　展览特点：重学术、重交流、重体验

往期展览圈粉无数，本期展览将如何延续精彩，在策展的过程中我们就在不断地思考，立足园林，本期讲什么？如何讲公众才能喜欢看？

一个展览就像一本书，成书之前，那些散碎的篇章、凌乱的线索、无序且看似都很美但却又借不来的文物，诸多困难都需要我们去克服，去主导，去接受，最终逐一梳理、合理编排，再编书成剧用博物馆的语境展示出来，把不确定变成确定，在策划和实施的过程中不断精进，把问号变成逗号、句号乃至感叹号。由此在历次展览的实践中也确定了我们的策展标准：重学术、重交流、重体验。

2.2.1　重学术——学术成果构建展览体系基础

内容的确定是展览最核心、最重要的环节，展览主题的确定至关重要。如何通过多元化的策展视角去提炼展览的中心思想，以让观众通过展览标题一目了然展览的内容，期间也迸发出很多具备"诗和远方气质"的名称，但画龙难在点睛，最终决定以"南北园林"为题眼进行讲述。

由此展览从中国园林发展的大视角切入，以大运河的发展变迁为脉络，策展思路以历史之"河"、艺术之"和"、文化之"合"为逻辑架构分为 3 个部分（表 2）。

历史之"河"：京杭大运河的贯通促进了南北园林在物态文化、行为文化、心态文化上的不同特色和发展，加速了运河沿线园林文化的交流，尤为突出地成就了江南私家园林和北方皇家园林"同承一脉、各臻其妙"的风格特征。因此第一部分"名园相望"，以南北园林"对话"的形式，下设"江南画境　诗意栖居""北国天地　皇家气象"两个二级部题，精选 16 座古典园林，生动呈现南北园林相互影响、融合发展的脉络，讲述南北园林形成发展的史地基础、外化特征。

艺术之"和"：传递南北方园林相互借鉴、融和的造园理念，以及因此形成的"因地制宜、巧若天成"的写意技法。第二部分名为"山水共融"，下设"狮林奇石　真趣为师"和"寒山佳泉　临雪传神"两个二级部题。以南北方园林中的 3 处"狮子林"和 4 处"千尺雪"的景观为例，阐述中国古典园林"掇山""理水"的造园技法，展示南北园林写意的山水气质及在写仿中不断融和、创新、发展的过程。

　　文化之"合"：传递的是同源文化在不同园林空间内异彩纷呈的表现形式，再现古人"寄情山水，天人合一"的文化意蕴和精神追求。由此第三部分以"南北合鸣"为题讲述文化上的合鸣，下设"汇览典籍　博古集珍""展诗应律　观风娱情""试泉煮茗　道性禅心"3个二级部题，力求通过不同园林空间承载的各类文化活动，展现南北园林共有的文化内涵和特质，表达古人诗意的生活态度和雅致的审美趣味。

展览内容框架　　　　　　　　　　　　　表2

	第一部分 名园相望	第二部分 山水共融	第三部分 南北合鸣
单元设置	1. 江南画境　诗意栖居 2. 北国天地　皇家气象	1. 狮林奇石　真趣为师 2. 寒山佳泉　临雪传神	1. 汇览典籍　博古集珍 2. 展诗应律　观风娱情 3. 试泉煮茗　道性禅心
内容	历史之"河" 园林的地域环境及特征	艺术之"和" 掇山理水的造园技法	文化之"合" 南北园林中的文化空间

　　在内容设计的呈现中，我们更加重视诠释人与园林的关系，人既是园林的缔造者又是受益者，建设其中又享受其中。通过这样的讲述方式，希望观众能了解中国古典园林中个性鲜明但又相互交融的两大园林类型，同时又将江南私家园林和北方皇家园林置于大运河文化发展的视野中进行叙事，令观众可以感受到园林与生活相融、传统与现代联通、人与自然和谐共生的发展理念。

　　由此脉络清晰，展览的副标题也就很明确为"南北名园和合竞秀"。"和合"文化蕴含了南北园林发展的历史之"河"、艺术之"和"和文化之"合"。

2.2.2　重交流——文物荟萃讲述南北名园

　　（1）馆际间学术交流。展览主题和大纲的确定，为我们挑选文物指明了方向。文物展的定位以及用文物讲述园林文化的展览目标，让这个环节的工作显得尤为重要。颐和园作为中国古典园林中文物保藏量最多的博物馆，我们积极发挥自身文物资源优势，选取园藏文物70件，借展文物77件，该展也是汇聚了南北方20家文博单位的各类文物精品147件（套），其中国家一级文物10件，国家二级文物27件。可以说该展是南北园林精品文物的一次聚首，也促进了南、北方馆际单位的学术交流、业务交流。在借展工作中也感受到了"园说"品牌的影响力和展览交流的重要性。

　　（2）公众与文物的交流。在展线上公众可以看到最能揭示主题的文物和最具感染力的诗文档案：诗画合一的名山胜景、传神的泥塑、精美的戏服；藏书清赏的西清古鉴、青铜重器；品茗雅集的诗林画卷、仿生茶具；极具意蕴的御制诗、《园冶》选集等。利用多角度的文物价值挖掘、多层次的展览信息解构，将文物置于历史的语境中阐释，打造有形有感有温度有解读的全龄段的交流分享，实现"透物见人见精神"的展示目的。

2.2.3　重体验——匠心设计呈现园林艺术文脉

空间展示上，以极具园林风格的主视觉设计开篇点题，利用借景、透景的空间规划营造若隐若现、曲径通幽的园林意境，以期达到一种情景式的带入感；运用多媒体技术，如：徐徐打开巨幅南北园林的古画、蜿蜒曲折的运河及运河中点亮的南北园林的大型沙盘艺术装置，点明"南北园林"的展览主题，以传递一种南北园林"对话"的形式，让数字科技点亮历史记忆。

细节呈现上，充分利用建筑本体空间格局巧妙展示多元化的园林功能，通过不同的团组文物、戏曲串烧、演剧人物、隔扇贴落、茶具集锦等展品在展柜内做创新形式设计。在这里，观众不仅可以看到形式多样、组团出现的展品，还能听到文物的声音演绎。我们将昆曲、京剧进行串烧让传统艺术以现代人喜爱的方式鲜活呈现，以提升展览的情感浓度，再现园林空间承载的读书清尚、观剧听曲、品茗雅集等文化活动，让观众畅游其中，感受园林文化的审美意趣。

氛围渲染上，空间有限氛围救场，利用局部造景，以古代绘画、诗文为底本形成视觉焦点，添加湖石等构园小景，辅以动态的水流、空灵的鸟鸣等声效提升园林意境之美；利用内檐隔扇、花窗形成对景，令构图立体丰富；提取南北方园林代表色粉饰空间延长展线上的构图比例；部分部题选取山水画册、园林要素进行融创设计，注重突出主题层级分明；通过光学、色调、声学等原理将视觉感官上的体验扩大化，在有限的空间内创造无限的可能，为观众营造诗书画于一体的情景式场域，呈现园林传统美学。

3　公众服务

为丰富展览内容，提升观展体验，本展览以展厅现场为依托，采取策展人访谈、直播连线、颐和讲堂主题文化沙龙、电子导览等方式带领观众线上"云观展"。同时配以"园林竞秀""园风有形""园瓷凝韵"等丰富多彩的科普社教活动。

观众的鼓励是我们不断努力的源泉，展览不仅设有观展留言簿，同时还设置了开放性展项——以"你的家乡有哪些园林？"为话题，邀请观众参与互动。在数千份的观众感言中，其中一位观众写道："……西湖美景沿着大运河搬到了北京，构成这皇家园林里的江南画境，显然展览也给出了这样的描绘。我们已经无法描写，一南一北，到底是谁影响了谁，终归这份情怀，还是让园林成为载体，留存于世。"这位观众对展览和园林的感情之深，令我们动容。通过"你的家乡有哪些园林？"话题互动，我们可以直观了解观众的兴趣点，和观众形成一个良性的策展共鸣，邀约在下一期的展览中共创共享，启发公众对优秀园林文化的认知和共识。

为配合展览，我们还出版了同名图录，开发了文创产品，以满足观众多元的文化需求。展览期间，颐和园与首都博物馆等优秀文博单位签署了战略合作协议，为今后资源共享、学习交流等拓宽了思路。

4　展览宣传

"园说 V"展览开展以来，受到社会各界的关注和好评。截至 2023 年 12 月中旬，展览线下参观量达 59 万人次，同步推出线上展览、直播、专题讲座等融媒体活动，央视新闻频道、北京卫视、中国新闻周刊等多家媒体报道，网络浏览量达 556 万人次，新媒体浏览量超 2000 万人次。相关网络及电视报道计 1000 余篇，网络直播量观看量达 56 万次、短视频播放量 1063 万次。

5　回顾与展望

"园林文化是几千年中华文化的瑰宝，要保护好，同时挖掘它的精神内涵，这里面有中华优秀传统文化基因。""园说"系列展览的推出正是对党中央指示精神的践行，作为园林中的文物工作者，我们正在通过园林这扇窗，以颐和园博物馆为平台，用博物馆的语言和无形的文化力量，用有形、有感、有效的展陈方式，解读园林文化的传统元素和时代符号，在园林的故事里，呼应中国历史，传播好中国声音。

"凯歌而行，不以山海为远；乘势而上，不以日月为限。"未来，颐和园博物馆将带着对世界文化遗产那份美好的情感和期待，持续推进落实三山五园国家文物保护利用示范区建设，响应北京博物馆之城建设需求，让展览可持续性的生长，让博物馆与公众双向奔赴，为服务人民大众的美好生活，服务新时代首都高质量发展作出贡献！

作者简介

隗丽佳，北京市颐和园管理处。

"园说"系列主题展的策展与实践

○ 隗丽佳

引言

"时代是出卷人，我们是答卷人，人民是阅卷人。"在新的时代背景下，随着文物和文化遗产保护传承事业的蓬勃发展，以学术研究为支撑，以颐和园为核心的世界文化遗产、古典园林所蕴含的更多层次的"文化景观"正逐渐被挖掘和阐释，并以文物展览的形式，涌入人们的视野，成为提炼和展示中华优秀园林文化的手段与媒介。

1 展览品牌的创建

"园说"系列主题展览是近年来由北京市公园管理中心重点培育和打造的行业展览品牌，由颐和园具体承办和策划。该系列展览自2019年以来，已如期举办了4期：

"园说——北京古典名园文物展"是整个"园说"系列展的第1期，它是在2019年中华人民共和国成立70周年的时代背景下，于首都博物馆举办的展览。以240件（套）文物及资料品为载体讲述十余座北京古典名园在北京八百余年城市建置和变迁中的突出价值，记录了古典园林从皇家禁苑到人民公园、从禁闭守旧走向开放创新的历史进程，见证了中国从贫弱走向富强的复兴之路，体现了园林与生活相融、传统与现代联通、人与自然和谐共生的发展理念。

2020年，我们又精心推出"园说Ⅱ——颐和园建园270周年文物特展"，联合9家单位，展览选址于中国园林博物馆，甄选398件套藏品以展览的形式，进一步传播以颐和园为代表的园林文化价值。展览以颐和园270年间发展变迁为脉络，讲述不同发展阶段这座园林具有的水利、农业、军事、宫廷文化、政治、外交等方面的社会功能和价值。

"园说Ⅲ——文物中的福寿文化与艺术特展"是2021年在建党百年的时代背景下，在颐和园博物馆举办的展览，借展单位涉及8个省市18家单位，通过286件（套）福寿题材文物追溯福寿文化的源流和在古代苑囿中的体现，用包罗万象的物质载体和丰富多彩的艺术形式，以及流播广泛的普世影响，揭示了渴望幸福长寿这一中华民族长盛不衰的文化主题，同时也是我们今天为继续追求美好生活而努力奋斗的历史文化基因。

2022 年，正值北京海淀三山五园国家文物保护利用示范区建设的关键之年，为展示以"三山五园"为核心的这片山水、这片园的文化价值及其在当代的转化、创新与发展，特举办"园说Ⅳ——这片山水这片园"展览。

这些展览生动地诠释了创建以"园说"二字品牌的展览主题的目的和意义。"园说"二字第一层含义是对"让文物活起来""让文物和历史说话"指示精神的贯彻落实；第二层含义是园林文物工作者"以文物诉说园林""以园林阐释、弘扬中华优秀传统文化"的初衷；第三层含义，"园说"二字出自明代计成所编写的我国第一部园林理论著作《园冶》当中的一章，即希望可以实现"在园林中说、说园林事、让园林说"以及让文物说话、把历史智慧告诉人们的目的。

"园说"系列主题展一经推出得到了公众和业内专家的认可与好评，通过一期期的展览令公众从园林的角度读懂一座城、了解世界文化遗产、知晓福寿文化的源流、具象化厘清"三山五园"的历史文化，触摸到文物背后生动的历史文化，同时也感知到园林工作者的这份执着和热情。

2　展览主题的确定

展览主题的确定是非常重要的，它是展览的中心思想，是展览要传达和展示的核心要义。而每一期的展览主题也都是需通过多元化的策展视角去思考、探讨、论证，从而确定的。策展者需要考虑各种因素、提出多种设想，以便从中选定最适宜的主题。展览每期选定一个主题，结合品牌定位（行业内标志性的展览，是文化强园战略中的重要组成部分，树立行业文化自信）、时代热点、自身藏品研究、相关学科最新学术成果、观众需求和兴趣点，在构思主题的过程中，从对主题的充分阐述、深入推进主题的学术研究、主题与结构的问题、主题与展品的关系、主题与博物馆的关系、主题与观众等多角度进行连接与融合。

以本次"园说"系列展览第四期为例，展览主题是以"三山五园"为核心的"这片山水这片园"。这个选题可以说是具备了"天时、地利、人和"。

从"天时"来说，关照当下。本次展览能够聚焦当下社会热点，立足北京海淀三山五园国家文物保护利用示范区建设的时代背景，和北京历史文化名城建设新阶段的时代需求。近年来有关"三山五园"主题展览多以图片展、数字展为主。鉴于此，我们希望可依托颐和园自身馆藏文物优势，以文物为载体，尝试从园林视角全面系统地解读"三山五园"集群的历史、文化和遗产价值，让更多公众了解、关注文化遗产，传承弘扬优秀传统文化。

从"地利"（资源、地理位置）来说，①具有管辖范围的优势：北京市公园管理中心辖属单位颐和园、香山公园、国家植物园（北园）位于"三山五园"区域范围内，拥有"两山（万寿山、香山）两园（颐和园、静宜园）"的文化遗产资源优势，具有一定的研究基础。②具有地理位置的优势：展览地点颐和园博物馆就在颐和园内，其前身清漪园的建成标志着"三山五园"的全面连通，可以说观众是在"三山五园"核心区"沉浸式"了解"三山五园"。

从"人和"来说，①观众需求："三山五园"的主题符合观众对于时代热点的追求，和地域空间内观展的历史带入感。②策展团队：策展团队对颐和园及"三山五园"的了解较为深入，有深厚的研究基础和工作热情。③展品支持单位：得到了"三山五园"区域内的圆明园、香山、北京大学、清华大学、海淀博物馆、国家图书馆等多家单位文物展品的支持，故宫博物院、首都博物馆等多家单位也鼎力支持，出借多件藏品。④高校支持：本次展览也得到了清华大学贾珺教授、北京大学岳升阳教授等园林专家及北京林业大学园林景观学博士朱强团队的大力支持。

可以说，这个展览是充分践行北京海淀三山五园国家文物保护利用示范区建设，充分联合这一区域的遗产单位、文保单位、高校，充分整合各方资源，从而串珠成链地讲好"三山五园"的故事。

策展团队自 2021 年 10 月底着手准备展览选题策划工作，基于固有展品的研究及近些年"三山五园"文物展的展览规划，梳理相关研究成果，并进行研讨、吸收、概括和提炼。2021 年 12 月，向上级单位汇报了选题的构思、大纲框架及展品情况，并最终在 2022 年 1 月正式确定展览主题。

3　展览的逻辑结构

从确定展览主题到形成展览大纲是一个逐步完善的过程。逻辑结构是为了将主题诠释得更为明晰，给人以明确的总体印象。展览选题确定后，我们就开始深入研究文献资料，以往关于"三山五园"研究的史料、论著汗牛充栋，如何从庞杂的历史信息中梳理出一条展览脉络，并提取内容构建合理的展陈框架进行主题的诠释，是我们面临的首要问题，也是整个策展过程较难的环节。

展陈框架的确定经历了漫长且曲折的过程。2022 年 1—7 月，策展团队通过研读代表性著作、论文，了解前沿学术动态，组织研讨会数 10 次，反复推敲、修改大纲框架 10 轮。期间，策展团队陷入几版大纲内容优势与缺陷的取舍中。

从结构上看，一类是从园林本身出发，讲述园林随时间推移而发生的变化，是关于园林集群宏大历史进程的总结与概括，各章节虽侧重不同的表达内容，但都是对园林文化内涵的挖掘和阐释；另一类则聚焦于人的活动，以"修身、齐家、治国、平天下"

为主线，讲述园林中发生的一个个历史故事，由点及面，引发公众对园林承载功能的思考。

从策展思路看，前者系统全面、历史纵深感强，主题深刻；后者角度新颖、代入感强，吸人眼球。最终我们将两版结构优化配置，以客观的态度，置身于展览的历史语境，最终确立了以时间序列为暗线，体现园林"自然环境—营建历程—造园成就—历史功能—保护发展"的内容框架。

考虑到博物馆展厅作为仿古院落小而分散的空间特点，展览结构采用了时间顺序和并列顺序的结合，分为 5 部分：第一部分为山水毓秀，展示清代以前的山水环境及人文活动；第二部分为名园盛衰，讲述"三山五园"及周边赐园的营建历程；第三部分为移天缩地，概括"三山五园"的造园艺术成就；第四部分为园居理政，揭示这片山水园林承载的多元历史功能；第五部分为古园新生，展现新中国成立以来园林的规划与发展。同时，这 5 部分内容的设计也遵循一定的逻辑顺序，从园林的选址开始，逐步发展为营园、园林活动、保护规划，动态展示园林从无到有、由繁盛至衰落、之后获得新生的过程。这样，既避免了展览因学术性、全面性、系统性而产生的枯燥陈述，又解决了由专业学术成果向大众化、通俗化展览转化的实际问题。

4 展品的甄选

展览主题和大纲结构的确定，为我们挑选文物指明了方向。文物展的定位以及用文物讲述园林文化的展览目标，让这个环节的工作显得尤为重要。颐和园作为现存"三山五园"中保藏文物数量最多的单位，我们积极发挥自身优势和主动性，与藏品保管部门开展业务交流，提出选择文物的原则和范围，尽可能选择最能揭示主题的文物、与表现主题有关的文物及可起旁证作用的备用文物、资料品或复制品。力求凸显展品关联价值，做到多层次多角度地进行展览信息解构。文物的价值在于记录过去、映照当下、启迪未来，展览的目的在于以物记事、以事叙史、以史启思：也就是人们常说的透物见人见精神。

在研究现有文物资源的基础上，梳理出大纲内容中难以用自身馆藏文物表现的薄弱环节和空白点。通过利用全国各文物单位馆藏资源数据库、已发表刊物、图录等媒介，依据设定的展品挑选标准，逐一遴选不同时代契合展览主题的，具有艺术性、学术性和典型性的文物，划定借展范围。"园说Ⅳ——这片山水这片园"借展文物高达 67 件（套），约占展品总数的 40%，涉及京内外 15 家文博单位。

展品选定后，对其进行了综合研究，将展品排列组合，成为一组组表达主题思想的群体。此次展览中，"山水毓秀"（辽金元时期）这一章节展品不理想，选定的文物具有一定的局限性，某一件或一类文物很难表现已设定的展览内容。为使观众更好地理解展览的意图及传达的历史信息，我们挑选了其中 4 件借展展品（辽代石碑、金代塔铭、元代石匾、高足杯）作为一组，同时配以历史文献辅助解释，让观众一目了然，快速提取展览在"物"之上的文化信息。通过这部分群组展品体现早在辽、金时期，"三山五园"地区就已经是帝王游豫之地。金章宗完颜璟在香山、玉泉山修建行宫，建造西山八大水院；元代，郭守敬引白浮诸泉至瓮山泊，使之成为元大都的水源地。辽元金时期，古刹相望，增加了这片山水的景观之胜。

在反映明代著名私家园林的部分中，我们搜集到与李园、勺园相关的器物和书画作品，像与李园有关的首都博物馆所藏錾花鸟错金银执壶。很遗憾，这一时期的李园只有在论著和诗文中才可以体会到达官贵戚园的奢华，而展示的这件錾花鸟错金银执壶出土于明代外戚武清侯李伟夫妇墓中。李伟，是李太后之父，朱翊钧的外公，受封武清侯。李园的园主人便是这位武清侯李伟，由于皇亲身份，李氏家族显赫一时。李伟夫妇死后得赐丰厚，墓中随葬器物多为宫廷精品，执壶从材质、工艺到纹饰均是明代金工制品中的佳作。这也间接佐证了园主人的富足生活。

在当时代表文人园的米园，展示的展品是保利艺术博物馆藏明代"天启年米石隐制"款青花洞石花卉出戟觚，配套展示有广州艺术博物馆提供的米万钟《勺园纪图》（复制件）。展板上还辅助展示李园、勺园的介绍和诗文，例如明《帝京景物略·卷五》所写"李园壮丽，米园曲折。米园不俗，李园不酸"，用以多层次地解读展品与内容的联系性。

在这一单元还值得提到的是颐和园藏《古香斋鉴赏袖珍春明梦余录》，明末清初由孙承泽所撰，记载了明代北京概况。全书分为 14 门，有建置、形胜、城池、宫阙、石刻、陵园、寺庙等，对研究北京城建置沿革具有很高的资料价值。

从故宫借展的明代郭谌《西山漫兴图》记录的是明嘉靖年间官至武英殿中书事的郭谌受友人许龙石之邀同游西山，归来后为其作此图以记其事。图中集诗、书、画于一体。这幅作品给予我们最重要的展示信息是明代西山这一区域的情况，从画中可以了解到在当时已经出现了古籍文献中所提及的地名、建筑和寺庙，且书画的表现力更为生动。前面展线上《春明梦余录》中的记载："京师之西皆山也。《旧记》：太行山首始河内，北至幽州，第八陉在燕，强形钜势，争奇（qí）拥翠，云从星拱，于皇都之右。玉泉山，在京西二十余里，山顶悬崖旧刻玉泉二字，水自石罅（xià）中出，鸣如杂佩。金章宗行宫芙蓉殿之故址也。半岭有吕公嵓（yán），广盈丈许，深倍之，相传吕僊（xiān）宴坐处。瓮山，在玉泉山之傍，西湖当其前，金山拱其后，山有寺，曰圆静寺。山之阳，有耶律楚材墓"，这些内容在画中都可以逐一找到。

第二单元展示"三山五园"及赐园营建的图轴记卷等，记述了康熙帝建畅春园的目的和经过，也叙述了畅春园的建制和重要景观。第三单元反映名胜写仿的绘画、中西融合的建筑构件等。第四单元展示与园林功能密切相关的玺印、谕旨、兵符、西法仪器等。

本次借展可以说是"从不确定中寻找确定"的过程，我们克服困难，有序组织借展工作的洽商及协议的签订，展品的点交、运输以及布展等工作事宜。特别要提到的是，无论是馆藏文物还是从外单位借展的文物，组织实施工作乃至后面借到的展品和本馆可用展品，均会由于各种扰动因素而无法达到预期值。这可能在策展实施过程中司空见惯，所以学会接受和尽快调整展品，懂得妥协和退让是策展人的一门必须课。

5　展览内容的撰写与深化

展览框架和文物甄选确定后，就需进一步深化展览内容，撰写大纲文字。我们制定了大纲行文规范，从专业术语、纪年表示法、字体及字号、符号使用、前言、单元部题、文物说明、辅助展品说明等方面统一标准，力求简洁准确、通俗易懂。

6　展览的形式设计重点

展览的形式设计是展览内容升华并转化为具体方案的创造过程，其主要任务就是准确、鲜明、生动地体现内容和主题思想。此展览作为颐和园博物馆的年度大展，设计内容包括博物馆空间布局、馆内外导览牌、展览主视觉、各单元部题、展厅平面布局、色彩应用、多媒体设置、展品定位、灯光效果、说明牌形式、参观游线、展览宣传册页等。为确保展览内容落地实施呈现"1+1 > 2"的妙笔生花之感，我们直接参与到形式设计中，与技术人员解析展览的结构、意图及配套的设计说明，将深刻的主题、抽象的内容、具象的园林要素通过独特的设计形式达到完美结合，呈现给公众一个集思想性、艺术性和观赏性为一体的展陈空间。

本次展览空间的划分因地制宜。前言作为对整个展览内容的概括与总结，一般情况下，多置于序厅。但在此次展览中我们做了创新性的尝试，将前言与整个展览的主视觉设计合为一体，安放于展厅空间组成的正院内，这样的设置不仅起到联结外部空间与展厅空间的过渡作用，同时，串联各个展厅，更加诠释了园林开阔舒朗的个性和包容世间万物的能力。我们的巧思还体现在色彩的运用上，5 个单元从单元部题至展墙、展柜的色调均以绿色为主基调，力求在设计元素中配合展品和单元内容不间断地展现园林中各种生机勃勃的绿色，像植物的绿、古建筑的绿、山水的绿和生态的绿，从而突显"山水园林"这一主题。同时展览注重传统与艺术的创作，在单元部题的设计上也十分考究。各单元部题分为4层：最底层为单元基础色的渐变，第二、三层则在一整块玻璃上分两层分别贴敷金色山水和设色建筑，最外层在单元部题及说明文字上用柔光效果进行渲染，使人在视觉效果上仿佛置身于远山近景的园林画卷中，身心惬意。在视觉统筹方面，利用博物馆院内空间，设立打卡主题墙，每间展厅门口处设置展线导览图、地面设引导地贴，以厅外回廊形成休息区，调节观展节奏，营造人性化、舒适化的参观环境。空间规划注重优化古建院落式展厅与中庭的紧密结合，形成既关联又相对独立的布局，空间张合有序、展线设计清晰明确，使观众在统一主题视觉氛围的营造下感受对历史时空的游历。展品和图版贴心设置于观众观赏的最佳处。概言之，以上手法都是在用形式设计优化和解决空间问题，扬长避短。

为提升公众的观展体验，增强展览的感染力，策展团队还对重点展品——《香山路程图》进行深入研究和再创作。从公众观展的需求出发，利用影像技术将古人线装书式的静态游览线路图转化为动态的、全景式的优美画卷，以公众喜闻乐见的方式传递、延伸展览内容，让文物展变得更生动。

7　展览中处处可见的用心

7.1　文物阐释名园，视角独特，原创性强

展览以园林为视角，策展思路独特新颖。力求实现以文物为载体、多角度解读园林文化内涵的目标，全面搜寻国内16家文博单位极具表现"三山五园"历史文化的各类文物171件（套）。展品从御笔题字、御制园记、样式雷图档到园林陈设，精彩绝伦，既有小巧玲珑的高足杯，也有尺幅千里的舆图。其中，多件珍贵图档为首次展出。

7.2　学术奠定基础，知识严谨，系统性强

展览充分汲取最新学术研究成果，以时空为轴线，结合图表、拓片、谱系图等辅助展品，系统阐述以"三山五园"为核心的古典园林集群在选址、营建、造园艺术、历史功能及保护发展等方面的内容。内涵挖掘全面，故事串联合理，文字深入浅出，公众易于理解。

7.3　形式推陈出新，辅助展示，观赏性强

展览采用动静结合的展示方法，运用数字化技术，将《香山路程图》首次以动态化视频形式呈现，打造沉浸式、漫游式情境体验空间，创新博物馆文化服务方式。同时，创造性地设计适合古建筑展场导览视觉系统，使各单元展厅彼此独立又相互关联，空间

布局合理，展线流畅有序。注重柜内小品组合形式与叙事体系，各展区色调融合园林色彩，形式与内容相得益彰，园林之美韵味无穷。

8　结语

"园说"系列展览的成功举办，凝结着各级领导、园林和文博专家的关怀和指导，得益于各文博单位的大力支持与协助，积淀了整个策展团队的智慧与心血。每一次策展，都是一次探索实践的经历，也是一次经验积累和能力提升的过程。

"园说Ⅳ——这片山水这片园"展览也得到了社会各界的好评，被评为"2022年度北京历史文化名城十大看点之一"，未来还希望这一展览能够走出颐和园、走出北京，让更多观众了解"三山五园"，了解北京历史文化名城的重要组成部分。2023年518国际博物馆日的主题为"博物馆、可持续性与美好生活"，作为在历史名园里的新兴博物馆，颐和园博物馆将力求用精品展览传播中华优秀文化，讲好园林中的美好生活。未来，"园说"的故事还将继续，我们也将一如既往秉持以文物诉说园林，用园林阐释中华优秀传统文化的初心和情怀，凝聚科研学术力量，激发文化精神力量，用博物馆语言讲好中国故事。

作者简介

隗丽佳，北京市颐和园管理处。

御苑集珍萃　国宝万年传

——颐和园藏文物概述

○ 周尚云

引言

颐和园前身清漪园，始建于清乾隆十五年（1750年），是清代北京皇家园林"三山五园"中目前保存最为完整的皇家园林，是晚清宫苑中最重要的政治场所之一。清咸丰十年（1860年），清漪园遭英法联军焚毁，清光绪十二年（1886年）慈禧太后挪用海军军费对其重修，光绪十四年（1888年）正式改名为"颐和园"，光绪二十六年（1900年）颐和园遭到八国联军破坏，其后又再次修复。作为清代皇家宫苑，园藏文物均为清宫旧藏之陈设。究其来源，主要为清宫造办处制作、采买采办、宫苑间调拨、王公大臣供奉、外国使臣礼物。这些陈设文物的年代远至商代，近至晚清，种类包括瓷器、玉器、铜器、家具、书画、古籍、珐琅、漆器、钟表等诸多门类，丰富多样，其中不乏传世精品和国之重器。

1　颐和园文物流藏传续

清漪园的缔造者乾隆皇帝，睿智文艺，乐诗好文，情趣博雅，创新集古，追求富丽华美和意境古远，喜好艺术风格兼容并包中西合璧，生活所用、所赏之物，或极尽天工异常绝妙，或稚拙高古意运千年。乾隆、嘉庆之时，清漪园殿堂陈设充盈，内务府设立《陈设清册》，记载园内此时陈设多达41691件。据清宫档案记载：

乾隆隆十五年（1750年）三月二十七日，造办处首领孙祥传乾隆帝谕旨"万寿山铸大五更钟一座，先画样呈览，准时再做"；四月八日，孙祥将画得五更钟并时刻钟纸样呈览，皇帝批示"照样准做，更钟照延爽楼钟式样铸，现有一件做时钟用，再铸刻钟一件"；十二月五日，奉旨"交铸炉处照样铸"。

乾隆十六年（1751年）一月五日，内务府大臣三和将万寿山大报恩延寿寺殿内里幡幔帐、供器陈设烫样持进呈览，奉旨："照样准做"。

乾隆二十二年（1757年）六月十一日，名郎世宁、余省、徐扬、金廷标为万寿山藻鉴堂围屏各画荷花两张。

乾隆二十八年（1763 年）四月三日，自京内往万寿山澹宁堂送黑漆五彩雕漆鎏金宝座、剑架、香几一份。

以上记载为清漪园陈设来源众多档案之拣选，从中可见乾隆时清漪园陈设文物的置办情况。

道光二十年（1840 年）鸦片战争之后国力衰退，为缩减经费开支，裁撤部分园内撤设，至咸丰五年（1855 年）时园内实有陈设 37583 件。咸丰十年（1860 年），清漪园遭英法联军劫掠焚毁；同治四年（1865 年），查劫后尚存撤设 4725 件，其中铜、增胎、镌胎等佛像与画像共 4453 件，其他遭破坏不齐的陈设 530 件；光绪初年，清漪园易名之前，查得陈设有 4618 件，其中包括铜器、玉器、象雕、竹雕、木雕、漆器等。

颐和园营园之时，清王朝已逐渐衰败，国库空虚，但作为慈禧太后"养颐冲和"之重要居所，生活用品、日常陈设之物不免还要有所充补，除少部分由造办处制作，其他多为东挪西凑，各处采办，充颐和园陈设使用。慈禧太后 60 岁、63 岁、65 岁万寿庆典，接受了诸多王公大臣进献的寿礼，这些寿礼也大多充颐和园陈设使用，使得园内陈设很大程度上得以补足。清宫档案记载：

光绪十四年（1888 年）正月初五，慈禧下懿旨，将所有南海各殿内原有铺设旧铺垫改移洋楼内收存并造具注册备昆明湖应用；八月十一日，又下达懿旨把 560 件圆明园的木器交给海军衙门照旧式修补见新，修理齐整后分别摆放颐和园各殿内。

光绪十七年（1891 年）正月二十二日，奉慈禧太后懿旨将倚虹堂殿内西间金漆边座紫石天然插屏一对运至颐和园乐寿堂安设。二月二十四日，又将倚虹堂殿内青绿兽面果洗一件送颐和园乐寿堂安设。

光绪二十年（1894 年）适逢慈禧太后六旬寿庆，准备在颐和园举办庆典。光绪十九年（1893 年）三月开始造办陈设，由总管内务府大臣督办："仁寿殿明间安设围屏宝座一分（份），地平前面槛栏踏跺三分（份），两旁各一分（份），尺寸即著量度地安设以壮观瞻。排云殿明间前卷安设大围屏一分（份），随如意地平宝座一分（份），地平前面槛杆踏跺一分（份），两旁各如意踏跺一分（份）。颐乐殿安设围屏宝座一分（份），不用地平。"以上 3 处应安设的围屏、宝座、地平，要先带工匠丈量尺寸，绘图注明，呈慈禧太后御览批准后才能按图施工。依照慈禧太后的懿旨，"仁寿殿、排云殿宝座，照慈宁宫金龙宝座样改做细雕九龙硬木宝座，烫本色腊"。织工由苏州织造织办恭备排云殿铺垫、帘架、幔子共 356 件，杭州织造织办恭备乐寿堂 100 件、仁寿殿 67 件，江南织造织办恭备颐乐殿 55 件。

光绪二十年（1894 年），慈禧太后六旬万寿庆典，《慈禧万寿档案》中记载了收存在颐和园的寿礼情况："……载滢进铜点翠子孙万代盆景，铜镀金灵仙祝寿盆景，百鸟朝凤红白珊瑚盆景。符珍进木根寿山，一统万年青盆景，硬木镶玻璃点翠百鸟朝凤插屏。

崇礼进沉香寿山，内有象牙仙人十六件、鹤鹿各两件、殿阁及桥各一件。恭寿进铜珐琅盆红珊瑚盆景。福锟等进各色寿山，内有青玉仙人、芙蓉石小山子、青金石山子、松石狮子、金星玻璃异兽、干黄玉鹿、各色石小山子、松桃树……"

光绪二十一年（1895 年），颐和园工程停止后，由建园的工程单位海军衙门及造办处对清漪园残存陈设 216 件领取修理，安放园内。

几经置办腾挪，颐和园陈设得以大量补充，种类已十分丰富，基本满足慈禧太后居园生活所使用。陈设来源之档案记述，也反映出颐和园陈设文物的杂糅性，在殿堂陈设中体现出了很多家具陈设并非全都成堂、成套，陈设摆放攒凑，且风格各异，精粗不一，但却是晚清宫苑陈设之真实写照。

光绪二十六年（1900 年），八国联军攻占北京，颐和园遭到劫掠，陈设文物盗劫损毁严重。光绪二十七年（1901 年），内务府例行陈设清查，颐和园交存 3 本清册，《颐和园现存古铜、瓷、玉陈设清册》记录共计 863 号 1677 件，《颐和园现存桌张、围插挂屏、景泰蓝、铜器清册》记录共计 1479 件，《颐和园现存残缺瓷、铜木器、书籍、座钟清册》记录铜器 103 件、瓷器 86 件、木器 430 件、座钟 37 件。光绪二十八年（1902年）颐和园重修之时，内务府大臣文廉来园查陈，又查佛像、图书等 102 件，立《颐和园天字号陈设册》记录共计 1907 件。此后园内陈设又一次大规模充补，仅光绪三十年（1904 年）慈禧太后七旬庆典，慈禧挑选心爱之物留在颐和园中的就达 886 件，不乏各类文物珍品及家具等陈设。相关档案记载：

光绪二十八年（1902 年）十月二十日、光绪二十九年（1903 年）四月十四日，外务部按慈禧的懿旨，送到图书集成五部、洋式方桌六张、洋椅七十张，安设于颐和园各殿宇内。

光绪二十九年（1903 年）《大公报》记载：十一月二十二日，"内务府六堂总管银库等四十余处呈进万寿礼物共百二十品，于初一日一钟许抬至颐和园，太后赏收"。十一月二十三日，"太后万寿，前三后五在颐和园赏戏所有台檐饰以寿字，系某太监供奉"。十一月三十日，"此番万寿，外官知某某官保等，京官自某某大臣等均有贡献，较往年万寿贡物多至十倍，珍荟萃集一时之盛"。

光绪三十一年（1905 年），慈禧太后七十一岁寿庆，王公大臣进献诸多贡品，留存颐和园的有美使臣康格之妻进剪花栽绒画，庆宽进巧捏泥人八匣，麟光进洋瓷站人花插，袁世凯进蒲子织画五彩花凉花席，周馥进珊瑚渔樵耕读盆景……

光绪三十四年（1908 年），承德热河行宫督统衙门专程送造梨花伴月瓷器 20 件，颐和园留用。

清王朝灭亡，颐和园陈设文物多次经清室机构、民国政府清查建册，并无较为严重的损失。1933 年古物南迁时，民国政府将北平故宫、颐和园等处拣选的文物运至南京；同年 3 月 21 日，行政院密电北平市长及故宫博物院院长："本日本院第九十二次会议决议，北平颐和园内尚存西清古鉴铜器八百余件、宋元名瓷、历代字画等，置之郊外，殊有未妥，应一并交由故宫博物院监运南来，妥为存放"；1933 年 3 月 22 日，北平市政府第一百九十次市政会议决议："管理颐和园事务所系本府直辖机关，所有该所古物既已奉令南迁，应有本府遵照自行办理"。颐和园文物先后分 3 批，随故宫古物第三、四、五批，即 1933 年 3 月 28 日、4 月 19 日、5 月 15 日三批南运，共编 650 号，计 640 箱、2 夹板、1 油布卷及 7 麻袋包，内有瓷器 1764 件、铜器 469 件、玉器 86件、钟表 31 件、屏 3 件、汉瓦 5 件、砖 2 件、水晶 1 件、金器 6 件、木器 16 件、漆器 5 件、珐琅 6 件、杂项 9 件、画 31 件、图书集成 1 部、凳 4 件、椅 1 件、柜 1 件。1949 年，北平和平解放，华东工作团主持故宫文物北运，计有颐和园颐字文物 267 箱983 件，占颐和园古物南迁文物数量的 40%。1951 年，颐和园北返之古物与故宫进行分配，铜器 112 箱 461 件中 68 件归还颐和园，瓷器 95 箱 390 件中 136 件归还颐和园，玉器 25 箱 58 件中均归颐和园，钟表 20 箱 24 件、竹雕等 5 箱 13 件及慈禧油画像、缂丝佛像、硬木家具等 7 件归还颐和园，以上归还文物仅占颐和园古物南迁文物数量的 13%，其余文物均由故宫博物院收藏。据了解，颐和园未曾北返的文物部分滞留南京，藏于南京博物院，其他可能少部分藏于台北故宫，或有可能散失和损毁。

　　新中国成立以后，颐和园管理部门对园藏文物多次清点、造册、鉴定、定级，梳理颐和园文物种类，逐步健全颐和园文物管理和科学保藏。目前，颐和园收藏文物近 4 万件，其中一级文物 93 件，三级以上文物藏品就有 2 万余件。在众多文物门类中，颐和园瓷器收藏 9500 余件，三级以上近 7000 件；玉器收藏 1600 余件；青铜器 400 余件；图书古籍 200 余部 20000 万册；木器家具 2000 余件；书画几百幅；其他为珐琅、漆器、钟表、盆景等诸多杂项文物，在这些文物珍品中不乏绝世精品。

2　颐和园文物珍品撷英

　　颐和园文物收藏绝大多数为官苑陈设，文物主要是慈禧太后居园生活中的吃、穿、住、行、用等相关用品，文物集古创新，时代上跨越千年，空间上来自中西及东洋，文物类型多样，艺术风格或迥异多样，或兼容并包，不少奇珍异宝艳羡天下，惊世绝伦，精美之物不胜枚举。

2.1　颐和园藏瓷器精品举例

　　颐和园藏瓷多为明清官窑之作，时代最早之器不过元代而已，但仍有盖世之作。如：颐和园藏元代蓝釉白龙纹梅瓶，全世界仅存 3 件，而颐和园所藏之器与法国吉美博物馆所藏梅瓶是传承有序，没有争议的两件姊妹佳作，另一件作品藏于扬州博物馆。蓝釉白龙纹梅瓶属元代景德镇创烧的高温钴蓝釉瓷器，它为明清两朝祭（霁）蓝釉瓷器的发展奠定了基础，其存世稀少，工艺独特，造型精美，一直为陶瓷爱好者和藏家所仰慕追求，却难求如水中映月。此件蓝釉白龙纹梅瓶口径 5cm，底径 10cm，高 33.6cm；平口折沿，唇边微倾斜向上，口径上窄下宽，平面呈梯形；瓶肩浑圆如球；瓶腰收束较大，曲线收放有致；瓶足外撇端稳；器身接痕明显，整体造型既突出了元代制瓷的粗犷风格，又融入了中国传统的古朴雅致。该件瓷器蓝釉玻璃质感较强，颜色鲜艳，略有不匀，随光线明暗变化呈现不同的蓝色；蓝釉中留白装饰蛟龙赶珠纹，十分巧妙自然。在留白的龙纹之内，元代制瓷工匠以其娴熟的技法，刀锋犀利地勾勒龙形，刻、划龙鳞及龙纹细部，再施以钴蓝点睛，表现出整件瓷器鲜明的龙纹特点。龙纹小头细颈，鹿角，长吻高鼻，昂首吐舌，三爪锋利，尾如火焰，曲身蜿蜒如蛇之灵动，如同白色蛟龙在碧海中嬉戏翻腾。这件蓝釉白龙纹梅瓶从陶瓷艺术的角度上看，可谓是元代高温钴蓝釉瓷器中的杰出代表之作。

2.2　颐和园藏青铜器精品举例

青铜器古称"吉金"，被历代视之为祥瑞，颐和园收藏的青铜器为清宫旧藏，传承有序，旧时曾为园内殿堂、露天陈设之器，不乏精品著录，如：商代饕餮纹三牺尊、西周龙凤十八鱼纹双耳盘、战国错金鸟尊等皆为举世之精品。颐和园藏商代饕餮纹三牺尊，器形高大，纹饰精美，尊高 63.2cm，口径 54cm，底径 31cm；器型为"高体大口折间式"尊，喇叭形圆侈口，口径过肩，颈、足较高，颈饰 3 道弦纹，折肩鼓腹，肩上铸有 3 个牛首。古代称宗庙祭祀用的纯色牲畜为"牺"，故此得名三牺尊。"饕餮"一词始见《吕氏春秋》："周鼎著饕餮，有首无身，食人未咽，害及其身，以言报更也"；杜预注《左传》述："贪财为饕，贪食为餮"；《宣和博古图》记载："周饕餮尊，纯缘与足皆无纹饰，三面状以饕餮，所以示戒也"。从古籍中不难理解"饕餮"之意，近年一些专家研究认为此类青铜纹饰用于诸多祭祀礼器，实为吉祥纹饰，今常称其为兽面纹。该件铜器肩、腹、足 3 层带状装饰饕餮纹，其中肩、腹纹饰有扉棱相隔，足上部装饰的两道弦线间留有"十"字形镂孔。此尊为商代盛酒器，带有鲜明的时代特征，器形宽大，器壁厚重，纹饰布局繁密，器身以云雷纹为地纹，铸造出高于地纹的饕餮纹，再以阴刻线表现其细部，呈现出浅浮雕效果，形成商代晚期流行的"三层花"装饰风格。在商代晚期，中国古代青铜器发展的第一个高峰期，用陶范法铸造出华美的作品，以其神秘肃穆的精妙纹饰，衬托出酒器作为礼器的庄严气氛，可谓是精品中的典范。经查《西清续鉴　甲编》卷五之尊三十六著录"周饕餮尊"，与此器相同，由于清代学者对青铜器的研究与现在认识不同，所以当时将其定为周代，参其图谱、尺寸，核实无误，基本可以证明此件铜器为《西清古鉴》著录之器，为宫廷旧藏之精品，且流传有序，至少清乾隆年间便珍藏于皇家宫苑之中，据档案资料记录，此件铜器在庆典之时曾常陈设于颐和园排云殿院内露陈石座之上。这件青铜器不仅是颐和园青铜器收藏之精品，在中国古代青铜器发展史上也是代表之作，具有重要的文物价值。

2.3　颐和园藏家具精品举例

清代颐和园及其前身清漪园建园 160 余年以来，园内文物陈设充盈，明清各式古典家具陈设丰富，几乎涵盖了传统家具中坐卧类、置物类、储物类、屏蔽类等绝大多数家具门类和品种。颐和园所藏明清古典家具，作为宫廷家具的主要代表，有着举足轻重的学界地位，其收藏的几千件古典家具及其园内从清代至近代积存的数千件明清古典家具残件，对于深入研究明清古典家具和宫廷家具是极其重要的实物参考。颐和园藏明清家具，包容了南北家具的多种风格，将京作、苏作、广作等国内许多地方的代表家具汇聚于此，陈列于皇家殿宇之中。在皇家宫廷收藏的传统古典家具中，我们还可以看到清代"兼收并蓄"的皇家审美格调，将西洋建筑风格和卷草纹样等异域文化和谐地融入到了传统家具之中，海纳百川，不拘一格，在艺术上表现出华夷交辉的瑰丽，为传统家具风格中增添了新鲜的元素。颐和园藏明黄花梨大南官帽禅椅、清代乾隆紫檀雕九龙纹宝榻都是世界上目前已知同类体量最大之精品杰作。又如：园藏髹漆类家具清代早期黑漆描金龙纹宝座，做工精细，造型朴拙大方，用料硕大，靠背宽大，搭脑、扶手装饰拐子纹，使其浑厚之余不失玲珑雅致，座面为腰圆形，面下有束腰，鼓腿彭牙，牙板壶门曲线收放有致，通体髹以黑漆，肃穆庄严，描绘金龙，气势磅礴，王气十足，堪称一代佳作，举世无双，尚无雷同可比之器存世。

2.4　颐和园藏绘画精品举例

颐和园藏绘画作品并不是很多，多数为殿堂贴落作品，大多艺术价值并不是很高。但是，颐和园藏慈禧油画像确是值得一提的作品，该画像曾随古物南迁，几经颠沛，终随古物北返重回故园。这件慈禧油画像是 1905 年美籍荷兰男性画家华士胡博为慈禧绘制的肖像，画像高 234.5cm、宽 144cm，画中慈禧太后面色红润，细眉秀目，鼻直朱唇，相貌年轻如三四十岁贵妇；身着华丽服饰，正襟而坐，后有竹林衬景，两旁置掌扇、方几，方几上放置承盘苹果；画面上端置书法横幅，横幅上写有"大清国慈禧皇太后""光绪乙巳年"的汉字，落有"慈禧太后之宝"（方形）、"大雅斋"（方形）、"宁寿宫"（长圆形）3 枚朱文印记，画像左下边竖写楷书汉字"华士胡博恭绘"，之下又横书外文"Hubert Vos"。整幅绘画安装于巨大楠木插屏镜框之中。华士胡博原为荷兰知名画家，从业欧洲英、法等国，后远赴美国加入美籍，生前曾环游世界写生绘画，善画人物肖像，曾为荷兰女王、朝鲜国王、俄国驻英大使、庆亲王奕劻、李鸿章、袁世凯等多国权贵绘画肖像，作品多收藏于欧洲、美国的博物馆。华士胡博在慈禧太后 71 岁寿庆之前，应邀进宫花费 4 个早晨时间为慈禧太后绘制的肖像小样，经太后示意指点，要求他的画样不要眼睛上、下和鼻子等处的阴影，眼睛要加大、嘴唇要丰满、嘴角要向上、眉毛要直。后经几个月创作，绘制完成相貌年轻的慈禧太后画像。这幅画像象征意义远远大于真实性，归国后该画家根据之前的画样，按照自己的意愿创作了另一幅加上阴影、臻于写实风格的年迈慈禧画像，而这幅画像高 131cm、宽 91.4cm，于 1906 年参加法国巴黎画廊首展，现藏于哈佛大学福格美术博物馆。颐和园藏慈禧油画像是中国仅存西方职业画家为慈禧绘制的肖像，也是唯一一个西方男性画家为慈禧创作的首幅肖像绘画，其艺术表现虽受绘画时主、客观条件制约，艺术价值有所折扣，但其却包含了重要的历史价值和信息，是研究晚清慈禧宫廷生活和清宫中西文化艺术交流的重要文物。

3　结语

颐和园文物数量众多，品类齐全述说不尽，园内还有诸多寿礼杂项、玉器、古籍等珍品未能在文中简略述说列举，可见颐和园文物之繁、精品之多。在清代皇家文物珍藏中，颐和园像是一座奇异的宝库，有待进一步发掘研究，它的神奇之处不单在于诸多的宫苑陈设文物，还紧紧围绕着封建时代末期最重要的历史主角——慈禧太后。它是一段生活、一段历史、一段思绪，让后世子孙欣赏、自省、体会、挖掘和研究。时光飞转，那万寿山依旧，昆明湖依旧，宫苑中的建筑和陈设依旧，慈禧太后早已从人们的眼中逝去，她的御驾汽车却只能停靠在博物馆的一隅，她的铁甲御船也只能停泊在湖岸之上，供游人往来参观，"人面不知何处去，桃花依旧笑春风"。颐和园文物珍藏流传至今，历经千劫百难，传承实属不易，而今但愿"御苑集珍萃，国宝万年传"。

参考文献

[1]　北京市颐和园管理处编.无双风月——图鉴乾隆颐和园生活[M].长春：吉林出版集团，吉林文史出版社，2012.

作者简介

周尚云，北京市颐和园管理处。

颐和园藏慈禧的汽车

○ 周尚云

引言

颐和园作为清代的皇家园林，历经 200 余年，文物收藏颇为丰富，种类多样，文物时代上至商周，下及晚清，绝大多数文物为清宫旧藏，来源或为定制，或为采办，或为礼品，或为宫苑间调拨。在众多的颐和园文物收藏当中，不乏外国文物，其中一件特别的外国文物有着很高的知名度，它就是慈禧太后的汽车（图1）。

关于慈禧太后的汽车有着很多的传说和故事，太后御驾司机孙富龄驾车的故事流传非常广泛，版本不一，无从可考。但是，颐和园中存放至今的汽车确是清代晚期官苑生活的一个重要历史见证。当清代晚期国力倾颓，大刀长矛无法阻挡西方的坚船利炮之时，"师夷长技"以励精图治是清廷和社会有识之士的普遍认识，因此当时社会上"西学东渐""洋务运动"得以推广开来。随着世风影响，慈禧太后对外来事物的看法也发生着改变，开始接纳西方的新鲜事物，此时清宫生活中也渐渐的增多了西方的家具、陈设、餐具、乐器、生活用品等。汽车作为现代化的交通工具，100 年前也已进入清宫，而颐和园收藏的这一辆汽车不仅是中国引进最早的汽车之一，也是清宫传承至今仅存的一辆汽车。

图 1　颐和园藏汽车

1　颐和园藏的汽车基本情况

　　颐和园收藏的这辆汽车尚未脱离马车型痕迹，为六柱顶篷式四轮汽车。汽车长303.5cm，宽106.4cm，高224.9cm，通体黑色，木质车身，前后两排座椅，前低后高，座椅蒙黑色皮面，车轮前小后大，车头左右各挂一黄铜色车灯，双层轮盘形方向盘，方向盘右下有一长一短两根立杆式挡把，木质车轮辐条，胶皮轮胎，车左侧有 3 个脚蹬，车右前侧有一个脚蹬。该车座内汽车发动机和诸多部件已拆除，左侧两个脚蹬面上均錾有五角星图案，车右前侧脚蹬面有英文"DURYEA"标识，遗留的部件上没有任何厂商标识，据说后座下原来装有三汽缸四马力后置式汽油发动机，由旁边的两挡齿轮变速器，以链条传递给后轴产生驱动力[1]，最高时速可达 10 余公里，相传此车是袁世凯献给慈禧太后的寿礼。曾有老照片显示，该车民国期间在德和园扮戏楼内展出。据老职工陈文生回忆，新中国成立后该车曾在园内水木自亲展出，1966 年撤回院落闲置，后年久失修破损严重，将机械部件拆除（图 2）；1975—1976 年，该车进行了修复，当时颐和园老文物工作者金恒贵先生说此车为 1897 年袁世凯送给慈禧太后的礼物；1994 年，该车赴日本大阪展出；此后，该车在德和园扮戏楼展出至 2011 年；2011—2017 年，该车在颐和园文昌院聚珍馆展出；2017 年 11 月—2018 年 3 月，该车赴美国宝尔博物馆展出；2018 年 3 月至今在颐和园仁寿殿内展出。

图 2　颐和园汽车修复前状况

2 颐和园藏汽车的修复情况

目前，颐和园收藏的这辆汽车只剩外形，内部的发动机等诸多零件都已拆除不见踪影，车体外形也有不少部位改动修复。据颐和园文物组老师傅陈文生回忆：1966 年，该汽车自颐和园水木自亲撤出，荒弃至排云殿西十三间院落近 10 年，许多汽车零件拆除散失；1975 年，陈文生提议将该汽车修复，用以供游人拍照，增收节支增加收入，得到颐和园领导批准。该车遂从颐和园西十三间院落用人力移至苇场门工地待修，由陈文生带领徒弟王玉林、姚天新开展汽车修复工作。陈文生将残留的汽车零件收集，车篷的 6 根支柱幸存，但已弯曲不堪，车厢配件、座板、车篷残件木块等零件大多还在，车左侧板缺失一块，后座厢、后座板缺失。陈文生带领徒弟，将残存零件一一测量比对，进行整形复位和补配工作，此次补配的木料与原车木料有所区别，采用了东北红松、水曲柳和胶合板，如：原车轮 4 个挡泥板为皮制，由于条件所限，只得用水曲柳和胶合板替代（图 3）。车体修复完成后，最棘手的是车上的部件缺失严重，为此陈文生和徒弟王玉林骑车遍寻北京各废品收购站，购买零配件，最终在德胜门废旧汽车配件收购站购得老汽车方向盘和其他配件（图 4）。

关于汽车灯的仿制，陈文生师徒多次到汽车研究所查阅资料，煞费苦心地考虑如何仿制，在买胶水的不经意间，路过右安门外的一个合作社门市部，看到门市部里的马车

图 3 车轮和挡泥板

图 4 颐和园汽车后配的方向盘

图 5　改造的马车灯　　　　　　　　　图 6　颐和园汽车用泡钉包厢的皮面

灯，觉得可以买来改造。于是，陈文生师徒买来两个马车灯进行改造，陈师傅先放纸样，再按纸样将一段进口的白铅铁烟囱剪成所需铁片，由徒弟王玉林将铁片焊接在马车灯上，刷上铜粉，汽车灯仿制成功，挂在汽车上正合适（图 5）。汽车的 4 个车轮和后轴生锈，不能转动，由颐和园小工厂的一些老同志帮助拆洗上油，因此恢复了车轮灵活转动，并补配了一个脚蹬子。汽车的油饰工作，由颐和园技术高超的老油工于松龄负责，油饰效果如同原车。由于当时汽车车胎定制成本太高，所以陈文生师徒从颐和园库房领了废旧的 6 条内胎和 6 条外胎，到五道口找了一个修补汽车胎师傅按尺寸粘接热补了 4 套内、外车胎，回去装在了现在的汽车上。最后，陈文生师徒在菜市口信托商店买了 2m 多做皮鞋的皮子，回去用泡钉将汽车座椅、靠背重新包厢，完成了此车的修复（图 6）。修复后的汽车效果得到了当时领导和老师傅的肯定。

3　颐和园藏汽车的品牌之争

一直以来，颐和园收藏的这辆汽车的品牌有着颇多的争议，大致分为奔驰品牌说和杜里埃（图利亚）品牌说。据颐和园研究馆员翟小菊记述[1]，20 世纪 80 年代，她曾接待来园考察的德国奔驰汽车公司的 3 位工程师，德国奔驰汽车公司的工程师确认颐和园收藏的汽车是第二代奔驰汽车，愿意以十辆最新奔驰汽车换回这辆汽车，没有得到园方答应，颐和园藏奔驰牌汽车的说法就此而来。

翟小菊先生在《颐和园藏慈禧太后汽车》一文中记述：德国工程师留下了厚厚的汽车资料，这些资料中记录了德国奔驰汽车从 1886 年到 1961 年的所有车型。翟小菊先生将其中相关的汽车图片与慈禧的汽车进行了比对。她认为，1886 年奔驰的第一代汽车，从其木质车轮及前高后低的座椅上，还可以清晰地看到马车的影子，这说明早期的汽车外形设计，很大程度上受到马车的影响；1893年的奔驰汽车，已由木质轮胎发展成可以充气的轮胎，发动机在座位下，尤其是车头和车灯的设计，与慈禧的汽车非常相近；1897年的奔驰汽车，整体车型与慈禧的汽车基本一致，而且奔驰汽车图片上有英文说明"Darmler belt-driven car Victoria 1897"（戴姆勒　皮带驱动汽车　维多利亚1897）。因此，翟小菊先生认为颐和园收藏的汽车是1897年奔驰牌汽车（图7）。

　　至于颐和园收藏汽车的品牌第二种说法，主要是依据该汽车右前侧脚蹬面有英文"DURYEA"标识（图8）。杜里埃（DURYEA）是美国最早的汽车品牌之一，由美国发明家与汽车制造商查尔斯·埃德加（1861—1938年）与弟弟吉姆斯·弗兰克·杜里埃（1869—1967年）创办，故二人被称为美国汽车之父。1893年，杜里埃兄弟将一台单缸四马力汽油发动机和传动装置装在一辆马车上，并行驶在马萨诸塞州的大街上，此后装配了13辆汽车，时至今日难觅踪影。1898年，两兄弟因意见不合而分手告终，其后弟弟弗兰克与他人合作组建新公司继续生产杜里埃汽车，1924年公司被出售（图9）。事已至此，似乎颐和园藏汽车的品牌之争已尘埃落定。但是，颐和园汽车带有"DURYEA"标识的脚蹬存在着一些争议，原因是脚蹬面上的两处固定螺丝为"一"字半球帽螺丝，汽车左侧第二、第三个脚蹬及车身其他部位螺丝都为偏平"一"字螺丝，很显然此脚蹬为后配上的（图10~图12）。因此，此脚蹬是后配的其他汽车的脚蹬，还

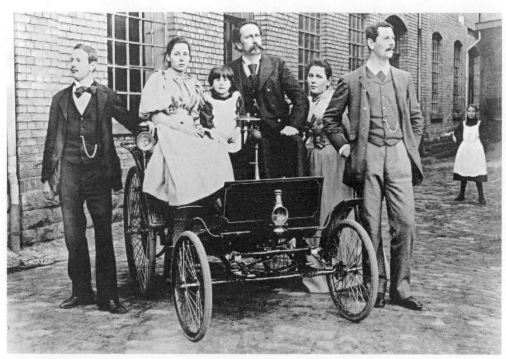

图7　早期奔驰汽车

图 8　颐和园藏汽车带杜里埃标识脚蹬　　　图 9　北京汽车博物馆藏 1903 年杜里埃汽车

图 10　颐和园汽车左侧第二个脚蹬（左上）
图 11　颐和园汽车左侧第三个脚蹬（右上）
图 12　颐和园汽车左前脚蹬（左下）

是原来就有的脚蹬成为争论焦点，修复当事人只记得修复了一个脚蹬，但未能说出修复脚蹬的来源，成为该汽车品牌不确定的原因。

　　综合以上两种品牌说法，笔者也进行了比较探讨，不论是德国早期奔驰汽车，还是美国杜里埃汽车，甚至其他品牌汽车，其制造之始或多或少借鉴或结合了马车造型，因此单从马车造型、木车轮、胶皮轮胎难以作为颐和园汽车品牌确定的依据。值得关注的是，有人将颐和园汽车、老照片中的早期杜里埃汽车和杜里埃汽车实物进行了对比，虽然汽车并不完全相似，但是有以下相似之处：一是前车轮之间的梁架造型相似

图 13　颐和园汽车前轮间梁架

图 14　颐和园汽车前座左下的弧状凸出部位

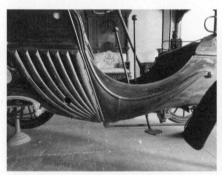
图 15　颐和园汽车前排侧面装饰纹样

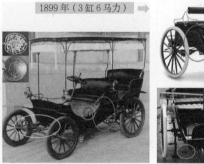
图 16　颐和园汽车与杜里埃汽车对比

（图 13）；二是前排座椅下弧形凸出部位相似（图 14）；三是汽车前排两侧车厢外侧的弧形装饰图案相似（图 15）。基于以上 3 个特点，该车与早期奔驰汽车有着明显区别，笔者认为颐和园收藏的汽车极有可能是美国杜里埃早期汽车（图 16）。

4　颐和园藏汽车的进献时间和进献人探讨

到底是谁？在何时送给慈禧这辆汽车？这两个问题始终也存在着很多的争论。据陈文生老先生记忆，20 世纪 70 年代修复这辆汽车时，颐和园老文物工作者金恒贵先生说是 1897 年袁世凯进贡给慈禧太后的。社会上，也有流传慈禧太后 60 寿典（光绪二十年，1894 年）、63 岁寿典（光绪二十三年，1897 年）、68 岁寿典（光绪二十八年，1902 年）进贡等说法，但是目前所见档案礼单中均无关于此车记载。近年，互联网上有一张 1945 年美军参观颐和园时与该汽车的合影，照片中清晰可见汽车篷前挂着说明牌，说明牌上写着"汽车　前清光绪二十九年两广总督德寿呈进"，光绪二十九年即 1903 年。说明牌时间距清朝灭亡只有几十年，此为目前最为可信的依据，据此这辆汽车最有可能

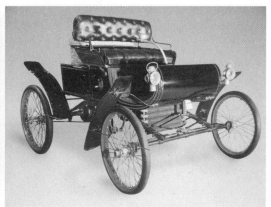

图 17　1945 年美军参观颐和园的汽车　　　图 18　北京汽车博物馆藏 1902 年奥斯莫比尔汽车

是光绪二十九年（1903）由两广总督德寿进贡（图 17）。诸多争论无以档案材料支撑，唯这张老照片是目前最为有力的证据。

5　结语

　　颐和园收藏的汽车是清代晚期一件重要的外国文物，它见证了慈禧太后真实的宫苑生活，反映了清代晚期宫廷历史的一个侧面，也是现代交通工具传入我国的一件重要物证。

　　1901—1902 年，匈牙利商人李恩时（Leinz）从香港带到上海的美国奥斯莫比尔（Oldsmobile）汽车，成为目前档案记载传入我国最早的汽车[2]。据相关文献记载[3-8]，上海工部局于 1902 年 1 月 30 日颁予奥斯莫比尔汽车"临时牌照"，准其上街行驶。颐和园收藏的汽车为后置发动机，未脱离马车造型，与北京汽车博物馆收藏的 1902 年奥斯莫比尔汽车车型类似，奥斯莫比尔汽车车轮为金属辐条（图 18），明显比颐和园的汽车要先进，就此而言颐和园汽车的制造年代要早于奥斯莫比尔汽车。但就目前档案资料而言，奥斯莫比尔汽车是传入我国最早的汽车品牌。

　　本文初步探讨了颐和园收藏汽车的传世情况、修复情况、品牌识别情况、收藏时间和进献人等问题，但是仍存在着进一步研究探讨的空间。正是因为慈禧太后汽车的诸多问题尚未完全弄清，因此关于颐和园汽车的争论和研究也会深刻地影响着中国汽车的发展史。笔者相信，关于颐和园慈禧太后御用汽车的争论和研究不会就此停止，在更多的档案资料呈现之时，会对我们探究客观历史意义重大，它不单是澄清清代晚期的一段宫廷史，更重要的是厘清中国汽车发展的起始脚步，并以此为起点面向中国汽车领域未来之发展，乃至推动中国科技的不断进步。

参考文献

[1]　翟小菊 . 慈禧"老爷车"的御用汽车 [J]. 景观，2009（21）: 63.

[2]　姜海程 . 中国第一车之辩——与翟小菊先生商榷慈禧御用 [J]. 景观，2010（25）: 56.

[3]　魏励勇 . 中国早期汽车的应用及进口 [J]. 上海汽车，1997（7）: 44-46.

[4]　中国公路交通史编审委员会 . 中国公路运输史 [M]. 北京：人民交通出版社，1990.

[5]　仇克 . 上海汽车工业史（1901—1990）[M]. 上海：上海人民出版社，1992.

[6]　秦国强 . 中国交通史话 [M]. 上海：复旦大学出版社，2012.

[7]　交通部中国公路交通史编审委员会，《公路交通编史研究》编辑室 . 公路交通编史研究 [Z]. 1983（1）.

[8]　北京市颐和园管理处 . 颐和园藏文物大系 · 外国文物卷 [M]. 北京：文物出版社，2018.

作者简介

周尚云，北京市颐和园管理处。

颐和园藏明清古典家具概述 [①]

○ 周尚云

引言

我国家具的发展有着 3000 多年的历史，随着时代的发展经历了由简陋到华美，由低到高，由实用到美、用结合的演变过程。时至明清，中国传统家具发展至鼎盛时期，明清家具成为中国传统古典家具的杰出代表，是中华民族传统美学观念、哲学思想和科学技术的高度凝聚，在世界家具体系中独树一帜，占有着重要的地位。

颐和园前身清漪园，始建于清乾隆十五年（1750 年），清咸丰十年（1860 年）毁于英法联军火患，清光绪十二年（1886 年）慈禧太后挪用海军军费重修清漪园，光绪十四年（1888 年）正式改名为颐和园，光绪二十六年（1900 年）颐和园遭到八国联军破坏，光绪二十八年（1902 年）颐和园再次修复。颐和园（清漪园）是康乾盛世"三山五园"保存至今最为完整的一座皇家园林，是除紫禁城以外晚清最为重要的政治舞台。清代颐和园及其前身清漪园建园 160 余年以来，园内文物陈设充盈，明清各式古典家具陈设丰富，几乎涵盖了传统家具中坐卧类、置物类、储物类、屏蔽类等绝大多数家具门类和品种。颐和园所藏明清古典家具作为宫廷家具的主要代表，有着举足轻重的学界地位，其收藏的几千件古典家具及园内从清代至民国积存的数千件明清古典家具残件，对于深入研究明清古典家具和宫廷家具是极其重要的实物参考。可以说，没有研究过颐和园收藏的明清古典家具，就很难成为一个全面的、博学广知的明清古典家具鉴定家或鉴赏家。颐和园藏明清家具和故宫一样，包容了南北家具的多种风格，将京作、苏作、广作等国内许多地方的代表家具汇聚于此，成堂地陈列于皇家殿宇之中。除此之外，在皇家宫廷收藏的传统古典家具中，我们还可以看到清代"兼收并蓄"的皇家审美格调，将西洋建筑风格和卷草纹样等异域文化和谐地融入了我国传统家具之中，海纳百川，不拘一格，在艺术上表现出华夷交辉的瑰丽，为传统家具风格增添了新鲜的元素。

---

① 本文已发表于《收藏家》，中国收藏家杂志社，2010 年第 2 期。

1　颐和园藏明清古典家具的来源

颐和园收藏家具的来源比较复杂，呈现出多源性，主要为清漪园旧藏、圆明园残存、慈禧太后万寿庆典的寿礼、内务府等部门的制办和宫苑之间的调拨。从某种角度讲，这也是颐和园收藏的古典家具门类、品种丰富的客观原因之一。

1.1　清漪园旧藏

颐和园前身为清漪园，在英法联军劫掠之后，园中仍遗存一些陈设，《颐和园志》中记述：

（1）清漪园咸丰五年（1855年），园中实有陈设37583件；同治四年（1865年）查得劫后余存陈设4618件。

（2）光绪二十一年（1895年），颐和园工程停止后，由建园的工程单位海军衙门及造办处对清漪园残存陈设216件领取修理，安放园内。

（3）1975年，英国人哈丁将1860年英国官兵从清漪园掠走的紫檀嵌紫石海屋添筹人物故事插屏归还颐和园。

以上的记述都说明，颐和园收藏的家具一定数量上来自于清漪园旧藏遗存下来的陈设。

1.2　内务府等部门制办和宫苑间的调拨

清漪园和颐和园修建之时，乾隆和光绪两朝内务府造办处均为园内定制了一些家具陈设等。为了满足帝后在园内的陈设需要，内务府还向外省采办了一些家具等陈设，同时，也不乏从其他宫苑间调拨了一些家具陈设。光绪时期，也有部分家具由外务部等其他部门制办的情况。

相关清宫档案记载：

（1）乾隆十六年（1751年）七月四日，造办处奉旨："乐安和内床罩、落地罩需用洞石不必向福建要，装修改做硬木"。

（2）乾隆二十四年（1759年）二月二日，万寿山后大庙内安设紫檀供桌；十月二日，自京内往万寿山送楠木三屏峰3座。

（3）乾隆二十八年（1763年）四月三日，自京内往万寿山澹宁堂送黑漆五彩雕漆戗金宝座、剑架、香几一份；十月十五日，自京内往万寿山送佛龛，随供柜；十月十八日，自京内往万寿山送红漆大佛箱、几子。

（4）光绪二十年（1894年）适逢慈禧太后六旬寿庆，准备在颐和园举办庆典。光绪十九年（1893年）三月开始造办陈设，由总管内务府大臣督办："仁寿殿明间安设围屏宝座一分（份），地平前面槛栏踏跺三分（份），两旁各一分（份），尺寸即著量度地安设以壮观瞻。排云殿明间前卷安设大围屏一分（份），随如意地平宝座一分（份），地平前面槛杆踏跺一分（份），两旁各如意踏跺一分（份）。颐乐殿安设围屏宝座一分（份），不用地平。"以上3处应安设的围屏、宝座、地平，要先带工匠丈量尺寸，绘图注明，呈慈禧太后御览批准后才能按图施工。依照慈禧太后的懿旨，"仁寿殿、排云殿宝座，照慈宁宫金龙宝座样改做细雕九龙硬木宝座，烫本色腊"。

（5）光绪十七年（1891年）正月二十二日，奉慈禧太后懿旨将倚虹堂①殿内西间金漆边座紫石天然插屏一对运至颐和园乐寿堂安设。

（6）光绪二十八年（1902年）十月二十日、光绪二十九年（1903年）四月十四日，外务部按慈禧的懿旨，送到图书集成五部、洋式方桌六张、洋椅七十张，安设于颐和园各殿宇内。

1.3　圆明园残存家具的调拨

清咸丰十年（1860年），英法联军焚毁北京西郊圆明园、清漪园等皇家园林，部分残存的圆明园家具在修建颐和园之时，修复后悉数调拨至颐和园殿堂陈设。目前，学界同仁对"圆明园家具"的存世探讨不绝，并对"圆明园式家具"的研究甚为关注，依据颐和园现存的家具实物和相关的一些历史记载，可以给出学界较为明确的答案。

清内务府档案记载，光绪十四年（1888年）正月初五，慈禧太后下达懿旨，将所有南海各殿内原有铺设旧铺垫改移洋楼内收存妥协并造具注册以备昆明湖应用。同年八月十一日，又下达懿旨把560件圆明园的木器交给海军衙门照旧式修补见新，修理齐整后分别摆放颐和园各殿内。

1.4　慈禧太后万寿庆典的寿礼

颐和园作为慈禧太后"养颐冲和"之所，深受慈禧太后钟爱。她将自己的万寿庆典多次移至颐和园举行，还将万寿庆典收受的众多寿礼存放至颐和园各殿堂之中，其中不少为家具陈设品。

仅光绪二十年（1894年），慈禧太后六旬万寿庆典，"慈禧万寿档案"中《六旬庆典进贡宝座、围屏、插屏》记载了数量众多的家具：

"……载滢进硬木镶玻璃堆九凤朝阳宝座1座，随足踏，红木镶玻璃堆九凤朝阳围屏1分（份），硬木茶几1对，孔雀扇1对，紫檀嵌螺甸大衣镜1对；文麟进红木镶玻璃堆寿天百禄方挂屏1件，红木镶玻璃堆八仙庆寿挂屏4件，红木镶玻璃堆海宴河清方

---

① 倚虹堂位于北京西直门外高梁桥附近，长河北岸，是乾隆皇帝为圣母皇太后六十大寿所建的码头行宫。

挂屏 1 件；熙曾进红木镶玻璃堆群仙祝寿挂屏 4 件；师曾进红木镶玻璃堆福寿三多挂屏 4 件；奕祥福晋进洋漆镶玻璃堆四季花挂屏 4 件；孚敬郡主福晋进硬木镶玻璃堆群仙祝寿挂屏 9 件；长林进硬木嵌螺甸厢玻璃绣麻姑献寿长挂屏 1 件，硬木嵌螺甸绣墩一付；英年进硬木镶玻璃百鸟朝凤挂屏 4 件；奕洵夫人进洋椅子大小 6 件；长叙侍妾进硬木镶玻璃绣山水人物挂屏 4 件；志锐进硬木嵌螺甸镶玻璃绣鹤鹿同春挂屏 4 件，硬木镶五彩瓷插屏 1 件；荣禄进硬木镶铜珐琅花卉围屏计 9 扇，硬木镶玻璃百式格嵌各色石挂屏 1 对……"

光绪三十年（1904 年），慈禧太后七旬庆典，慈禧挑选心爱之物留在颐和园中的就达 886 件，不乏各类珍品及家具等陈设。

2　颐和园家具的材质

颐和园收藏的众多明清古典家具，用料考究，质料丰富，所用木料有紫檀、黄花梨、楠木、沉香木、乌木、鸡翅木、花梨、红木、桦木、杏木、铁力木等，其中明式家具主要采用黄花梨、紫檀、楠木、铁力木等，清式家具主要采用紫檀、花梨、红木等制作。颐和园收藏的明代家具多采用黄花梨制作，清代的明式家具多采用黄花梨和紫檀制作。颐和园收藏的这些家具，清中期以前的家具质料普遍较好，清晚期的家具质料较差，多采用红木和花梨制作，个别采用了硬木包厢柴木的做法。

3　颐和园家具的风格特点

颐和园收藏的明清古典家具，除西洋和东洋家具之外，大致可分为明式家具和清式家具。颐和园收藏的明式家具整体特点：造型大方简洁，舒展适度；结构、比例、线角科学合理；榫卯精密，坚实牢固；选料考究，重视木质自然；雕工精湛，雕刻适度；线条流畅，打磨精细。如：座椅的扶手、靠背和香几的三弯腿的制作，不惜大料，线条优美，比例科学，打磨精细。

诚然，园内明清两代的明式家具还是存在着些许不同。明代的明式家具多用黄花梨制作，造型大方，线条舒展，风格朴拙，比例协调优美，雕刻纹样较少，个别镶嵌玉片作为装饰，如：黄花梨嵌青玉雕龙纹靠背扶手椅就是此中代表。

园内清代的明式家具多用黄花梨、紫檀、楠木和髹漆描金，风格多样，各有特色。一些清代早期黄花梨座椅，秉承明代明式家具风格，并无大异，造型简洁大方，制作精良，个别家具线条只是略显生硬。值得一提的是，有些黄花梨座椅原为江浙的南方家具，凳面为蒲草藤席编织的软屉，年久多破损，后人多改成硬屉。颐和园中用紫檀制作的明式家具，风格简洁、素朴，增添了庄重、华丽之感，不仅保持了明代家具的诸多优点，同时对明代的家具风格进行了改进和发扬，如：紫檀带底屉方几，通身光素，简洁大方，将明代几腿间的罗锅枨改为攒框式，强调了装饰艺术性，增加明式家具玲珑剔透的空灵感。

颐和园中另外一类清代的明式家具为髹漆描金家具，这类家具虽然在园中保存数量不多，但在众多的珍贵家具中却也熠熠生辉。此类家具大约是清康熙至雍正时期制作，其在园内的代表就是黑漆描金龙纹宝座，做工精细，造型朴拙大方，用料硕大，靠背宽大，搭脑、扶手装饰拐子，使其浑厚之余不失玲珑雅致，座面为腰圆形，面下有束腰，鼓腿彭牙，牙板壶门曲线收放有致，通体髹以黑漆，肃穆庄严，描绘金龙，气势磅礴，王气十足，堪称一代佳作。清代的明式家具在颐和园之中不乏精品，不能一一枚举，其风格不单是中国传统儒道思想的美学观念体现，更重要的是体现出皇家华丽、精致、大气、唯我独尊的气势。

颐和园收藏的清式家具数量和种类繁多、风格多样，整体特点用料厚重、造型尺度较大、装饰性较强、雕工繁缛、舒适性较差、气势宏大、风格华丽。但是，不同时段的清式家具，风格仍然存在着明显的差别。

园内清中期以前的清式家具所用的质料较优，多为紫檀和红木，用料讲究，做工精细，风格繁简参合，注重雕工，纹样装饰繁缛华丽、沉穆庄重，多用各种镶嵌，线脚和线条处理柔和适度，舒适性略有不足。此时的清式家具，纹样装饰不局限于传统，更吸收了一些西洋洛可可式艺术风格，并将西方建筑特性融合于中国古典家具之中。此外，颐和园这一时期的家具镶嵌工艺和种类丰富，如：镶嵌大理石、玉片、珐琅、瓷板、象牙、玻璃画等，还有镶嵌银丝、竹丝、乌木丝、影木等多种材质。宜芸馆西次间内陈设的紫檀长条桌，面下错落呈西洋建筑形式，镶嵌青玉蝙蝠，装饰华丽的铜鎏金包角，为清中期典型中西合璧式家具的代表，颇具圆明园家具风格，是颐和园清式家具收藏中的一类珍品。

颐和园收藏的清代晚期清式家具，多采用红木和花梨制作，风格多俚俗，远观其形，便知其质，虽用料宽大，但做工较粗，雕工和线条处理不细，结构、比例不追求科学适度，舒适感较差，纹样多为福（蝠）寿等图案，题材纹饰缺乏变化，常镶嵌大理石面作为装饰，座椅多为苏作家具风格，一些座椅现今仍可在苏州园林中找到相同或类似之器。从晚清家具风格中足见大清王朝国力的衰退和皇家审美艺术品位的降低，中国传统古典家具发展逐步走向衰退。排云殿正殿内陈设的乌木嵌珐琅博古座屏，长期被认为是乌木材质，一次搬移之时发现为通身柴木所作，只是外面采用了乌木包厢而已，并非里外通身乌木质料，可见晚清财力的匮乏以及皇家陈设家具质料的拮据。

4　结语

　　颐和园收藏的明清古典家具，样式汇聚南北，风格融会中西，不仅可以见到用料宽大充裕、不惜材质、雕刻深浚、刀法圆熟的广式家具，还可见到用料节俭、造型优美、线条流畅的苏式家具，此外还有以造办处为代表制作的京作家具和山东、山西、江西、福建等地区众多风格鲜明独特的家具。不得不说，颐和园是座明清古典家具的博物馆，其殿堂陈设复原了清代颐和园内家具的使用情况，再现了历史原貌，同时颐和园还单独开辟了澹宁堂家具精品展和文昌院文物精品展，向游人开放，展示颐和园收藏的一些家具精品。通观颐和园的家具收藏，是我国明清古典家具发展的真实缩影，更是明清家具精品和代表的荟萃，其整体价值作为中华瑰宝不可估量，在中国明清家具发展史和学术界占有重要的地位。我们应保护好颐和园收藏的明清古典家具，加强对其的深入研究和宣传，将这一人类共同的宝贵财富传承后世子孙，远播中华民族的传统文化，弘扬华夏文明。

作者简介

周尚云，北京市颐和园管理处。

颐和园藏"泥人张"彩塑 [①]

○ 王敏英　周尚云

引言

天津泥人张彩塑,是中国民间艺术瑰宝,深受百姓喜爱。它创始于清代道光年间,发展至今已有 160 多年的历史。"泥人张"彩塑,把传统的捏泥人提高到圆塑艺术的水平,又装饰以色彩、道具,形成了独特的风格,是我国又一个泥塑艺术的高峰,其作品艺术精美,影响远及世界各地,在我国民间美术史上占有重要的地位。

据慈禧太后寿庆陈设账记载:"光绪三十一年(1905 年)四月十九日,庆宽进,巧捏泥人八匣计八出"。由此记载可以获知,清光绪三十一年,在慈禧太后 71 岁寿辰时,内务府庆宽将八匣泥人作为寿礼,进献内廷,这八出泥人分别是《木兰从军》《张敞画眉》《孙夫人拭剑》《福禄寿》《风尘三侠》《白蛇传·断桥》《春秋配》《红楼梦·宝蟾敬酒》。也许是这八出泥人深得慈禧太后喜爱,因此将其留存颐和园中常伴身边。

历经民国,直至中华人民共和国成立,这八出泥人一直藏于颐和园。1954 年,经国家文物局批准,《孙夫人拭剑》和《白蛇传·断桥》两组泥人,调拨给天津市艺术博物馆收藏。为答谢颐和园,天津市艺术博物馆回赠颐和园 3 组"泥人张"传人彩塑,包括第二代传人张玉亭的作品《红楼梦·读西厢》以及再传人的作品《扁鹊采药》《羲之爱鹅》。这样颐和园就收藏有了几代"泥人张"的作品。

颐和园收藏的几组泥人,几十年来虽经妥善保管,但因其独特的质料,在收藏中也存在着保藏的难度,出现一些问题。1951 年 9 月,颐和园邀请"泥人张"传人张景祜来园修整了旧藏的八出泥人作品。20 世纪 90 年代末,颐和园再次邀请天津"泥人张"工作室专业人员对几组泥人进行了修复和整理。2000 年以来,颐和园对"泥人张"的几组作品进行了妥善的保藏。

1 "泥人张"简介

"泥人张"彩塑创始人张长林,字明山。河北深州(今深县)人,后定居天津。生于清道光六年,卒于清光绪三十二年(1826—1906 年)。他一生创作了无数人们喜爱的精妙

---

① 本文已发表于《中国收藏》,中国收藏家杂志社,2011 年第 6 期。

之作，尤以小型彩塑人物闻名遐迩，以家族形式经营泥塑作坊"塑古斋"。相传他只需和人对面座谈，抟土于手，不动声色，瞬息而成。面目径寸，不仅形神毕肖，且栩栩如生、须眉俗动。18岁时，为京剧界余三胜等名伶塑像大获成功，一举成名，时人赞称为"泥人张"。他不仅在艺术上继承了中国古代泥塑的优秀传统，同时又有所发展和创新。

1915年，张明山创作的《编织女工》彩塑作品获得巴拿马万国博览会一等奖，张玉亭的作品获得巴拿马万国博览会荣誉奖，后经张玉亭、张景福、张景禧、张景祜、张铭等4代人的传承，"泥人张"成为中国北方泥塑艺术的代表。

2 "泥人张"泥塑制作工艺

泥塑所用材料是含沙量低、无杂质的纯净胶泥，经风化、打浆、过滤、脱水，加以棉絮反复砸柔而成为"熟泥"，其特点是粘合性强。辅助材料还有木材、竹藤、铅丝、纸张、绢花等。塑造好的作品应避免阳光直射或置于炉火周围，正确的晾干方法应是自然风干。泥塑彻底干燥后入窑烘烧，温度要达700℃左右，出窑后经打磨、整理即可着色。过去的颜料为水粉色，覆盖力差，容易爆裂、脱落、褪色，不能长久保存。现在使用丙烯色，覆盖力强、不爆裂、不脱落、不易褪色，干后不溶于水。

3 "泥人张"彩塑艺术特色

"泥人张"彩塑创作题材超越了传统泥塑，取材广泛，多来自于民间故事、习俗、戏剧、古典文学名著等。所塑作品不仅形似，而且以形写神，达到神形兼具的艺术特色。泥人张以其敏锐的观察力、丰富的想象力和高超的艺术概括力，去塑造现实生活中的各种人物，并能真实准确地表现人物形象和刻画人物的精神世界。他为泥塑艺术铺就了一条现实主义的道路，也为"泥人张"彩塑艺术的创立奠定了艺术走向。

4 颐和园收藏的"泥人张"作品赏析

《木兰从军》是张明山的代表作之一。题材始出自南北朝时期的《木兰辞》，明代戏剧家徐渭又以此创作了戏剧《雌木兰代父从军》。张明山所塑《木兰从军》，表现了花木兰在戎马边关退敌小憩的片影，捕捉颇有生活气息的一瞬间，将木兰手握弓箭若有所思的神情表现得淋漓尽致；旁边一名士兵鼓腮用力吹着螺号，面部肌肉真实传神；另一名士兵，手执战旗，凝望远方，神情淡定。整组泥人造型逼真生动，内在情感表现细致入微，成功地塑造了巾帼英雄柔情恬静的一面（图1）。

图 1 《木兰从军》

　　《春秋配》取材于同名戏曲。故事讲的是姜韶外出经商后，继妻贾氏虐待前妻之女姜秋莲。一日，贾氏逼病中秋莲到山涧里拾取芦柴。秋莲悲苦万分，乳母不断安慰秋莲。书生李华（春发）送朋友张雁路过此处，见到二人哭哭啼啼，上前询问。乳母以实相告。李春发怜其身世，慨赠银两，助她们买柴之用。秋莲很受感动，但不肯接受银两，李春发将银两委托给乳母辞别而去。我们看到彩塑中的乳母愁眉不展，滔滔不绝，愤然诉说；李春发面部表情儒雅真切，此时已由"至诚心再三问话"后的倾听、同情，发展到怜惜，而至慷慨赠银；"身有病还受那继母拷打，因此上到郊外拾取芦花"，委屈悲苦中的姜秋莲，此时遇到同情怜惜，从情不自禁依依抽抽的伤心无靠中感到了希望，遮颜拭泪居然欲止。作者从揭示人物内心情感入手，着重刻画面部表情，将眼轮眉宇处的肌肉，因情感波动产生的微小变化都塑绘得细巧真奇。再通过对人物体态、身姿造型、眼神和角度的精心处理，把病中富家少女被迫抛头露面，在野外拾柴的那种悲苦、病弱、羞涩交加的情景，表现得委婉动人、惟妙惟肖。同时也将人物之间的关系、情感交流及性格刻画得鲜明准确（图 2）。

　　《风尘三侠》又名《红拂传》，京剧剧目，程派早期代表作。此剧取材唐人小说，讲

图2 《春秋配》

述隋末唐初风尘三侠义薄云天，红拂女扮男装追奔李靖得配英雄的故事。作者将满腹经纶、胸怀大志的布衣李靖塑造得气度非凡、文雅内敛；曾为杨府歌妓的红拂，此刻神态机智美而不淫，因她慧眼识人、得到了爱情和自由生活而显得格外典雅柔丽；在虬髯客（张仲坚）的眉宇间，我们能够品味到凝聚着艺术家别具神韵的寄托。使善识时务的虬髯客艺术形象更加粗犷刚健、慷慨豪放。人物造型各具风格、光彩夺目，整体效果浑然一体，异常丰满生动。令人驻足难忘，回味无穷（图3）。

　　《张敞画眉》题材取自《汉书·张敞传》，是描写张敞与妻子恩爱的故事，在民间广为流传。张敞，西汉河东（今山西境内）平阳人。他为人耿直，为官清正廉洁。调任京官后，看到当时长安的社会情况非常混乱，便进行了有效的整治。有人听说张敞每天为妻子画眉，便向皇帝呈告他行为轻浮，有失大臣体统。汉景帝亲自查问此事，张敞理直气壮地回答："夫妻之间比画眉还风流的事多着哪，难道皇上你都一一查问吗？"皇上见他言之有理，又见于他治理长安成绩显著，深得老百姓爱戴，便只是一笑了之。于是，张京兆为妻子画眉之举被传为佳话。后来，人们以"张敞画眉"比喻夫妻间的恩爱之情。彩塑中，一名侍女双手持砚微笑地一旁侍候；张敞认真为妻子描画双眉；妻子欣然

图3 《风尘三侠》

接受并幸福回味着；小犬早已等候在椅凳旁边，安静地望着主人。一切是那么自然、和谐、熟悉（图4）。作者手下的张敞对外界的闲言、皇帝的亲自查问，好一派不屑一顾的神态，真可谓"不着一字，尽得风流""不需半言，意会神通"。

《红楼梦·读西厢》取材于《红楼梦》第二十三回。暮春季节的一天，宝玉拿一本《西厢记》独自来到花园，边读边夸奖。黛玉葬花也来到这里，看到宝玉用心读书，想要过来瞧瞧。黛玉接过书来，越看越爱看，边看边出神，内心还默默地记诵着。宝玉笑着问："你说好不好？"黛玉连连点头。宝玉笑说："我就是'多愁多病的身'，你就是那'倾城倾国的貌'。"黛玉听了不觉满脸通红，桃腮带怒，指着宝玉说："你这个该死的，又用这些淫词艳曲中的混账话来欺负我。"说到"欺负"二字时眼圈也红了。袭人奉命寻宝玉回去，见二人如此情景不忍即刻打断。此时的林黛玉一改平日多愁善感、郁郁寡欢的削俊病态；宝玉一吐真情，并为妙语相通发下誓言，此情此景耐人寻味。作品没有繁细的装饰，色调简雅，强调人物性格和神韵的统一。这种含蓄优美的意境，诱人产生游离所塑情节之外的联翩浮想，不禁为他们的悲剧结果同情和惋惜。观赏者可直接从静止的彩塑中，获得题材所蕴含的本质性享受，感悟其中凝缩着封建社会叛逆者的反抗及对真挚爱情的追求（图5）。

图 4 《张敞画眉》

图 5 《红楼梦·读西厢》

　　《红楼梦·宝蟾送酒》取材于小说《红楼梦》第九十回、九十一回。薛姨妈之侄、薛蟠之叔伯兄弟薛蝌，带妹妹宝琴进京发嫁完婚，因婚期延后，兄妹只得暂住薛姨妈家中。薛蟠在太平县打死人被捕之后，薛蝌一面来回奔走，用银两收买有关人员，做呈子代申冤抑。一面又为薛姨妈当家处理各种事务，深受薛姨妈信赖。薛蟠的妻子夏金桂生得颇有姿色，但性格凶悍，心狠手毒，唯我独尊。她爱慕薛蝌，一心欲往笼络挑逗。见薛蝌并无邪念，一时不敢造次。夏金桂设计先让陪房丫头宝蟾试探。宝蟾正有此意，于深夜将酒果送入薛蝌寝室，百般引诱笼络。秉性忠厚正直的薛蝌不为所动，宝蟾失望而归。彩塑中的夏金桂打扮妖调，一幅媚态地观察薛蝌的神情；秉性忠厚的薛蝌见宝蟾无端深夜送酒，行为鬼鬼祟祟不尴不尬，惊慌狐疑："嫂子素性为人毫无闺阁理法、宝蟾为人妒狠心性淫荡，只是向来不见二人如此相待？这光景……"赏此彩塑真是玩味不尽，岂是一句栩栩如生能够表达的（图6）！

　　《福禄寿》是根据清代宫廷中同名祝寿承应戏塑造的。此戏仅为 10 分钟，一般在皇帝和太后寿诞时演出。将戏曲演出活动纳入朝廷仪典始于清代。乾隆初年，内廷演戏已形成定制，新年、万寿节（清帝及太后寿诞）、端阳、中秋、冬至等重要节庆都有内容与之相应的戏剧剧目演出。慈禧太后晚年寿诞时，颐和园德和园大戏台就曾经演出过

图 6 《红楼梦·宝蟾敬酒》

《福禄寿》。"泥人张"所塑三星造型和装饰上具有独特的风格。造型"以'塑'为主，见其形与骨；以'彩'随'塑'，显其貌与肉。"色调追求简雅明快，衣纹变化丰富，章法严谨流畅。形象浪漫、人神兼备，神采奕奕、雍容华贵，具有雅俗共赏的神奇魅力（图7）。

《羲之爱鹅》取材于晋代王羲之练习书法的故事。相传他临池学书持之以恒，不仅洗笔砚把屋前的池塘洗黑了，而且在研究执笔、运笔的方法时，从观察家鹅行水，悟出了用笔的道理。由此竟养成了"爱鹅"的癖好。由于王羲之"立志专精"、勤学苦练，书法艺术终于取得了卓越的成就。这组泥人的人物表现手法夸张粗犷、敷色鲜明淳朴、简易洗练；侍女蓄鹅形神专注、小童戏鹅活泼可爱，反衬羲之观鹅似有所悟。赏此彩塑不必多释，自然意会神通（图8）。

《扁鹊采药》取自先秦故事。扁鹊，原名叫秦越人，战国时期（公元前5世纪左右）渤海郡鄚州（今河北任丘市北）人，我国著名的医学家。因他医术高明、诊断精确，都说他就像神话故事中的神医扁鹊，后便尊称他为"扁鹊"。扁鹊少年时从民间良医长桑君学习医术，后来经常周游各地行医、搜集秘方，虚心学习和研究各地医术，总结、创新了许多诊断疗疾的方法，治好了很多疑难病症。他以高尚的医德、实事求是的态度，

图7　《福禄寿》

坚持"四诊"、科学行医，亲自采药，热忱地为百姓解除疾病带来的痛苦。此组泥人中扁鹊的造型带有很强的肖像性，作品没有流于概念化，既突出人物形象又着意刻画情感交流，一老一少上下呼应。老者眉须欲动、神思妙合；少者仰望受诲、生动传神。衣纹线条捏压得刚劲奔放，却又仿佛随风飘动，将绵绸质料的柔软感表现得绝妙非常，更衬托出人物的鲜明个性。作者以高超的技艺，颂扬了古代名医扁鹊反对巫医巫术，坚持科学行医、采药的事迹。塑造了他对病人热忱关切和谦谨高尚医德的形象。透过人物的眼睛，我们就可以感受到作者对扁鹊灵魂的刻画（图 9）。

作者简介

王敏英，北京市颐和园管理处。
周尚云，北京市颐和园管理处。

图 8 《羲之爱鹅》

图 9 《扁鹊采药》

基于现代数字技术的书画类文物修复与保护初探

○ 周尚云　杨子亮

摘　要：随着我国文物保护修复实践的不断深入，人们逐渐开始意识到书画类文物保护修复工作其实是为了保护文物的价值。书画作品作为重要的文物资源、历史材料，对我们进行历史研究起着非常重要的作用。它不仅承载着我国的历史，而且有着重要的艺术价值。每年都有书画类文物因老化残破而失去了研究价值和艺术价值，因此，为了保护书画作品的原貌和其中的历史信息，书画修复工作非常重要。由于书画类文物是十分脆弱的，因而给修复工作增加了难度，在进行书画修复工作时，除了延续传统的修复技艺，还可以结合当今先进的数字技术和软件应用平台，组织开发书画类文物数字修复模拟系统，使书画的修复工作进入数字时代。我们应在这种数字化观念指导下，应用现代分析技术和检测手段，将书画类文物保护修复的每一步操作科学化、规范化，让书画类文物的保护修复技艺更加严谨、规范。本文对现代数字技术应用下书画类文物的保护与修复工作进行了相关研究。

关键词：现代数字技术；书画类文物；修复与保护

1　现代数字文物修复技术的概述及意义

1.1　现代数字书画类文物修复技术相关信息

随着科技的不断发展，数字技术遍布当今生活和研究的各个领域，现代数字技术通过其多样化的形式得到迅速的发展，同时也对书画类文物修复领域产生了重大影响，现代数字技术为书画修复和保护工作提供了先进的科学技术支持。现代数字技术通过计算机数字化处理应用于书画修复，利用数字化设备在书画修复的每一个环节进行辅助修复工作，如资料调查、相关数据储存等。其主要是应用数字化设备对书画碎片进行扫描获得相关数据信息，记录碎片的位置及次序，为书画的拼接复原及其最后的修复工作提供了精准的科学依据和技术支持。

1.2　现代数字书画类文物修复技术的意义

传统的书画类文物修复工艺，不能精准地预先判断、分析出书画类文物的损坏程度，会在修复当中发现新的问题，随之加大了后续修复工作的难度，造成工作时间加长与工作量增大。在复杂的书画修复过程中也可能会对文物造成二次损坏，也会导致已修复的书画没有得到完善保护。使用现代数字修复技术辅助书画的修复，可以降低书画修复难度，加快修复工作的速度，减少书画在传统修复过程中的损伤。另外，在复原过程中还可以通过数字化设备建立相关的数字模型档案资料，应用于图书馆、文博单位的智能化检索展示和科普宣传当中，实现文物资源的共享。

2　现代数字技术在书画类文物修复中的作用

2.1　通过数字建模辅助修复工作

由于书画类文物在类型、质地、存放环境上存在差异，使得其磨损残破、腐坏程度各不相同，增加了修复难度。同时对修复者的形象思维提出了更高要求。在传统的字画修复过程中，在修复工作之前，修复者会在自己脑海里构建修复的模型，计划修复方案。然而这种想象和修复方案需要依靠修复者的实践经验和实践积累，因而让修复工作变得更加困难。在现代，可以通过计算机辅助技术进行书画修复，利用CAD建立书画类文物的数字模型，体现出二维、三维的修复效果，在书画修复之前通过对书画进行建模，将预想的修复效果呈现在眼前，通过直观的方式选择出最优的书画类文物修复方案。

2.2　运用色差仪辅助修复工作

在书画类文物修复工作中，最重要的一个环节就是修复书画原来的色彩样貌。在传统的修复工艺中，给书画类文物全色完全靠文物修复工作者自身的实际工作经验和生理感官等多方面个人因素。仅依靠个人的肉眼感官对修复的书画颜色进行判断，这种传统修复方式为书画文物的修复工作增添了随意性和不可控性。数字化颜色偏差测试仪器是专门针对这种问题研发的，它通过滤光片对书画文物进行色差测试，在使用时设置好感光板的敏锐值，从而能够在一种特定的光源的照射下，通过计算机软件进行改进测量，最终呈现出色差值，为书画类文物的全色修复工作提供参考，避免人为因素对书画造成的损害，可以让书画类文物得到更好的修复。近年来，数字化的颜色偏差测试仪器也被应用到考古工作当中，为文物修复工作的进步作出了不小贡献。

3 现代数字技术对于书画类文物的保护应用

3.1 数字3D打印技术可以进行书画类文物的保护工作

由于书画类文物具有特殊的历史价值和艺术价值，也就提高了它的研究空间，因而能更好地对此类文物进行保护。在传统的书画类文物保护当中，人为因素对于书画类文物的保护工作影响较大。在保护和修复的过程中，任何有意或者无意的不当操作都容易对文物造成二次伤害。保护文物是修复文物的前提也是关键所在，文物修复工作者有责任确保文物在修复过程中受到最小干预。而利用数字3D打印技术可以建立真实的模型，用创造的模型模拟书画的修复过程。基于3D打印技术的"个性化、精准化"等特点，可以根据需要建立实际的模型进行模拟操作，避免对文物造成二次伤害。

3.2 现代数字技术可以根据书画类文物不同的特点进行实时预防性保护

由于时代的不断发展进步，现代数字技术也呈现了迅猛的发展态势，现代数字技术可以通过智能化的管理模式，对不同的书画类文物进行相关的数据记录，检测和扫描书画状态，分析书画的内部结构，针对不同书画的特点，从材质、笔墨等入手，在温度、湿度、酸碱度等方面对书画类文物的保护进行智能化调节，实现实时的预防性保护，减缓字画的损伤老化的速度，从而使书画类文物"延年益寿"，更好地供人们展示和研究。

4 现代数字技术对于书画类文物修复的其他应用

现代数字技术可以在博物馆展示书画类文物过程中的修复工作上进行良好的应用。由于现今科技的不断发展进步，智能化的管理模式也应用广泛，就书画类文物的修复和保护工作来说，提供了更加便捷的操作，也降低了人为因素对书画类文物的影响。在对重要的书画作品进行展示时，可以根据其特点设定展示模式，一方面可以让文物在展示的过程中得到更好的智能化保护，减缓其损伤程度；另一方面，通过对模式的调节，可以让参观者获得更好的艺术享受。通过数字技术，能够展示出展品在不同方位的特点，也能够直观地展示展品的内部特征，同时还可以还原展品的原生态信息，从而让参观者在相应的历史背景之下更加深入地了解展品的信息，以及在这些信息之下所蕴藏的文化和科学内涵。

5 结语

书画类文物可以真实地记录历史信息，是弘扬我国优秀传统文化的重要载体之一。作为文博单位，文物收藏也是不可缺少的工作组成部分。这些文物通常具有很高的历史和艺术价值，但质地大部分是由动植物纤维组成的纸或绢，文物自身耐受性较差，不适宜的温度和湿度会直接影响纤维组织，极易出现残损、脆裂、糜烂等情况，影响书画的长久保存，所以书画修复工作和保护工作便尤为重要。在文物的实际收藏及展出过程中，也会遇到许多问题，造成其损坏，因此书画类文物的保护和修复也是文博单位高度重视的工作。我们应该在传承中国书画类文物保护修复传统技法的同时，也要重视现代科学技术的应用，在文物保护和修复实践中完善修复技法，提供数字化技术支持，从而实现对文物安全有效、长久的保护。

参考文献

[1]　许良杰 . 书画文物保护修复的思考 [J]. 文物鉴定与鉴赏，2020（9）: 91-93.

[2]　徐琪歆 . 文化遗产保护的复杂性——谈作为现代文物保护修复技术的"中国书画修复"[J]. 荣宝斋，2016（1）: 208-215.

[3]　齐佳佳 . 基于现代数字技术的书画文物修复与保护研究 [J]. 文物鉴定与鉴赏，2019（1）: 106-107.

[4]　侯爱芹，刘艳霞 . 馆藏书画文物保护与修复探讨 [C]// 中国博物馆协会城市博物馆专业委员会，郑州市文物局 . 城市博物馆规划与建设——中国博物馆协会城市博物馆专业委员会第九届学术年会论文集，2017: 397-404.

作者简介

周尚云，北京市颐和园管理处。

杨子亮，北京市颐和园管理处。

清末民国时期颐和园老照片述论

○ 曹 慧

引言

　　摄影术的发明为人类文化开辟了新的领域，老照片作为珍贵的影像资料，其独特的历史文化价值逐渐受到重视并广泛应用。颐和园是较早展示、收藏和研究利用颐和园老照片的机构，曾于 2003 年和 2008 年两次举办老照片展，展出老照片 120 余张，引起社会各界高度关注。2007 年起，颐和园每年设置专项资金征集相关题材的老照片。经过多年积累，如今已收藏老照片总计 3000 余张，其中涉及颐和园的老照片 1500 余张，另有高清电子图片 600 余张。颐和园老照片的拍摄起始于 1860 年清漪园被毁时，历经清末、民国时期，照片题材丰富，涵盖建筑、景观、陈设、植物、人物等诸多方面；照片形式多样，包含明信片、立体照片、航拍照片等。

　　颐和园老照片作为认识和了解颐和园历史的重要窗口，逐渐成为开展园林历史研究、古建保护性修缮、文物展陈、绿化管理等方面工作的重要史料依据。本文简述了摄影术在中国的传播概况，系统梳理了清末民国时期颐和园老照片的发展脉络，根据不同阶段的特点，着重从历史背景、摄影师、摄影技术等角度进行剖析，同时对颐和园老照片的自身价值及信息价值进行深入阐述。

1 摄影术在中国的传播概况

　　摄影术与世界上的其他事物一样，它的发明和发展，继承和发扬了各民族、各国家历史上的科学成就。1839 年 8 月，法国政府公布了路易·达盖尔的银版摄影法，这一年也被多数人公认为摄影术诞生的年代。19 世纪 40 年代，当时的摄影术还处于摇篮时期，各国科学家仍在为改进技术而尽心竭力地探索，同一时期西方资本主义迅猛崛起，不断谋求扩张，伴随着列强侵略的步伐，摄影术传播到世界各地。

　　摄影术在中国的传播路径和范围与近代中国的发展进程息息相关，遗憾的是，它并不是以温和而平缓的方式进行传播，往往是以战争为载体。概括来说，第一次鸦片战争期间，西方的坚船利炮带来了先进的现代科学技术，摄影术传入中国东南沿海地区。第二次鸦片战争期间，摄影术传播到北方和内陆地区。而八国联军侵华战争后，保守落后的封建思想受到严重冲击，摄影术正式进入宫廷，并在全中国蓬勃发展起来。

2　清漪园老照片

2.1　1860 年影像

为进一步打开中国市场，扩大在华侵略利益，英法两国在俄、美的支持下发动了第二次鸦片战争。1860 年 10 月，联军占领北京，为报复清政府扣押谈判代表和联军战俘，于 10 月 18 日至 20 日纵火焚烧"三山五园"。在动荡混乱的形势下，英军随军摄影师费利斯·比托拍摄了清漪园被焚前后的景象，留下了这座皇家园林的第一次摄影记录（图 1）。目前已发现的照片有 5 张，尽管数量不多，仍具有十分珍贵的史料价值，尤其是被毁前的文昌阁和昙花阁的照片，为相关研究提供了直观、形象的参考资料。

比托未能拍摄更多照片的原因主要有两方面。一是受限于摄影技术。当时的摄影师普遍采用火棉胶玻璃湿版法，要求在照片拍摄后立即冲洗，需要随身携带大量设备和化学药品，移动不便，而且对光线和环境的要求也很高。二是时间仓促。法军 10 月 5 日就已占据圆明园等处，并开始大肆劫掠，英军的到达滞后两天，比托什么时间到达尚未可知。此外，清政府于 10 月 13 日打开安定门后，比托一直忙于拍摄北京的城墙和北京城，对西郊园林的拍摄只能交叉进行 [1]。

图 1　文昌阁
（图片来源：费利斯·比托，
拍摄时间：1860 年）

比托留下了 102 张带编号的中国照片，其中有关北京的 32 张，这是第一批大规模在中国地区拍摄的影像资料，被看作摄影业开始在中国立足的标志 [2]。作为有明确记载的最早一批在中国北方进行拍摄的外国摄影师，比托留下的影像资料为我们研究第二次鸦片战争时期的历史提供了史实依据，他的摄影活动也对摄影术在中国北方的传播起到了积极作用。

2.2   清漪园劫后照片

第二次鸦片战争以清政府惨败、签订一系列不平等条约告终。根据条约规定及最惠国待遇，各国公使得以进驻北京，并且允许外国人往内地游历、经商、传教，大批西方人涌入中国，包括各国使馆的外交官员和各类工作人员、大清海关中的外国官员及雇员、传教士等，他们在闲暇时各有所好，摄影便是其中之一 [3]。此外，每年还有一些职业摄影师专门到北京游历摄影。第二次鸦片战争后的 40 年间，社会局势相对稳定，北京地区的摄影活动逐渐活跃起来，以外国人为主的摄影师留下了大量内容丰富、题材多样的影像资料。

清漪园被劫掠后园林管理相对松散，外国人士进入比较容易，在 19 世纪 60—80 年代期间出现了一个短暂的摄影高峰。这一时期老照片的特点：一是照片主题围绕着园内各处遗址和残存建筑的变化情况；二是摄影师的数量大为增加、身份各异且出现了中国摄影师；三是照片反映的内容更加丰富，拍摄的范围更为广泛，基本覆盖清漪园全园。在拍摄清漪园的摄影师中有四位需要着重提出，他们无一不具备丰富的摄影经验和成熟的摄影技术，并对推动清漪园老照片的传播、增强世人对清漪园的了解起到积极作用。

教会医生约翰·德贞，他于 1864 年来到北京，在此生活了 32 年，直至 1901 年去世。在京期间，德贞身兼数职，由于精湛的医术，他与各国驻华机构、清廷的关系都十分密切，进出西郊园林非常便利。德贞是较早拍摄清漪园遗址的摄影师，第一张大报恩延寿寺遗址的全景就出自其手，他也是为数不多拍摄过治镜阁遗址的摄影师。此外，德贞为摄影术在中国的传播也作出了不容忽视的贡献，他于 1873 年出版了中文摄影专著《脱影奇观》，详细介绍了摄影的原理和实践，汉语中很多有关摄影的专业术语如"照相、摄影、胶片、感光"等都是他翻译创造的 [1]。

职业摄影师约翰·汤姆森，他早年受过专业的摄影训练，进行过艺术学习熏陶，是第一个最广泛拍摄并传播中国影像的西方摄影家。汤姆森在北京的摄影活动得到了英国驻北京公使馆的大力支持，1871 年 10 月，他在德贞的陪同下游览拍摄了清漪园 [4]。汤姆森对照片的细节要求很高，取景构图都十分讲究，他拍摄的铜亭、智慧海等照片的艺术水准远超其他摄影师，具有极高的欣赏和收藏价值（图 2）。此外，汤姆森还用文字详细记录了他拍摄的感想，描述了英法联军作为侵略者对清漪园造成的破坏，表达了惋惜之情。

海关燃气工程师托马斯·查尔德，他在北京生活近 20 年，拍摄了 200 多张照片，拍摄时间大多集中在 1870—1880 年，拍摄地点均在北京及周边地区，大部分题材是北京的名胜古迹和城市建筑，兼顾百姓生活，具有重要的史料价值（图 3）。查尔德曾多次进入清漪园拍摄，留存 24 张照片，时间包含不同季节，地点涵盖宫门、万寿山前山与后山、昆明湖、东堤等重要区域，照片数量多、质量高。他是同时期摄影师中的佼佼者。

图 2　宝云阁
（图片来源：约翰·汤姆森，拍摄时间：1871 年）

中国摄影师赖阿芳，是 19 世纪中国最成功的商业摄影师，他的摄影技术得到了西方同行的认可和赞誉。赖阿芳祖籍广东，主要活动区域在东南沿海地区，1879 年他进京为外国公使拍摄了系列合影[5]，在京期间拍摄了清漪园照片，成为第一位拍摄清漪园的中国职业摄影师。与同时期其他摄影师的拍摄相比，阿芳入园拍摄的时间较晚，他拍

图 3　大报恩延寿寺遗址
（图片来源：托马斯·查尔德，拍摄时间：1875 年）

摄的铜亭、十七孔桥等照片填补了清漪园荒废晚期状况拍摄的空缺。

　　1886 年，清廷开始秘密整修清漪园，加强了园林的守卫，摄影师很难进入拍摄，目前发现的照片只有零星几张，其中一张展现重修过程中万寿山前山的远景照片极为珍贵。照片中排云殿、德晖殿等处已基本完工，而佛香阁尚未复建，云辉玉宇牌楼也未立起，结合相关档案推测拍摄时间下限为清光绪十七年（1891 年）。遗憾的是照片的清晰度较低，无法分辨出更多细节。颐和园重修后成为帝后驻跸理政之地，宫禁森严，外人不得进入，摄影就更不可能，这种停滞局面直到 1900 年才被打破。

3　颐和园老照片

3.1　清末颐和园老照片

　　清末的最后十几年间，伴随着政治、经济、社会的急遽变迁，摄影的记录和媒介功能获得了前所未有的发展，成为中国摄影史上的重要节点 [6]。由于特殊的历史背景，1900—1912 年的颐和园老照片有两个特点：一是照片题材和内容更多地侧重记录人物形象及他们的生活状态，呈现一座活的园林；二是摄影技术突飞猛进，摄影设备日趋小巧，易于携带，干版法、立体照片、彩色摄影等新兴技术和照片形式得到应用。

　　受纪实性影像流行趋势的影响，部分摄影师开始了拍摄时事照片的初步尝试，庚子事变前后，北京专题摄影集应运而生，以颐和园为代表的皇家园林是其中的重要组成部分。八国联军曾在园内占据一年之久，日本摄影师小川一真的《清国北京皇城写真帖》、山本赞七郎的《北京名胜》、德国驻华公使穆莫的《摄影日记》等影集记录了联军在园内的生活状态和园林景观。此外，美国摄影师詹姆斯·利卡尔顿用立体相机拍摄了联军占领期间的情景，这些照片收录在美国安德伍德公司 1902 年出版的《立体照片中的中国》影集中。与普通照片相比，立体照片的画面更为清晰生动，视野也更加广阔，照片背后还配有文字说明。这些资料不仅让我们看到联军对颐和园的侵占场景，也为联军的侵略行径留下了无可辩驳的史实依据。

　　这一时期，摄影正式进入宫廷。1903 年，清廷驻外公使裕庚的次子勋龄进宫，两年的时间里，他为慈禧太后和皇室眷属拍摄了大量照片，仅慈禧一人就拍摄了 30 余种装束、神态各异的照片百余张（图 4），并冲洗多达 700 余张。这些照片除悬挂在慈禧寝宫等处外，慈禧还从中挑选称心之作放大成巨幅照片，送给王公大臣供奉或外国首脑 [6]。除私人留存之外，慈禧送给美国总统的照片被放在世界博览会上供世人瞻仰；更有北京的欧·路德维希公司、上海的日本出版商高野文次郎等将相片制作成明信片或用珂罗版印刷公开发售，这些照片流入民间，流传甚广 [6]。此外，法国摄影师菲尔曼·拉里贝拍摄于 1900—1910 年的清末影像集中收录了 23 张颐和园侍从仆役的工作、

图 4　慈禧太后坐像
（图片来源：裕勋龄，拍摄时间：1903 年）

图 5　云辉玉宇牌楼
（图片来源：阿尔伯特·卡恩，拍摄时间：1912 年）

生活场景照片，展现了宫廷底层人员的精神面貌。

20 世纪初，法国银行家阿尔伯特·卡恩以个人名义发起了一场名为"地球档案"的全球摄影活动，初衷在于记录人类活动的多元性和丰富性。1912 年，受卡恩资助的法国摄影师斯提芬·帕瑟到中国游历，拍摄了 52 张颐和园彩色照片，拍摄区域以万寿山前山和后山、后溪河等处为主，涉及东堤沿岸建筑和景观（图 5），照片采用彩色玻璃版正片，图像清晰，色彩绚丽自然，还原度非常高。这些照片为颐和园老照片增添了一抹亮丽色彩，也是中国题材影像中第一批非手工上色的彩色照片，开创了彩色摄影应用的先河，十分珍贵。

3.2　民国时期颐和园老照片

民国时期，在东西方文化的激烈碰撞中，摄影术在全国蓬勃发展起来，中国人的主动摄影意识觉醒，摄影走进了普通人的生活。1914 年颐和园对外售票开放后，入园参观的阶层和群体不断扩大，记录和反映颐和园自然景观、人文风貌的照片数量达到了高峰。这一时期颐和园老照片有三个特点：一是摄影师的身份更加多元，涌现出更多的社会学者、知识分子等，业余摄影师的队伍不断壮大；二是影像的传播媒介更加多样，风景明信片、报刊新闻摄影、摄影展览、电影等风行起来；三是拍摄手段更具现代特征，如飞机航空摄影的应用。

这一时期的摄影师中有两位杰出代表，一是美国社会经济学家西德尼·戴维·甘博。他拍摄的颐和园照片既有建筑景观的大场面，也有细节和特写，还包括园外的功德寺、青龙桥闸、洋船坞、京西稻田等与颐和园密切相关的周边建筑景观。作为一名业余摄影师，甘博的摄影作品无论从构图上，还是在光线的应用上，都不逊于专业摄影师。

二是德国女摄影师赫达·莫理循，她的摄影风格比较平实，黑白镜头中的颐和园展现了一种平淡破败之美。除关注颐和园与玉泉山之间的景观外，赫达还有一些后山俯拍照片，展现了园外北部区域的村镇和景观。

颐和园拥有得天独厚的自然山水景观，风景摄影一直是摄影的主要题材，为了满足时人赏景留念、馈赠的需求，风景照片、风景明信片风行起来。其中彩色明信片采用手工上色或套色制版印刷的方式，在黑白照片的基底上加入绚丽多彩的颜色，画面更为形象生动。这些风光照片既有以颐和园为专题的特辑，也有北京地区风景名胜全集，均选取主要建筑和独特景观，有些还配有简要文字说明。

20世纪30年代后，电影技术日新月异，有声电影、彩色影片等制作方式逐渐成熟，电影走入大众的生活。颐和园因其皇家御园的身份和优美的自然风光成为众多电影的拍摄外景地，民国档案中能看到日伪时期园内拍摄电影的记载，如民国28年（1939年），新民会映画班入园拍摄万寿山风景片；民国33年（1944年），华北电影公司制作组摄制电影借用颐和园西部区域[1]。华北电影公司1939年11月成立于北京，前身为1938年2月在北平成立的株式会社映画协会的分支机构——新民映画协会，是为日本帝国主义侵略政策服务、奴化中国人民的文化机构。这一时期的电影受社会现实形势和制作机构的影响，展现的内容带有明显的政治倾向。

民国时期，飞机的发明应用开启了近代航拍的历程，实现了续航时间更长、图像更稳定的高空摄影。由于飞机和飞行员的稀缺和特殊性，航拍照片主要出自军队和民航系统，目的有商业、兴趣爱好、侦察、测绘、收集情报等。颐和园航拍照片的画面尺度宽广，场面宏大，突破了普通拍摄视野的局限（图6），能更好地展示园林独特的山水环境及其周边的山形水系、村镇阡陌，具有较高的欣赏价值。

图6　颐和园航拍图
（图片来源：佚名，拍摄时间：20世纪30年代）

---

① 北京市档案馆馆藏档案，《关于华北电影公司在颐和园拍摄影片给颐和园事务所的训令》，档号：J021-001-01208.

4　颐和园老照片的价值

清末民国时期，颐和园经历了劫掠、重修，园林功能、园林风格、建筑形制乃至陈设布置都发生了重大变化。拍摄于这一时期的老照片，蕴含的信息非常丰富，忠实记载了特定阶段的园林风貌，既反映了园林的重大变迁，也折射出时代的发展，是非常珍贵的历史资料。

4.1　照片自身价值

首先，颐和园老照片中不乏著名摄影师的经典之作，更是新兴技术和设备的较早应用之地，无论从照片的艺术性、技术性乃至独特性方面来说都具有收藏和鉴赏价值。

其次，颐和园一直备受摄影师的青睐，是摄影的前沿对象，可谓是北京摄影史的缩影和典型范例，更是研究北京地区摄影史的重要资料。

再次，颐和园老照片也是中国近代摄影史的一部分，对其进行系统整理和研究能积极推动摄影科学技术史、照相馆史和中外摄影文化交流史的研究。

最后，颐和园老照片的发展脉络始终与时局紧密相关，它见证了清王朝的由盛及衰和中国近代史的屈辱，具有重要的历史价值。

4.2　照片信息价值

照片信息具有重要性、独特性、时效性，是决定照片价值最重要、最本质的因素，这是因为人们对照片最普遍、最大量的需要来自照片所记载的事实、现象、数据等。颐和园老照片中包含了山形水系、建筑、陈设、植物、人物等诸多元素，通过对这些信息进行考证，既为今人了解颐和园历史时期状况提供了重要凭证，也为现今的文化遗产保护与研究工作提供了参考和指导。

4.2.1　古建研究与保护

一是老照片弥补了档案信息不完整和相关档案缺失的不足，为区分不同时期的建筑提供了直接判断依据。通过园林重修前的不同角度的老照片，能进一步明确清漪园被毁后的建筑景观遗存情况。如在托马斯·查尔德拍摄于1877年的照片中，能清晰地看到万寿山后山幸存的清可轩的留云殿和钟亭、云会寺、善现寺等处建筑（图7）。

二是针对已消失或形制发生重大变化的建筑，通过对比不同时期的老照片，能直观展现建筑原有面貌，还原建筑变化过程，为建筑历史考证和复原设计提供依据。如通过对比文昌阁、县花阁、大报恩延寿寺等处重建前后的照片，能清晰地看到不同时期的建筑风格和布局；通过拍摄于园林重修前的一组治镜阁老照片，能摸清建筑原有形制和遗址不断破败变化的情况。

图 7　被毁后的万寿山后山
（图片来源：托马斯·查尔德，拍摄时间：1877 年）

三是借助于老照片中展现的建筑特征和细节，如屋顶形制、建筑彩画等确定建筑基本形式和风格，为古建修缮提供参考资料。以"探海灯杆"为例，清代时，柱体贴金祥云纹饰，但民国初年囿于财力，修缮时去除了金色祥云，只通体油饰绿色。通过对相关老照片中信息的提取，为现今的灯杆修缮提供了参考和借鉴。

4.2.2　文物研究与保护

一是通过老照片对比，能直观、清晰地了解文物在劫难中的损益和后期调配情况，为调入文物提供来源线索，有助于完善文物档案。如大报恩延寿寺山门前原陈列一对石狮，园林重修后改为铜狮，通过相关老照片对比，初步推测铜狮从畅春园调入。在不同时期的老照片中能发现大报恩延寿寺前的石狻猊、经幢等在劫难中幸存，园林重修时将石狻猊、经幢挪至后山须弥灵境处。

二是对老照片中展现的各类文物信息进行提取和整理，为已毁坏或残损文物的复原、修复提供依据。如清代园内藏现代汽车一辆、人力车两辆，民国时期这 3 辆车曾公开展览，留下了大量的影像资料（图 8）。影像中展现的车辆外观和构件的细节，为确定文物基本构造和文物修护工作提供了依据。

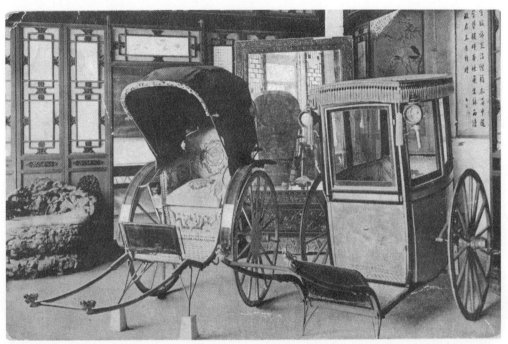

图 8　人力车
（图片来源：佚名，拍摄时间：民国时期）

三是老照片中展现的室内外陈设物品种类、位置、陈列方式及内檐装饰情形，为现今的陈设布置提供了形象的参考资料。民国时期颐和园室内外陈列物品种类、内外檐装修变动较大。以排云殿为例，在拍摄时间介于清末和民国中晚期的老照片中，殿堂明间悬挂的吊灯、贴落，地平床上的屏风、宝座、桌案、摆件等陈设均不同。

4.2.3　植物配置与养护

一是通过老照片对比，能了解历史时期的园林植物配置基调、景观格局及变化情况。在清末的老照片中，能看到光绪时期沿用了清漪园的树木规划，对万寿山植物进行补植和养植，前山的植被情况得到一定程度的改善。同时由于帝后长期驻跸，更加注重庭院植物的配置和名贵花木的养护。

二是老照片中展现了局部区域植物与景观的协调关系、植物与园林建筑的依存关系，有助于指导现代园林植物的养护管理。万寿山前山植物主要以低矮灌木为主，松柏类乔木非常稀少，甚至很多区域土石裸露，尤其是山脊线两侧，使得山上建筑大多不被树木遮挡，清晰可见，植被与建筑景观相得益彰（图 9）。

三是老照片中展现的园林植物配置风格和意境，为恢复和提升园林景观提供参考和借鉴。清末民国时期园内树木花卉变化较大，有些区域的园林植物景观和意境发生变化，整理历史时期的植物变迁，有助于更好地进行植物调整。

图 9　万寿山前山西部
（图片来源：菲尔曼·拉里贝，拍摄时间：1900—1910 年）

图 10　慈禧太后等在排云门前合影
（图片来源：裕勋龄，拍摄时间：1903 年）

4.2.4　清宫生活礼仪

在人物系列摄影中，既有展示以慈禧太后为中心的皇室贵胄以外国公使女眷的宫廷摄影，也有侍从仆役等底层服务人员的生活、工作照片。这些照片展现了不同身份群体的服饰、装扮特征，具有强烈的时代特色。以慈禧太后照片为例，其照片包括单人像、生活像、外事像 3 类，展现了慈禧太后起居、出行仪驾、游赏、外事活动等不同场合的情形（图 10），包含丰富的宫廷生活礼仪等方面的信息，为清宫服饰、礼仪和庆典研究提供了影像素材。

摄影术的发明是人类社会一个伟大的进步，老照片作为重要的影像资料，是今人了解历史时期政治、经济、社会风貌的一个重要依据。清末至民国时期颐和园及周边一直处于动态的变化过程中，园林面貌发生重大变迁，而老照片强烈的纪实性使其成为文献资料的重要补充和佐证，对颐和园老照片进行系统整理和研究，有助于更加全面、准确地了解历史时期的园林状况，也为现今的园林文化遗产保护与研究工作提供参考和借鉴。

参考文献

[1]　程龙. 西洋影像中的"三山五园"[M]. 北京：首都师范大学出版社，2018.

[2]　中国国家图书馆，大英图书馆. 1860—1930：英国藏中国历史照片 [M]. 北京：国家图书馆出版社，2008.

[3]　泰瑞·贝内特. 摄影史：西方摄影师（1861—1879)[M]. 北京：中国摄影出版社，2013.

[4]　韩丛耀，赵迎新. 中国影像史·第二卷 [M]. 北京：中国摄影出版社，2015.

[5]　泰瑞·贝内特. 中国摄影史：中国摄影师（1844—1879）[M]. 北京：中国摄影出版社，2014：78.

[6]　韩丛耀，赵迎新. 中国影像史·第三卷 [M]. 北京：中国摄影出版社，2015.

作者简介

曹慧，北京市颐和园管理处。

时过境迁——颐和园西洋钟表赏析

○ 徐　莹

引言

　　近代机械钟表起源于 14 世纪的欧洲，明代由传教士传入中国，明万历年间传入宫廷。清康乾时期，成立做钟处，进而清宫制造的钟表从用料、造型到工艺逐步发展，精益求精，达到顶峰。随着大清帝国的国力日衰，做钟处在清嘉庆以后逐渐衰落，清道光之后已经不再生产钟表。然而工业革命背景下的欧洲制表却在蓬勃发展，所造西洋钟表越发设计精巧、工艺繁复、功能奇特，广受中国民间和宫廷的欢迎。

　　颐和园是慈禧太后颐养天年的夏宫，也是晚清重要的政治和外交活动中心之一。慈禧在颐和园接见外国驻华使节及眷属，内务府采办各式西洋钟表充实颐和园陈设。外国使节、王公大臣更是投其所好，给慈禧太后敬献了各式西洋钟表，仅慈禧太后 65 岁万寿庆典就进贡西洋钟表 58 件（对）。由于政治的需要和慈禧的喜爱，颐和园陈设西洋钟表遗存百余件，是清宫西洋钟表重要的庋藏之地，颐和园藏西洋钟表主要是 19 世纪末—20 世纪初制造的西洋钟表，兼有少量清漪园遗存的 18 世纪钟表。颐和园钟表主要出自英国、法国、美国钟表工匠或由制表公司制作和销售，还有少量中国、德国生产的钟表。

1　机关尽巧的英国钟表

　　作为工业革命的先驱国家，英国在 18 世纪的西洋钟表生产领域处于世界领先地位，颐和园藏 18 世纪西洋钟表主要产自于英国伦敦的制表大师威廉姆森（Williamson）和詹姆斯·考克斯（James Cox），表盘上均有"LONDON"字样。威廉姆森家族是伦敦制表世家，约瑟夫·威廉姆森更是英国安妮女王时期（1702—1714 年）的御用钟表匠。詹姆斯·考克斯也是英国著名的钟表大师，是欧洲钟表商开拓中国市场的先行者。早在 18 世纪末，考克斯派遣儿子前往广州建立商铺，向中国市场启动了钟表生产和销售。英国钟表造型丰富、装饰华丽、功能多样、机械装置精巧。颐和园藏英国钟表大量采用西洋建筑的造型，运用流行的哥特式、洛可可式等装饰手法，辅助多种装饰材质，镶嵌玛瑙、珐琅及各色料石，异常华丽。

（1）18世纪，铜镀金画珐琅匣式座钟（图1）。高36.5cm、宽20.5cm、厚14cm，表盘上标"WILLIAMSON""LONDON"，伦敦威廉姆森制造。座钟外观似方匣，钟壳上嵌精美的珐琅画。分为上下两层，上层可开启，打开后内部有三针钟和剪刀、勺子、刀、镊子、香水瓶等工具。下层背面有两扇门，门内有珐琅画。此件钟表是功能性英国钟表的代表作。

（2）18世纪，铜镀金嵌料石鸟钟（图2）。高52cm、宽24cm、厚22cm，表盘上标"WILLIAMSON""LONDON"，伦敦威廉姆森制造。座钟外观仿西洋建筑造型，钟壳嵌彩色料石。分为上下两层，上层正中为二针钟，顶部球体上站立一只神鸟。下层为建筑的柱体和门券，门券内装饰珐琅风景画。钟身大量使用卷草S形装饰，是典型的洛可可艺术风格的钟表。

（3）18世纪，铜镀金镶缠丝玛瑙座钟（图3）。高46.5cm、宽16cm、厚14cm，表盘上标"JAMES.COX""LONDON"，伦敦詹姆斯·考克斯制造。4只大象驮铜镀金骨架包镶缠丝玛瑙底座，底座内部是音乐机械装置。底座顶部四角装饰嵌料石花瓶，底座平台上一犀牛背部饰彩色料石花，两侧两个儿童手托料石花，料石花之上是二针钟，顶部装饰天文仪。底部乐箱响起料石花随音乐转动。

（4）18世纪，铜镀金镶苔藓玛瑙座钟（图4）。高30.5cm、宽19cm、厚15cm，

图1　铜镀金画珐琅匣式座钟　　　　　　图2　铜镀金嵌料石鸟钟

图 3　铜镀金镶缠丝玛瑙座钟　　　　　　图 4　铜镀金镶苔藓玛瑙座钟

表盘上标 "JAMES.COX" "LONDON"，伦敦詹姆斯·考克斯制造。座钟外观仿西洋建筑，分为上下两层，上下层均装饰嵌彩色料石柱，柱上和顶部装饰花瓶。4 只大象驮铜镀金骨架包镶苔藓玛瑙底座，底座内部为音乐机械装置。上层有两扇门，打开后内有螺旋玻璃水法柱，上装饰二针钟。上弦后，底部乐箱响起，水法柱随之旋转，仿佛水柱流动。

2　装饰华丽的法国钟表

　　虽然法国制表历史悠久，但颐和园藏法国钟表年代比起英国钟表较晚，主要集中在 19 世纪中晚期。法国钟表设计极富工业化的时代感，在外形设计和装饰手法上比起英国钟表要更为简洁现代，大量采用圆形、方形亭式造型，运用色彩丰富的珐琅和料石进行装饰。法国西洋钟表大部分在表盘正面或者在机芯的后夹板上刻 "MADE IN FRANCE"，表盘正面通常标注销售公司的名称，颐和园藏西洋钟表主要是法商乌利文洋行有限公司销售的钟表，乌利文洋行曾在天津、上海、香港等地开设专门售卖西洋钟表的洋行。

　　（1）19 世纪，铜质汽船式风雨寒暑表（图 5）。高 37.5cm、宽 50cm、厚 18.5cm，

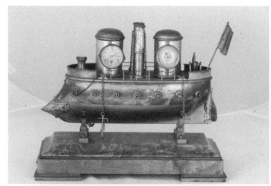
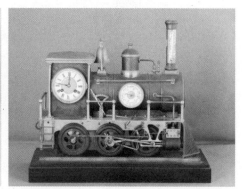

图 5　铜质汽船式风雨寒暑表　　　　　　　　图 6　铜质火车头式风雨寒暑表

表盘上标"J. ULLMANN & CO. HONG KONG SHANGHAI TIENTSIN"，是法国乌利文洋行销售的钟表。钟表外观采用汽船造型，底座为绿色大理石，甲板上两圆筒上分别嵌二针钟和无液风雨寒暑表，中间烟囱上嵌温度计，拨动船尾的船舵，船尾驱动轮转动。无液风雨寒暑表可预测干旱、晴天、阴天、雨天、暴风等气候现象。颐和园还藏有一件铜质火车头式风雨寒暑表（图 6），功能与汽船式风雨寒暑表功能相同，汽船和火车都以蒸汽机驱动，出现于 19 世纪初。法国钟表的设计充分反映了当时工业革命的成果。

（2）19 世纪，铜镀金蝴蝶摆鸟鸣钟（图 7）。高 52cm、宽 24.5cm、厚 16cm，钟表外观仿西洋亭式建筑，底座内为音乐和鸟鸣机械装置——中部布景箱内站立一只自鸣小鸟，背景绘山林风景画，表盘位于布景箱上半部，下垂蝴蝶形钟摆，蝴蝶与小鸟前后呼应，顶部为奖杯式装饰。上弦后，钟表底部的乐箱响起，小鸟摆动鸣叫。这件钟表的设计充分释放了法国人的浪漫主义情怀，描绘出一幅恬静的山林风光。

（3）19 世纪，铜镀金珐琅围屏式座钟（图 8）。高 52cm、宽 45.5cm、厚 17cm，

图 7　铜镀金蝴蝶摆鸟鸣钟　　　　　图 8　铜镀金珐琅围屏式座钟

表盘上标"J.ULLMANN & CO. HONG KONG SHANGHAI",是法国乌利文洋行销售的钟表,后夹板上标"MADE IN FRANCE"的产地标识和"MEDAILLE D' ARGENT VINCENTI Cie 1855"的获奖标识。此表的机芯为文森特制造的获奖机芯,钟表外观呈半月形,铜镀金表面錾胎彩色珐琅,8根罗马柱围成围屏,方亭形四明钟在围屏中央,顶部奖杯式装饰。此座钟采用水银平衡摆,水银相对密度大,具有较强的稳定性和抗干扰性,同时水银还随温度升高膨胀,液面上升,重心提高,具有抵消摆杆随温度上升变长而引起的单摆周期变慢的作用;温度降低反之。

（4）19 世纪,铜镀金珐琅人物座钟（图 9）。高 40cm、宽 25cm、厚 17cm,

图 9　铜镀金珐琅人物座钟

表盘上标"SENNET FRERES PARIS. CHINE",是法国森尼特公司销售的钟表,后夹板上标"MADE IN FRANCE"的产地标识和"JAPY FRERES&C G MED D' HONNEUR"的获奖标识,此表的机芯为雅皮兄弟制造的获奖机芯。钟表顶部和六柱錾胎珐琅,表盘和两侧微绘人物珐琅,题材为仙女和小天使等典型欧洲装饰图案,二针钟表盘周围镶嵌白色料石,整体色彩明快,装饰华丽,富丽堂皇。

3　简洁现代的美国钟表

18 世纪中叶,在远离欧洲的美国出现了制表工匠,颐和园藏美国钟表多是由美国安索尼亚（Ansonia）钟表公司制造。该公司于 1851 年在安索尼亚成立,到 20 世纪初就设计了 400 余种不同型号的钟表,生产总值过千万美元。颐和园藏安索尼亚座钟基本上是 19 世纪末制造的。美国安索尼亚设计制作的钟表具有鲜明的美国特点,既不像法国钟表装饰绚丽的珐琅,也不像英国钟表镶嵌闪耀的宝石,具有简明干练的线条感,包容丰富的设计造型,勾勒出美国钟表独特的风格。

（1）19 世纪末,铜镀金亭式表（图 10）。高 25cm、宽 11cm、厚 11cm,表盘上标"Man' fd by Ansonia Clock Co. U.S.A",由美国安索尼亚公司制造。钟表整体仿伊斯

图 10　铜镀金亭式表

图 11　铜质旗枪架座表

兰教建筑造型，建筑正中为表盘，整体没有镶嵌任何珐琅和宝石，突显金属质感，伊斯兰建筑造型体现了独特的民族宗教风格。

（2）19世纪末，铜质旗枪架座表（图11）。高31cm、宽14cm、厚14cm，表盘上标"Man'fd by Ansonia Clock Co. U.S.A"，由美国安索尼亚公司制造。表架由三支铜镀银步枪交叉形成稳定三角形，交叉点上插铜镀金旗帜，下悬挂军号和军鼓形表盘，二针钟表盘中间嵌铜鎏金花环装饰。

（3）19世纪末，铜镀银女神举表（图12）。高30cm、宽9.5cm、厚9cm，表盘上标"Man'fd by Ansonia Clock Co. U.S.A"，由美国安索尼亚公司制造。铜镀银女神像双手向两侧托举圆形钟表，女神身材丰腴，表情安宁，目光平视前方，衣着褶皱立体流畅，整体造型比例协调，设计独特。

（4）19世纪末，铜镀金西洋卷草座表（图13）。高23.5cm、宽12.5cm、后8.5cm，表盘上标"Manufactured by Ansonia Clock Company, New-York, United States of America"，后夹板上标"ANSONIA CLOCK CO. PATD MAY 3RD 1892"，是美国安索尼亚公司1892年制造的钟表。钟表采用大量卷草和花卉装饰，符合洛可可装饰卷草舒花、缠绵盘曲、连成一体、不对称的风格特点。整个钟表造型精巧、细腻、活泼、自然、流畅，是安索尼亚制钟的典型作品。

图 12　铜镀银女神举表　　　　　　　　　图 13　铜镀金西洋卷草座表

    颐和园藏西洋钟表均为清宫旧藏，充分体现了晚清时期清宫藏表的情况和特点，也从侧面体现出 19 世纪末—20 世纪初欧美钟表的制作水平。轮行刻转，时过境迁，这些依然转动的西洋钟表带领我们窥探中国的外交历史，是早期西方传教士进入中国宫廷的敲门砖，是晚清宫廷外交活动中重要的纽带，是中国外交史的重要物证。

作者简介

徐莹，北京市颐和园管理处。

颐和园博物馆藏清陆润庠"翠融梧竹"匾的修复与使用分析

○ 曹聪颖

摘　要："翠融梧竹"匾在修复过程中，于匾背面先后发现 4 个签条。根据签条文字信息及张贴叠压方式，可分析出此匾的早年悬挂信息及使用位置，对仁寿殿内原状陈列展出具有较大的参考意义，同时对清代皇家园林内檐匾的制作风格及使用研究有重要的实证意义。

关键词：内檐匾；文物修复；签条；书法风格

引言

颐和园始建于清乾隆十五年（1750 年），重建于清光绪十二年（1886 年），是目前我国保存最为完整的皇家园林。在颐和园博物馆藏纸绢类文物藏品中，有相当多的清代词臣书家创作的官廷装饰类书法文物，其中包括内檐匾额 144 件，题写内容多为寄意抒怀，书法笔体均为馆阁体，格式上多为三字匾、四字匾，也有部分为帝王歌功颂德的多字匾[1]。在这些由不同人群题写的书法内檐匾中，尤以悬挂于颐和园正殿仁寿殿之内的匾额最为珍贵，匾额题写者多为当朝统治者所喜爱的臣工，如徐郙、陆润庠、张百熙、郑沅等。

陆润庠，字凤石，号云洒，江苏元和（今苏州）人。出生于1841 年，清同治十三年（1874 年）状元，从光绪八年（1882 年）起开始在南书房行走，其书法风格清华朗润、工丽端庄，属馆阁体制，为时政者所喜。清光绪二十六年（1900 年）慈禧太后西行途中，陆润庠代言草制，后陆续任工部尚书、吏部尚书，官至太保、东阁大学士、体仁阁大学士，辛亥革命后任溥仪老师。民国 4 年（1915 年）去世，死后追赠太子太傅，谥号文端[2]。

此件"翠融梧竹"书法内檐匾正为清代书法家陆润庠所书，早年长期悬挂于颐和园仁寿殿内，匾左侧书"陆润庠"提款落笔及加盖本人印章，为作者清晰、流传有序的书法内檐匾之一。匾芯所书"翠融梧竹"四字为之意。匾后背纸最外层有签条两个，上书此匾在仁寿殿内的具体悬挂位置，但均已破损，信息残缺不全。此匾早年因长期悬挂损坏，近年来一直存放于颐和园博物馆文物库房之中。为更好地保存此件文物，同时寻找更多的有关于颐和园书法内檐匾悬挂方式相关信息，颐和园博物馆选择对其进行修复。在全体修复人员的努力下，此匾修复效果较好。同时在修复过程中，又发现包裹于匾内的两个签条，上书匾额早年的悬挂位置，根据匾上 4 个签条的信息及位置叠压方式，可以分析出确定的早年悬挂位置信息，对于"翠融梧竹"匾修复后继续应用于仁寿殿内原状陈列展出有较大的参考意义，同时对清代皇家园林内檐匾的书法风格及使用研究有重要的实证意义。

1　文物现状说明

1.1　匾框材质与破损情况

此匾（图 1）匾框分为内框、外框两部分，长 174cm，宽 83cm。材质为松木，木材材质优良、质地紧实，整体未有木材断裂破损痕迹。内框包裹于画芯与匾后背纸之内，木架结构为六竖两横，保存情况较好。外框造型为双灯草线包青红锦边，由于双灯草线部位凸起，此处包锦破损较为严重，另外匾四角处的包锦破损亦较为严重。内外框表面均存在较多尘土、污渍，需进一步清洗。匾后背纸为桑皮纸，破损严重（图 2），背纸上贴标签，记录此匾使用位置，但已残缺不全。

图 1　"翠融梧竹"书法内檐匾修复前

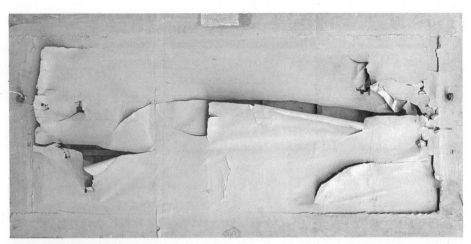

图 2　匾后背纸破损情况

1.2　匾芯材质与破损情况

匾芯材质为白色粉笺，上压红色锦边，尺寸为长 154cm、宽 64cm，纸张表面有老化变黄痕迹，纸质现状较为酥脆，白粉有掉落痕迹，修复难度较高。匾芯中部存在破洞 11 处，其中"竹"字下方与"翠"字右下角破洞存在缺损情况（图 3），需要补纸。匾芯整体纸质分为 3 层，最外为白色粉笺纸，后覆宣纸命纸，再后覆桑皮高丽纸，整体较厚。匾芯中央书"翠融梧竹"黑色墨字，左下角落"陆润庠"三字款，下盖"陆润庠印"朱红方印。此匾为颐和园博物馆所藏匾额中较为稀少的未落"臣"字款的匾额之一。

图 3　破损细节

由于纸张属于比较脆弱的有机质藏品，霉变、开裂、缺损现象比较普遍[3]。此件匾芯曾经长期应用于原状陈列，同时被放入文物保管库房存放时间亦较久，文物表面存在灰尘较多，因此纸张的清洗、修补、加固常常是纸质藏品保护的重要工作。根据藏品保护的最小干预原则，对破损纸张的处理是在藏品现状已经严重影响到其保存、展示的情况下才可以进行。特别是对纸质藏品的清洗、漂白，要更加慎重，尽可能使用纯水或物理粘附以及非氧化性漂白剂等对纸张和写印色料影响较小的方法，对于纸张的修补、加固还要考虑修复的可逆性等问题[3]。

2　修复方案

经过分析，针对此件文物的特点，制定修复方案如下：

（1）对文物进行整体除尘，揭掉匾框后的覆背纸，保留外层签条，清理匾框内部积灰。

（2）从匾芯边缘上水，少量多次，闷润匾芯边缘糨糊粘合处，待其失去黏性时，从匾框上揭取红色锦边和匾芯。

（3）对原匾框包锦进行加固、清洗处理（包括开裂处加固、脱浆处填浆加固等），同时用稀浆水清洗匾框，在洗去灰尘的同时进行再次加固。

（4）清洗匾芯及同匾芯一同揭下包芯红色锦边，将锦边用红色宣纸重新托裱，上墙挣平，随后按锦的边缘进行方正裁切。

（5）冷水清洗匾芯后对表面破损处进行拼接复原，之后揭去白色粉笺后背所覆背纸。对匾芯缺损处用相同材质按照纸质纹理补洞，重新对匾芯进行宣纸覆背，再覆皮纸，并上墙挣平数日。

（6）对木质外框进行仿古色宣加皮纸覆背，挣平晾干。

（7）将匾芯下墙裁剪，外框四周上稠浆，匾芯重新贴回匾框，同时将匾芯原包红色锦边及匾后签条回贴。

3　修复过程

3.1　整体除尘

将文物放置于阴凉干燥通风处，用柔软蓬松的羊毛刷轻扫文物表面，去除浮于表面的灰尘污渍。首先清扫文物后部，小心揭去框后背纸，在揭取时注意避开匾框下部签条。

此类内檐匾由于曾经长期在宫殿内悬挂，在揭取匾后背纸时还需注意背纸内部有无更多签条。在背纸全部揭完后，发现背纸内部还有 3 张有字签条，并存在互相叠压关系，此次发现的背纸内部签条文字将有助于分析此匾在过去100年左右的时间里的使用情况。之后用毛刷继续清扫匾内框与匾芯背部，除去多余尘土，但由于匾芯材质为粉笺且表面存在破损断裂处较多，要小心清扫，力求少掉白色粉末，防止毛刷破坏破洞断口。待背后清理完毕，再用毛刷从正面对匾芯及外框包锦进行清扫，除去匾正面附着的污渍尘土。

3.2　润揭匾芯

将清理后的匾移至修复工作台上，匾芯正面朝上，下部注意垫纸，防止匾后铁环压坏工作台面。之后取常温无菌水，用毛刷自匾芯四周边缘处上水，少量多次，待粘贴匾芯的匾框四周糨糊失去黏性时，先将叠压匾芯上层的红色锦边取下，标明位置并用红色宣纸托裱，上墙挣平，之后从左至右缓慢从匾框之上揭取匾芯。

此步骤进行时需注意，保持匾芯上下两侧的揭取进度一致，始终平行向前直至全部揭下。粉笺匾芯在揭取时应注意，不能由匾芯一角开始、呈对角线揭取，此方法会破坏粉笺纹理。需将湿润揭取下的匾芯平放至工作台，下铺化纤纸，等待进一步清洗。如果在揭的过程中有匾芯残片掉落，此步骤应注意保存。

3.3　匾芯修复

对于已经湿润的匾芯修复应当及时，防止因部分湿水晾干造成匾芯出现水渍。首先对匾芯进行冷水去污，从四周向中央逐步淋洒清水，保证匾芯四周先湿润涨开，待全部淋满清水后，用湿毛巾卷成卷，由中央向四周滚动，排出污水。由于此匾芯存在的破损洞口较多，在滚动之前应当先用毛巾固定破损处，保证残片断口对齐，同时注意残片断口叠压顺序，尽量不露断口白边。对于匾芯表面滋生的青霉与黑霉，应用柔软的羊毛刷轻刷表面，除去霉菌附着物。如此步骤连续清洗3次，直至匾芯污渍去除干净。

匾芯正面清洗完毕后，将润湿的化纤纸用棕刷刷至画芯上层，为安全起见，需要刷两层化纤纸。之后将匾芯整体翻面，背面朝上，揭去背面化纤纸，对匾芯进行揭背，揭背时小心处理断口拼接处的背纸，在保证原叠压方式不变的情况下揭去背纸。虽然此匾芯表面破洞较多，但本身不存在通体断口，故在揭背时可揭去匾芯命纸层，之后按缺失部位形状裁剪同色粉笺残片，并对二者四周进行刮口，将残片补至破洞处。之后在白色宣纸上刷薄糨糊，晾至剩30%水分后对匾芯覆背命纸，并用棕刷垫高丽纸，轻上重排。再将白色皮纸刷糨糊，较命纸层用浆略浓稠，以同样的方法为匾芯进行覆背。之后在匾芯背面四周废边处搭糨糊，按照匾芯文字方向将匾芯横向上墙挣平，背纸接口尽量留于一侧。

3.4　匾框修复

由于匾框整体材质较好，不存在木材断裂，故对匾框的修复主要集中于包锦层。此匾包锦为青、红色交叠，外框双灯草线部分为红色包锦，其余部位为青色包锦。锦面整体与匾框粘贴较好，存在部分脱浆及污渍问题，故本次外框修复任务主要是对包锦进行去污及脱浆处浆糊回填。

在修复包锦之前，应首先清理匾框背面残余背纸，在清理残余背纸的过程中，新发现3个叠压于背纸之下的签条。签条文字残缺不全，但叠压方式清晰，根据残存文字可推断此匾的详细使用位置。在揭取签条时，我们对其进行了编号，一号为背纸上层签条，二号为背纸下第一层签条，三号为二号签条所叠压背纸残片下一层签条，四号为三号直接叠压签条。由于三、四号签条叠压时间较长，已不能对其进行分离，故对三、四号签条进行了整体揭取。之后清理干净匾框背面残余背纸。

将匾框正面朝上放置，先拿毛笔为包锦脱浆处填稠浆，固定包锦位置。待晾干后，用羊毛刷沾稀浆水涂刷匾框，湿润后取长条化纤纸，按在锦面表面，用毛刷轻刷，待化纤纸完全覆于表面并湿润后，小心揭起化纤纸，反复数次，直至匾框包锦整体清洗干净，污渍去除。待匾框晾干后，再次检查有无锦面脱浆处，如果有再次用毛笔沾稠浆回填，直至包锦完全贴合匾框。

3.5　框后背纸制作

由于前期匾框背纸残缺严重，在除尘步骤已将原背纸去除，现需为匾框重新托合一块新背纸。背纸材质根据原背纸材料选取仿古色宣与皮纸，首先根据匾框大小将色宣与皮纸裁剪成合适尺寸，之后在皮纸糙面刷浆，待浆水渗透皮纸后，先将色宣微微喷水润湿，之后用棕刷将色宣刷到皮纸上，从中间用搭杆将纸挑起，悬挂晾干。

3.6　匾芯、背纸、签条回框

将挣平的匾芯从墙上取下，按照匾内框尺寸，对匾芯四周废边进行裁切。将压芯红色锦条从墙上取下，以锦条边缘为界整齐地裁去红色废边。在匾内框四周刷浓浆，浆糊宽度为内框四周靠外的1/3处，糨糊浓度以糨糊刚刚不能流动为宜。刷好糨糊后，将匾芯按照正确的上下位置放入匾框中，此步骤需注意匾的悬挂方向，以匾框后挂匾铁环靠上方为正向。

待匾芯晾干完全贴附于匾框后，在红色锦边后背刷浆，并将红色锦边按原位置贴回匾框，压住匾芯（图4）。

将托好的匾后背纸喷水润湿，在匾框后刷浓浆，糨糊浓度同样以固态时不能流动为宜。把背纸仿古色宣面朝上放置在匾框背面，四周压平，将纸的四角剪开小口，防止在

图4　画芯回框

背纸晾干过程中匾角处起翘。

在匾后背纸晾干后，将之前清理匾框时揭下的签条按照标明顺序回贴到匾框上（图5）。

整体检查修复情况，做好修复完毕的整理工作。

4　"翠融梧竹"匾的使用情况分析

通过对匾后4个签条上的文字分析可以看出，一号签条文字为"仁寿北殿偏西里间向南"，二号签条文字为"仁寿殿南配殿用……净高二尺六寸宽五尺五寸三寸边在内……庠……"三号签条文字为"仁寿殿北配殿西礼间北罩向南扁"，四号签条文字为"三月初四日摘仁寿殿北配殿西礼间北罩上南扁翠融梧竹"。

根据4个签条的位置叠压关系可知，一号签条在现存背纸上层，所贴时间最晚；二号签条在现存背纸下层、废弃背纸残片上层；三号签条叠压四号签条，同在废弃背纸残片下层，其中四号所贴时间应为最早。因此4个签条的时代早晚关系应为：四号早于三号，三号早于二号，二号早于一号。由4个签条的存在可知，此匾曾长期悬挂于仁寿殿内，并经历多次摘下维修。

时代最早的四号签条为毛笔墨字书写，根据文字大意，我们可知内容为"某年三月初四摘下的悬挂于仁寿殿北配殿西里间北罩间上南面位置的'翠融梧竹'匾"。同时结

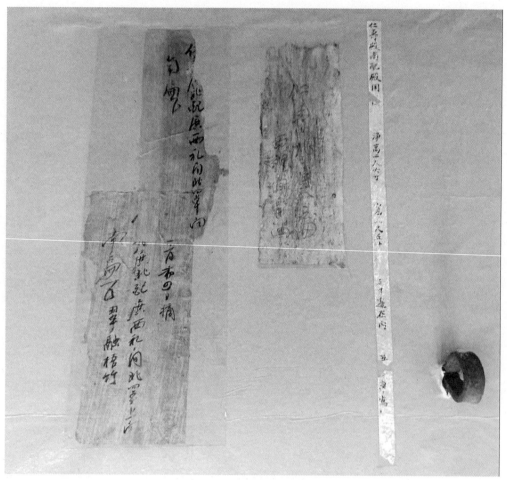

图 5　签条回框

合与之形态相似，同为毛笔墨字书写的三号签条文字分析，则可知"上南"应为"向南"，这种差别应是由于当时负责修缮官殿官人的个人书写习惯造成的。

　　而二号签条为毛笔书写，文字显示曾有一段时间此匾被应用到了仁寿殿南配殿，由于官中匾额并没有同一块匾悬挂于不同殿宇的做法，且二号签条张贴之时，三、四号签条已经被废弃背纸（当时属于新背纸）覆盖，所以很可能是当时工匠不明此匾的具体悬挂位置而将匾额挂到了南配殿。但二号签条标明了匾额的详细尺寸，对于残缺部分，可参考清陆润庠所书另一书法大匾签条，"谐趣园函远堂殿内西罩上向东用扁式字横批一回净高二尺六寸宽五尺五寸三寸边在内臣陆润庠敬书"，则可知残缺部分内容为匾具体的悬挂位置与作者标注。对比尺寸标注，按现在度量衡，匾净高 83cm，宽 174cm，匾外框宽 9cm 左右，故可知当时度量衡应当采用的是清朝时期度量衡，即一尺为 32cm，所以此签条应为还在使用清代度量衡的时期所贴。

结合我国的度量衡使用历史情况分析，新中国成立后，并没有立即进行度量衡制度的统一工作，直到 1959 年《关于统一计量制度的命令》的颁布施行，才成为我国实现计量制度统一的标志性事件。[4] 自此之后，全国启用 1m 等于 100cm，即 1 尺约等于 33.3cm 的度量衡制度。故由此可知，二号签条的张贴时间最晚也应当早于 1959 年，即 20 世纪 50 年代。

根据以上签条提供的信息可知，此匾原悬挂位置应为颐和园仁寿殿北配殿偏西里间北罩向南墙。

5　结语

"翠融梧竹"匾的修复严格遵循了文物修复过程中需要坚持的"最小干预原则"与"可逆性"原则，尽可能不破坏文物保存现状，最大限度保证文物益寿延年，使其能继续原状陈列展览。内檐装饰匾的价值既包含匾文书法的艺术性，又可以充分体现出其应用于清代官殿的独特装饰作用，其悬挂情况、使用位置信息等都是与文物共存共生的珍贵史料，属于不可遗失信息。希望此匾的修复与使用信息发掘能为清代馆阁体书法研究带来新的材料，亦可增加博物馆原状陈列展览的材料依据。

参考文献

[1]　北京市颐和园管理处 . 颐和园藏文物大系·内檐书画卷（Ⅰ）[M]. 北京：文物出版社，2021.
[2]　李文君 . 陆润庠致翁同龢信札考释 [J]. 白城师范学院学报，2020，34（6）：17-22.
[3]　陈红京 . 博物馆学概论 [M]. 北京：高等教育出版社，2019：141.
[4]　黄庆桥 . 1959 年：新中国计量制度走向统一 [J]. 当代中国史研究，2011（4）：6.

作者简介

曹聪颖，北京市颐和园管理处。

颐和园藏元、明瓷器

○ 卢　侃

引言

作为中国最后一个封建王朝倾力兴建的大型皇家宫苑，颐和园秉承了中国历代皇家园林的传统，大量汲取江南私家园林的造园艺术菁华，在各个方面都达到了极高的成就，被视为中国古典造园艺术的丰碑。或许颐和园风光景致太过美轮美奂和名声卓著，而使其重要组成部分之一的园藏文物的价值多少受到些许遮蔽和掩盖，以至于颐和园园藏文物的绝代风华似乎还未被世人明了。

多数人提到颐和园文物，可能首先想到的是晚清宫廷陈设和生活用品，其实颐和园现藏文物近 40000 件，年代跨越中国 3000 多年的历史文明，品种几乎囊括中国传世文物的所有门类。

瓷器是颐和园所藏文物中的一大门类，数量近万件，其中国家级文物近 7000 件。年代由元代至晚清，虽 90% 以上的藏品年代为清代，但在元代与明代的藏品中，不乏一些瓷器精品，甚至是国宝级文物。本文旨在通过简要介绍，使读者了解颐和园藏元明瓷器之精粹。

1　景德镇窑瓷器

元代，景德镇窑蓬勃发展，使之逐渐成为全国制瓷中心。根据《元史》记载，元至元十五年（1278 年）于景德镇设立由官府掌管的"浮梁瓷局"负责瓷器烧造。明洪武初年，明朝统治者在此基础上，设立专供宫廷用瓷的御窑厂。"浮梁瓷局"和"御窑厂"的建立对景德镇制瓷业的发展起到了巨大的促进作用，使景德镇瓷器异军突起，在各个方面都取得了颇为显著的成就。

颐和园藏元、明瓷器，绝大部分为景德镇窑瓷器，来源皆为清宫旧藏。颐和园的修建年代有别于故宫，所以这些元、明时期的瓷器不会是前朝遗留下来的，必是专门从紫禁城或其他宫苑调集而来。这些瓷器曾作为颐和园的陈设品，置于宫殿之中。说明清代统治者对于这些美轮美奂的前朝遗物甚为欣赏，视为珍宝。

1.1 （元）蓝釉白龙纹梅瓶（图1）

高33cm、口径5cm、底径10cm。口小而平整，唇边外翻，唇口边沿由于釉料稀薄而微微泛青白色。颈细且上窄下宽，成喇叭形，颈部有些许窑伤。肩部丰满浑圆，腹部以下逐渐收敛，接近底足处微微外撇，器身有两处明显的接胎痕迹。胎体厚重坚硬，底足内凹呈宽圈足，胎质异常细腻平滑，似传世过程中经过人为的修饰打磨。

瓶腹部刻划一条白色蛟龙飞舞其上，四肢奋力舞动追赶一颗游动的火焰宝珠，俗称"赶珠龙纹"。纹饰具有元代龙纹的典型特征，龙首小并微微上仰，张口吐舌，露出利齿。龙鼻似如意头，下颚飘逸一缕长髯，双角微微后翘。蓝釉点饰的龙眼，怒目弩张，炯炯有神。龙颈曲折细长，一绺长鬃翻飞舞动。龙身纤细修长，刚健彪悍。龙背鳍呈锯齿状，龙尾似火焰，龙鳞细密，层次分明，肘毛精细卷曲，随风飞扬。龙为三爪，四肢前后伸展，给人一种"昂首举爪、遨游在天"的感觉。

蓝釉白花瓷器是元代景德镇窑的创烧品种，传世非常稀少，目前仅知此类梅瓶存世3件，另外两件分别收藏于法国吉美艺术馆（图2）和扬州博物馆（图3）。

图1　（元）蓝釉白龙纹梅瓶　　　　　　　　图2　（元）蓝釉白龙纹梅瓶（法国吉美艺术馆藏）

图 3 （元）蓝釉白龙纹梅瓶（扬州博物馆藏）　　　　图 4 （元）青白釉划花凤纹玉壶春瓶

1.2 （元）青白釉划花凤纹玉壶春瓶（图4）

高 30cm、口径 9.3cm、足径 9.6cm。瓶撇口、细颈、溜肩、垂腹，圈足微侈。通体施白釉，颈部饰有弦纹，腹部刻划凤纹，间隙中饰云朵，腹下刻莲瓣纹。整体线条刻划流畅，技法娴熟，形象栩栩如生。

元代统治者崇尚白色，但元代初期景德镇并未烧造出成熟的白釉瓷器，而是秉承宋代的烧造技术烧制青白瓷。其釉色青中有白，白中闪青。元人蒋祈在《陶记》中记述："景德镇陶，昔三百余座。埏埴之器，洁白不疵，故鬻于他所，皆有'饶玉'之称。"这是作者对青白釉瓷器的高度概括和赞美。随着釉料配方发展，元代中后期景德镇窑工创烧了一种釉色呈卵壳色泽的白釉瓷器，青白釉瓷器逐渐被其取代。

本件青白釉划花凤纹玉壶春瓶釉色白中微微泛有淡青色，色泽不如典型卵白釉瓷器凝重浑厚，但比常见青白釉瓷器釉色洁白纯正，应为晚期青白釉制品，或青白釉至卵白釉过渡时期的器品。

1.3 （明洪武）釉里红牡丹缠枝花卉纹折沿盘（图5）

口径 45.5cm、底径 26.4cm。盘撇口、折沿、弧壁、浅腹、平底、圈足。通体釉里红装饰，折沿处饰卷草纹，内壁为缠枝莲纹，内底为折枝牡丹纹，外壁饰缠枝菊纹和莲

图 5 （明洪武）釉里红牡丹缠枝花卉纹折沿盘

图 6 （明永乐）青花缠枝莲瓜果纹梅瓶

瓣纹。沙底，细腻无釉，泛浓重火石红。整体盘形稍有变形，釉里红发色不够鲜艳，色泽呈暗褐色。

此类盘形制为洪武官窑典型器品，除釉里红外，尚有青花品种，但从传世品数量来看，釉里红居多。总体风格上承元代大气磅礴之风，更显古朴粗犷、气势雄浑的特点。如此巨硕的大盘烧造难度很大，存在瑕疵在所难免，尤其是在之前经历战乱刚刚恢复生产的明代初年，因此即便是进贡宫廷的合格产品中，也往往出现器型不规整、呈色不够艳丽的现象。

关于此类洪武大盘的制作用途，有学者曾认为其是像元代大盘一样，为迎合阿拉伯民族的饮食习惯，跟与中东伊斯兰地区的贸易来往有关。但是，明初的对外往来并未像元代时那样繁荣，由御窑厂烧造贸易商品似乎很难说通，同时这种大盘更多地收藏于两岸故宫；相反，收藏元代贸易瓷较多的土耳其和伊朗这种藏品并不多。所以笔者认为，洪武大盘应该还是宫廷用瓷，其用途可能与宫廷祭祀等活动有关。

1.4 （明永乐）青花缠枝莲瓜果纹梅瓶（图 6）

高 31.3cm、口径 5.6cm、底径 12cm。瓶小口圆唇，短颈、丰肩，敛腹向底足处略侈，浅圈足，细沙底。通体纹饰分为 3 层，肩部绘桃、石榴、荔枝、枇杷四季瓜果，腹部绘缠枝莲纹，近足处绘折枝牡丹纹，其间以双弦纹相隔。此器青花色彩浓艳，纹饰疏朗秀丽，内容丰富，主题突出，详略得当，笔意自然，造型饱满、挺拔、庄重，充分体现了永乐时期秀美的时代风格，是永乐青花代表之作。

1.5 （明永乐）青花缠枝莲纹梅瓶（图 7）

高 25cm、口径 4.5cm、底径 10cm。小口微侈，圆唇，短颈，丰肩，腹下渐收，近

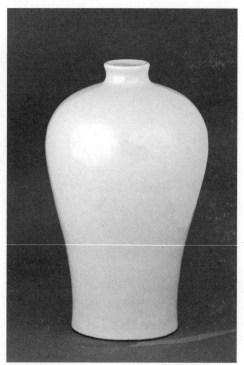

图7 （明永乐）青花缠枝莲纹梅瓶　　　　　　　图8 （明永乐）白釉暗花缠枝莲纹梅瓶

底部略外撇，圈足极浅。通体青花装饰，肩部一周饰忍冬纹，腹部绘缠枝莲花及花蕾，并加饰蓼花，足胫部为6组折枝莲纹，各纹饰带均以双弦纹间隔。底部无釉，胎质洁白细腻。此器造型隽秀，釉质肥润。青花色泽蓝翠，有深褐色锈斑，色调清雅明朗，纹饰描绘盘曲迂回，潇洒自然，线条舒展柔美，风格鲜明地体现了永乐瓷器的艺术特点。

1.6 （明永乐）白釉暗花缠枝莲纹梅瓶（图8）

高25cm、口径4.2cm、底径10cm。瓶小口，圆唇，短颈，丰肩，肩以下渐收至胫部微撇，矮宽圈足。通体饰白釉。外壁釉下细线刻划纹饰3组，以双弦纹相隔：肩部饰卷草纹；腹部饰缠枝莲纹，莲花或盛开或含苞欲放，枝蔓上结有莲蓬；胫部饰折枝莲花6朵。

永乐白釉瓷器釉质洁白纯净，温润晶莹，有细腻甜美之感，故有"甜白"之称。明代黄一正撰《事物绀珠》中记："永乐、宣德二窑内府烧造，以鬃眼甜白为常。"此瓶造型丰满，胎薄体轻，釉质光洁无瑕，足内露胎处可见胎质也是细腻如脂，纹饰纤细，线条流畅，为永乐甜白釉珍品。

1.7 （明宣德）青花阿拉伯文器座（图9）

高17cm、上口径17.2cm、下口径17cm。器身中空无底，呈圆筒状，腹部中间接胎处起有凸棱，上、下口部均外折成宽沿，下部宽沿内有一圈无釉涩胎，系烧造时留下的垫烧痕迹。通体青花装饰，上口内沿及下口外沿均饰以菊瓣纹，上口外沿绘有极具异域风情的朵花纹饰；筒身纹饰分为3层，上、下层为圆形开光内绘缠枝花卉，以及在卷草纹地上书写阿拉伯文；中间凸棱饰以仰覆变形莲瓣纹。

此器造型奇特，系摹仿中东阿拉伯地区黄铜器座（图10）烧制。清代乾隆皇帝称此器为"无当尊"，并曾于乾隆壬辰年（乾隆三十七年，1772年）和甲午年（乾隆三十九年，1774年）两次题诗吟咏，诗名曰《咏宣德窑无当尊》。

《咏宣德窑无当尊》其一：

官汝之次称宣成，世代愈降制愈精。轮辂拙巧递变更，欲返其初嗟孰能。是器本身拟尊罍瓶，胡为无当水难盛。抑别具义得试评，堂谿公对昭侯曾。贼者瓦卮贵玉瑛，注浆漏或不可乘。则用瓦矣玉在屏，三复絜矩将毋惊。瓷无款识留标名，中含铜胆生绿青。底书宣德贻大明，相依表里如弟兄。阅数百岁犹联并，神物守之语信诚。可以贮水簪群英，揆辞绎义静六情。

在此诗题记中乾隆帝作了说明："制与商父乙尊颇同，而两端皆坦似橐盘，略如《遵生八笺》所云座墩花囊者。其中孔无底，则又未尽合，因以韩非语名之，而系以诗。"

从诗中题记可知，乾隆皇帝是根据韩非的话语将其命名为"无当尊"。《韩非子·外储说右上》："虽有千金之玉卮，至贵而无当，漏不可盛水，则人孰注浆哉？"此处"当"应解释为"底"，"无当"即"无底"，以"无当尊"命名此器座，与器物本身形制十分贴切。此名称沿用至今，常被称为"无挡尊"或"无档尊"，应属讹误，是不确切的。

图9　（明宣德）青花阿拉伯文器座　　　　　　　　图10　14世纪埃及鎏银黄铜器座（英国基尔基金会藏）

《咏宣德窑无当尊》其二：

一窑成器必不少，其式相同应亦多。铜胆置之诗咏彼（内府旧有宣窑，俗所谓杜鼓尊者颇多，后得一尊，其中铜胆底镌宣德年字，因名之曰无当，而系以诗，此尊正与同制，而无胆为之置，然铜胆岂可每尊随而有之），瓷尊肖也例从他，两端皆坦云为簜，中孔为穿月作窠。景泰兼资识宣德（宣德铜胆既不可多得，因用景泰珐琅法为胆代之，以慎无当之诮），韩非诚语义无磨。

从诗文中原注可知，当年宫里有一件带明宣德年款铜胆的"无当尊"，这也引出一个问题，就是此青花器座的断代。当前多数学者以及收藏机构的出版物上，都将"无当尊"的年代断为明永乐。明永乐、宣德时期无款瓷器的断代确实是个难题，目前往往将此时期无款的制品断定为永乐时期。

从景德镇明代御窑厂发掘情况看，发现有永乐时期的白釉"无当尊"，但仅以此为据似乎缺乏说服力，这只能证明此器形创烧于永乐时期，而不管是永乐时期还是宣德时期的遗址，都未发现青花器，所以从考古角度无法确定其准确年代。而从史料来看，乾隆帝在其御制诗中明确称其为"宣德窑"，而且也证实宫中确曾有一件配宣德款铜胆的器物，那么笔者认为，在无更多有利证据的情况下，更应沿用古称，将其定为明宣德时期更为稳妥。

此器座从造型到纹饰，都十分明显地受外来元素的影响，是明代中国与伊斯兰地区文化交流的有力实物依据。清乾隆帝御制诗中说此器在清代宫廷中用以插花，而关于它的实际用途，目前还存有争议，有学者认为是盘座，也有学者认为是烛台座，这还需要进一步深入研究。虽然乾隆帝认为"一窑成器必不少，其式相同应亦多"，但同类器物传世稀少，除颐和园这件外，已知仅北京故宫博物院、上海博物馆、天津博物馆及大英博物馆各收藏一件。

1.8 （明正统）青花云龙纹缸（图 11）

高 37cm、口径 94cm，为目前已知明代龙缸中口径最大者。缸口厚，唇口外翻呈宽平折沿，浅腹，腹下逐渐内敛，粗沙底，无款识。缸身绘云龙纹，纹饰具有明早期龙纹的特征，龙首上仰，双目穿张，鼻似猪鼻，双角似鹿，须发浓密飘逸，龙爪刚劲有力，身披片状鳞甲。龙纹间绘"壬"字形云，与龙相配，表现出穿云舞动、驾云疾驰的威武形象。

从出土与传世品看，明代仅宣德、正统、嘉靖、隆庆及万历几朝烧造有龙缸。此缸于 20 世纪 70 年代专家鉴定时，被定为明嘉靖时期，但对比嘉靖时期的龙缸（图 12），二者在青花用料与龙纹画法上都有明显差异，可以确定其非明晚期制品。

颐和园藏龙缸青花发色鲜艳，没有明显的"晕散"现象，但在笔触较重处，有铁锈

图 11　（明正统）青花云龙纹缸

图 12　（明嘉靖）青花云龙纹缸
（上海博物馆藏）

斑堆积，这种现象复合宣德晚期至正统时期青花特点，系采用进口"苏泥勃青"与国产青料混合使用所产生的效果。景德镇明代御窑厂出土有宣德青花海水应龙纹缸（图13），证明宣德时期既有此缸形，但宣德龙缸的口沿上写有款识。上海博物馆收藏有一件无款明早期龙纹缸（图14），经与景德镇出土品对比，证实为明代正统时期制品。颐和园藏龙缸上所绘龙纹，除些许细节处与上海博物馆藏品有甚微差异外，大体风格基本一致。

图 13　（明宣德）青花海水应龙纹缸
（江西景德镇陶瓷考古研究所藏）

图 14　（明正统）青花云龙纹缸
（上海博物馆藏）

据《明实录·英宗实录》载："正统九年（1444 年）五月庚戌，江西饶州府造青龙白地花缸瑕璺不堪，太监王振言于上，遣锦衣卫指挥杖其督官，仍敕内官齐样赴饶州更造。"从上海博物馆藏龙缸看，由于窑温不够，青花发色灰暗，器身釉面开片很多，瓷胎生烧，且局部有不少脱釉、缩釉现象，与《明实录》中记载"瑕璺不堪"情况吻合。而颐和园藏龙缸发色浓艳，釉面莹润，胎质紧密。在此不妨大胆猜测，此缸为"赴饶州更造"后的精美产品。

1.9 （明正德）黄釉青花折枝花果纹盘（图 15）

口径 29.5cm、底径 18.7cm。盘撇口，弧壁，圈足。器内外均以黄釉为地绘制青花图案，内底为折枝石榴花纹，内壁一周依次绘柿子、硕桃、荔枝和枇杷 4 种折枝瑞果纹，外壁绘 4 组折枝莲纹。外底圈足内书"大明正德年制"楷书款。

此盘所绘图案吉祥，寓有子孙昌盛、连绵不断之意，纹饰排列别致，极富装饰效果，色调搭配协调，黄釉浓艳鲜亮，青花淡雅宁静，令人赏心悦目，具有极强的艺术感染力。

黄釉青花装饰技法始见于明宣德，其法为先高温烧成青花瓷，再于间隙白地处填施黄釉，入窑低温烧制而成。此后各朝均承袭烧制，造型、纹饰形成几种固有的式样，明弘治、正德时期此类瓷器烧造量较大。明正德黄釉青花盘较之前朝作品，所施黄釉显深厚，青花色泽淡雅。

图 15 （明正德）黄釉青花折枝花果纹盘

1.10 （明嘉靖）青花红彩海水龙纹碗（图16）

高16.3cm、口径37.8cm、底径16.2cm。碗撇口、深腹、弧壁、圈足。内底绘青花海水红彩戏珠龙纹；外壁绘红彩二龙戏珠纹4组，其间以青花"丁"字云纹间隔，龙纹下绘青花海水纹一周；海水纹下衬如意头纹。外底青花双圈内书"大明嘉靖年制"楷书款。

此碗器型硕大，似不是宫廷日常生活所用膳食器，而是祭祀活动用器。所绘纹饰虽略显粗率，但更显稚拙之美，汹涌澎湃的海水泛起朵朵波涛，九条形态各异的蛟龙出海，飞舞其间，威猛雄健，大有叱咤风云之势。

青花红彩技法始于明宣德时期，明代晚期瓷器常见此装饰形式，在沉稳含蓄的青花的衬托下，红彩愈显鲜艳夺目，二者相映，体现出独特的艺术魅力。

1.11 （明嘉靖）霁蓝釉盘（图17）

口径49cm、底径30.5cm。撇口，浅弧壁，平窄圈足。外底无釉，有塌底现象，漏胎处泛"火石红"，拉坯时留下的旋坯弦纹痕迹明显，并伴有"跳刀痕"。盘身通体饰蓝釉，釉面薄厚不均，有垂釉、积釉等现象。

图16 （明嘉靖）青花红彩海水龙纹碗

图17 （明嘉靖）霁蓝釉盘

明嘉靖时期大型器物烧造增多，一方面反映出陶瓷成型工艺的不断提高，另一方面也与明嘉靖皇帝笃信道教，时常需要各种祭祀器具有关，嘉靖大盘即是祭器中的典型器物。

1.12 （明万历）折枝莲纹出戟瓶 （图 18）

高 27.5cm、口径 13.5cm、底径 11.5cm。器口外侈，呈喇叭状，长颈至腹部隆起，呈鼓腹，束腰，足胫外撇。腹部和足胫两侧各饰一对对称的鳍状出戟。器身通体以青花为饰，绘折枝莲纹，纹饰具有层次感，以双弦纹相隔。绘画技法以线条勾勒图案轮廓，再大片涂抹着色，着色不甚精细，多数晕出轮廓线外。青花发色蓝中泛灰，为典型万历中晚期青花色调。整体风格端庄、肃穆，集雄浑、古朴于一身。

1.13 （明万历）五彩异兽纹葵瓣式瓶 （图 19）

高 61.5cm、口径 17.5cm、足径 15.2cm。瓶为葵瓣式，器身出八棱，葵花撇口，长颈中部有凸起，鼓腹，足胫外撇，近足处内敛，高圈足。口沿下青花双方框内自右而左书"大明万历年制"楷书款。通身以青花五彩绘九层纹饰，颈部自上而下为花碟洞石、

图 18 （明万历）折枝莲纹出戟瓶　　　　　　　　　　图 19 （明万历）五彩异兽纹葵瓣式瓶

双龙赶珠、灵芝杂宝、回纹；腹部绘苍松、异兽；腹下绘折枝花卉；足胫处绘异兽、云朵、花卉纹等。

明万历五彩瓷器是明代彩瓷中的名贵品种。此觚造型新颖别致，纹饰繁复，层次鲜明，施彩艳丽，尽显万历五彩瓷器"龙凤花草各肖形容，五彩玲珑务尽华丽"的艺术风格。

图 20　（明万历）蓝釉堆白菊花纹梅瓶

1.14 （明万历）蓝釉堆白菊花纹梅瓶（图 20）

高 29.9cm，口径 6.7cm，底径 9.3cm。洗口，束颈，溜肩，敛腹，腹下渐收，矮圈足，釉底，无款。瓶通体施蓝釉，蓝釉地上堆塑盆景菊花纹饰，纹饰施白釉。该瓶造型优美雅致，胎质细腻坚实，釉色优美，明晰的白色纹饰与庄重的蓝色釉地对比鲜明，十分醒目，给人以洒脱简洁、疏而不空的视觉效果。

2　龙泉窑瓷器

龙泉窑是一个庞大窑系的统称，窑址分布在浙江省境内，古时也称"处州窑"，以烧造青瓷而享有盛名，其创烧于三国两晋，发展于北宋时期，南宋至元代达到鼎盛，明代早期亦有烧造，明代中期以后逐渐被景德镇窑赶超，清代衰落。

颐和园藏龙泉窑瓷器数量很少，但质量甚高，想必与其当年是皇家珍藏的关系密不可分。这其中既有属元代豪迈奔放的作品，也有图案布局缜密、纹饰严谨、造型规矩并在各方面"模仿"明代景德镇御窑厂制品的所谓"明代处州龙泉官窑"产品。

2.1 （元，龙泉窑）划花牡丹纹凤尾瓶（图 21）

高 55.1cm、口径 24cm、足径 14.9cm。喇叭状撇口、长颈、溜肩、敛腹、足略侈。颈部密布弦纹，腹部刻划缠枝牡丹纹，下腹雕莲瓣纹，器身可见接胎痕迹。足圈斜削、无釉，露胎处呈褐色，似在烧制前刷有泥浆。整体纹饰简约，线条粗犷，不拘谨，釉色粉青，釉质肥润，色泽清雅，胎体厚重，造型浑厚硕大。

长颈撇口瓶在元代极为盛行，后人称之为"凤尾瓶"或"凤尾尊"，以体型高大为

图 21 （元，龙泉窑）划花牡丹纹凤尾瓶   图 22 （明，龙泉窑）划花斜格纹灯笼瓶

尚。英国大维德基金会收藏的一件龙泉窑凤尾瓶，于瓶口内沿铭文记："括苍剑川琉山嵩安社，居奉三宝弟子张进成，烧造大花瓶一双，舍入觉林院大法堂佛前永充供养，祈福保安，家门吉庆者。泰定四年丁卯岁仲秋吉日谨题。"以此可知，此类大瓶为坛庙或厅堂常见的陈设器。

2.2 （明，龙泉窑）划花斜格纹灯笼瓶（图 22）

高 32.8cm、口径 6.4cm、底径 9.3cm。此器上下窄细，中腹等宽，形似灯笼，故名灯笼瓶。小口出唇，唇下另起等宽凸弦棱一道。短颈、斜肩、长腹，足胫部短瘦，腹部中段略鼓。圈足斜削，无釉，呈暗褐色。外壁以划花技法装饰，颈部一周划不甚规则的竖线，肩部划圆卷云纹，腹部饰菱形斜格锦纹，各锦纹内均饰卷云纹，足胫部饰竖直线纹。整体纹饰疏朗，划花手法随意洒脱。全器釉色青翠，釉质厚薄不均，器身有冰裂开片。

所谓"明代处州龙泉官窑"瓷器，是指一批制作工整、纹样精细、釉色莹润、器型庞大，在造型、纹饰上与景德镇明代御窑厂生产的宫廷用瓷近似，而又与一般龙泉窑出品的普通民用产品存在些许不同的瓷器。但这批瓷器到底是官窑产品，还是民窑依据宫廷要求生产的贡瓷，目前还存有争议，有待进一步研究。

早在 20 世纪 80 年代，大英博物馆亚洲部主任、明清瓷器研究专家康蕊君（Regina

Krahl）女士在研究土耳其托普卡比官收藏的龙泉窑瓷器时，就曾留意到这批与众不同的器品。在故宫收藏的清宫旧藏中有相当数量的这类龙泉窑器品，而一些明代墓葬也出土过这种瓷器。但由于当时没有发现烧造这类产品的窑址，在客观上影响了人们对于这批瓷器的认识，以至一段时期内在断代上将这部分瓷器定为元代制品。直到 2006 年，浙江省文物考古研究所、北京大学考古文博学院等单位联合对大窑枫洞岩窑址进行发掘，找到了一系列明代烧造宫廷用瓷的实物依据，经过与两岸故宫传世品对比，明确了之前被误认为是元代的产品应为明初制品，从而使龙泉窑的研究向前推进了一大步。

　　明代龙泉窑的瓷器供官方使用，这在明代文献史料中是有明确记载的。《明会典》中记载："洪武二十六年定，凡烧造供用器皿等物，须要定夺样制，计算人工物料，如果数多，起取人匠赴京置窑兴工，或数少，行移饶、处等府烧造。"据此，说明处州在明初确曾承担过宫廷的瓷器生产任务，而且是根据朝廷定发的式样，按要求烧造。而这也解释了为何这批龙泉窑瓷器在造型和纹饰上与同时期景德镇御窑厂产品如出一辙。

　　颐和园有两件这类明初龙泉窑瓷器清宫旧藏，与明初景德镇御窑厂产品从造型到纹饰都非常相似，这也从侧面反映了这类瓷器的确与宫廷有着密不可分的关系。

2.3 （明，龙泉窑）划花庭院芭蕉纹玉壶春瓶（图 23）

　　高 32.8cm、口径 9.7cm、底径 11.2cm。瓶撇口、细颈、垂腹、圈足。器身以划花为饰，纹饰层次分明。颈部以弦纹分割饰蕉叶纹、回纹、锦纹各一周；腹部纹饰以庭院为景，于湖石、栏杆内植芭蕉树；下腹部饰莲瓣纹；足圈外壁饰灵芝云纹。通体釉色翠绿莹亮，釉层均匀，釉面温润如玉。其腹部主体纹饰描绘的是南国的庭院景致，挺拔俊秀的太湖石矗立在庭院之中，围栏内外宽大肥硕的芭蕉叶片生机盎然，整幅画面呈现出一片生机勃勃的南国景象，寓以高雅清玄之意。此瓶造型挺拔优美，器型、纹饰与景德镇御窑厂生产的明洪武玉壶春瓶（图 24）极为相似。

2.4 （明，龙泉窑）划花桂花纹梅瓶
（图 25）

　　高 38.9cm、口径 6.5.cm、底径 12cm。瓶唇口、短直颈、宽圆肩、敛腹自肩以下斜收，近底端微侈。圈足无釉，足墙斜削。外壁以划花技法装饰，颈部饰卷草纹，肩部为不规则多边锦格相接；

图 23 （明，龙泉窑）划花庭院芭蕉纹玉壶春瓶（故宫博物院藏）

图 24 （明洪武）玉壶春瓶   图 25 （明，龙泉窑）划花桂花纹梅瓶

腹部主体纹饰为桂花树，树的主干斜出，枝叶向周围延伸生长，布满器身，长叶间密开花簇，叶脉刻划仔细；足颈处饰缠枝花卉。全器造型端庄匀称，纹饰疏密有致，划刻清晰周详，施釉肥厚均匀，胎体厚重，色泽清透。桂花纹饰具有富贵长寿的吉祥寓意，在景德镇御窑厂也曾出土过桂花图案的残片标本。但明初龙泉窑梅瓶在造型上与景德镇同时期梅瓶相比，显得更加秀丽一些，腹部以下收束的曲线更加明显。

　　由于一些历史上的原因，如今颐和园收藏的元、明瓷器，虽然数量不多，且时代上不够连贯，在品种上亦不够丰富，但这丝毫不能掩盖其质量精湛的特点，其中一些藏品不仅具有较高的艺术欣赏价值，而且具备极高的学术研究价值。以上对颐和园收藏的部分具有代表性的元、明瓷器作了介绍，并就部分重要藏品进行了简析，谈了一些个人己见，期待专家学者予以指正，共同把颐和园的文物研究进一步引向深入。

作者简介

卢侃，北京市颐和园管理处。

离合聚散

——颐和园古物随国宝南迁记略

○ 卢　侃

引言

　　因日本帝国主义悍然发动侵华战争，为躲避战祸，保护中华文化瑰宝之安危，发生在 1933 年的故宫文物南迁是人类保护文化遗产的壮举。其历时之久、迁徙地域之广、文物数量之多，均为世界罕见，可以说是世界文物保护史上的旷世传奇，更是中国人民在抗日战争和反法西斯战争中于文化领域的伟大胜利。

　　关于"南迁"，是如今对当年这起历史事件的统称。根据档案文献记载，南迁当事人只将 1933 年文物迁往上海、南京的这段历程称之为"南迁"，而将 1937 年文物自南京迁徙到西南诸地称为"西迁或疏散"。如那志良《典守故宫国宝七十年》，以文物南迁、疏散后方、胜利还都、运迁台湾等详细记述国宝迁徙路线；欧阳道达《故宫文物避寇记》，以南迁、西迁、东归分述 1933—1949 年文物的迁徙历程；杭立武《中华文物播迁记》，以南迁首都、疏散西南、复原还都、迁运台湾等章节记述。随着近年来研究的不断深入，有学者提出故宫文物南迁历程应包括南迁、西迁、东归、留京、迁台、北返 6 个阶段。

　　鲜为人知的是，在这次旷日持久的大规模国宝级文物迁徙保护行动中，在那些被视为维系着中华文化命脉的文物箱包中，有数千件之多来自颐和园的精品文物。正是这一箱箱文物，将颐和园与这一空前的历史事件紧密联系在一起。

1　躲战事，奉命南迁

　　1931 年"九一八"事变爆发后，日本侵略者鲸吞东北，窥伺华北。北平（今北京）这座历史文化名城面临动荡险恶的局势，而这里长期聚集起的宫廷艺术宝藏，是中华民族宝贵的文化财富，国土丢失可以再收复，而一旦国宝被毁则无法弥补。国民政府有感于前鉴，当北平再一次面临外敌压境时，不能坐视文物散佚，遂有故宫文物南迁的计划。1932 年秋，故宫博物院开始选提文物，按类装箱。1933 年 1 月，日军攻破榆关（即山海关），北平已处于迫在眉睫的战火威胁之下，日寇铁蹄的跫音已是清晰可辨。1933年2月5日深夜，伴着料峭的寒风，故宫第一批南迁文物离开紫禁城，翌日在大批军警的护卫下，登上南运的专列。因对文物存放地点存在争议，列车途中几经停留，直至3月5日才运抵上海。从1933年2月6日—1933年5月23日，总计19000余箱故宫文物（包括古物陈列所、颐和园、国子监等处）先后分5批，运抵上海（表1）。

故宫南迁文物五批运送的起止日期　　　　　　　　　　表1

批次	起运时间	达到时间
第一批	1933年2月6日	1933年3月5日
第二批	1933年3月14日	1933年3月21日
第三批	1933年3月28日	1933年4月5日
第四批	1933年4月19日	1933年4月27日
第五批	1933年5月15日	1933年5月23日

1933年3月21日，北平市市长与故宫博物院院长接到行政院急电："本日本院第九二次会议议决：北平颐和园内尚存有西清古鉴铜器八百余件，宋元名磁、历代字画等物，均系由故宫移出，归市政府管辖，置之郊外，殊有未妥，应一并交由故宫博物院监运南来，妥为存放。"

1933年3月22日，古物保管委员会北平分会发密函询问北平市政府："查本市西郊颐和园内藏有我国古代铜瓷各器及字画等物，前于民国十八年间曾由贵府函约故宫博物院人员，偕同前往鉴定在案。惟此项古物尚由管理颐和园事务所保管，而该事务所系属贵府管辖。对于该项古物之安全问题，未知贵府已筹有具体计划否？"同日，故宫博物院致函北平市政府："查本院第三批南迁物品，业经定于本月二十六晚装车，启运为期已迫。现在颐和园物品既经奉令一并南运，即希贵府饬令该园事务所从速装箱，尽于二十六日以前竣事，以便随同本院第三批物品装车南下，庶不致误，相应函达查照办理，并请随时与本院秘书吴瀛接洽一切为荷。"

在接到颐和园古物南迁的指令后，1933年3月22日北平市政府第190次市政会议决定："管理颐和园事务所系本府直辖机关，所有该所古物既已奉令南迁，应由本府遵照自行办理。惟办理手续应有数点：（一）事平后仍应将该项古物运回本市保存。（二）装运时应会同故宫博物院及地方各团体，并管理颐和园事务所，当场跟同装箱，以示公开。（三）所装各箱应由本府会同地方各团体，加封市府及故宫封条。（四）所有装运铜瓷器等物件数及箱笼总数，应呈报行政院备案，并令管理颐和园事务所先行备箱，照册点明古物数目，以备装运。"

　　为尽快落实颐和园古物南迁事宜，1933 年 3 月 23 日上午 10 时，北平市政府召集古物保管委员会北平分会、北平市商会、地方法院、故宫博物院、筹备自治委员会、北平市教育会及北平市党部相关人员开会，经各界代表讨论决议："颐和园古物铜磁各器之较贵重者，均陈列于陈列所，其在库存次之。此次装箱起运自以最贵重者为第一步，计有宋磁四十四件，元磁五件，明磁五十二件，铜器在陈列馆者二百六十二件，并有钟八十六个。该项古物运走后，其较次者再作第二步起运。"并要求各团体所派负责人员于第二天（1933 年 3 月 24 日）上午 9 时在市政府集合，各带名章，乘车前往颐和园，会同监视装箱加封。

　　1933 年 3 月 24 日赴颐和园监视古物装箱的人员包括：筹备自治委员会龚侠、朱佩实，北平市教育会齐树芸、邹士元，地方法院程光铭，北平市党部原士才，北平市商会高伦堂、白瑞斋，故宫博物院吴瀛，古物保管委员会北平分会王作宾，管理颐和园事务所保管股股长吴国卿、前保管股股长齐锡堂、保管股股员宋锡纲、陈列馆经理员张象旭、助理员孟文海等颐和园职员，在故宫人员的指导下参与装箱。至 1933 年 3 月 26 日，装箱封存颐和园文物计 74 箱，共 361 件。其中铜器 252 件分装 51 箱；瓷器 109 件分装 23 箱。1933 年 3 月 28 日，北平市政府委派市公安局保安队队副赵国璋、消防队办事员林绍强将装箱封存完毕的文物押运出颐和园，交由故宫博物院科员唐赞襄接收，1933 年 3 月 29 日随故宫第 3 批文物南运。

　　1933 年 3 月 31 日，管理颐和园事务所向北平市政府呈报了颐和园第一批古物南运的情况，并在呈报中说明因南运时间紧迫且装箱困难，又无十分贵重的物品，为免延误文物起运，之前市政府会议决议的陈列馆铜钟 86 座，此次未能装运，建议待第二批南运。按说在短短几天内，将颐和园 300 余件文物装箱南运其任务之艰巨，未能按计划完成，确是情有可原，但没过几天，行政院的一纸密电就到了北平。

　　1933 年 4 月 11 日，行政院密电北平市市长周大文："颐和园所藏之古物，前电令该市长交由故宫博物院附于第三批古物并运南下。现查运到之件仅铜磁器七十余箱，其余铜瓷器未运者为数尚夥，玉器字画等则均未在内。兹特派本院参议柳民均，并令故宫博物院及内政部派员。会同前赴该市政府调查，以明真象，即希据实答复。并将颐和园全部古物，照旧存底帐扫数交由故宫博物院，于第四批古物南运时并运南下保存，以重国宝为要！"

　　从电文中可以看出行政院对于颐和园文物未能全部南运极为不满，并特派人赴北平调查，要求颐和园将所有文物交故宫南运。北平市市长周大文当日给行政院回电："查前奉马电饬运颐和园古物，即经邀请本市筹备自治委员会、教育会、地方法院、市党部、商会、故宫博物院、古物保管委员会北平分会会同监视办理。当以马电系于次日奉到，距起运日期中间只有五日时间，匆促势难全运。因即会同评定，以陈列馆所陈列之铜瓷器为最重要，经众议决先行装箱起运，其余各件自当遵照真电谕示各节办理"，向行政院说明了其余物品未及时起运的原因，并请款用于颐和园古物南运。

1933年4月12日，行政院命财政部拨款10000元给北平市政府用于颐和园古物南迁。同日，行政院参议柳民均携前电中提到的"旧存底帐"到北平，账册包括：《颐和园书画古玩等件清册》（4册）、《颐和园木器清册》（9册）、《颐和园铺垫清册》《颐和园陈列馆陈列物品影片粘存簿》（13册）、《颐和园图书馆图书登录簿》等。该套清册是1928年国民政府接管颐和园时，管理颐和园事务所邀请故宫派人协助颐和园对园内所存物品进行登记鉴定的存账，这也是颐和园古物南迁前最完整的一套账册。

1933年4月15日，行政院参议柳民均、内政部司长卢锡荣及故宫博物院古物馆副馆长马衡、秘书吴瀛赴颐和园于当日起至4月18日，按照清册对颐和园文物提检装箱，共装箱颐和园陈列馆及库房文物223箱及夹板1件、油布卷1件，合计804件。其中瓷器571件、铜器190件、玉器12件、书画16件、钟表7件以及包括水晶、金器、漆器等在内的杂项8件。这批文物于1933年4月19日上午8时由市公安局保安队押运出园，随故宫第四批文物南运。

第二批文物运走后，颐和园的文物拣选装箱工作并未停滞，至1933年4月28日，再次封装文物343箱及夹板1件、麻布包7件。其中瓷器1084件、玉器74件、铜27件、钟表24件、书画15件、木器16件及包括汉瓦、珐琅、金器、漆器、家具等其他物品40件，器物总计1280件，另《图书集成》1部、共528函。此批文物于1933年5月15日上午8时，交市公安局保安队第三队分队长赵钟麒及西郊分署办事员张震东押运出园，随最后一批故宫文物南运。

从1933年3月24日至1933年5月15日，在近两个月的时间里，经过3批挑选装运，监运代表们认为颐和园已无珍贵文物，所剩物品已没有再南运的必要，但因不符合行政院"扫数南运"的指令，在请示北平市政府并得到批准后，颐和园古物的南迁工作结束。而随故宫文物南运的2000余件颐和园文物菁华，也自此走上了颠沛流离之路（表2、表3）。

颐和园3批南迁古物装箱数量及离园时间 表2

批次（编号）	装箱数量	离园时间
第一批（1~74号）	74箱	1933年3月28日
第二批（75~299号）	223箱1夹板1麻布卷	1933年4月19日
第三批（300~650号）	343箱1夹板7麻布包	1933年5月15日

颐和园南迁文物数量统计　　　　　　　　表 3

类别	第一批	第二批	第三批	总数
瓷器	109	571	1084	1764
铜器	252	190	27	469
玉器		12	74	86
书画		16	15	31
钟表		7	24	31
座屏		1	2	3
汉瓦		2	9	11
水晶		1		1
金器		2	4	6
杂件		1	8	9
漆器		1	4	5
木雕			16	16
珐琅			6	6
家具			7	7
图书			1 部（528 函）	1 部（528 函）
共计	器物、陈设 2445 件，图书 1 部共 528 函			

2　护国宝，存沪移宁

1933 年 5 月，最后一批南迁文物运抵上海。起先，到达上海的文物存放于法租界天主堂街仁济医院旧址，后由于文物数量甚多，于是又在英租界四川路广州路口业广公司租赁一处库房，用以存放第四批以后运出的故宫文献馆文物。颐和园随故宫后 3 批运往上海的文物存放于天主堂街库房。

位于天主堂街 26 号的库房原为仁济医院旧址，后为中央银行堆栈，是一幢 7 层的楼房。故宫博物院租做南迁文物库房后，将其 1 层改作办公及驻守人员居住之用，楼上用于存放文物，其中比较贵重的文物存放于安防设施相对更完善的 5 层。

故宫博物院在文物存沪期间，设立了驻沪办事处，主办在上海的一切有关文物业务，并定有办事细则及管理库房细则。1933 年 7 月因所谓的"盗宝案"，易培基被迫辞去故宫博物院院长职务，原故宫古物馆副馆长马衡继任院长，上任之际对故宫存沪文物逐件清点，并以"沪、上、公、寓"为编记另编新号。1935 年为参加在英国伦敦举办的"中国艺术国际博览会"，故宫挑选存沪文物 700 余件。以上事件均未涉及颐和园文物，颐和园南迁古物就这样在上海存放了将近 4 年，直到 1937 年移存南京。

国宝南迁伊始，国民政府已决定将文物存贮于当时的首都南京，只是因为没找到适合的地点才决定暂运上海保存，并在南京寻觅适合的地方。1933 年 7 月，故宫博物院理事会会议曾提到在南京成立分院及保存库的事项。1934 年 4 月，理事会改选会议中讨论存沪文物的处理办法，决定在南京建造库房，但具体地点未定。1934 年 12 月，故宫博物院选举第四次常务理事会议，理事王世杰提议，把南京朝天宫全部划归故宫，用以成立故宫博物院南京分院及建筑文物库房，经理事会通过，报行政院核准。

朝天宫保存库于 1936 年 4 月 15 日奠基破土，主体建筑至 1936 年 8 月竣工，1936 年 9 月 26 日举行落成仪式，具备文物贮藏条件。1936 年 11 月，行政院核准将存沪文物迁往南京。从 12 月 8 日开始，存沪文物先后分 5 批转迁南京，其中颐和园文物随第三批、第四批迁运。1937 年元旦，故宫博物院南京分院正式成立。

朝天宫库房的设计为一座 3 层的钢筋混凝土建筑，共有 4 个库。建筑每一层为一个库房，由下而上分别编为第一库至第三库。建筑背后有一座小山，山下挖掘有山洞，也做库房之用，编为第四库，与一层库房相通，这个库具备防御空袭的功能。颐和园文物保存于第三库，该库还保存有古物陈列所及部分故宫文物。库房内文物箱件垒叠码放，每两行相并，中间留有供保管人员通行的道路，一层库房为了防潮，还做了木架将木箱垫高。朝天宫库房具有空气及温湿度调节系统，这在当时属于一流的文物保存库。

存沪文物迁往南京，使得南迁国宝暂时有了一个适宜保藏的居所。但好景不长，随着时局的急变，仅仅半年之后，这批珍宝被迫再次踏上险象环生的漂泊旅途。

3 避敌寇，西迁疏散

1937 年，侵华日军在北平卢沟桥发动"七七"事变，中国人民的抗日战争全面爆发，一个月后，又在上海挑起"八一三"事变。南京距离上海可谓近在咫尺，形势日趋紧张，南京岌岌可危，国民政府旋即决定将南迁国宝向西南后方疏散。文物西迁分南路、中路、北路三线，水陆并进进行转移。

"淞沪抗战"打响第二天，即 1937 年 8 月 14 日，第一批西迁的共 80 箱文物由南京起运，此为"南路"。装载文物的货轮溯江而上，经汉口到武昌，再从武昌改陆运，1937 年 8 月 19 日抵达长沙，保存在湖南大学图书馆。1938 年 1 月，为躲避日寇西侵，奉行政院令，这批文物绕道桂林迁入贵阳。1939 年 1 月又迁往贵州安顺，存于县城外的华严洞。并成立故宫驻安顺办事处，庄严任主任。1944 年秋，桂林、柳州相继陷落，文物再次启运，于 1944 年 12 月 18 日抵达重庆市郊的巴县，随即成立巴县办事处，仍由庄严担任主任。因南路文物多数为参加过伦敦"中国艺术国际博览会"的故宫与古物陈列馆的文物，不含颐和园南迁古物，故本文只着重记述"中路"与"北路"文物的西迁历程。

3.1　中路

南京—汉口—宜昌—重庆—宜宾—乐山。

在迁往湖南的文物离开南京后，文物的备迁仍在继续。1937年11月初，上海沦陷，行政院急令国宝迅速转移。1937年11月19日及12月3日，9300余箱文物分别由"江安""黄浦"两艘货轮装载从南京下关码头出发，故宫文献科科长欧阳道达为负责人，于1937年11月22日及12月5日运抵湖北汉口，将文物存于租用的仓库，此为"中路"，是三路西迁文物中数量最多的一批。

文物到达湖北不久，南京失守，汉口也时常响起空袭警报，国宝不宜久留，经故宫博物院院长马衡向行政院请示后，决定运往重庆。汉口至重庆的水路须经宜昌转运，1937年12月24日至1938年1月6日，文物陆续运抵宜昌。从宜昌到重庆的航段，要逆江而上进入三峡，因冬季水浅，需改换小船，从1938年1月9日启运，前后共19批次，当最后一批文物运抵重庆时，已是1938年5月22日了，历时近5个月，期间艰辛，难以尽言。

欧阳道达等人为到渝文物寻找了3处共7个库房保藏：一处为位于南岸王家沱的法商吉利洋行堆栈，有2个库；另一处为南岸玄坛庙羊角滩，由瑞典商人安达生开办的安达生洋行堆栈，有4个库；第三处为市区朝天门附近的康川平民银行仓库。文物入库后的首要任务是在整理库房的同时，对文物进行清点。自1938年7月26日开始，至9月14日完成，经点查，随故宫中路西迁的颐和园文物共计527箱。

文物存渝期间，各方对于文物的保存情况也甚是关注。1938年9月9—11日，资助过文物迁运的管理中英庚款董事会委托故宫博物院理事李济赴重庆对迁渝文物储存库房进行视察，期间开箱抽查文物3箱，其中包括"颐字号"文物一箱。

1938年10月，日军攻陷武汉后，下令开始向重庆实施轰炸，妄图通过威慑"陪都"重庆，达到打击中国人民抗战意志的目的。1939年3月，故宫博物院院长马衡接到行政院指令，要求在3周内（1939年4月23日前）务必将存渝文物运离重庆。经故宫理事会商议，决定将存渝文物经宜宾中转运往四川乐山县的安谷乡保存。

从1939年3月28日至4月23日，存渝文物分24批运抵宜宾，因岷江时值枯水期，宜宾至乐山航段货轮无法通航，所以只得设立4个临时仓库将文物暂存宜宾。直到1939年7月9日，首批文物才离开宜宾运往乐山，而储藏文物的安谷乡库房比较分散且距乐山县城尚有一定距离，所以文物到达乐山后又雇木船分运安谷各处。至1939年9月24日，文物悉数运完。

文物陆续运抵乐山，分别存入安谷乡周边的古佛寺（第一库）、三氏祠（第二库）、宋祠（第三库）、赵祠（第四库）、易祠（第五库）、陈祠（第六库）、梁祠（第七库）等7座祠宇。同时成立"故宫博物院乐山办事处"，欧阳道达任主任。寺堂里的房屋都尽量贮存箱件，只留一间小房供职员合住，另外一间较大的屋子给守护士兵居住。文物搬进库房后，保管制度极为严密。每一件都登记在册，以箱分类编号，按序排列堆放，每库都有固定的专人保管。经过清点，此时颐和园文物储存情况为：一库 76 箱、二库 70 箱、三库 78 箱、四库 76 箱、五库 147 箱、六库 72 箱、七库 8 箱，共计 527 箱，与中路文物西迁时数量一致。这期间，故宫博物院理事会曾于 1941 年 9 月 22—24 日派人开箱抽查文物，其中"颐字号"文物 3 箱。

1942 年春，因古佛寺库房年久失修并遭蚁蛀，且距乡镇较远，地处偏僻，办事处决定将第一库文物并存其余 6 处库房，同时着手修缮其余 6 库，扩充库藏容量。1942 年 11 月 4—26 日完成迁并事宜，古佛寺库房随即废弃，并将原有库别改编，将三氏祠编为第一库，其余依顺序至梁祠为第六库。

中路文物在乐山大佛的庇护下，于安谷停下了脚步，一直保存到抗日战争胜利（表 4）。

颐和园迁储乐山文物箱件统计（单位：箱）　　　　表 4

库别	瓷器	玉器	铜器	雕漆	珐琅	书画	图书	陈设	杂项	合计
一库	88	8	22	1	2	1	4	7	6	139
二库	52	1	24				1		1	79
三库	52		23		1		2	3	1	82
四库	88	13	22		1		9	9	2	144
五库	39	1	18		1		3	12	1	75
六库	6		2							8
总计	325	23	111	1	5	1	19	31	11	527

3.2　北路

南京—宝鸡—汉中—成都—峨眉。

在接到国宝疏散的命令后，故宫方面就决定经由水陆两方面进行疏散。水路初以汉口为目标，而陆路方面，则以火车装载，以陕西为目的地，此为"北路"。

北路文物的抢运工作，与中路文物的装运几乎是同时进行的。装运时，轻便的文物尽量装船水运，而一些体量较大的箱件，不便于货轮舱口装运，就由汽车从朝天宫库房运到下关，在渡轮码头装车。南京下关火车渡轮码头建成于 1933 年 10 月，目的在于贯通南北铁路线网，火车坐着渡轮过长江，在当时也是一大奇景。

1937 年 11 月 20 日北路文物开始装运，分载 3 辆专列，沿津浦铁路北上，由徐州转陇海铁路经郑州、西安，分别于 1937 年 12 月 3 日、4 日及 8 日抵达宝鸡。文物贮存于宝鸡城内的关帝庙、城隍庙两处，这两地原是军火库以及公路局的工程处，为存放国宝而专门腾让。经清点，北路共抢运文物 7200 余箱，其中颐和园文物 40 箱。文物藏宝鸡期间，出于国宝安全考虑，行政院命西安行营方面协助在宝鸡开凿山洞保存文物。而洞穴刚刚挖好还未使用，战局的变化又迫使文物继续向汉中迁移。

宝鸡到汉中没有铁路，只有靠汽车运送国宝，每车只能装载文物 20 多箱，存宝鸡的 7200 余箱文物，需要 300 多车次才能运完。好在西安行营当时统管陕甘地区"军、公、商"车辆调配，将运送国宝列在军需之内，为文物解决了车辆问题。1938 年 2 月 22 日，第一批文物从宝鸡出发，这一路要翻越秦岭，此时正值早春，山中时常还有降雪，山滑路陡，甚是艰险。直到 1938 年 4 月 10 日，文物悉数从宝鸡运出，总计 28 批、307 车次，存于汉中文庙及褒城郊外的 3 处祠堂。

这时，汉中机场已遭到日军轰炸，于是在国宝到达汉中仅 1 个月后，又以"避空袭，策安全"为由，决定迁移至成都。汉中到成都路程较远，此时车辆调配更加匮乏，部分运输批次中途还要调换车辆，运输往返一次至少需要 8 天。从 1938 年 5 月 26 日启运，到 1939 年 2 月 27 日才将存汉中城内文物清运完毕，而存褒城的文物直到 1939 年 6 月 27 日才全部运完。国宝在成都的储存地大慈寺，由故宫博物院院长马衡亲自选定。

1939 年 5 月，行政院下令文物限 5 月底前全部撤离成都，此时存褒城部分的文物还未全部运到成都，而新的抢运又开始了，这次的目的地是峨眉。已经到达成都的 6500 余箱文物经彭山运抵峨眉，而在褒城的将近 700 箱则直接运往峨眉。存成都文物的迁运从 1939 年 5 月 17 日开始，要 5 月底前全部运到峨眉，以当时的条件根本无法完成，于是从宝鸡段开始一直负责北路文物疏散的那志良决定先将部分箱件运到离成都不远的彭山，并在彭山找到一处学校和一处庙宇来暂存文物，以符合月底悉数运离成都的指令，而即便这样，实际上到 1939 年 6 月 4 日文物才全部离开成都。至 1939 年 6 月 17 日，存成都的文物全部运到峨眉，而褒城所剩的文物于 1939 年 7 月 11 日汇聚峨眉，"故宫博物院峨眉办事处"也随即成立，由那志良任主任。

国宝在峨眉存于峨眉县城外的大佛寺与武庙，文物入库后，保管人员便开展工作，对库房绘制简图，编订箱件方位表，以便提检文物。其中大佛寺有 4 个库，编为一至四库；武庙有 3 个库，依大佛寺之序编五至七库。颐和园的 40 箱文物全部存放于大佛寺的第四库。1942 年，考虑到大佛寺殿宇林立，且毗邻公路，容易成为敌人空袭的目标，遂于 1942 年 11 月 10 日至 12 月 22 日将藏大佛寺的文物迁至县城西远郊的许祠和土主祠两处，并将存武庙的部分文物移至这两处保藏。而后，将武庙改编为第一库；土主祠编为第二库；许祠编为第三库。此时颐和园文物分别藏于土主祠与许祠。至此，北路文物在"天下秀"的峨眉保存到 1946 年（表 5）。

颐和园迁储峨眉文物箱件统计（单位：箱）　　　　表 5

库别	瓷器	玉器	书画	图书	陈设	杂项	合计
土主祠	24		1	1	6	1	33
许祠	2	2		2	1		7
总计	26	2	1	3	7	1	40

4　聚渝城，东归南京

1945 年 8 月 15 日，日本投降。八年苦战，中国人民赢得最后胜利，在战火硝烟中漂泊了 10 余年的国宝也终于看到回家的希望。当时决定，疏散后方的文物，除古物陈列所的文物运往南京移交中央博物院外，故宫、颐和园、国子监等处的文物将直接运回北平。是年秋，国宝复员工作开始积极筹备，因时局关系，平汉铁路运输受到影响，所以决定将各办事处保管文物一律集中重庆，继而全部运回南京。选定重庆南岸海棠溪向家坡贸易委员会旧址做文物库房及办公地点。向家坡库房依山而筑，分为上、中、下 3 层，仓库保管也就按层分为甲、乙、丙 3 组，各组组长由原 3 个办事处主任担任。

最早运到重庆的是存巴县的 80 箱文物，于 1946 年 1 月 21—28 日清运完毕。巴县办事处的全体职员也随即在向家坡负责整理库房，并协助接收其他两处的文物。1946 年 5 月 15 日，峨嵋办事处管理文物开始向重庆启运，以"先许祠、次土主祠、终武庙"的顺序，于 1946 年 9 月 10 日共 33 批运抵重庆。乐山办事处的移运于 1946 年 9 月 10 日开始，因运输车辆只能到达乐山县城，所以从安谷到乐山还依靠船筏转驳，其中一次转驳时遭遇风雨，使部分箱件遭雨水渗漏，经查有"'颐字第六四三号'《钦定图书集成》二二函，书页通有水渍""'颐字第六四八号'《钦定图书集成》二函，书页略有水渍"。至 1947 年 3 月 10 日，乐山办事处所管文物全部集中重庆。

文物聚集重庆后，经过两个月的筹备，准备回迁南京。文物东归，采取水陆分运。其中国子监石鼓等体积较大、箱件笨重的，于 1947 年 5 月 31 日由汽车装载，经川、湘、赣、皖、苏公路，于 1947 年 7 月 26 日抵达南京。剩下的文物走水路，须先由汽车从向家坡仓库运往海棠溪装木船，再运至朝天门码头由货轮运往南京下关码头。第一批文物于 1947 年 6 月 16 日出发，经过多批转运，至 1947 年 12 月 8 日，存渝国宝全部运抵南京。颐和园疏散后方的 567 箱文物全部随水路东归。

国宝东归南京，仍然存于朝天宫库房。该库房在日军占领南京期间曾被用作伤兵医院，其原存 2000 余箱未能抢运出的文物被分散移存北极阁、中央研究院、地质调查所、东方中学等地。故宫博物院于 1946 年 1 月派人对陷京的文物进行接收清点，将这部分文物重新编号装箱，并按文物原主标明简称，以"京"字编箱号，原颐和园文物以"博颐"标记。

　　对于 1937 年陷留南京的颐和园文物箱数，相关史料记载有较大出入。如那志良在其相关著作中记载为 18 箱，而《中国对日战事损失之估计》中记载为 89 箱。据前述"中路"与"北路"共计 567 箱颐和园文物，而颐和园古物南运时有 640 箱又 2 夹板、1 麻布卷、7 麻布包，共计 650 号文物，同时欧阳到达在《故宫文物避寇记》中曾提到"颐字号、所字号箱件，有箱外蒙以麻布者，有以麻布包扎而未用箱者，有仅以麻绳编扎者，南迁以来，为便统计，均作麻包计数。"所以这 567 箱是包括麻包等件的数量，根据以上数字可以推断，当时陷留南京的颐和园文物应为 73 箱（号）。

　　1948 年 12 月，国民政府败退前夕，分 3 批将存朝天宫的 2000 余箱南迁国宝运往台湾，其中包括故宫博物院、中央博物院筹备处（原古物陈列所）等多家单位的文物，但不包括颐和园南迁古物。

5　重分配，北返回园

　　随着解放战争的胜利，1949 年冬，中央人民政府文化部派郑振铎、赵万里、于坚、梁泽楚等人赴南京，参加政务院指导接收工作委员会华东工作团文教组的工作，郑振铎任组长。此行决定，将暂存故宫博物院南京分院的南迁文物全部运回北京故宫本院，并立即开始筹运第一批文物。

　　这次北返，由华东工作团主持，运输委员会统筹北运。1949 年底即开始筹划，作了周密规划和精心准备，于 1950 年 1 月 23 日在南京装车启运，1950 年 1 月 26 日下午 1 时抵达北京，共运回箱件 1500 箱，其中文物 1283 箱。

　　1950 年 1 月 24 日，颐和园得知南迁古物已北返的信息后，分别呈文行政院及北京市人民政府，请将南运颐和园文物归还颐和园。1950 年 2 月 16 日，文化部函复说明北返古物由中央统一调度，颐和园照来函将原南迁清册报文化部文物局。1950 年 4 月，文化部文物局奉令成立"北返颐和园文物清点鉴定分配临时委员会"，由北京市人民政府、颐和园、故宫博物院各 1 人及文物局 2 人组成。1950 年 5 月 16 日，在文物局召开的第一次会议上，故宫博物院李鸿庆报告："前颐和园南运文物计 650 箱（作者注：编号），因抗战会西迁，抢运不及，陷留南京，被敌伪拆散者不少。胜利后经过点收，实装 567 箱（作者注：此为颐和园西迁疏散文物总数）。1949 年底由华东工作团主持北运故宫文物中，计有前颐和园颐字 267 箱、京字 4 箱（作者注：此为清点陷留南京文物时，重新编号装箱），共计 271 箱。"此次会上还初步确定了颐和园北返文物的分配原则："（甲）有关清代艺术品，如慈禧生活有关之器物，尽量分配颐和园；（乙）有关历史考古器物，可分配故宫方面，补充有系统的陈列品。"1949 年 5 月 20 日，颐和园呈文文化部、北京市政府，对于颐和园北返文物的处理分配提出几点意见，大意为："1.古物回运是人民解放的胜利果实，建议先将文物运回颐和园展览；2.关于具有考古研究价值的文物，原则上同意分配给故宫，但需经过中央人民政府及北京市政府正式手续；3.对于历史考古性与艺术性如何界定，故宫是博物馆，颐和园也是文物陈列处所，希望分配时能够顾及全面，颐和园殿堂陈列空虚，而故宫藏品丰富，是否可以将故宫富裕藏品调拨颐和园以扩充陈列。"1949 年 7 月 6 日，文化部、北京市人民政府复函颐和园，对于颐和园所提几点问题给出意见，大意为：1.同意颐和园北返文物先在颐和园展览一次，但需在对文物逐件鉴定分配后进行。分配原则为，①书画凡见《石渠宝笈》著录者归故宫，其余归颐和园；②钟表插屏全部拨归颐和园；③玉器全部拨归颐和园；④瓷器归故宫博物院，有重复者归颐和园；⑤铜器，明、清代归颐和园，其余归故宫博物院。照以上原则分配后，赴颐和园展览，展期暂定一个月。2.如果拟在颐和园内成立博物馆，文化部原则上同意，可将故宫库存之艺术性古物拨交若干，并由文化部文物局指导协助，逐步进行。

此后由于故宫博物院临时筹备赴苏联"中国艺术品展览会"，人员调配方面一时难以兼顾，颐和园北返文物鉴定分配工作因此暂缓。颐和园北返文物分配会议于 1951 年 1 月 4 日召开，有文化部文物局罗福颐、故宫博物院唐兰及颐和园金恒贵参加。分配工作由三人逐箱按前述分配原则进行，共同在清册上盖签名章，总计 983 件 [经查 1950 年 11 月编造的《颐和园北返古物件数清册》，此次共分配北返颐和园文物 265 箱（号），其中"京"字号文物 1 箱。与前次会议报告中所述 271 箱有出入]。鉴定分配工作于 1951 年 1 月 8 日结束，分配情况：铜器 111 箱内装 462 件（其中 1 件系西洋钟表），分配故宫 394 件，拨归颐和园 68 件（其中 1 件系西洋钟表）；瓷器 95 箱（含"京"字号 1 箱）内装 390 件，分配故宫 254 件，拨归颐和园 136 件；玉器 25 箱内装 58 件，均拨归颐和园；书画 2 箱内装 29 件，分配故宫 9 件，拨归颐和园 20 件；钟表 20 箱内装 24 件、竹雕杂项等 5 箱内装 13 件以及草包麻袋捆内装西太后油画全身像、缂丝无量寿佛像、家具等 7 件（箱号）均拨归颐和园。拨归颐和园部分共计 326 件。

拨归颐和园文物于 1951 年 1 月 10 日开始装运，至 1 月 17 日全部运回颐和园。回园后，颐和园随即对文物进行进一步清点，拟对部分残损文物进行修复，并呈报北京市政府：①西太后油画全身像，玻璃全无，画幅右下边有霉破，全幅画布松弛已有折纹，镜座原残，拟以玻璃板两块加紧，修整镜座。②硬木边油画立镜，系油画绘于玻璃镜上，今玻璃已碎，无法补救。③缂丝无量寿佛像二件，两件均有残破，拟召苏裱工人设法裱补完整。④硬木雕龙小立柜二件及硬木嵌珐琅宝座，原系拆散运走，现亦有损伤，拟予修整。

1951 年 6 月 25 日，故宫博物院拟向颐和园拨交颐和园南迁文物一批，共 59 件，用以颐和园陈列。其中瓷器 40 件、书画 2 件、铜器 17 件，后因故宫方面"审干"及"三反"运动展开，文物无法提检出库而搁置。1953 年颐和园殿堂改陈，经与故宫博物院接洽，于 6 月 9 日由金恒贵赴故宫接收这批文物中的瓷器 40 件、书画 2 件，17 件铜器因不符合当时陈展需要而未接收（表 6）。

颐和园南迁古物北返回园数量统计表（单位：件）　　　　表 6

时间	瓷器	铜器	玉器	钟表	书画	家具	陈设	合计
1951 年	136	67	58	25	22	3	15	326
1953 年	40				2			42
共计								368

颐和园南迁古物，前后两批回园 368 件，仅占南迁古物总数量的 15% 左右。对照 3 批《颐和园南运古物清册》及《颐和园北返古物件数清册》，发现 1950 年时，未北返者尚有《图书集成》一部分装 25 箱，其余大多为瓷器。故宫博物院另于 1953 年、1958 年由南京分院运回两批南迁文物，前次 716 箱，后次 4037 箱，其中的颐和园文物数量未见统计，也未再分配颐和园文物。

颐和园南迁古物，现大多数存于故宫，其中既有商周时期的青铜器，也有宋代名瓷，还有《石渠宝笈》著录的书画珍品。而现归属南京博物院管辖的朝天宫库房还存有南迁文物 2000 余箱、10 万余件，这其中原属颐和园南迁古物件数没有确切统计。徐婉玲《重走故宫文物南迁路考察记（一）》中提到，考察队在参观朝天宫库房时，曾见到仍装有文物的"颐四九八"号箱，箱件上封条还较好地保存。以此可以确定，南京还存有颐和园南迁文物。另外，已知中国国家博物馆也存有原属颐和园文物，其中一件前些年在展览时，其口沿内所贴颐和园标签仍保存完好。中国国家博物馆存颐和园南迁文物应为故宫划拨出的文物。

6　结语

参与国宝南迁的颐和园文物是中华民族文物宝库中的精华，更是颐和园园藏文物的集萃，是一笔宝贵的历史文化遗产。本文通过整理、考辨和寻访，梳理出颐和园文物南迁与北返分配的情况，使之有了大体清晰的脉络。通过对历史档案资料的研究，使我们厘清了颐和园历史上参与国宝南迁文物的状况，从而对颐和园历史上的文物陈设做到系统掌握。

在中国文物保护史上，故宫文物南迁这一历史事件非常著名，但对于事件中的颐和园文物，之前少有人提及，对于这批颐和园文物精品更是鲜有系统研究。对这笔遗产进行认真整理，是揭示颐和园历史文化内涵的必要工作，是重新认识和有效利用颐和园文物价值的重要前提，对拓展颐和园文物保护和利用的发展空间具有重大的学术意义和深远的现实意义。

参考文献

[1]　那志良. 典守故宫国宝七十年 [M]. 北京：紫禁城出版社，2004.
[2]　刘北汜. 故宫沧桑 [M]. 北京：紫禁城出版社，2004.
[3]　北京市地方志编纂委员会. 北京志·世界文化遗产卷·颐和园志 [M]. 北京：北京出版社，2004.
[4]　吴瀛. 故宫尘梦录 [M]. 北京：紫禁城出版社，2005.
[5]　那志良. 我与故宫五十年 [M]. 黄山：黄山书社，2008.
[6]　郑欣淼. 天府永藏：两岸故宫博物院文物藏品概述 [M]. 北京：紫禁城出版社，2010.
[7]　欧阳道达. 故宫文物避寇记 [M]. 王硕，整理. 北京：紫禁城出版社，2010.
[8]　北京市颐和园管理处. 颐和园大事记 [M]. 北京：五洲传播出版社，2014.

作者简介

卢侃，北京市颐和园管理处。

清代窑变釉石榴尊修复记

○ 徐　欢

引言

随着文化遗产保护意识的增强，近些年人们对馆藏文物的修复与研究有了极大的关注。瓷器作为颐和园文物收藏的重要组成部分，数量近万件，绝大多数为皇家御苑的旧藏之器，当年或作为日用，或陈于殿堂，种类丰富。颐和园旧藏瓷器来源主要为清漪园陈设遗存、清代官苑间的调拨、光绪时期订烧之器、慈禧寿典大臣进贡礼品等。

其中，清代窑变釉石榴尊作为中国陶瓷工艺的代表，承载了深厚的文化历史价值与非凡的艺术美学。窑变釉特有的斑斓色泽与错综复杂的变化，记录了古代烧造技术和审美理念的无价信息。然而，时间的流逝和不可避免的损坏让这些珍贵文物面临破损和消失的危险。本文旨在通过清代窑变釉石榴尊修复案例的实际修复过程，提出一套科学有效的修复方案，从而推动传统瓷器修复技艺和文化遗产保护工作向前发展。

本文阐述一件颐和园藏的底款为"大清雍正年制"的清代窑变釉石榴尊修复案例，特别是在确定其损坏形态及原有材质特性基础上，如何选择和调配适宜的修复材料，以及如何准确实施修复技术以保留原有的工艺特色。故本文首先全面评估石榴尊的损毁情况和材料特性，其次制定并实施符合窑变釉特性的修复方案以及采用传统笔涂修复技艺进行最小干预，最后评估修复效果，为类似釉色陶瓷的修复提供技术参考和理论支持，也为文物的传承与保护提供重要的实践案例和理论基础。

1　清代窑变釉石榴尊概述

1.1　石榴尊的历史和文化价值

石榴尊唇口外卷、短颈、圆腹、圈足，其外卷的口部似张开的石榴果，故而由此得名。石榴尊始见于明宣德时期，流行于清雍正时期，以清乾隆时期制作品质水平最高。清雍正时期石榴尊除继续烧制宣德器型外，还出现一种作外撇五瓣儿式花口、束颈、腹部浑圆、浅圈足，有别于清乾隆后期的高足造型。石榴尊品种有青釉、窑变釉、茶叶末釉、青花等，属于观赏器。

石榴在中国传统文化中象征多子多福，寓意丰饶和繁衍，深受人们喜爱。在宫中，石榴尊承载了皇家丰富的历史与文化价值，象征家族血脉延续兴旺，陈设石榴尊寄托了皇帝对多子多孙的期盼。因此，石榴尊不仅是陶瓷艺术的精粹，也是研究清代文化和技术发展的重要实物资料。

1.2 清代窑变釉特色与技艺

此件石榴尊窑变釉艺术特色主要表现在其色彩的多变和层次的丰富。釉色从深沉的绿到明亮的天蓝，再到柔和的红，形成独特的视觉效果。这种效果是由于烧制过程中铜、铁等金属氧化物在不同氧化还原气氛下的变化所产生。例如，铜在还原气氛中会产生红色，而在氧化气氛中则转变为绿色；铁则能在还原气氛中形成蓝色，氧化气氛下则呈现黄褐色。这种颜色的转变，体现了清代工匠对烧制技术的精妙掌控。

对于窑变釉的研究，学者们通过对釉料成分的分析以及对古代文献的考证，揭示了制作窑变釉的严谨工艺流程。制釉所用原料丰富，主要是含铁、铜等金属氧化物的矿物质，而配方比例的精确把控、研磨细度的严格要求都是成功制作窑变釉的关键。此外，温度调控在窑变釉的烧制中同样至关重要。根据《瓷器录》等史料，调节窑温和窑内气氛，以控制氧化还原反应，使工匠们能够创造出多变釉色的核心技术。

2 修复

2.1 石榴尊损坏状况分析

就本件器物而言，在长时间的历史进程中，由于自然老化、环境侵蚀及人为因素等多种原因，导致尊体的损坏。为对其进行科学有效的修复，首先必须对其损坏状况进行全面的分析。

经细致的观察和评估后发现，损坏主要表现为五瓣儿式花口缺失一瓣以及釉面龟裂、釉层剥落等（图 1）。其中，釉面的龟裂和剥落情况较为乐观，而花瓣缺失不仅影响石榴尊的美观，也对其结构稳定性构成威胁。通过对石榴尊的物理化学成分的了解，其釉料主要由硅酸、铝酸盐以及含铁矿物等组成，而窑变效果则是由于烧制过程中温度和氧化还原气氛变化造成的。因此，修复材料的选择必须兼顾与原材料的相容性及对窑变釉色彩变化的最小干扰。

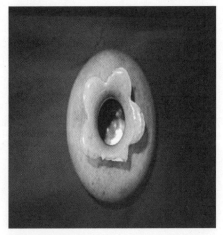

图 1 破损情况

釉层剥落和釉面龟裂的原因主要是热胀冷缩引起的物理应力，以及釉料和胎体之间热膨胀系数的不匹配。时间的推移加剧了这一破坏过程，导致釉层与胎体之间的粘结力减弱。此外，长期受到湿度变化的影响，石榴尊的胎体也出现了不同程度的吸水和盐析作用，不过这一问题不严重并且较稳定，为了减小干预，暂不做处理。

2.2　修复方案规划及流程

在制定清代窑变釉石榴尊的修复方案时，首先必须对文物的历史背景和物质成分进行深入研究。通过文献调研和物理化学分析，我们深入理解了窑变釉的成分特性和变色机理，同时对石榴尊的损伤情况进行了全面的评估。根据调研结果，确定修复方案的主要目标：一方面要尽可能恢复文物的美观；另一方面要确保文物的结构稳定性和长期保存。

在制定修复方案时，我们考虑到石榴尊的历史价值和艺术特性，明确了以下几个原则：①最小干预原则，尽可能采取预防性保护措施，尽量减少对文物的干预，少清除、多保留，不能破坏文物携带的任何信息继而影响后续的科学研究；②不改变文物原状原则，修复保护的文物要尊重历史的真实性，不能改变文物原貌，并真实、全面地保存并延长文物的历史信息及全部价值；③协调性和修复保护材料的再处理性原则，保护修复后的文物力求做到"远观一致，近看有别"，当有更好的替代材料出现时，或者原有修复保护材料必须要进行更换时，已使用在文物上的修复保护材料可以在不损害文物的情况下去除。

制定的工作目标：首先对拟保护修复的瓷器进行现状调查，确定文物病害类型，评估文物病害程度；其次消除文物已有或潜在的病害，采取科学的保护措施，维持文物的稳定状态；再次，尽量复原文物原貌，满足博物馆展览陈列的需要，发挥文物的历史和艺术价值；最后，填写文物修复档案、撰写修复工作报告，留取详尽的文物档案信息。

2.3　技术流程

修复的技术流程主要为：信息记录→定制修复方案→按方案进行修复→清洗、补配、随色补釉→拍照记录→撰写修复报告。

3　修复过程详述

3.1　清洗

清洗主要包括两方面，一是器物表面的尘土、污渍等附着物；二是断口。前者是为了消除病害和提高观赏性；后者则是为后续修复流程打基础，因为断口清洗是否彻底会直接影响到修复效果。对于器物表面的尘土等一般污染物的清洗，可直接用刷子蘸蒸馏水将表面污染物清除干净即可；对于较致密坚硬的附着物，可用竹签剔除，或用脱脂棉蘸取去离子水或酒精覆盖断面将其软化后，再用牙刷反复刷，最后用蒸馏水洗净。对于污染较重的残缺面，可用丙酮清洗，若丙酮也无法洗净，则可用适当浓度的双氧水进行清洗，最后需用去离子水将丙酮或双氧水彻底清洗干净。

图2　补配打磨

3.2　补配、打磨

对于残缺部位，本器物选用环氧树脂胶加滑石粉作为补配材料对残缺处进行补配。这件瓷器残缺部位，与口沿其他花瓣形状类似，可翻模，然后补配。对于一些小的缺釉处，用502胶水加拌滑石粉进行填补。待补配填充物完全固化成型后还需要用砂纸对补配部位多余的填料进行打磨，使其平润光滑，打磨时要遵循由粗到细的原则，选取合适的砂纸打磨，最后使补配处与原物光滑度一致即可（图2）。

3.3　作色、上釉

笔者采取的上色釉方法是笔涂法。此修复法能达到最小面积的干预，更大程度上保留器物的原貌，而且笔涂法有便于修改的优点，这使得修复部位的质感、过渡都可以有更好的效果，新旧过渡自然。笔涂法缺点是所用材料味道较重。

"上釉"这一步主要是为了将原物与补配处掩盖，由于笔涂法上料少而薄，颜色可以不断修整直至接近或达到原釉色。具体方法是：用毛笔蘸取调配好的釉料和稀释剂，轻轻涂于补配部位，涂刷时可向外部边缘适当延伸，可搭配鼓风机吹干，待干后再上第二遍。在此过程中如发现上釉不平或不均匀处可用金相砂纸进行轻轻打磨，再上釉料。反复若干次，至光泽与瓷器无异。上色的具体操作为：将适量釉料、稀释剂和矿物颜料混合调匀后，用毛笔蘸取对粘接、补配处进行作色。上色时，下笔应先轻后匀快收，在作每一道色的过程中，要随时观察色面的平整度和光滑度，若平整度和光滑度较低时，可选用金相砂纸进行打磨再上色。重复上面步骤方法直到颜色与原器物色接近一致，再用勾线笔等对底色上其他色彩进行勾画，为增加光泽度和瓷感，在完成上色后还需在表面上一层釉。适当加大稀释剂的比例，当釉面不均匀时可用砂纸打磨表面后，再继续上釉。最终，修复后的窑变釉石榴尊不仅在结构上恢复了稳定性，其釉面色泽也展现出与原作相近的窑变效果，即在不同角度和光线下呈现出丰富的色彩变化。

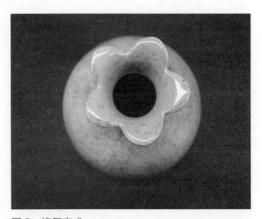

图3   修复完成

3.4 完善修复保护档案

修复保护完成后，拍照记录并参照《陶质彩绘文物保护修复档案记录规范》WW/T 0023—2010要求，填写修复保护档案（图3）。

4 结语

这次修复不仅让文物得以再次展现其历史风采，也为后世留下了宝贵的科研资料和修复经验，对于清代乃至其他历史时期窑变釉文物的保护修复和继承具有重要的意义。尽管成果显著，但在实践过程中依然存在可优化之处。此外，本研究的修复亦为后续相关学科提供了实践推广和技术创新的空间，鼓励跨学科间的合作与交流，不断优化修复材料和方法，以便更好地保护和传承人类宝贵的文化遗产。

作者简介

徐欢，北京市颐和园管理处。

颐和园藏宋代仿古青铜器初鉴

○ 赵梓晰

摘　要：颐和园园藏青铜器 400 余件（套），从商周礼器、酒器到晚清生活起居用器，类型丰富，功能多样，是历史积淀下来的、带有特色时代烙印的宫廷收藏瑰宝。颐和园藏宋代青铜器多数形制仿古，部分完全依原作而造，部分加入了时代元素但在纹饰、器形上有所变化。本文以颐和园藏器物为中心，首先概述宋代"仿古"风潮的始末，再深入展开鉴赏，从形制、纹饰、铭文等方面，描述并分析仿造与创新之处。

关键词：颐和园；青铜器；宋代；仿古

引言

华夏文明光辉灿烂，作为东方大地最古老的见证者，它孕育了中华民族悠久博大的历史文化，也留给我们无以数计的珍贵遗物。青铜器更是其中的瑰宝。这些造型独特、气势庄严、纹样精美的古代艺术品，在中国物质文明史册上占据举足轻重的地位。正是青铜的广泛运用，使社会生产力显著提高，生产关系发生巨大变革。不仅如此，以青铜器为载体所创造的青铜文化，以其深厚、丰富的精神内涵，影响着数千年来政治、经济、军事、宗教、礼仪等社会生活的方方面面。

青铜文化的精粹在于礼器。青铜礼器是商周时期祭祀神祖、宴飨交际所用的特殊道具，可分为食器、酒器、水器、乐器、杂器等几类。在世俗社会，以礼器为核心，贵族阶层制定了一整套等级森严的礼仪制度。是故，青铜礼器被赋予了维护统治的特殊意义，也一定程度上象征着权力与地位。春秋末期，随着铁器的兴起和奴隶制度的衰微，礼器逐渐失去了原本的作用。但此后历朝历代，青铜器都与皇室、权贵紧密地联系在一起，并不断出现仿制作品。其中，宋代仿古规模最大，上及皇家，下至民间，复古之风愈演愈烈，形成一股收集与仿造的热潮。

本文便以宋代仿古青铜器为中心，并以颐和园藏器为例，对器形、纹饰、工艺进行鉴赏，简要分析其艺术风格和特征特点，以便展开深入研究。

1　宋代仿古青铜器概述

宋代仿古青铜器是中国古代铜器发展历史上重要的一环，上承商周古器之美，下启明清造物之新。由帝王皇室的崇古复礼，到官吏学士的好古收藏，再到民间街坊的跟风仿制，复古思想席卷全国，为当时的学术界、收藏界、锻造业都带来了新的气象。

1.1　起因

复古浪潮的形成有以下几点原因。其一为政治要求：宋太祖赵匡胤以兵变夺权，为掩盖这段不光彩的历史，更为加强皇权、维护统治，北宋建立之初，朝廷便依据三代古礼，修订礼法典章，以图重树法度，恢复礼制，强调其政权的合法性。在宋徽宗时期，内外交战，社会动荡，面临种种压力，宋徽宗期望于以礼制维系人心，稳定政局。此外，皇帝的喜好也是至关重要的一环。宋徽宗以极高的艺术造诣闻名于世。他擅长书法、绘画、音律、作词，其传世作品皆为珍宝。宋徽宗喜爱收藏，所收集的青铜器达25000余件，数量之多，令人惊叹。这种对古器之美的热烈追求也体现出了皇帝的人文修养和审美情趣，既要达到重建礼仪制度的政治目的，又借此抒发个人情怀，可谓一举多求。其二为经济因素：宋代经济空前繁荣，以手工业为首，生产规模持续扩大，生产技术显著提高，使产品的数量、质量得到大幅提升。此外，商品经济蓬勃发展，贸易流通更为频繁。这些都为仿古青铜器的制造与流行奠定了经济基础。其三为文化影响：宋代崇文抑武，以礼治国，不少士人追随三代遗风，偏爱古物，以收集青铜器和铭文拓片为乐。不仅如此，有学者潜心研究，考证由来，制作图录，发表著作，进一步提升了古铜器在当时社会上的文化价值。

1.2　风潮

宋徽宗于宋大观初年设置礼仪局。《宋史·礼乐制》记载："初，议礼局之置也，诏求天下古器，更制尊、爵、鼎、彝之属。其后，又置礼制局于编类御笔所。于是郊庙禋祀之器，多更其旧。既有诏讨论冠服，遂废靴用履，其他无所改议，而礼制局亦也。"大规模的仿古活动以此展开。

仿古青铜器的样本主要来源于各地出土的三代青铜器实物，小部分借用了民间的研究成果。然而宋初时朝廷实际上将《三礼图》定为范本。虽然《三礼图》声誉在外、享有权威，但学术界内一直颇有争议。究其原因，《三礼图》所载古器来自历代文献、经文等纸面记录，这就产生了很多不确定的因素，真实性难以得到保证。因此，民间为首的金石学专家将收集的三代青铜器作为研究样本，对比《三礼图》种种谬论，对传统权威提出质疑。及至宋徽宗一朝，设置议礼局，大规模制作新的礼器，需要更新样本，这才使皇家开始广收古器，以备使用。为此，宋徽宗修建了专门用于保存青铜器的"宣和殿"，并下令将殿中的文物编纂成书。这本书便是王黼所著的《宣和博古图》，共收录839 件青铜器，可谓集中了北宋收藏的精华。

然而，北宋收集的古青铜器大多在战争中损毁，仅有部分书籍保留了当时的样貌。南宋高宗绍兴年间，局势渐定，为巩固地位，需要恢复礼乐制度，故朝廷再兴复古之风。"绍兴四年（1134 年）国子监丞乃有复古制之议，如包括陈设尊罍及祭器等皆从古制，绍兴豆便是绍兴十六年（1146 年）宋高宗朝的复古器。"[1]305 以绍兴豆为代表的南宋仿古青铜器，样本来源更为复杂，包括《三礼图》《宣和博古图》以及私人编撰的图录、私人收藏的器物、民间流散的器物等。但样本缺失严重，原料、工艺难以支撑大规模制造，此次仿造的声势虽大，实际影响无法与北宋相比较。加之地方供器、家庙祭器使用仿古样式愈加频繁，青铜器逐渐融入民间生活中。

1.3　影响

宋代这场复古运动声势浩大，给社会带来广泛而复杂的影响，其中既有正面影响，也有负面影响。正面影响即，古青铜器被官方所推崇，这大大促进了相关器物的研究其中。金石学便在宋代得到空前的发展，收藏蔚然成风。金石学是一门对古物进行研究的学问，研究对象多为商周青铜器和历代金石拓本，在士大夫中形成一种尚古的风气。丁孟《中国仿制青铜器的产生、发展和鉴定》中说："据翟耆年《籀史》记载，当时所著的金石书籍达 34 种之多。其中有代表性的，如刘敞的《先秦古器记》（现已失传）、李公麟的《古器图》、吕大临的《考古图》、王黼《宣和博古图》等，多图文兼备，考说谨严。"[1]306 当时很多文坛名人也是金石学方面的专家。据《宋史》记载，欧阳修将观览、收集的金石遗物编成《集古录》。此书共 10 卷，收录器物多达千余件。参考《集古录》的体例，赵明诚、李清照夫妇共同编撰了《金石录》。他们将收集到的资料进行分类，编成 30 卷，按照时代顺序排列。《金石录》收录商周到隋唐的铭文及石刻，条目与数量高于《集古录》数倍，具有重要的参考价值。此类著作，部分已失传，但仅存的研究成果为后世的考察提供了大量图像和数据资料。

另一方面，仿古活动也助长了盗墓风气。因官方渴求样本，盗墓者为获取利益，铤而走险。那些深藏于墓穴的古器纷纷现世，散落民间的遗珠也呈于宫廷，尽管有些得到了保护，但许多墓穴遭到破坏，一些珍贵的文物下落不明。此外，仿古风潮本质为一场宫廷政治活动，但确实给予了民间造假的机会，部分伪造的青铜器流入市场，给鉴定工作带来困难。

2　园藏宋代仿古青铜器概况

颐和园前身为清漪园，是清代皇家园林，经过两次焚毁破坏、两次重建修复，在晚清时期，成为重要的政治和外交场所。民国时期，颐和园作为市属公园向大众开放，人们得以欣赏到宫廷收藏、用器的面貌。

颐和园的青铜器大部分属于清宫旧藏，来源主要包括宫廷内部调拨、内务府制造或采办、大臣进献、外国使臣进献等。1933 年，为在抗日战争中保护历史遗存，颐和园文物加入故宫南迁文物的队伍中。据记载，500 余箱文物离园后，先后辗转于上海、南京等地，最后到达川渝。新中国成立后，文物陆续北返。1951 年，在文物局主持下，经过多次调配、划拨，颐和园接收归还文物 76 箱，其中铜器部分 68 件，有数件宋代仿古青铜器记录在案。

如今颐和园收藏的青铜器 400 余件套，种类繁杂，工艺精良。其中宋代 40 余件，包括鼎、尊、簋、瓿、壶、盘、甗、觥、彝等。定名、定级和年代判断来自于诸位专家的鉴定结果。1973 年 4 月，颐和园邀请故宫博物院专家唐兰、王文昶、张克忠来园鉴定铜器。1993 年 11 月，北京市文物局鉴定委员会专家鉴定颐和园文物，共鉴定一、二级藏品 500 余件，对原鉴定级别有所调整。本文中所列文物年代，皆维持 1993 年的鉴定结果。

2.1　鼎

形制、纹饰仿自商周青铜鼎，分为圆鼎和方鼎两类。

其一，宋环带纹鼎：圆形鼎，口部折沿，上设立耳，腹部渐收，饰一圈环带纹。圜底，下接三柱足。口径 21cm，通宽 22.7cm，高 19cm。

其二，宋雷纹三牺鼎：有盖，整器分两部分。盖顶为圆形捉手，镂空设计，下铸三只横卧的小兽，两条间隔的雷纹环绕一周。口与盖相吻合，两侧饰附耳。腹部饰雷纹，又饰蝉纹。底部接三蹄足，足上有扉棱，饰兽面纹。口径 26.7cm，通宽 41.8cm，通高 34.2cm。

其三，宋雷纹鼎：失盖，双附耳，腹部饰雷纹，其下饰蝉纹。三足为蹄形，饰兽面纹。口径 27.5cm，通宽 42cm，通高 32cm。

其四，宋夔龙纹鼎，折沿，立耳，浅腹。器身以云雷纹为地，饰夔龙纹，有六道间隔的扉棱。三足呈鸟形，鸟喙外钩，尾羽上扬。直径 15cm，高 18cm。

其五，宋兽面纹鼎：折沿，立耳，深腹。通身以云雷纹为地，上饰兽面纹。兽面以条状扉棱相隔。底部接三柱足。口径 16.5cm，通宽 17cm，高 21cm。

其六，宋兽面纹鼎：折沿，立耳，深腹。口沿下饰兽面纹，以扉棱间隔。三足为柱形。口径 21.5cm，通宽 23.3cm，高 27.5cm。

其七，宋嵌松石夔龙纹方鼎：长方口，折沿方唇，上饰立耳。口沿下饰夔龙纹，腹部以菱格为地纹，内饰乳钉纹，乳钉上嵌松石。器身四角饰凸起扉棱。四足呈柱状，饰兽面纹。随颐和园第一批文物南迁，装第 26 号箱，时名"妇鼎"（备注名：古铜双耳四足香炉），1951 年归园。长 25cm，宽 18.8cm，通高 32.3cm。

其八，宋兽面纹方鼎：折沿，方唇，上饰立耳。器身以云雷纹作底纹，口沿下饰两两相对的夔龙纹，腹部饰兽面纹。四边及纹饰间以扉棱相隔。柱形足，饰兽面纹。长 23.5cm，宽 17.6cm，高 29.5cm。

其九，宋兽面纹方鼎：折沿，方唇，上设立耳。器身以云雷纹作地，饰兽面纹，并铸有八道凸出扉棱。足为夔形，尾部上扬。长 19cm，宽 15cm，高 20cm，通高 24cm。

2.2　尊

根据器形可分为 3 类，大口折肩尊、觚形尊和牺形尊。

其一，宋兽面纹尊：器形为大口折肩式，仿自商代器。侈口，广肩，向外凸起，饰兽面纹，再饰三牺首。腹部渐收，上侧饰相对的凤鸟纹，下侧饰兽面纹。底部圈足较低，饰弦纹。口径 33cm，高 42cm。

其二，宋凤鸟纹尊：大口鼓腹低圈足式，流行于西周。侈口，束颈，弧腹微鼓，底足外撇。颈部铸有凸出牺首，饰一圈凤鸟纹，凤首向前，尾羽飘逸。口径 17.3cm，高 20cm。

其三，宋兽面纹尊：觚形尊，与春秋晚期器形相合。器身分 3 段，侈口，形似喇叭，颈部细长，腹部凸出，底足微撇。腹、底部饰连珠纹、兽面纹。口径 25.3cm，高 30.5cm。

其四，宋兽面纹尊：侈口，形似喇叭，颈、腹细长，底足微撇。器身饰连珠纹、兽面纹。腹部饰凤鸟纹、兽面纹。

其五，宋错金银牺形尊：此牺尊身躯肥壮，为站立平视姿态。牺尊双目圆睁，张口卷鼻，头上双耳自然舒展，四肢粗短有蹄，后接有尾。背盖可开启，盖上铸小钮。器身采用错金银装饰，头部、颈部、背部、腹部饰卷云纹，纹饰华丽，线条流畅。长 34.5cm，宽 12cm，高 26cm。

2.3　簋

有方座簋与圈足簋两类。

其一，宋夔龙纹簋：侈口，鼓腹，圈足，下附方形高座，属常见的西周方座式簋。器身两侧饰龙形双耳。颈部、足部饰窃曲纹，腹部饰连体龙纹。方座四边饰卷体龙纹。

随颐和园第一批文物南迁，装第 59 号箱，时名"敦"（备注名：古铜双耳方座香炉），1951 年归园。口径 22.5cm，通宽 39cm，高 32cm。

其二，宋龙纹簋：仿自西周晚期侈口鼓腹式。腹部饰二兽耳，下垂小珥。圈足外撇，下置三兽形短足。盖、腹皆饰平行瓦楞纹，又饰窃曲纹带。瓦楞纹，以凸起的楞线和凹陷的浅槽为特点，流行于西周晚期。窃曲纹，一种变体纹饰，简化了动物大部分的身体结构，用曲折的 S 形宽线表示其特征，盛行于西周中后期，并沿用至春秋战国。底部饰一圈鳞纹，平行排列。随颐和园第一批文物南迁，装第 38 号箱，时名"周敦"（备注名：古铜双耳祭器），1951 年归园。口径 17.5cm，腹径 22cm，通宽 34.5cm，高 17cm。

其三，宋团龙纹簋：侈口，圆腹，高圈足。器身铸有凸出扉楞，饰团龙纹，圈足上饰兽面纹。颈部两侧饰龙形双耳，下垂小珥。口径 17.5cm，通宽 25.5cm，高 13cm。

其四，宋错金银环带纹簋：此器已失盖。敛口，鼓腹，圈足。器身两侧饰龙形双耳，下垂小珥。外壁有 3 条装饰带，均以云雷纹为地，颈部饰涡纹、鸟纹，腹部饰环带纹，底足饰凤鸟纹。此器有多处错金银装饰。口径 15cm，通宽 33cm，高 19cm。

2.4　觚

典型高体束腰式商代器形。

宋兽面纹觚：器身分 3 段，各铸有凸出扉楞。喇叭口，长颈，颈饰蕉叶纹，内填蝉纹。下饰一圈蛇纹。腰腹极细，饰兽面纹。底为圈足，外撇，再饰一组兽面纹。此器为仿商晚期器形，高体细腰式。此类蛇纹头部突出，双眼呈圆形，身体作曲折状，尾部上扬，是商代中晚期出现的一种纹饰。口径 19cm，底径 8.5cm，高 34.5cm。

2.5　盘

折沿浅腹兽耳高圈足式。

宋孙父盘：此器敞口，折沿，敛腹，高圈足。口两侧铸龙形双耳，下垂小珥。外壁、底足装饰兽面纹。口径 33cm，直径 40cm，高 14cm。

2.6　壶

分为圆壶、方壶两类。

其一，宋错金银兽耳方壶：壶身错金的纹饰形近蝴蝶，位于菱形纹中，上下相对，交错排列，形成错落有致的层次感。纹饰外形比较抽象，仅描绘边缘轮廓，但触角表现得格外细腻，增添了几分生动的气息。此器长 25cm，宽 17cm，高 44cm。

其二，宋错金银环耳壶：口部微侈，束颈溜肩，鼓腹渐收，下接圈足。器身纹饰丰富，以大面积错金银装饰的云纹、几何纹为主，又饰雷纹、菱形纹等，层次分明，华丽而典雅。颈部两侧饰环耳，上铸立体兽面。随颐和园第一批文物南迁，装第59号箱，时名"壶"（备注名：仿古铜双耳元瓶），1951年归园。口径16cm，直径28cm，通高43.7cm。

其三，宋错金银环带纹壶：呈扁圆体。侈口，束颈，垂腹，圈足，配有木座。器身以云雷纹为底，饰夔鸟纹，又饰3道环带纹，点缀有错金银装饰。颈部两侧饰兽形双耳。长37cm，宽18.5cm，高48.5cm。

其四，宋错金银兽面纹壶：侈口，口沿饰云纹；束颈，颈部饰垂叶纹，内填夔龙纹，两侧饰兽形双耳。肩部铸凸出浮雕牺首。腹圆鼓，饰兽面纹，又饰夔龙纹。底足外撇，饰凤鸟纹。口径15cm，直径36cm，高47cm。

其五：宋错金银兽耳方壶：壶体扁方，口呈长方形，粗颈垂腹，底接高圈足。颈侧铸有凤鸟形双耳。器身通体错金银，饰大面积心形云纹。颈部又饰蕉叶纹，腹部被分隔为8个区域，呈十字形，中间铸尖状凸起。此器精美工整，装饰华丽，典雅不失庄重。长40cm，宽25cm，高56cm。

其六，宋结绳纹壶：此器侈口，束颈，圆腹，圈足。器身饰横纵交错的结绳纹，两侧饰兽面衔环双耳。口径12.5cm，直径25.5cm，高35cm。

2.7　甗

甗本为蒸饭器，西周末期作为陪葬品，与鼎、簋、豆、壶等组成一套礼器序列。

其一，宋错金银兽足甗：分为上下两部分。上部的甑为侈口，两侧立双耳。颈部饰兽面纹，下接垂叶纹。下部的鬲内部中空，三足呈柱状，微向外撇，足顶各饰一兽面纹，形似牛首。通体有错金银装饰。口径31.5cm，通宽34cm，通高51cm。

其二，宋窃曲纹甗：分为上下两部分。上部的甑为侈口，两侧立双耳。颈部饰窃曲纹。下部的鬲内部中空，三足呈柱状，足顶各饰一兽面纹，形似牛首。口径23cm，通宽24.5cm，高34.5cm。

其三，宋窃曲纹方甗：甑鬲连体，方形侈口，双立耳，分裆柱足。颈部饰窃曲纹，足部饰兽面纹。随颐和园第一批文物南迁，装第52号箱，时名"方甗"（备注名：古铜象足香炉），1951年归园。长22cm，宽17cm，高27.5cm，通高34.5cm。

其四，宋兽面纹方甗：分为上下两部分。上部的甑为方形侈口，双立耳。颈部饰兽面纹。下部中空，蹄形足，足饰兽面纹。随颐和园第一批文物南迁，装第17号箱，时名"妇甗"（备注名：古铜象足双耳大香炉），1951年归园。长27cm，宽22cm，高42cm。

2.8　觥

长方体兽首盖圈足式觥。

宋兽面纹觥：仿商晚期到西周早期的青铜觥，长方体龙头圈足式。整体以云雷纹铺地，分盖、身两部分。盖呈兽首状，前方兽首形似蜗牛，额部铸凸起扉棱，触角外伸；盖中部饰夔龙纹；盖尾部又有一兽首，面部朝上，圆目立耳。颈部饰夔龙纹，颈侧铸兽耳。腹部饰大面积兽面纹。圈足上饰夔龙纹。颈、腹、足各铸扉棱。随颐和园第一批文物南迁，装第 54 号箱，时名"觥"（备注名：古铜兽形大酒器代盖），1951 年归园。长60cm，宽 24cm，无盖高 43.3cm，通高 53cm。

2.9　方彝

直壁高体式方彝。

宋嵌松石兽面纹方彝：此器呈方体。直口，直壁，深腹。盖上铸方形钮，肩两侧铸鸟形耳。盖、肩、腹铸八道凸棱，底座四角为狮形足。器物通身以云雷纹为地，上铸变形兽面纹，各组兽面纹间镶嵌绿松石分隔层次。随颐和园第一批文物南迁，装第 56 号箱，时名"方彝"（备注名：仿古铜雕花双耳瓶），1951 年归园。长 21cm，宽 20cm，高 42cm。

2.10　卣

扁圆体垂腹式卣。

宋兽面纹卣：此器配有盖，盖为弧形，有圆钮，饰兽面纹。敛口短颈，扁垂腹，下接圈足。颈部铸浮雕兽首，饰兽面纹，两侧饰环耳，有绳形提梁。长 24.5cm，宽18.3cm，高 26cm，带提梁高 29.2cm。

2.11　罍

束颈圆肩弧腹圈足式圆体罍。

其一，宋涡纹罍：呈圆体，口微侈，颈收小，腹部圆鼓，下接圈足。颈部饰弦纹，肩部饰涡纹，器身两侧饰双耳，腹下另有一耳，皆铸兽首。此罍敛口束颈，广肩深腹圈足，属于典型的商晚期到西周初期的青铜酒器。肩部装饰的 6 个凸起圆形涡纹，多用于罍、鼎、瓿的肩腹部，且作为主体纹饰，没有繁缛花纹，更显得古朴、厚重。口径18cm，直径 32.3cm，通宽 40cm，高 35.3cm。

其二，宋错金银兽面纹罍，侈口，束颈，圆肩，鼓腹，圈足。器身纹饰华丽，皆为错金银装饰，颈部饰凤鸟纹，两侧饰双耳，铸有兽头；肩部涡纹、鸟纹交错排列；腹部饰兽面纹，其下饰蝉纹，底足饰凤鸟纹。口径 18.5cm，直径 35cm，高 44.5cm。

3 颐和园藏宋代仿古青铜礼器的纹饰

青铜器的纹饰是区分器物、判定年代的基本要素，分为动物纹和几何纹两大类。动物纹主要由幻想结合实际生物构成；几何纹由简单的线条、轮廓进行多次排列而构成。

宋代青铜礼器因刻意仿古，大量运用商周特色的纹饰，如兽面纹、龙纹、凤纹、夔纹、云雷纹、蝉纹、环带纹、涡纹等。

3.1 兽面纹

也称饕餮纹，是一种现实结合幻想后的动物面部图案，最早发现于良渚文化的玉器和陶器上。商周时期，青铜文化达到鼎盛，兽面纹得到广泛运用，常常作为青铜器的主纹饰，因器形和位置的变换进而发展出不同样式、不同大小的兽面图案。兽面纹的基本特征是：左右两侧对称分布，有双目、双眉、双角，也可能有双耳。但一些纹饰中仅仅有兽目，各面部元素之间又存在简化的情况。颐和园藏宋代青铜礼器的兽面纹可分为以下几类：

（1）牛角形兽面纹：以眉间到鼻部为中线左右对称，双目突出，双角形似水牛，角呈横向，角尖上扬。

（2）内卷角形兽面纹：牛角的一种变化形式，角根粗大，从中部上折，再向内弯曲，角尖变细，呈现出内卷角的形态。

（3）外卷角形兽面纹：角根竖立，向外弯曲，再折回内钩，形成外卷角的形态。

（4）曲折角形兽面纹：角作曲折状。"角根在下，向上折曲而下，再向外弯曲而上翘，弯曲之处，皆作方折形。"[2]319

（5）回形角兽面纹：角呈双向半环形，中间有短柱与眼部相连。

（6）变形兽面纹：有些兽面纹仅留突出的双目，或角部简洁化，或用其他纹饰替代。

3.2 夔龙纹

夔龙纹，也称夔纹，形状似龙，大多有一角、一足、嘴部张开、尾部上扬，在青铜器上常表现为侧面形象。具体来说："龙头张口向下，上唇向上卷起，下唇向下卷或卷向口里，额顶有各种不同的角形，中间为躯干，下有一足或作爪形，也有无足的，尾部常弯曲上卷。"[2]321 园藏宋代仿古青铜器中，夔龙纹作横向爬行状，对称式排列。

3.3 凤鸟纹

凤鸟纹包括凤纹及各种鸟纹的图案，盛行于西周时期，其形象以鸟喙、头冠、尾羽为基本特征，有些装饰华丽，有些比较抽象。

3.4 云雷纹

"由柔和的回旋线条组成是云纹，有方折角的回旋线条是雷纹。"[2]332 云雷纹，是结合云纹与雷纹，通常以单线条构成，自内部反复向外旋转环绕而成的几何图案。大多作为主纹饰的地纹而存在，在兽面纹中应用频繁。

3.5 乳钉纹

在器身表面凸起的圆形小柱状乳突，呈单行排列或方阵排列。有些乳钉上有松石、错金、错银等装饰。

3.6 弦纹

是最基础的一种图案，为一条环绕的线条，用来分隔上下纹饰，起到分层的效果。

3.7 蝉纹

蝉纹大多由两部分组成，外围图案为垂叶纹或三角形，内部为蝉身，有双目，腹部装饰横纹。

3.8 环带纹

又称波曲纹。这种纹饰由宽阔的条带组成，上下起伏，如同波浪。"在波曲的中腰常有一兽目或近似兽头形的突出物，波峰的中间填以两头龙纹、鸟纹、鳞片或其他简单的线条，为西周中、晚期到春秋早期青铜饪食器和酒器的主要纹饰之一。"[2]329

3.9 窃曲纹

由连贯线条组成的两端为回形弯钩的扁长图案。该纹饰是西周中期以后，动物纹饰被简化而产生的。窃曲纹仅保留了变形的动物的基础特征。

3.10 涡纹

凸起圆形，中间装饰几道旋转的弧线，形似水涡。因有太阳之像，又称火纹。

4 颐和园藏宋代仿古青铜礼器的款识

青铜器铭文是研究青铜器断代的关键资料，具有十分重要的历史价值。商周时期，铭文得到大发展，因不同地域、不同文化形成了各自的风格和特征，内容可分为大小10余种。而仿古的青铜器，仅传承少部分形式，铭文大多较为固定、单一。具体而言，宋代仿古青铜器的铭文分为几类：徽记类，用于标识器主，多铸有器名、用途等；祭辞类，记录祭祀者名、祭祀对象和过程；记事类，记录功赏、戎事等内容；也有册封训诰类、律令诏令类；等等。

官廷仿器制造精良，考证详尽，铭文的铸刻更加规范。诸多的记录中，以"帝"即宋徽宗为作器人最是常见，作器时间主要为宋政和、宣和年间。仅以故宫所藏宋代仿古青铜器"政和鼎"为例，"商周时期鼎的铭文部位在内腹壁，而'政和鼎'铭文的部位则在内底上。'政和鼎'铭文：'唯政和六年十又一月甲午，帝命作铜鼎，易领枢密院事贯，以祀其先，子孙其永保之。'记该器是在政和六年十一月时，皇帝下令赐给领枢密院事童贯的铜鼎。用以祭祀其祖先，这是童贯的家庙祭器。"[1]301 政和鼎的铭文包括了作器人、制作时间和用途，以及祝福词语等内容。

"宣和三年尊"，同样为官廷仿古青铜器。此尊铭文释文为："尊内底铸有铭文：'唯宣和三年正月辛丑，皇帝考古作山尊，于方泽，其万年永保用。'由此可知该尊是陈设在方泽坛上的。"[1]301 铭文记录了祭祀时间、制作人、用途及祝福辞。

北宋翟汝文所著《忠惠集》记载有政和年间所造 16 件带有铭文的器物。政和洗："惟政和乙未某月甲子，帝作洗，用祀，万世永享。"铭文可译为："政和五年某月甲子日，宋徽宗造洗，用来祭祀，希望能永远享用。"也有豆的铭文如下："惟政和乙未某月甲子，帝孝思罔极，率见神考，始作豆，禋于明堂，惟克永世。"可译为："政和五年某月甲子，宋徽宗追念神宗，于是制造此豆，祭祀于明堂，希望能够长久安定。"

以上各官仿器，或用于坛庙祭祀，或赏赐重臣亲眷，祝词一般为希望子孙后代永久享用、长盛不衰。因记录详备、特征明显，这些仿古祭器通常有迹可循。另外，有部分仿古礼器存于地方。铭文记录中，有朝廷官员作器，作为府学的供器、寺庙的供器。

颐和园藏宋代仿古青铜器中，大部分器物无铭文或难以识别，仅有少量可以辨明。

其一，宋夔龙纹盘铭文："□正□之作宝□（盘），其万年子子孙孙永寿用之。"此款铭文记载了制器人和祝福辞，形式规整，构成简单。"万年子子孙孙永寿用之"可译为希望子孙后代万年享用、永不衰落。常用的祝词还有"子孙永用""万年永宝""万年无疆""万年子子孙孙永宝用享""子子孙孙永宝用""眉寿无期，永宝用之"等，用来祈祷健康、祈求长寿。

其二，宋兽面纹方鼎："鲁公作文王尊彝"。这款铭文最早出自文王鼎，又称"鲁王鼎"，曾记录在《宣和博古图》与《西清古鉴》上。原器铭："卤公作文王尊彝"。卤公即鲁公，周文王的儿子周公旦被分封到曲阜，就是鲁国，故称为鲁公。园藏方鼎仅有铭文相对应，足部有所不同，原器为外撇夔形足，园藏兽面纹方鼎为柱形足。

5　颐和园藏宋代仿古青铜礼器的风格与特色

北宋徽宗、南宋高宗时期盛行的仿古青铜器运动，依据古制，考证古礼，重铸旧器，本质上寄托了当权者企图恢复礼制的政治理想，不可避免地受到了经济、社会等各因素的影响。故仿古礼器也呈现出一定的政治色彩，其中又不乏特色与新意。

5.1　形制的复古

宋代仿古青铜器，绝大多数可在《三礼图》《宣和博古图》等著作上找到样本，其形制、规格、比例皆依照旧器。如鼎、尊、簋、罍、壶、豆、盘等器物，可以通过基本造型、纹饰判断年代，推断用途。又因这些仿制礼器呈于庙堂、祭坛之上，用于表明使用人身份与地位，被赋予特殊的意义，故遵照样本铸造成为一种必然的要求。但与此同时，有些器物的模仿并不机械，与原器相比，布局略有变动，器身稍加调整，突显出一番新意。

《西清古鉴·卷九·尊三十八》"周牺尊"："右通盖高六寸四分，耳高一寸六分，阔八分，深三寸二分，口径二寸二分，通长一尺八分，阔三寸七分，重一百三十九两，金银错。"[1] 将之与园藏宋牺尊比较，形制和纹饰，尤其是错金银的纹路都相吻合，仅部分细节有所出入。如园藏宋牺尊眼部较大，错金银的范围更多，双耳的竖立方向偏后一些。

5.2　纹饰的变化

宋之造器对比商周古器，在艺术表现手法上有着较大的差别。除器形以外，宋代的装饰风格体现了当时的美学理念，鎏金、镶嵌、错金银等形式更为普遍。但一些基础纹饰，如兽面纹、云雷纹、蟠螭纹等，被简单处理，甚至线条模糊，纹饰面积减少，留白增加，致使仿器缺乏一定的视觉变化，其艺术效果大打折扣。

以错金银工艺为例：金银工艺始见于商周时期的青铜器上，指将压成薄片或薄丝的金、银填到器物表面的凹槽内，再打磨光滑，形成一定的文字或花纹。因金属贵重，传世、出土数量较少。但在宋代，金、银的开采与冶炼均达到了新的高度。宋代的采金主要以淘采砂土和地下开采为主，得益于宋人不断改进生产技术，扩大开采范围，蕴藏丰富的优质金矿被一一发现，黄金产量大幅提高；而冶炼方面，尤其是提纯技术上，宋代大大超越前朝，为金的流通、利用打下坚实的基础。与金不同，白银矿床多分布在南方地区，产量大，技术较为成熟。加之宋代皇室对民间使用没有严格限制，是以，宋代金银用途甚广，在相关制造业的繁荣局势下，不仅贵族大臣、巨贾富商能够享用金银器，

---

① 梁诗正，蒋溥，等.西清古鉴·卷九·尊三十八 [M].清光绪十四年（1888 年）迈宋书馆铜版印本。

连平民百姓也能在坊市中买到。金银商品愈发世俗化，利用率大大提高。

颐和园所藏宋代仿古青铜器中，近1/3运用了错金银工艺，外观颇为华美。它们的装饰运用主要分为两类。

第一类，错金银几何纹：错金银装饰在几何纹上，无论是色彩方面还是结构方面都带来了丰富的变化和独特的艺术效果。几何纹主要有弦纹、直纹、瓦纹、菱形纹、圆形纹、三角纹等，又可变形为云纹、雷纹、重环纹、窃曲纹以及其他复杂纹饰，多以开放线条或封闭线条构成形状主体，装饰错金银时，也通常依据线条，加以填充。错银工艺常见于纹饰外围，线条曲折柔美；错金工艺多用于纹饰中心部位，小面积闭合形状之中，点亮区域空间。加工后的青铜器，光泽闪耀，熠熠生辉，尤其是在表面氧化、锈迹泛绿泛黑的映衬下，绽放出一种华丽的美感。

第二类，错金银动物纹：错金银装饰与动物纹的结合，由来已久，它常见于兽面纹、凤鸟纹、夔龙纹、蛇纹、蛙纹等图案上。金和银的使用方法不同，所呈现出来的效果也略有不同。错银用作主体填充，一方面铺在动物纹表面，表现为卷曲的云纹等几何纹；另一方面装饰在动物的五官及四周，使之呈现出华丽优雅的效果。错金装饰运用在面积稍小的兽目、眉、嘴上，点亮其重点部位，使局部更加醒目，强调了立体感。

除列举的华丽装饰外，是大多数纹理被简化。仅以兽面纹为例——商周时期的兽面纹，高浮雕，兽目凸出，眉、角、鼻部的线条流畅而硬朗，颇具威严之感。其地纹云雷纹，纹理清晰，粗细有致，层次分明，变化多样。宋代的仿造器，可明显感到兽面纹有扁平化的趋势，层次之间处理模糊，各部位刻画呆板，实在难以复原原器的美感。云雷纹的运用也较为随意，有些线条刻痕极细，断断续续，乱而无序。其他纹饰如夔龙纹、凤鸟纹、蕉叶纹、蝉纹等也在不同程度上受到变形的影响，或改动，或简化，与原器相差甚远。

5.3 做工的局限

宋代的仿造青铜器，在原料筛选、锻造工艺上理应优于商周，也确实进行了深入的考证，使复古运动声势浩大，影响甚广，但仿古器的做工仍有多处不及原器。

首先，商周时期的青铜器铸造使用范铸法，而宋代仿制的青铜器，所用工艺多数为失蜡法，只讲究外形，没有范线。不同的铸造方法导致了不同的艺术效果，仿造器物缺乏庄严肃穆之感。其次，仿古青铜器较厚重，铜质暗淡，缺少光泽。皆因宋代新造器物很多并未入土，没有受到地下环境等因素的影响，与商周青铜器相比，在锈色上也无法做到还原。最后，纹饰、铭文的铸刻有所区别。宋代仿器刻痕较浅，字迹松散，有些模糊不清，难以辨明。

6　结语

　　宋代仿古青铜器是仿制品，造型、纹饰与古器并无太大差别，但同时显露出独特的时代风貌与社会文化信息，在工艺制造上亦与金银器、玉器有共通之处，可谓颇具匠心。本质上，仿古青铜礼器代表了以宋徽宗为首的皇家贵族对复兴礼制的政治追求，而后发展为国民共享的文化潮流。这股潮流，全面推动古青铜器收藏与研究，甚至影响了明、清皇室，为下一次复古仿制风潮奠定了基础。宋代著录图像成为明清仿制的蓝本，也同样为我们当今的科学利用、辨伪研究提供了宝贵的图片、文字和实物资料。

参考文献

[1]　丁孟. 你应该知道的 200 件青铜器 [M]. 北京：紫禁城出版社，2007.

[2]　马承源. 中国青铜器 [M]. 上海：上海古籍出版社，2005.

[3]　梁诗正，蒋溥，等. 西清古鉴·卷九·尊三十八 [M]. 清光绪十四年（1888 年）.

作者简介

赵梓晰，北京市颐和园管理处。

智慧公园

5G 消息在景区的创新应用

——以颐和园为例

○ 柏恩娟　武剑轩　许　达

摘　要：颐和园在全国 5A 景区中率先应用 5G 消息，将 5G 消息、景区管理服务以及智慧旅游相融合，打造"5G 消息＋智慧文旅"新生态。颐和园 5G 消息应用不仅具有 5G 消息富媒体的所有优势，且与颐和园微信预约购票平台融合，形成联动，实现向特定目标人群发送 5G 消息，做到精准服务。

关键词：富媒体；5G；CSP 平台；接口

引言

2020 年 4 月，中国电信、中国移动、中国联通共同发布《5G 消息白皮书》，在白皮书中首次定义了"5G 消息"，自此 5G 消息业务就备受关注。目前 3 家电信运营商陆续宣布启动 5G 消息试商用或商用，标志着我国 5G 消息已经从设计建设期发展到商用准备期。在 2021 年合作伙伴大会上，中国联通发布了 5G 消息智信起航计划，上线 5G 消息冬奥应用，并明确将 5G 消息作为联通"大应用"战略的重点工程。2020 年，《北京市加快新型基础设施建设行动方案（2020—2022 年）》发布，提出加快 5G 与应用服务平台、数据共享服务平台建设，推动"5G+VR/AR""5G+ 直播"等系列应用场景建设，丰富"5G+"垂直行业应用场景，率先开展智慧城市、超高清视频等 5G 典型场景的示范应用，并向民生服务、先进制造、城市管理延伸，实现 5G 行业应用引领。2021 年 7 月，国家十部门联合发布《5G 应用"扬帆"行动计划（2021—2023 年）》的通知，提出大力推动 5G 全面协同发展，深入推进 5G 赋能千行百业，促进形成"需求牵引供给，供给创造需求"的高水平发展模式。

为进一步提升公园服务管理水平，加快 5G 智慧公园建设步伐，更好地服务游客，实现多元化服务方式、精细化管理、智慧化运营，颐和园率先启动 5G 消息应用场景建设，将 5G 消息与景区管理服务、智慧旅游相融合，打造新型消费方式，创新主动服务模式，努力打造"5G 消息 + 智慧游园"新生态。

1   颐和园 5G 消息服务内容

颐和园 5G 消息应用包括两大项内容：CSP 平台服务、颐和园 5G 消息定制菜单及消息模板。

1.1   CSP 平台服务

CSP 平台服务包括首页、资源库、消息中心、会话服务、数字消息、通讯录、企业管理、数据统计等八大功能。首页显示 Chatbot 名称、数量、会话次数、5G 消息剩余条数以及当天发送消息的数量趋势图。资源库中最主要的是素材中心，可实现图片、视频、音频、文件的上传、下载、保存等。5G 消息菜单中的内容均来自素材中心，5G 消息内容之所以便于完善、更新和优化，也皆是因为有素材中心的存在，素材中心类似整个系统的数据中心。

消息中心是整个平台的核心，包括消息模板、群发、发送任务、发送明细等功能，其中消息模板是 5G 消息中应用的多卡片和单卡片；群发消息实现给特定的手机号、通讯录发送 5G 消息；发送任务可实现指定日期发送消息的查询；发送明细可实现指定日期发送信息的具体属性的查询，包括发送时间、手机号、发送模板、运营商、状态码发送状态等。

会话服务中最重要的就是实现了用户与 Chatbot 会话的记录。而数字消息功能主要是为解决目前许多终端不支持 5G 消息接收而专门开发设计的，当用户手机终端不支持 5G 消息接收时，5G 消息按照程序设计回落为数字信息以确保所有型号手机终端均可接收。

1.2   颐和园 5G 消息定制菜单及消息模板

颐和园 5G 消息定制菜单共两级，一级菜单有"任你购""愿你游""随你享"3 个板块（图 1～图 3），每个一级菜单最多可开发 5 个二级菜单。其中"任你购"下包括"颐和文创""游船信息""颐和餐饮""票务信息"4 个二级菜单；"愿你游"下包含"游览时间""展览展陈""游园动态""颐和科普""园说Ⅳ"5 个二级菜单；"随你享"下包含"颐和风景""颐和导览""调查问卷""颐和出版"4 个二级菜单。

如图 4、图 5 所示，在颐和园 5G 消息的"颐和文创""票务信息"下可以实现购买文创、提前预约订票的功能。

图 1 任你购

图 2 愿你游

图 3 随你享

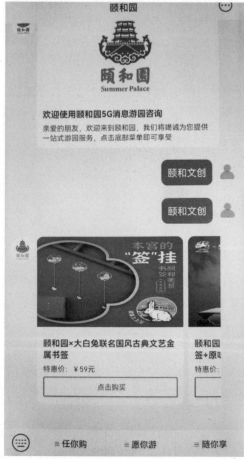

图 4 颐和文创

图 5 票务信息

图 6　颐和餐饮

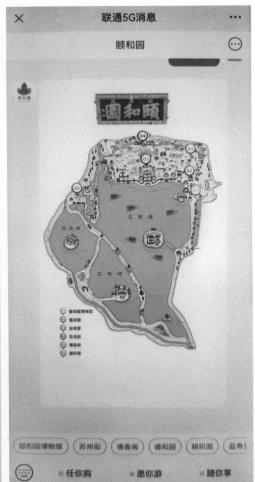

图 7　展览展陈

　　如图 6、图 7，在颐和园 5G 消息的"颐和餐饮""展览展陈"两个菜单下可以实现听鹂馆、颐和园博物馆、苏州街、佛香阁、德和园、耕织图、益寿堂等 7 个特色地点的介绍和定位导航。

2　颐和园 5G 消息的创新应用

　　为解决景区服务方式雷同、主动服务难、经营方式传统等服务及经营痛点，颐和园借助 5G 消息为入园的游客主动提供游园便捷服务，实现消息即服务、消息即平台。颐和园 5G 消息主要有以下创新应用。

　　首先，颐和园是北京市乃至全国首个将 5G 消息应用于游客服务的景区。颐和园 5G 消息将颐和园公众号中的颐和科普模块迁移到 5G 消息中，为颐和科普增加流量和客户关注度。同时首次将颐和园景点或古建的 3D 建模通过 5G 消息一级菜单"随你享"中的"虚拟颐和"展示给游客，将 3D 建模数据这一科研成果转化到为游客服务中去。

其次，通过接口打通微信预约购票与 5G 消息两个平台，实现两个平台间数据交互，做到精准服务、有的放矢，实现对微信预约购票且已通过身份证验票入园的游客的手机号码这一数据的采集，微信预约购票平台将采集到的手机号码按照验票时间排序每 5min 向 5G 消息后台自动发送符合条件的入园手机号码。5G 消息后台接收到连接请求后，实现实时向接收到的手机号码发送 5G 消息。

再次，颐和园 5G 消息可聚焦线上资源。颐和园 5G 消息不仅将单纯的信息转换为多维的用户服务界面，还将游客比较关心的购票、餐饮、游船、展览展陈、动态、导览等功能体现在短信界面上，并由原来常见的下拉式设计改为左右滑动的卡片菜单，在游客操作习惯与应用体验上进行了创新。另外也实现了对购票平台、微信公众号、App 及调查问卷 H5 页面的自由跳转，为游客提供无缝衔接的服务。

最后，颐和园 5G 消息创新了服务方式和经营模式，打造了 5G 智慧公园标准和标杆名片。传统的景区服务方式主要为线下人工，线上微博、微信、网站 3 种，而 5G 消息无疑是一种全新的线上服务方式，并且实现了服务由被动转为主动。另外转变了经营模式，为年轻消费者提供了一种全新的消费模式，满足其消费需求，同时也促进了景区的二次或多次消费。更为重要的是 5G 消息应用的实施成本低、应用范围广、极具复制推广性，对提升景区品牌可信度、扩大颐和园 LOGO 影响力、带动周边地区整体商业升值都具有积极作用。

3 结语

目前《5G 消息业务显示规范》《Chatbot 名称规范》《双卡 5G 消息终端技术规范》三项 5G 消息团体标准已经正式发布，这将有利于协同规范 5G 消息产业链，推动 5G 消息新业态、新模式发展。

值得一提的是，在进入第五届"绽放杯"5G 应用征集大赛 5G 消息专题赛道技术能力方向复赛和决赛的项目中可以看出，5G 消息技术已具备安全认证、搜索、支付、应急预警通知、微信公众号一键迁移等能力。未来随着国家政策的支持、5G 消息标准的不断完善，以及社会各行业对 5G 消息的精细化需求和广泛应用，5G 消息的应用必将会迎来新一轮突破和发展。

参考文献

[1]　程婧，徐才 . 5G 消息，信息传播的下一个风口 [J]. 中国记者，2021（2）: 117-120.

[2]　胡悦 . 日本运营商布局 RCS 消息业务策略分析与启发 [J]. 邮电设计技术，2020（11）: 71-74.

[3]　中国电信，中国移动，中国联通 . 5G 消息白皮书 [R]. 2020.

[4]　马亮，梁志 . 国内运营商基于 RCS 技术的 5G 消息发展策略 [J]. 通信设计与应用，2021（6）.

作者简介

柏恩娟，北京市颐和园管理处。

武剑轩，北京市颐和园管理处。

许达，北京市颐和园管理处。

图书在版编目（CIP）数据

纪念颐和园对公众开放 110 周年论文集 / 北京市颐和
园管理处编 . -- 北京：中国建筑工业出版社，2024.8.

ISBN 978-7-112-30398-4

Ⅰ . K928.73-53

中国国家版本馆 CIP 数据核字第 2024V71Y22 号

责任编辑：欧阳东　兰丽婷　杜　洁
责任校对：赵　力

纪念颐和园对公众开放 110 周年论文集
北京市颐和园管理处　编

*

中国建筑工业出版社出版、发行（北京海淀三里河路 9 号）

各地新华书店、建筑书店经销

北京海视强森图文设计有限公司

河北鹏润印刷有限公司印刷

*

开本：880 毫米 ×1230 毫米　1/16　印张：31　插页：8　字数：658 千字

2024 年 9 月第一版　2024 年 9 月第一次印刷

定价：**148.00** 元

ISBN 978-7-112-30398-4

　　（43743）